目次

To Uncle Offs
オフスおじさんに捧げる

ネイティブス——帝国・人種・階級をめぐるイギリス黒人ラッパーの自伝的考察

凡例

- 本訳書は、Akala, *Natives: Race and Class in the Ruins of Empire* (TWO ROADS, 2018) を改題のうえ全訳したものである。
- 読みやすさを考慮して原著より改行を増やした。
- 引用文中 [　　] 内は、著者による補記である。ただし、一部訳者で追加したものもある。
- 訳注は、本文中の割注〔　　〕および巻末注のなかに掲載した。また訳注とせず本文に表現を補った箇所もある。
- 原著の引用文のうち、既訳のあるものはそれを参考にしながら新たに訳出した。
- 注に記載のあるウェブサイトのＵＲＬは、原著の刊行時のものである。現在閲覧できないものもあるが、その都度明記していない。
- 原著の明らかな誤記については、訳者の判断で適宜訂正した。

第一章　一九八〇年代に生まれて

一九八〇年代に生まれて、ひとり親で労働者階級というありきたりな家庭で育った。生活を公的扶助《ふじょ》に頼ることはよくあることで、公営住宅に住み、学校給食は無料だった〔英国では低所得家庭の子どもは給食費が無料になる〕。父はカリブ系イギリス人で、母はスコットランド人とイングランド人の間に生まれた。そして父と母は結婚することなく一〇代で俺が生まれる前に別れた。父は幼少期の一時期を児童養護施設で過ごし、母は「黒んぼ」と付き合ったことで父親に実質的に絶縁された。初めて人が刺されたのを見たのは一二歳か一三歳のときで、そのころ初めて警官の身体検査を受けた。マリファナを最初に吸ったのは九歳のときだ。「おじさん」――実の叔父や家族の友人のこと――の多くは刑務所に入った。俺の生い立ちは、若くして死んだか、大人になっても多くの時間を刑務所で過ごしている同世代の人々と表面的にはほとんど変わりはなかった。

生まれたのはウェストサセックス州のクローリーだが、物心がつく前にロンドン北西部のカムデンに移り、幼少期と一〇代をそこで過ごした。カムデンでは一三〇もの言語が飛び交《か》い、貧富の差の大きさは国内でトップクラスだ。学校では、貴族や大金持ちの子ども、難民の子ども、見るからに栄養失調の子ども、父親にかわってドラッグを売っている男の子が一緒に机を並べていた。イギリスで人種や階級、文化を顕微鏡を覗《のぞ》くように観察するならカムデンこそ格好の場所だろう。

一九八〇年代、イギリス連邦〔イギリスとその元植民地国によるゆるやかな政治連合体。現在五六ヵ国が加盟している〕の「本国」であり、歴史上初の正真正銘の世界帝国の本拠地であり、産業革命の発祥の地であり、国際金融の中心地である場所に俺は生まれた。これは何を意味しているのだろうか？ どのような社会的、歴史的要因が両親を出会わせたのだろうか？ 父は、ウィンドラッシュ世代〔一九四八年から七〇年代初頭にかけて、ジャマイカを中心とする元英領か英連邦加盟国のカリブ海諸国から合法的に英国にやってきた人々の通称〕の一員としてイギリス本国にやってきた二人のアフリカ系ジャマイカ人移住労働者の間に生まれたイギリス人である。母は軍人の子どもとしてドイツに生まれ、香港で幼少期を過ごし、一〇代初めにのちに俺が生まれるイギリスの小さな町に移ってきた。

両親の出会いには、イギリス帝国〔一般的に使われる「大英帝国」と同じ意味だが、本訳書では統一して「イギリス帝国」を用いる〕の侵略、マクロ経済の変化、奴隷反乱、脱植民地化、そして労働者の闘いといった数えきれない出来事が秘められている。俺は、少なくとも欧米の基準では貧しい家庭に生まれた。貧しい家庭に生まれ――母は「白人」だったが――黒人として育った。それも、人種をめぐるイギリス国内の歴史上、もっとも激動の一〇年と言える時代に。

俺が生まれた八〇年代は、人種混合《ミクスト・レイス》の子どもがある種のファッションアクセサリーとして受け入れられるようになる前だった。母が出産後輸血を必要とした際、病院の看護師は白人の母に「ニガーの血」を輸血すると請け合った。そう、八〇年代にはポリティカル・コレクトネス〔人種・性・ジェンダー・宗教・身体障碍などに対する差別を含まない言語表現を重視する態度〕など存在しなかったのだ。

八〇年代はサッチャリズムとレーガニズム〔英サッチャー政権、米レーガン政権の保守的な政治路線。ともに「小さな政府」をめざした〕が台頭した一〇年でもあった。「資本主義の黄金時代」は一九七三年のオイルショックによって終わり、八〇年代になると戦後の福祉国家制度が後退しはじめ公有資産の民営化が増加した。無料の大学教育や低家賃の公営住宅のおかげで裕福になり、戦後できた国民保険制度（ＮＨＳ）〔税金で運営され全住民が原則的に無料で医療を受けられるイギリスの医療保障制度〕によって文字どおり生命を維持してきた世代の人々が、「自助努力」という個人主義的論理を信奉するようになった。

またこの一〇年は、史上最強の軍事大国アメリカが、カリブ海の極小の島国グレナダで起きた社会主義革命の将来の発展可能性という巨大な脅威によって存亡の危機にさらされ〔一九八三年、左翼クーデターが起こったグレナダに米国が軍事介入を行ない革命政府を打倒した〕、また世界の民主主義の指導者を自称する国々が、ニカラグアから南アフリカまでのジェノサイド的な政権を支援していた時代だった――ただしそれは八〇年代に限ったことではないが。トマ・サンカラ〔一九四九―八七年。ブルキナファソの革命家で元大統領。「アフリカのゲバラ」と呼ばれた〕が暗殺され、ベルリンの壁が崩壊し、マイケル・ジャクソンが白くなりはじめ、アメリカでＭＯＶＥ〔一九七〇年代にフィラデルフィア州で設立された黒人解放運動組織〕に警察に爆撃されたのもこの一〇年間のことだ。控えめに言っても、八〇年代はかなり波乱に満ちた時代だったのだ。

黒人イギリス人にとって一九八〇年代は、八一年のニュークロスハウス火災／虐殺事件で幕が開けた。人種差別主義者《レイシスト》による放火が原因だと考えられているこの火災は、黒人少女イヴォンヌ・ラドックの一六歳の誕生日パーティーが開かれていたニュークロス通り四三九番地で起こった。★1 パーティーの参加者のうち、その少女を含む一三人が焼死し、生き延びた一人ものちに自殺した。遺族の多くは、（一）この火事は放火によるものであり、（二）警察が適切な捜査を怠《おこた》り、遺族を被害者ではなく容疑者のように扱った、と現在も主張している。火事は放火が原因だという黒人コミュニティの言い分はまったく正当なものだった。この事件が起きる前には、ロンドン南東部の同じ地域一帯でレイシストによる同様の放火事件が続いていたのだ。[★2]

当時首相だったマーガレット・サッチャーは、イギリス人であるはずの亡くなった子どもたちとその家族に哀悼の意をしめさなかった。サッチャーは、黒人は人間未満の存在だという信念を根底にもつ南アフリカのアパルトヘイト政府を支持していた。そんな人物が黒人イギリス人の子どもの死を心から悲しむことはできなかったのである。その点、少なくともサッチャーは一貫していた。亡くなった子どもたちに一分間の黙祷《もくとう》が捧《ささ》げられることもなく、現在ほとんどのイギリス人はこの事件があったことすらまったく知らない。ニュークロスハウス火災は、戦後イギリスで一度に最大の人命が失われた事件の一つであるにもかかわらずだ。

また同じ年、イギリス国籍法が成立した〔非白人の英連邦市民の英国市民権取得要件が厳格化された〕。一九六二年以降、人種差別的な意図をほとんど隠すことなくつくられてきた一連の法律の最後となるのがこの法律だ。カリブ系イギリス人は、かれらの多くが長い間そう疑っていたように、自分たちがまさに二級国民だと実感するようになったが、それでも黙ってうなだれているつもりはなかった。ニュークロスハウス火災は、イギリス史上最大の黒人デモをもたらした。平日に二万人が国会議事堂に押し寄せて、次の一〇年間に起こる数々の騒乱を予言したのだ。人々が唱えたスローガンは、「正義がなければ、血が流れるぞ（Blood a go run, if justice na come）」。やがてこの言葉は現実となった。

その後俺が生まれた一九八〇年代には、八四年から八五年にかけて炭鉱労働者のストライキが起き、また反アパルトヘイト闘争もたえず続けられただけでなく、国内のほとんどすべてのカリブ系および「アジア系」地区で暴動が次々と発生した。こうした騒乱のなかで、とくに有名なのが八一年のブリクストン暴動だ〔ロンドン南部にあるブリクストンは、戦後「ウィンドラッシュ世代」が多く移り住み貧しい生活を強いられていたロンドンの黒人・移民文化の中心地〕。この暴動の原因となったのは「sus法（不審者法）」とスワンプ81作戦である。「sus法」は、一八二四年に制定された「浮浪者取締法」を復活させたもので、犯罪を意図しているという疑いだけで人々を逮捕することを可能にしていた。スワンプ81とは警察の人種差別的で大規模な「ストップ&サーチ」〔犯罪抑止を名目に、警官が無作為に職務質問と身体検査を行なうこと〕作戦のことで、「sus法」が具体的な形をとったものだった。

一九八五年、ブリクストンはふたたび燃えあがった。このときブリクストンに火をつけたのは、チェリー・グロースが息子を探しに家にやってきた警官に撃たれ下半身不随となった事件だ。そのたった一週間後にはシンシア・ジャレットが息子にかんする警察の家宅捜索を受けた際に心臓発作で死亡し、それをきっかけにブロードウォーターファーム暴動が発生、警官一名が死亡した〔ブロードウォーターファームは、カリブ系・アフリカ系が多く住むロンドン北部トッテナムにある公営住宅地〕。

俺はグロースとジャレットのいずれの家族とも知り合いだ。また俺は、二〇一一年に警察の家宅捜索中に死んだレゲエアーティスト、スマイリー・カルチャーの息子と一緒に育った。俺がこんな個人的な人間関係の話をするのは、かれらが抽象概念や単なるニュースの登場人物ではなく、一つのコミュニティ——俺たちのコミュニティの一員だったことを言いたいからだ。二〇一六年、元サッカープレミアリーグ選手のダリアン・アトキンソンが警察にスタンガンで撃たれて死んだ。イギリスで、かつての人気ミュージシャンや引退したサッカー選手が警察の捜査を受けて命を落とすなんて、まず黒人コミュニティ以外では考えられない。

一九八〇年代に国家暴力や人種差別、貧困、階級的抑圧に対して怒りが爆発したのは、決してロンドンだけではなかった。一九八〇年、イングランド南西部の都市ブリストルではセントポールズ暴動が起こり、八一年には北西部の都市マンチェスターのモスサイドとリヴァプールのトクステス、八一年と八五年には中部の都市バーミンガムのハンズワース、八一年と八七年には北部の都市リーズのチャペルタウンで暴動が起こった。

　こうした怒りの爆発がどれほど大きな損害額をもたらしたかは俺にはわからないが、当時から十分に長い年月が経ったいま、暴動の背景にはきわめて差し迫った社会的、政治的要因があったことに異議を唱える研究者はほとんどいない。実際そうしたことについては何冊も本が書かれている。一連の出来事を直接受けて、政府の政策や警察の取り締まり、訓練内容が見直された。ただ、イギリス国家が八〇年代という時代から実際にどのような教訓を得たのかはわからないままであるが。

　俺よりほんの少し若く、比較的多文化主義的な環境に生まれ育った人々は、この国で黒人が最低限の敬意を勝ちとったのはごく最近のことだということを忘れがちだ。だが、八〇年代に生まれた俺は、決して忘れることはない。観客が投げたバナナの皮をサッカー選手のジョン・バーンズ〔ジャマイカ生まれの元イングランド代表選手〕が蹴り飛ばす姿が悪名高い写真に撮られたとき、俺は五歳だった。イングランドでもっとも偉大なサッカー選手の何人かが、競技場の数万人の観客の目の前で、こうした辱《はずかし》めを受けたのだ。ほとんどの観客は、そのような侮辱行為を何の問題もないどころかおもしろいとすら感じているようだった。俺はそういう場面を毎日のように見て育ったのだ。

俺はシリル・レジス〔一九五八―二〇一八年。英国サッカー界で初めて注目を集めた黒人選手の一人として、白人による激しい人種差別的攻撃を受けた〕と個人的に知り合いだったが（どうか安らかに《レスト・イン・パワー》お眠りください）、彼に届いた手紙に銃弾が入っていたこともあった。黒人選手がイングランド代表としてプレーしたいと望んだだけで、自分たちの「サポーター」や同国人であるはずの人々から殺害の脅《おど》しを受けたのだ。黒人を猿と結びつける発想はどこから来たのかを公《おおやけ》の場で問う人はいなかった。もしそうしていたなら、俺たちはその発想の歴史的な起源について、また野蛮人神話や文字どおりの人間動物園〔一九世紀後半に登場した、欧米人が「野蛮」「未開」とみなしたおもにアフリカの人々を動物園のような環境で展示したもの〕について話す必要があっただろう。

俺はこの世界について何の考えももたずに生まれたが、世界の側が俺のような人間についてある種の考えをもっているのは明らかだった。この世界は、何も知らなかった俺に、人種や階級がどういうものかをすぐに教えた。その偏見があまりにも理不尽な形で現れるために、俺は人種や階級というものの正体を探求せざるをえなくなったのだ。俺はそれを学ぶために人生で少なくない時間を費《つい》やすことをとくに望んだわけではなかった。子どものころに夢みたことでは決してなかった。だが俺は、まだとても幼いころにそうすることを余儀《よぎ》なくされたのだ。バーンズがあのバナナの皮を蹴り飛ばす姿を見たときに。あるいは、母の稼ぎが少なくて電気も暖房もつかない暗い部屋で凍《ここ》えながら座っているときに。そのとき俺はこうした経験に特別な意味があることはわかっていたが、それをどう言葉にすればいいのかはまだわからなかった。

俺は一九八〇年代に生まれた。国会議員が俺たち――つまり非白人のイギリス連邦市民――を、もと居た場所へと送還すべきだと議論していた時代に。俺たちの出身地が法的にもはやイギリス領でなくなり、国内の俺たちの存在が問題視されるようになったのだ。祖母たちの手を借りて国民保健制度ができあがり、祖父たちの働きで公共交通機関が発達したいま、国会議員は公然と俺たちを送還する話ができるようになったのだ。俺たちはもはや必要ないもの、余剰労働力、需要に対する供給過多、資本にとってもう役に立たない存在とされたのである。

「人種」というものが全体的にどう管理されているか――メディアが広めるプロパガンダ、黒人でいっぱいの精神病院、深刻な失業、白人にくらべて圧倒的な数の投獄率や停退学処分――を理解するには、そもそもなぜ俺たちがイギリスに呼ばれたのかという文脈を理解する必要がある。

　俺たちはみな、イギリス社会の富にあずかるためにここに呼ばれたわけではなかった。それは当時の白人の大多数にも手の届かないものだったのだ。俺たちがここに呼ばれたのは、第二次大戦終了直後の数年間に必要だった単純労働で俺たちを働かせるためだった。そして戦後イギリスのあらゆる政権――ケン・ローチ監督による二〇一三年のドキュメンタリー映画『1945年の精神』〔クレメント・アトリー率いる戦後初期の労働党政権下で数々の社会保障政策や経済活動の国営化が実現したことを回顧する〕に出てくるアトリー政権の面々も含め――は、そんな限られたことを期待された茶色の肌をしたイギリス国民が本国に入ることによる長期的な影響を強く懸念していたのだった。

　社会学者のアダム・エリオット・クーパーが言うように、イギリス政府とその教育制度は、白人イギリス人に対し、俺たちがイギリスに来たのではなく、むしろ「イギリスの方がわれわれのところにやってきた」ことを教えなかった。また、福祉国家やそのほかの階級格差の改善を可能にしたイギリスの富は、少なからず植民地でつくられたコーヒーやタバコや綿花、そこで採れたダイヤモンドや金《ゴールド》、そして植民地人民の汗と血と命の犠牲によって築かれたことも説明しなかった。俺たちの祖父母は外国からの移民ではなく、イギリスのパスポートをもった正真正銘のイギリス国民であり、しかもその多くが第二次世界大戦をイギリス軍で戦った元兵士で、遠く離れた植民地の一つから本国へと移動してきただけなのだとは、誰も教えなかった。また、植民地のカリブ人やアジア人が、「イギリスはあなたの母国なのだ、そこは平和と正義と繁栄の発祥の地で、あなたもそこに行けば愛する母国の温かな腕の中に迎えられるのだ」と教えられたことを、誰も白人イギリス人に言わなかった。

同様に、実際にはほとんどの白人イギリス人が貧しいことや、イギリス国内では過酷な労働搾取や階級間対立がずっと続いてきたことを、俺の祖父母や植民地のほかの人々に教える人もいなかった。なにしろ植民地では、白人とは上流階級であり、豊かな生活を送っている人間なのだと考えられていたのだ。俺の祖父母がジャマイカで目にしていた白人は支配階級の人間だけだったことを思えば、こうした考えはまったく自然なものだった。俺の叔父は「イングランドで白人が道を掃《は》いてるのを見たときにゃ、信じられんかったな」とそのとき受けたショックを語った。四歳の叔父が想像していたイギリスは、五〇年代にイギリスの港へ降り立って貧しい白人たちを目にした瞬間に壊されてしまったのだ。とんでもないところに来てしまった——いったい何が起こっているのだ？

また叔父は、イギリスに来て一週間も経たないうちに、自分が「黒んぼのクソガキ」だということを知った。叔父が駄菓子屋にいたとき、通りがかりの大人が教えたのだ。植民地の人々がイギリスこそがかれらの母国だと教えられていた一方で、白人イギリス人のほとんどは、このニガーども——ちなみに当時はアジア系も「ニガー」だった——はバナナ運搬船《ボート》でやってきて身のほど知らずにもこの国にたかり、「かれらの」仕事を奪い、「かれらの」の女を盗む連中だと考えていたのだ。現実にはイギリスがドイツ系の王室、ノルマン系の支配層、ギリシャ系の守護聖人をもち、ローマ／中東に由来する宗教を信仰し、インド料理を国民的料理として好み、アラブ／インドに由来する数字とラテン系アルファベットを使い、多民族を擁《よう》する世界規模の帝国であることを前提としたアイデンティティをもっているのだとしても、そんなことはこの際関係ない——「外国人は出ていけ」なのだ。

　イギリスには歴史上つねに多くの移民がやってきたことや、多くの「白人」イギリス人が実際には一九世紀にやって来たユダヤ系、東欧系、アイルランド系移民の子孫であること[★3]、また戦後の「大量移民」[★4]時代にもっとも多くの移民をイギリスへ送り出したのはアイルランドやヨーロッパ諸国だったことも関係ない。そして当然、海外に出た多くのイギリス系移民や入植者——「国外在住者」という都合のいい名称を与えられた人々——には一切触れてはならないのである。

　俺たちの祖父母、さらにはイギリスで生まれたその子どもたちに対するイギリス人の反応は、いつも決まって理不尽な嫌悪感だった。戦後移民のパイオニアとしてのウィンドラッシュ世代の物語がイギリス国家の物語に公式に組みこまれた現在でも、人々がかれらが受けた扱いについて少しでも知ったなら、間違いなく怒りや困惑を感じるだろう。戦後のイギリスに労働力としてやってきたウィンドラッシュ世代を待っていたのは、かれらの茶色あるいは黒い肌だけを理由とした事実上の人種隔離、罵詈雑言《ばりぞうごん》、暴力、そして殺害だった。

さらには移民法により、非白人のイギリス連邦市民のイギリス市民権取得が制限されてしまった。ただ白人でないというだけで、数億人のイギリス国民から市民権とイギリスのパスポートが保障する移動の自由が奪われたのだ。そして、一九六八年と七一年の移民法には「祖父条項」がほとんどその意図を隠すことなく組みこまれた〔祖父母や親、あるいは本人が英国生まれの英連邦市民は英国の移民法の規制を大幅に免れることになった〕。これにより、明白に人種的な言葉を使うことなく、イギリス連邦の白人の移動の自由は維持されたのだ。[★5]

こんな状況でも、俺の祖父ブリンズリーは一生懸命働き、少しずつ金を貯め、やがて郊外に家を買った。祖父は、イギリス資本主義が報酬と引き換えに働き者の労働者に要求することを完璧にやり遂げ、公平に言って祖父はその報酬を得た。近所の住民はその「ニガー」を自分たちの通りから立ち退《の》かせようと全員で署名までしたのだが、祖父は（俺にはいま一つ理解できない理由により）そこにとどまった。そもそもまわりが公営住宅ばかりのなか、祖父の家は唯一の持ち家だったので、それを立ち退かせるのは無理な話だったのだ。祖母のミリセントもこつこつ貯金し家の購入資金の足しにしたが、祖母はロンドンに住みつづけた。もっともこれは、ロンドンの労働者が家を買うことに少しでも希望がもてた時代の話だ。いまは住宅価格が跳ね上がり、そうした希望は完全に失われてしまった。

一九八〇年代はヒルズボロの悲劇で幕を閉じた。これは八九年に、イングランド中部の都市シェフィールドのヒルズボロスタジアムで開催されたサッカーFAカップ準決勝、リヴァプール対ノッティンガムフォレストの試合中に九六人の観客が圧死した事件だ。惨劇の直後、全国紙と警察は、リヴァプールのファンは酔っ払いのフーリガンだという粗雑な階級的偏見を駆使して、かれらに事故の責任をなすりつけた。サン紙に至っては、リヴァプールのファンが死体から金品を盗んだり、警察に向かって小便したとまで主張した。これに怒ったリヴァプールの人々は現在に至るまでサン紙をボイコットしている。二〇一六年、遺族が二七年間にわたって不断に続けてきたキャンペーンの結果、犠牲者は警察の過失により不当に亡くなったという判決がようやく下された。

それでは、いま俺たちはどんな時代に生きているのだろうか？ 俺が生まれた八〇年代から何も変わっていないのか？ イギリスの支配層のイデオロギーはまぎれもなく貴族的特権と白人性《ホワイトネス》を基本的前提としているが、イギリスのインナーシティ〔人口が密集し住環境が悪い、都心部の低所得者地域〕、とくにロンドンは、いまや多民族化の実験が「欧米」世界でも指折りの成功を収めた場所であることもまた明らかだ。右翼的な報道機関がいくらそうでないふりをしてもそうなのである。多民族的なイギリスは、ポール・ギルロイ〔英国のカルチュラルスタディーズの研究者〕の言葉を借りれば、俺たちイギリス人の「共生」文化――すなわち、大きな問題に直面しても基本的には友好関係を保つ、市井《しせい》の人々がもつ日常的な良識のたまものなのである。★6

イギリスは驚くべき矛盾を抱えた国でありつづけてきたのだ――人種差別と反人種差別、貧しい人々への徹底した軽蔑とキリスト教の慈善事業《チャリティ》、世界有数の大学をいくつも擁しながらも頑《かたく》なに学ぶことを軽蔑し、「アングロ《英国の》グローバリゼーション」を推進しながら、他民族が自由に移動する権利をいつも本気で嘆《なげ》いている市民たち。世界最大規模の奴隷貿易を行なったイギリスに、ほかの主要なヨーロッパの奴隷貿易国をはるかに上回る規模の奴隷制廃止運動があったのはなぜか？　その二世紀後、自国の政府や企業・銀行が南アフリカのアパルトヘイト体制を支持しているなかで、国内の「ラディカル」な運動組織がアパルトヘイトにあれほどの反感をしめし、強力な反対運動を組織できたのはなぜなのか？（とはいえ、皮肉なことにイギリスにおける反アパルトヘイト闘争の内部にも人種的対立があった。[★7]）

イギリスには競合する二つの伝統が存在する。一つは自由や平等、民主主義の思想に根ざした伝統。もう一つはこうした考えを単なるきれい事とみなし、便利なときには自在にそれを口にはするが、マキャベリ風に権力を維持するためにはそれに背《そむ》くような伝統だ。だからイギリスは世界で最大規模のイラク戦争反対デモが起きた一方で、その世界中に影響をもたらす問題について自国民の意見を完全に無視するような政府をもったままでいるのだ。

イギリスには深刻な階級的不平等が根強く存在する。すべての人々が満足できる社会を期待するのはおそらく非現実的だとしても、イギリスの階級制度はヨーロッパの基準からみてもきわめて悪質である。一方、八〇年代以後のイギリスから人種差別がなくなったわけではないが、俺が生まれた八〇年代に黒人系、アジア系のコミュニティが行なった闘争がきわめて重要な改革をいくつも生みだした結果、間違いなく俺の世代はそれまでとは違う形で「人種」を経験し理解するようになった。ゴリウォーグ〔人種差別的に黒人を模した子ども向けの人形〕やバナナの皮は、この国の黒人の日常には登場しなくなった。それは警察の特別巡視隊（ＳＰＧ）〔一九六五年にロンドン警視庁が犯罪防止や公共秩序の維持を目的に設置。おもに移民の監視やカリブ系地区の取り締まりにあたった〕についても同様だ。ＳＰＧはきわめて暴力的で、俺より歳上の男性はほとんどみなその被害を何度も受けた。もちろんいまも警察の暴力は存在するが、状況は三〇年前よりはるかによくなっているという認識は——少なくともいまのところ——多くの人々に共通するものだろう。

親の世代が体を張って戦ってくれたおかげで、かつては日常茶飯事だった「ニガー狩り」や「パキバッシング」〔パキスタンをはじめとする南アジア系の移民に対する暴力行為。「パキ」は南アジア系の移民に対する蔑称〕もずいぶんと減った。父やおじさんたちの身体には極右のイギリス国民戦線（NF）、テディボーイズ〔一九五〇年代のロンドンに登場した白人労働者階級の若者集団。五八年にはロンドン西部のノッティングヒルで反黒人暴動を起こした〕やスキンヘッズ〔一九六〇年代に登場した白人労働者階級の若者集団。移民や外国人労働者を攻撃した〕と戦ったときの傷跡がいくつも残っている。俺の身体にはそうした傷跡はない。とはいえ最近勢いを増してきたレイシストは決して見くびってはならない存在であり、人種差別的暴力はふたたび増加傾向にあるようだ。

その理由の一つには、これまで表面的にはかなり進歩し、そして本当の意味での進歩も少しはあったにもかかわらず、人種差別をめぐる社会の認識がいまなお未熟なことがあげられる。社会における人種をめぐる議論は、人種差別をあくまで個人間のモラルの問題としてしか考えないように方向づけられているのだ（もし人種差別自体を認識できればの話だが）。善人にレイシストはおらず、悪人だけがレイシスト。この巧《たく》みな二分法は、現実的な議論を一切回避するのに大変役に立つ。だが法と教育の不平等というような構造的暴力や、国家による人種的搾取の歴史を抜きにして、偏見から出る個人の単純な差別行為について考える意味はほとんどない。簡単に言えば、俺たちは貧しい人々が行なうような人種差別行為だけを問題にするように教育されているのである。

よほど帝国主義的な歴史家であっても、どこかのフーリガンがプレミアリーグのサッカー選手を「黒人マンコ野郎《ブラックカント》」と呼ぶのは悪いことだと言うだろう。しかし、一方でこの種の歴史家は、イギリス帝国の大量殺戮《さつりく》的で白人至上主義的な海賊行為の歴史をごまかすか些細《ささい》なものであるかのように描《えが》き、本質的には称賛することに仕事のほとんどを費やしているのである。イギリス帝国はインドで数千万人もの人々を餓死させ、さらに多くの場所でより多くの人々を奴隷にしたり拷問《ごうもん》したりし、（とりわけそれが自国の目的にかなうときには）非白人植民地での民衆的な民主主義や経済発展を拡大させるどころか粉砕することにその権力を使ってきたのだ。★8 つまり、貧しい人々の人種差別は悪だが、富める者の人種差別は善だというわけだ。

金と権力をもつ者がいまだ行なっている種類の人種差別——たとえば、かつての「白人の重荷」（「野蛮人にみずからを統治する能力はない」というのが基本的な意味〔「白人の重荷」とは白人には植民地の黒人に文明をもたらす義務があるとする考え方を示す言葉〕）とほとんど変わらない発想でさまざまな国の天然資源をまるごと略奪すること、あるいは人種的に不平等な法と監獄制度によって金儲けをすること——は、はるかに極悪でその被害も甚大だ。だが、こうした形の人種差別は、呼び名による単純な人種差別にくらべほとんど注目されることがない。

非常に多くのテレビ視聴者の前で、チェルシーのジョン・テリーがクイーンズ・パーク・レンジャーズのアントン・ファーディナンドを「黒人マンコ野郎《ブラックカント》」と呼んだこと〔二〇一一年一〇月二三日に開催されたサッカープレミアリーグの試合での出来事〕は当然にも遺憾《いかん》とされた。しかしそのあとイングランドサッカー協会と代表チームの上層部が、二〇一二年のヨーロッパ選手権にアントン・ファーディナンドの兄リオではなくジョン・テリーを招集すべきかという問題に曖昧《あいまい》な態度をとったことや〔最終的にジョン・テリーが招集された〕、職場でほかの選手に人種差別的暴言を吐くジョン・テリーのような人物が代表チームのキャプテンであることにイングランド全体が喜びと誇りを感じていたことは、人種というものがいかに機能しているかを議論する際に大変興味深いケーススタディとなる。もし代表チームが即座にジョン・テリーを離脱させ、かわりにリオを選ぶという決定をしていたら、リオが有能なのは明らかであってもきっとイングランドじゅうが非難の大騒ぎになったはずだ。

二〇一七年のイギリス総選挙の選挙運動期間中、インターネット上のレイシストたちは、黒人女性の国会議員であるダイアン・アボットに「この太った黒人ビッチを吊《つ》るせるぐらい頑丈な木があれば、すぐさま縛《しば》り首にしてやる」という言葉を投げつけた（これはアボットが日頃から受けている数多くの人種差別的、性差別的な侮辱のほんの一例である）。イギリスのレイシストのなかでもとくに単純な連中は、こうした言葉によってかれらがアメリカの同志との間に感じている精神的つながりをうまく表現したつもりなのだろう。

だが実際には、アメリカと違ってイギリス国内で黒人の縛り首は決して一般的ではなかった。皮肉なことに、イギリスの歴史上縛り首にされた人々の圧倒的多数は白人であり、もっぱら金持ちの財産に手を出した罪で国家に絞首刑にされた貧乏人だったのだ。[★9] ああ何という皮肉、何と自分の祖先に敬《うやま》わない連中だろう！

それでもやはり、人種にはヒエラルキーがあるという考えと、それとセットになった「白人は生まれつきほかの人種より優れている」という思想は、貧乏人がつくりだしたものではないのだ。イギリスと世界中で人種のヒエラルキーを維持するために中心的な役割を果たしている日常的な人種差別を許してはならないものの、そこで批判をやめてはならないのだ。

民族的偏見は数千年にもわたって存在してきたし、おそらくはこの世のあらゆる社会に何らかの影響をおよぼしているだろう。だが「人種」というものの発明、あるいは少なくともその明文化は、一八世紀から一九世紀にかけて進められた欧米中心主義的なプロジェクトなのである。イギリスの知識人はそのなかで中心的な役割を果たしたのだ。

またイギリスは、人種差別的な世界規模の帝国を介して、白人至上主義を一定期間、政治の支配的潮流に育てあげた先導者となった。だが公の場で人種差別について議論したり、ましてや白人至上主義がイギリスの歴史に大きな潮流として存在している事実をあえて指摘したりすれば、イギリス史を研究しているという一部の人々に憎悪をもって迎えられることになる。そうした歴史家はイギリスの歴史を無批判に称賛することを望んでいるようだ。

だが俺はいったい何に文句を言っているのか？　そんな疑問が出てくるのは当然だろう。何だかんだ言っても、いまのところ俺の人生はかなりうまくいっているのではないか？　そのとおりだ。俺はこれまで述べたような歴史の影響を受け、困難を抱えた家庭に生まれながらも、大人になってからは自営の起業家としてずっとうまくやってきたし、独立系のアーティストとして世界中を回った。ろくに大学に通わなかった人間ながら国内のほとんどの大学で講演した経験もある。

俺は統計的にみて、全国統一試験ＧＣＳＥ〔英国で中等教育修了時の一六歳で受験する学力認定試験。大学進学を希望する場合、最大一〇科目のうち最低五科目で一定以上の成績をおさめる必要がある〕で五科目合格を達成する確率がもっとも低い集団に属するのだが（学校の給食費が無料になっている白人および「人種混合《ミクスト・レイス》」の男子は、同じく給食費が無料になっている「完全に黒人」の男子よりもさらに合格率が低い）、俺は一〇科目合格を達成し、最高評価であるA*（Aスター）がとれた科目もいくつもあった。また数学のGCSEには通常よりも一年早く合格し、王立研究所の数学上級クラスを受講していた。

俺は特殊なのだろうか？　俺は同世代の多くの人々と自分を分ける特別な何かをもっていたのだろうか？　俺の存在そのものが、イギリスがまさしく実力主義の国であって、努力さえすれば「成功」するという証拠なのか？「アメリカンドリーム」のイギリス版があるとしたら、俺はその夢を実現した小さな一例なのか？　俺のきょうだいについても同じだ。姉は、みなさんご存じだろうミス・ダイナマイト〔歌手でラッパー。イギリスで数多くの音楽賞を受賞している〕だ。妹の一人はベル・ウィリアムズという受賞歴のあるスタントウーマンで、映画史上屈指の大作にもいくつか出演している。一六歳の弟はつい先日、GCSEで俺と同じく一〇科目合格を果たし、将来は脳科学者になることを夢みている。社会的流動性〔教育などをつうじて貧困層が中・上流層に上がる社会的可能性のこと〕などほとんど嘘だと主張している俺だが、貧困から這い上がり裕福になりつつある「人種混合《ミクスト・レイス》」の俺の家族は、その新たな生き証人なのか？

現実がそう単純ならどれだけよかっただろう。「例外が規則の存在を証明する」ということでなければどれだけよかっただろう。

この本は、一見個人を超えた力――すなわち人種と階級――が、これまで、そしていまもなおどのように俺たちの人生に影響を与えているのかを検証することを目的としている。そして俺自身、少しでも人生のめぐり合わせが違っていたなら、現在の状況とはまったく異なるが世間にはかなりありふれた物語――繰り返される暴力沙汰《ざた》、刑務所暮らし、非正規・不安定・低賃金の仕事――を語っていたかもしれないということについて考えるための一冊である。

　インナーシティの生活によくある成り行きやそれについてまわるあれこれと同時に、俺は幸運にも多くの得がたい機会に恵まれた。俺はパンアフリカニズム〔奴隷化と植民地支配の共通の歴史をもつアフリカ大陸内外の黒人の連帯と解放をめざす思想・運動〕の土曜学校に通い、公立学校では学べないことを学ぶことができた。継父《ままちち》はハックニーエンパイア劇場〔戦後カリブ系移民が多く移り住んだロンドン東部のハックニーにある有名劇場〕の舞台監督だったので、俺は裕福な家庭の子どもをはるかに上回る数の舞台を観て育った。両親は政治意識が高く、きわめて教育熱心で、俺を守るために必要となればいつどこであろうと教師と闘ってくれた。

　家のすぐそばにあった公立図書館には、俺の子ども時代のいちばん楽しい思い出のいくつかがある。俺は本というものをほとんど異常と言えるほど愛しているのだが、この図書館はその愛を俺に植えつける上で小さくない役割を果たした。俺はすでにとても読み切れないような数の本を持っているが、それでもしょっちゅう本屋に行き、新刊本を見て、拾い読みし、印刷したばかりの紙の匂いをかぐのだ――悲しいかな、俺は度を超えた本の虫なのだ。もし身のまわりに人々の税金で運営される公立図書館がなく、そこに喜んで連れていってくれる母親がいなかったなら、あなたがいま読んでいるこの本が書かれることはおそらくなかっただろう。だが、こうした幸運があったにもかかわらず、俺は恐怖心からナイフを持ち歩き、放課後にはたわむれに軽犯罪を起こしていたのである。

　黒人意識《ブラック・コンシャスネス》〔一九六〇年代後半から南アフリカのスティーブ・ビコらが展開した思想・運動。黒人アイデンティティを肯定する意識改革をすすめることで白人の人種差別と闘うことをめざした〕は俺をナイフから遠ざけることはなかったし、ストリートで俺を守ってくれることもなかった。だが黒人意識は間違いなく俺の自尊心を形づくり、コミュニティに根ざした倫理的指針を与えてくれた。こうした要素を無視して自分は「自助努力」で成功したのだと言い張るのは簡単だが、実際にはそんなことはありえないのだ。

数えきれないくらいの教師や地域の活動家が、人生の道筋を切りひらいていくためのツールを俺に与えてくれた。サッカーのコーチは、俺にプレーの仕方を教えることで俺をトラブルから遠ざけてくれた。べつに俺の人生の成功には、自分の努力や修練も、払った犠牲も関係ないと言いたいのではない。そんなことを言うのは馬鹿げているだろう。しかし俺が言いたいのは、こういった個人の資質すら実は他者からの助けや励ましによって育《はぐく》まれたものであって、そうした支援、それもほとんどボランティアの人々による支援がなければいまの俺はなかったということだ。

俺が統計上もっともありうる人生――つまり、すでに死んだか刑務所暮らしの労働者階級の黒人男性――を送っていたかもしれないと言うのを聞いたら、俺たちとは違う子ども時代を過ごした人々は大げさだと思うかもしれない。だが俺たちと同じ境遇に育った人なら俺の言っていることが本当であることがわかるし、ほんの少しのことでどれほど運命が変わるのかをよく知っているのだ。

俺は家庭に父親のいない環境で育ったが、父とは連絡をとりつづけ、休みの日にはよく父と父の新しい家族のところに遊びに行った。継父も、母とつらい形で離婚するまでずっと前向きな影響を俺に与えてくれた。また、ほかの地域ではなかなか見られないような文化の混交が日常になっているカムデンらしく、俺にはなんとアンドリューというキプロス系の「おじさん」までいて、一〇代の日々を通して面倒を見てもらった。だが俺が人生で出会ったあらゆる男性のなかで、俺の成長にいちばん大きな影響を与えたのは、俺の名づけ親であり、俺がこの本を捧げる人物、「オフスおじさん」だ。オフスおじさんは厳密には単なる家族の友人なのだが、多くの親が自分の子どもに果たすよりもずっと大きな役割を俺の人生において担《にな》ってくれた。

オフスおじさんは俺の両親と大変仲が良く、俺やきょうだいを心から愛してくれており、母が癌《がん》にかかったときには、もし死ぬようなことがあれば俺たちを引きとろうとまで言ってくれた。オフスおじさん自身が三人の子どもを抱え、ハックニーの公営住宅に住んでいたにもかかわらずだ。一般に黒人の父親は不在の存在だと考えられがちだが、オフスおじさんのような男性もどういうわけか存在するのだ。

ほかにも俺たちについて語る上で触れねばならない幸運があった。しかしこれは俺の家族に限ったものではない。俺は五歳ではしかにかかったが、無料で治療を受けることができた。俺が一〇歳のときに母は癌になったが、やはり無料で治療を受けられた。いずれも国民保健制度のおかげだ。また俺は補助金を受けてローマとバルセロナへ修学旅行に行き、おおいに見聞を広めることができた。

時代や場所が違えば、俺のような社会的、経済的階層に生まれた人間は、家族を食べさせていくために学校をやめて働かなければならなかったろう。実際、俺の親友の一人である著名なブラジル人ヒップホップアーティスト、MCマレシャル（MC Marechal）がそうだったし、世界中の無数の子どもたちも同様だ。これは子ども個人の責任ではまったくなく、ただ「生まれ」というくじにはずれてしまったことによる。俺は部分的にはイギリスの不正義やその階級的、人種的抑圧の産物だが、同時にそうしたものに対する反撃と、その闘いに押されて権力者が行なった妥協の産物でもある。俺は帝国の産物であるだけでなく、福祉国家の産物でもあるのだ。

一九八〇年代初頭に生まれた俺の年齢集団は、黒人としてはある種中間の位置にいる。俺の年齢集団は一昔前の人種差別を覚えている最後の黒人イギリス人にあたるが、親の世代がその人種差別を（少なくとも主要都市においては）徹底的に打ち負かしてくれたおかげで、俺たちは幼いころにそれを目撃するだけですんだ。一九八一年に生まれた世代は全体的に言って一九七一年生まれよりもはるかに貧しいが[★10]、黒人の場合、話はややこしくなる。俺自身もそうだが、俺の世代には、ほんの一〇年前に生まれていたならありえなかったチャンスを得ている人々がいる。また現在、イギリスのブラックミュージックがかつてなく国際的な脚光を浴びている。

イギリスじゅうのあらゆるコミュニティに属する多くの人々が、政治家よりもストームジー（Stormzy）〔ガーナ系のラッパー〕やジェイミー（Jme）〔ナイジェリア系のラッパー〕が世界をどう語っているかに注目しているし、イギリス政治を変化させるにあたって「Grime4Corbin（コービンのためのグライム）」キャンペーン〔二〇一七年の英国総選挙において、ストームジー、ジェイミー、AKALAらのグライムラッパーが当時の労働党党首ジェレミー・コービンへの支持を呼びかけた〕が大きな役割を果たしたことは――まだそうなっていなければ――いずれ必ず多くの研究者に学問のインスピレーションを与えることになるだろう。

同時に、進歩がもたらした変化は、奇妙な形でも表れる。

俺が初めて家賃の高い部屋を借りたとき、不動産屋の黒人男性に「幸運だと思わないとな。普通俺たちみたいなカラード〔英米の白人社会で使われた、アフリカ系の人々に対する蔑称〕はこんな部屋は借りられないんだから」と言われ、口論になったことがある。彼は、黒人が数千ポンドもの大金をぽんと払えるのは普通ならありえない幸運だと考えていたようだ。これは極端な卑屈さの一例だが、ロンドンをはじめあちこちに住む若い黒人が物質的に豊かになるにつれ、階級と人種の関係はより複雑になり、人々の思い込みを裏切りつづけることになるだろう。

二〇一一年、チャンネル４〔英国の公共テレビ局〕で司会を務めた『ライフ・オブ・ライム』という番組で、高名な黒人詩人であり活動家でもある人物にインタビューをしようとしていたときのことだ。俺と撮影クルーが準備を終えたとき、彼は尋ねた。「プロデューサーはどこにいる？」。俺は一緒にいた黒人女性を指した。すると彼はまた尋ねた。「ディレクターはどこ？」。俺は一緒にいた黒人男性を指した。彼は一呼吸置いて言った。「すごいな。俺が若いころには絶対にありえなかった」。つまり黒人だけで構成された撮影クルーが、だ。もちろんＢＢＣやチャンネル４、あるいはほかの大企業のなかを少し見てみれば、黒人が増えたのはごく一部のことだとわかる。こうした企業の人員構成は、その企業が拠点を置く都市の民族構成をまったく反映していないのだ。

だがそれでも、詩人としてのキャリアのすべてを人種差別との闘いに費やしてきた人物でさえ「白人の責任者」を探してしまうというのは、ロンドンのような都市にいても、それまでの経験が現実の認識に影響を与えてしまうということをしめしている（その詩人に公正を期すために言っておくと、その番組の責任者には白人もいた。かれらは番組上層部のシニアディレクターやシニアプロデューサーだったが、たまたまその日は撮影現場にいなかったのだ）。

その詩人と世間知らずの不動産屋の出来事が示唆《しさ》するのは、黒人の中流階級が俺たちの親の世代にはありえなかったような規模ではっきりと生まれつつあるという事実だ。この傾向は、俺の友人たちの職業――クラシックの作曲家、大学教授、W10〔ノッティングヒルを一部含むロンドン西部の高級住宅地区の郵便番号〕エリアのバーのオーナー、外傷外科医、弁護士が二人ほど――にも反映されている。いずれも黒人イギリス人二世もしくは三世だ。ただしこれはただ喜んでいればいいという話ではない。なぜなら俺の友人たちがしめす黒人の職業の変化はイギリス産業が全般的に縮小しつつあることの反映ともみなせるし、また友人たちのような例外的ケースは、黒人下層階級《アンダークラス》のますます深刻さを増す現実とも隣り合わせであるからだ。この黒人下層階級はいま、それよりはるかに長い歴史をもつ白人下層階級と永久的な融合を果たしつつある。

この融合のプロセスはギャング好きの報道機関によって報道されているが、そこで黒人少年はギャングと同義であるかのように描かれている。しかし暴力的な労働者階級の若者からなるギャングはゆうに一〇〇年以上イギリスに存在してきたのは明白な事実であり、現在でもこういったギャングが目立つのは、イギリス内でもほとんど黒人のいないグラスゴー〔スコットランド最大の都市〕やダラム〔イングランド北東部の街〕、クリーブランド〔イングランド北東部の地域〕、ベルファスト〔北アイルランドの首都〕など脱工業化を経て荒廃する貧困の中心地がほとんどだ。

もちろん、成功した黒人が少しいたところで、イギリスにおける人種と階級の関係はほとんど変わらないし、場合によってはそれを固定化することになる。一部の黒人の成功は「成功できなかった」貧しい人々を非難するために使うことができるし、ときには「中流階級」の安定した生活を送る黒人自身によって実際にそう使われている。現実の社会の仕組みを誠実に認識するかわりに、この社会は平等で、十分なチャンスがある——「やる気をだして一生懸命努力すれば誰だって自分のようになれる」——と見せかけるためにも使うことができる。少なくとも俺には、ほとんどの人々は貧困を憎むよりも貧しい人々を憎んでいるように見える。

「やる気をだせ」という言葉は「自助努力」を迫る典型的で昔からある決まり文句だが、人は生まれつき優秀でもろくでなしでもなく、「悪い」選択さえ文脈のなかで行なわれるということを無視している。たとえばギャングに属する俺の「おじさん」たちはみな、学校をやめるなと俺を励まし、まだ子どもの俺が進化論を暗唱すれば小遣いをくれ、俺がおじさんたちのように、つまり犯罪者になろうとしたらおまえをぶっ飛ばすと脅しさえした。俺の親友に引退したサッカープレミアリーグ選手がいて、悪名高きストーンブリッジ団地〔ロンドン北西部ブレント区にある黒人が多く住む公営住宅地。ロンドンのなかでも高い貧困率と犯罪率で知られる〕の出身なのだが、その友人は子どものころその地域のドラッグ売人全員の申し合わせで、かれらが活動する一帯を立ち入り禁止になったという。売人たちは友人のもつ可能性、自分たちとは違う人生を生きる可能性をその友人に見出したのだ。そのようにこうした「ろくでなし」たち——かれらは実際に犯罪常習者だった——は、俺と友人を守ったのだ。

一方、白人中流階級出身の何人かの教師のせいで俺の学校生活はひどくつらいものになった。かれらは本来かれらが育てるべきはずのもの、すなわち俺の知性をめぐって俺をいじめた。また警察は、俺の学校の成績や明らかなオタクっぽさ、将来の夢は宇宙飛行士であることなどにはまったくおかまいなく、メディアが煽《あお》ったヒステリーにもとづいて俺に身体検査を行なった。人々は、街角――グラスゴー東部からロンドン東部まで――のドラッグ売人や労働者階級の犯罪者には厳しい目を向けるが、投資銀行の銀行員という職業は完全に合法で有望な仕事であるとさえ考える。たとえその銀行が麻薬カルテルの資金洗浄を請け負い、テロリズムの資金源となり、世界の武器取引や燃料戦争、また石油流出や土地収奪を促進し、地球を破壊していようともだ。

　俺は何もそのシステムのなかで働いている人々を非難しているわけではない。なぜなら俺自身、自分の消費行動によってある程度の共犯関係にあるからだ。ただ俺が言いたいのは、何が犯罪かは倫理ではなく「法律」にもとづいて決められているということだ。そして言い換えれば「法律」とは権力者によって定められたルールであって、普遍的な正義の指標ではない――そもそもそんな指標があればだが。奴隷制やアパルトヘイト、ジムクロウ〔米国南部にあった人種隔離に基づく黒人差別の法体系の総称。米国の黒人差別体制一般を指すこともある〕、夫が妻を強姦《ごうかん》する権利、同性愛者に対する化学的去勢などは、歴史上きわめてごく最近のある時点では「合法」だったということは、あえて指摘するまでもないだろう。ナチスドイツのほとんどの所業すら、当時は「合法」だったのだ。

　また、「やる気をだせ」という決まり文句は、多くのイギリス人（および世界中の人々）が貧しい生活を送っており、さらに緊縮財政〔医療・福祉をはじめとする歳出を厳しく抑制する財政政策〕――階級的収奪を遠まわしに意味する専門用語――のもとで、何の罪もないのにどんどん貧しくなっている現実を無視している。自分の給料は抑えることのない政治家によって、賃上げ率をインフレ率未満の一パーセントにまで抑えられている看護師に、同じきつい仕事を変わらずこなしているのに年々ますます貧しくなっているという事実を変えることができるだろうか？

八〇年代以降ある意味で大きな進歩があったのは事実だ。評判の悪い「ポリティカル・コレクトネス」のおかげで好き放題に暴言を吐く差別主義者が放置されるという事態ははるかに少なくなったし、郵便物に入っている銃弾の数も減った。人々はサッカーイングランド代表チームの半数がつねに黒人選手であることにも慣れた。黒人の政治家も何人かいるし、ロンドンの市長はムスリムだ〔パキスタン系移民二世で労働党政治家のサディク・カーン〕。

だがこうした大きな変化にもかかわらず、本質的な問題は変わらず存在している。八〇年代的な出来事が二一世紀の装《よそお》いのもとますます回帰しているのだ。二〇一一年に起きたイギリス暴動は、明らかにそのような過去の出来事の回帰である。その暴動は、警察が黒人男性のマーク・ダガンを射殺し、その後彼の家族やコミュニティに適切に対応しなかったことで火がついた。事件後四八時間というきわめて重要な時間に、彼が最初に警官に発砲したという警察の虚偽の説明をメディアがそのまま繰り返したことは、国家権力とマスコミの役割が八〇年代と現在でほとんど変化していない証拠である。

二〇一七年六月にロンドンの高層公営住宅グレンフェルタワーで起こった悲惨な火災は、緊縮財政への究極かつもっとも陰惨《いんさん》な賛辞だったと言えるかもしれない。最低でも七一人の命を奪ったこの火災を引き起こしたのは、間違いなく貧しい人々の命に対する組織的な軽蔑だった。

火災後の国家の反応、あるいはまったくの無反応と、市民からの圧倒的な支援との落差は、俺がこれまで直接目にしたもののなかでもっとも奇妙なものの一つだった。グレンフェルタワーの犠牲者について議論するネット上のスレッドに必ず出てくる人種差別的侮辱や敵意に満ちた憎悪の嵐——犠牲者には圧倒的にムスリムが多かった——と、グレンフェルタワーの火災で亡くなった家族と火災直前の時期にロンドン橋とマンチェスターで無差別殺傷事件を起こしたテロリスト〔両事件とも、イスラム主義武装組織ＩＳＩＳが犯行声明を出した〕とを概念上結びつける言説は、二一世紀のイギリスで「ムスリム」が人種化された文化本質主義〔同じ文化に属する人間は不変的に同じ考え方や行動をとるという移民排除に結びついた考え方〕的カテゴリーとなったことを雄弁に物語っている。

　俺がこの文章を書いているのは、火災から七ヵ月が経過した時点だが、生き残った家族にはいまだに住居が与えられていない。一方で、何百万ポンドという寄付がかれらのために集められ、地元自治体は三億ポンド〔日本円で約四九〇億円〕の資金をもっていることがわかっているのだ。俺はグレンフェルタワーと同じ通りに五年間住んでいたが、建物にはスプリンクラー、正常な火災警報器、消火器などが備えられ、数ヵ月に一度は整備員が点検に来ていた。ロンドンの同じ通りに住んでいても、ほんの少し金があるかないかの違いで、生と死の線引きがなされてしまうのだ。

　八〇年代の政治的「論理」が回帰していることをしめす兆候はほかにもある。すでにイギリスでは自国民を刑務所に入れる確率がドイツの二倍、またフランスより三〇パーセントから四〇パーセントも高い。それでもロンドン警視庁の警視総監は「一〇代の凶悪犯」により厳しい刑罰を科すことや、大規模なストップ&サーチ作戦を復活させることを主張しているのだ。イギリスの受刑者数はこの三〇年で八二パーセント増加し、女性受刑者数は九〇年代とくらべて五〇パーセントも増えているが、これに対応するような重犯罪の増加はなく、受刑者の急増には説明がつかない。[★11] 厳罰を科すだけで犯罪が減るのなら、アメリカにはいまごろ犯罪がなくなっているのではないか？

イギリスの刑務所は一割が民営化されており、またさらに多くの刑務所で囚人労働力を利用するところが増えていることを考えると、警視総監の非論理的な右翼的道徳のアピールは、まるで「利権漁《あさ》り」のようにも見え、これから物騒な時代が来る兆候をしめしている。イギリスで受刑者がさらに増加するなら、黒人イギリス人――ただでさえ白人イギリス人とくらべて投獄率が七倍も高く、司法制度のあらゆる段階で冷酷な扱いを受けている人々――が、その圧倒的多数を占めることになるのは明らかである。[★12] それ以外は、あらゆる民族の貧しい人々が占めることになるだろう。

昨今英米帝国では、ほかにも世界を揺るがすような出来事が起こっている。女性や子ども、老人を含む黒人アメリカ人が警察に殺害され、その様子が映像に残っている。ナチスやKKK、白人至上主義者に堂々と支持されるドナルド・トランプがアメリカ大統領になり、支持者が殺人を犯してもまともに非難をせずにいる。またトランプは、アメフト選手であるコリン・キャパニック〔二〇一六年、黒人への警察の暴力に抗議して試合前の国歌斉唱を膝をついて拒否した〕をはじめとするアスリートの平和的な抗議を非難した。イギリスのブレグジット運動〔英国のEU離脱をめざす政治運動。二〇一六年の国民投票では離脱支持が僅差で多数となり、離脱が決定した〕の主張には自民族中心主義と人種差別がにじんでいる。イギリス連邦諸国からの移民が何人も不当な国外退去を強いられた。そして二〇一五年の「難民危機」〔中東やアフリカから戦禍を逃れ欧州に向かう難民が急増し、EU諸国に政治危機を引き起こした〕がいったいどのように扱われ報道されたか（NATOがリビアを破壊したことへの言及はもちろんない）。こうした出来事を公平に見たならば、人種差別の概念および実践が近いうちに消滅するようなことは絶対にないことは確かだ。

こうした潮流のなかに俺は生まれた。俺はそれを自分でつくったわけでも新たに発明したわけでもないし、自分は客観的だと言い張るつもりもない。自分は個人の経験を超越し、一切の偏《かたよ》りなく世界を見ているのだと主張する歴史家や学者は多いが、俺にとってはそんなことが可能だという考え自体が馬鹿ばかしい。俺たちはみな、自分が触れ、経験したことに影響される。俺たちにできる最善のことは、自分の存在についてまわる偏りのなかから、それでも可能なかぎり公正であることをめざすことだ。個人的なことは政治的なことであり、この本は俺がよく口にする人種や階級という言葉に具体的な形を与えるための一冊だ。この本が語るのは、イギリスの階級制度が帝国や白人至上主義とどのように長く複雑な関係を保ちそこから利益を得ているか、そして一九八〇年代初頭のイギリスで「黒人」の父と「白人」の母との間に生まれた子どもの人生経験において、そうした社会的要因がどのように姿を現し人生に影響を与えたのかということである。

間章　人種差別を否認する人々に対して

……人種を基盤に組み立てられた政治空間において、人種の中心性を否定することが心理的に可能なのは、人種的特権をもつ人々だけだ。そうした人々にとって、人種とは見えないものなのだ。それはまさしく世界がかれらを中心にしてつくられており、白人こそがほかの人種の人々――自分たちとは違って人種をもつ人々――の姿を出現させる基盤だからである。

チャールズ・ミルズ『人種契約』

先へ進む前に述べておくべきことがある。イギリスでの人種をめぐる議論はかなり興味深いもので、俺が「イギリス流人種差別」と呼んでみたい特徴がよく見られる。すなわち、自由の母であるイギリスも、世界中に数多くあるほかの「遅れた」国と同じく、結局完全な実力社会にはほど遠くカースト制度をもっているのだと主張する恥知らずな人間に対して、礼儀正しく否認したり、内心で笑ってみたり、あるいはあからさまに憤慨《ふんがい》したりすることである。他国の不正義にはよく気づく人々や、イギリス史の肯定的《ポジティブ》な側面が現在に影響を与えていることについては高く評価する人々が、批判の矛先《ほこさき》を内部に向けたとたん、どういうわけか思考停止してしまうのだ。現状維持に強くこだわる人と何らかの社会悪について議論したことがある人々は、かなり奇妙でまったく反知性的な反応を経験したことがあるはずだ。イギリスの人種差別的な過去と現在について多くの白人と議論すると、この自己誘発性非合理ともいうべき現象がとくに著《いちじる》しく、ほとんど笑えるくらい予測可能な形で現れるように思われる。あなたを黙らせようとして使われるよくある「反論」のいくつかをみてみよう。

「人種差別の話をやめれば、人種差別はなくなる」

モーガン・フリーマンもあなたと同じ意見の持ち主だ。★1 嬉しいだろう。あなたの無知を正当化してくれる黒人がいるわけで、もし必要になれば「人種にこだわる」分からず屋に対して彼を使うことができる。しかし、話題にするのをやめれば人種差別はなくなるという考えは非常におもしろい。もし科学者やエンジニアがこういう発想をしていたら、いまごろ人類はどうなっていたかを少し想像してみればいい。かれらが、「最善の問題解決法とは、その問題について議論することでも向き合うことでも挑戦することでもない。完全に放置して、ひとりでに解決されることを望むことだ」と言っていたならどうなっていただろう。人々が困難な問題をまず議論し、次に行動でもってそれに向き合うことを選んでいなかったなら、人類の不安定な歴史にいかなる政治的、倫理的、技術的、医学的、物質的、精神的進歩もなかっただろう。

「人種を切り札にするな」

人種とはカードゲームの札のようなものらしい。トランプのジョーカーのように、必要とあらばあらゆる状況で使えるきわめて万能な切り札だというわけだ。非白人だけが——裕福な非白人でさえ——個人的な弱点を言い訳するためにこのカードを使うのだ。白人は——かれらが「テロリスト」にはなれないのと同じく——人種というカードを使うことが許されない。ヨーロッパ人の帝国は、ほぼ全世界を植民地化し、数世紀にもわたって公然と人種差別的な法律や慣習をつくり、傲慢《ごうまん》に人種差別を正当化する文学や映画などを大量生産してきたが、人類の歴史の形成には何の影響も与えなかった。ただ黒色や茶色の肌をした人間が人種というカードをもてあそんでいるだけなのだ。

「いつまで引きずってるんだ？　過去の話だろう」

この二つの言葉はよく一緒に使われる。どうやら歴史とはそこから学ぶべきものではなく、行く手を阻《はば》む大きな岩のようなものであるらしい。おもしろい考え方だ。というのも俺がシェイクスピアについて教えてきた何百回ものワークショップのなかで、誰も「シェイクスピアの作品は過去のものなのだから、いつまでも引きずるな」とは言わなかったからだ。俺はずっと、プラトンやダ＝ヴィンチやバートランド・ラッセル〔一八七二―一九七〇年。英国の哲学者〕、あるいはそれこそ記録に残る歴史のすべてを人々が「引きずらなくなる」のを待っているのだが、誰もそんなことをするつもりはないようだ。国民の多くがイギリス帝国を誇りに思っているこの国で、まさにその帝国の明白な遺産であるものを批判すると、「過去を引きずるな」と言われるのは大変奇妙なことだ。それはかれらの自慢の過去がもたらしたものそのものなのだ。

だがともかく、人類が過去をまさに「引きずらなくなった」――つまり「忘れた」――状態を少し想像してみよう。そうなれば、俺たちは歩行や会話、狩猟や作物の植え付けをもう一度最初から学び直さなければならない。つまり人類が発明してきたものすべてをなかったことにしてやり直さなければならないのだ。といっても、どの時点から？　記憶の開始が許されるのは正確にどの時代からなのだ？　過去を引きずるなと言う人々はそれを具体的に言う気はないようだが、俺は喜んで知りたい。もちろん実際には、かれらは都合の悪い会話をしたくないだけなのだが。

「おまえは挑発的だ」

これは俺が個人的に気に入っている言葉のひとつだ。この「挑発的」とは実際どんな意味なのか説明できる人に会ったことはないが、黒人少年がとくにそうなりやすいらしい。たとえその黒人少年が大人になって裕福になったとしても、議論が人種的不平等にかんする政治的な問題になれば、彼はどんどん「挑発的」になる。とくにそのような「挑発的」な態度を見せた人物としては、不正義に抗議して何百万ドルの大金を放棄したモハメド・アリ〔一九四二―二〇一六年。米国の黒人プロボクサー。一九六七年、ベトナム戦争への徴兵を拒否したことで、世界ヘビー級タイトルとボクサーライセンスを剥奪された〕やコリン・キャパニックが挙げられる。

アリやキャパニックは、個人を超えた大義のためにみずからの意志で個人的安楽を手放し、命を危険にさらす選択さえした。かれらとは真逆の政治思想の持ち主でさえ、この物質主義的な世界でそんな選択をしたアリやキャパニックを（少なくとも言葉の上では）尊敬してしかるべきだ。アリやキャパニックにしても沈黙し、人々が憧《あこが》れる大金持ちでありつづける方が楽だったはずなのだ。それなのにかれらと政治的に対立する人々は、はるか遠くの「グーク」〔非白人、とくにアジア人に対する蔑称。ベトナム戦争時には、アメリカと戦うベトナム人兵士やベトナム人一般に対して使われた〕への爆撃を支持したり、公園で遊ぶ一二歳の黒人の子どもを警察が殺害する映像が残っているにもかかわらず〔二〇一四年一一月、米オハイオ州のクリーブランドでエアガンを振り回して遊んでいた黒人少年タミル・ライスが、やってきた警官に射殺されるところが防犯カメラに映されていた〕、頑《がん》として警察の暴力を見逃そうとしているありさまだ。だから、かれらに筋の通ったことはあまり期待しない方がいい。

「国に帰れば？」

あまりにつまらない言葉なので、どう答えればいいのかもわからない。この言葉には、白人ではない人間は本当の国民にはなれないという前提があり、白人至上主義の古い標語「人種と国民は一つ」、あるいはナチスの「血と土」の論理と共鳴するような発想がある。誰かが俺にこの言葉を言うとき、おそらくジャマイカに帰れと言っているのだろう。なぜなら少なくともいまのところスコットランドはイギリスの一部だからだ——スコットランドに幸運あれ〔二〇一四年九月、英国からのスコットランドの独立を問う住民投票が実施されたが、賛成が約四五パーセントとわずかに過半数に届かず否決された〕。　こういうことを言う人物の「第三世界」に対するイメージはあまりに偏《かたよ》っており、侮辱のつもりでこの言葉を俺に投げつけているらしい。確かにジャマイカには暴力や貧困といった問題が山積している。しかし世界のあらゆる場所と同じく、ジャマイカで社会問題による被害をもっとも受けているのは最下層の人々だ。

　だからそれなりに裕福なディアスポラ〔様々な事情で故国を離れた移民や難民およびその子孫〕である俺は、ジャマイカ社会の最悪の側面からはほぼ守られるだろうし、実際に守られている（俺は定期的にジャマイカに戻っている）。俺はジャマイカでは特権階級なのだ。それは「人種」の面においてさえ言えることで、俺の肌の色が薄いこと、つまり俺が「ミックス」であることは、カリブでは上流階級の証《あかし》なのだ。中流階級であるジャマイカ人の俺の友人たちは、俺がイギリスで貧乏人の子どもとして育つなかで経験したほどの暴力や警察の嫌がらせを誰一人経験していない。かれらの多くは私立学校に通い、食事に困ったことはなく、両親は高級車に乗っている――俺とは真逆だ。

　誤解しないでほしいが、事実としてイギリス人は、世界中の多くの人々には手に入らないような機会や特権、インフラに恵まれている。ただ、それは多くの人々が思うような単純な話ではないのだ。数は少ないにしても、ジャマイカの富裕層と中流階級は、イギリスの最貧層とくらべてはるかに物質的に豊かな生活を送っている。かれらはフードバンク〔寄付された食料を貧困世帯に無償で提供する慈善活動〕に頼って生きているわけではないし、イギリスのように真冬に凍死するのも不可能だ。それにジャマイカには地球上でも有数の美しい自然、そして活気に満ちた誇り高い文化とコミュニティがある。俺たちの祖父母が移住を選んだ理由はいくつもあったが、母国を嫌っていたわけではないのだ。

「じゃあアフリカに帰ればいいじゃないか」（カリブ系でもこう言われる）

さっきの言葉と似ているが、この言葉を口にする人々は「人種的信用《クレジット》」という考えを信じている。つまり、黒人はみずからの階級、国籍、政治的傾向や個人的業績にかかわりなく、アフリカ大陸の独立後の指導者の欠陥について、人種に由来する責任があると信じているのだ。逆にかれらは、白人である人々はすべて、その個々人の知性や業績がどれほど平凡であろうとも、ラッセルやダ＝ヴィンチや発明家のニコラ・テスラの偉業、そして近代「西洋」の繁栄に何らかの人種的功績を共有していると信じている――たとえ、かれら自身はその繁栄を築くのに何の役割も果たしていないとしても。とくにもおもしろいのは、一九世紀末から二〇世紀初頭にかけてドイツやイタリアやロシアやアイルランドからアメリカに移住してきた曾祖父母をもつ何千万人のヨーロッパ系アメリカ人が、祖先がもっと早くアメリカに到着していた黒人アメリカ人（先住民族については言うまでもない）に対して同じ言葉を言うことである。

繰り返すが、この言葉もやはり侮辱になっていない。俺はアフリカ大陸をそこらじゅう旅してきたし、いつか父の両親が生まれた場所やかれらが「アフリカ」と呼ぶ国に戻ることを決めるかもしれない。だがそれは俺が選ぶことであって、そこが俺の居場所だと愚か者が言うからではないのだ。一方、アフリカやカリブ海の国々が政治的、経済的、軍事的に脆弱《ぜいじゃく》な状態であるかぎり、「じゃあアフリカに帰れば？」という不当な言葉がある種の現実味をもち、多くのリベラルのなかにさえ黒人の劣等性という昔ながらの考えに対する信憑《しんぴょう》性をもたらすことになる。こんな言葉を吐く愚か者は、政治的パンアフリカニズムのプロジェクトがいまだ道半ばであることを親切にも俺たち黒人に教えてくれているのだ。

「言論の自由があることに感謝しろ」

この言葉にはいくつかのおもしろい発想がある。第一に、「言論の自由」はイギリス特有のものであり――もちろんイギリスにもほかの多くの国々と同じく、国内および植民地で批判の声を抑圧してきた長い歴史がある――それゆえ俺がほかの国に住んでいたら保障されるものではないという発想。第二に、いまイギリスにある言論の自由は、長きにわたる闘いの末に人々が手に入れた権利ではなく、開明的な指導者からの贈り物であるという発想。チャーティスト〔一九世紀の英国で、議会改革や成年男子の普通選挙権などを要求したおもに労働者階級の人々〕はこれに納得しないだろうが、ほとんどのイギリス人は情けないほど熱心に自国の反体制的な歴史を忘却しているようだ。第三に、政府が批判者を殺害や拷問、投獄しないことに感謝すべきだというのは、自国の民主主義の実績を誇りに思っている人々の期待値としては極めて低いということだ。

おもしろいことに、ジャマイカは世界の報道自由度ランキングのトップテンにつねに入っており、たとえば二〇一七年にはスイスとベルギーに挟まれて八位になっている。他方、イギリスはこの五年間に順位を一二位下げて四〇位にすべり落ちている。ジャマイカはイギリスよりもはるかに深刻な政治的困難に直面してきたが、イギリスはそんな自国の元植民地に長年大きな遅れをとっているのだ。

さらに、大多数のジャマイカの著名ミュージシャンはキャリアのほとんどを費《つい》やしてジャマイカ政府をぼろくそに批判してきたし、警察の暴力はジャマイカでも深刻ではあるものの、政府が批判的なアーティストを誘拐や拷問したといった話はこの三〇年聞いたことがない。ジャマイカやトリニダード、ガーナといったイギリスよりもはるかに大きな政治的困難を抱える国々にアーティストの表現の自由や報道の自由が存在するならば（これら三つのイギリスの元植民地はいずれも二〇一七年の世界の報道自由度ランキングでイギリスより上位にある）、世界で六番目に裕福なこの国の言論の自由についていったい何を感謝すればいいのだろう？

「おまえはただイギリスが嫌いなんだ、反英なんだ」

この言葉は、イギリスが過去と現在に行なってきた悪事を批判する者は本当のイギリス国民ではないと主張している点で、これまで紹介してきたほかの多くの言葉と関連性をもっている。あらためて言うが、政府を批判するアーティストがほかの国でどのように扱われ、どのような存在とみなされているかを少しくらべてみれば、その「反」というレッテルの愚かさがはっきりわかる。フェラ・クティ〔一九三八―一九七年。ナイジェリアのミュージシャン、政治活動家〕はナイジェリアでもっとも著名な音楽のアイコンであることに間違いないが、それでも絶えず政府を批判し、ナイジェリア社会の欠点を批判してきた人物である。そうして軍は彼の母親を殺害するに至ったのだが、それでも彼を沈黙させることはできなかった。いま彼の批判精神は息子たちに受け継がれている。

では、こうしたことのせいで、一般のナイジェリア人はクティを国を憎悪する反ナイジェリアの人間とみなしているのだろうか？　ノー、まったくその逆であり、彼はその国でもっとも偉大な音楽の英雄だと考えられているのだ。ジャマイカのレゲエミュージシャンの状況も同じで、かれらは貧困や上流階級の傲慢さ、そしてレゲエ界で広く信仰される宗教であるラスタファリズム〔一九三〇年代にジャマイカの黒人の間で誕生した宗教・政治運動。アフリカ回帰を唱える〕に対する政府の迫害と闘ってきた。そうしてかれらはジャマイカ社会、そしてより広く世界の音楽界全体で、もっとも重要かつ尊敬すべき人々に数えられるようになったのだ。

この愚かな言葉を白人イギリス人に当てはめてみたらどうだろうか。もし「トルパドルの殉教者」〔一八三三年、英国のドゥーセット州トルパドルで、労働組合を結成したために有罪宣告を受けた農業労働者たち〕やサフラジェット〔一八世紀後半から一九世紀初頭の英国で、女性の参政権獲得のために闘った戦闘的な女性活動家たち〕、トマス・ペイン〔一七三七―一八〇九年。英国生まれの思想家。著書『コモン・センス』で英国の王政を批判し、英国からの米国の独立を正当化した〕、チャーティスト、児童労働と奴隷制に終止符を打つために闘った人々がみな「反英」呼ばわりされることを恐れて沈黙していたなら、いったいどういうことになっていただろう？　単純に言えば、現代人が当然のものとみなしている自由の多くが存在しなかったかもしれないのだ。さらに言えばこの「反英」というレッテルは、これを用いる人々が、イギリスの支配階級やその取り巻きである貴族院や軍需・石油・銀行業界の連中の利益を、イギリスの一般民衆の利益と一緒くたにしていることをしめしている。ただし俺は愛国者ではないので、愛国心が足りないと責められても何の怒りも湧かないのだが。

「でも○○（ほかの人権侵害）は？」

もちろん俺はインドにまだカースト制度があることや、そこでシーク教徒が迫害されていることを知っている。「イスラム世界」には、近代西洋の勃興に何世紀も先駆けて、奴隷所有にもとづく帝国が繰り返し成立してきたことも、イスラム主義ファシズムやインドのヒンドゥー主義ファシズムの存在も、ミャンマーにおけるムスリム迫害の事実も知っている。クルド人、アイヌ、西パプア人、パレスチナ人、アメリカやオーストラリアの先住民族、そのほか多くの民族が、イギリスの黒人よりもさらに深刻な被害を受けていることも俺は知っている。完璧な人間社会などなく、世界中には不正義がはびこっている。しかし、それでもこの言葉は話を逸《そ》らしているだけで意味ある考察を何も含んでいないのだ。

さらに言うと、世界を席巻した欧米の帝国主義が、先に挙げたような不正義のいくつかの固定化や延命には一切関与していないかのように振る舞うのはおかしい。そしてそれが事実だとしても、「でも○○は？」と訊《き》けば、どのような不正義についても話を逸らすことができるのだ。ただし先に挙げたすべての事例についてはすでに素晴らしい研究がいくつもあり、本書はそのいずれをも否定するものではない。

「おまえはアイデンティティ・ポリティクスに固執しすぎだ」

この言葉は最近大流行で、まるで「アイデンティティ・ポリティクス」〔人種、民族、ジェンダーなどの特定のアイデンティティーにもとづいた政治運動〕を最近出現したまったく新しい現象であるかのように語っている。もちろん現実には、イギリスには能力や階級の区別だけではなく、白人アイデンティティを中心に政治がつくりあげられてきた長い歴史があるのだ。

また、アイデンティティ・ポリティクスの要素が含まれていない政治とはどういうものか教えてほしい。「労働者階級」（とくに脱工業化時代の福祉国家において）、「アイルランド人」、「キリスト教徒」、「ユダヤ人」、「日本人」、これらはすべてアイデンティティではないのか？　何らかの集団的アイデンティティを必ずもつ人間が、アイデンティティ抜きの政治をどのように行なうことができるのか？　俺のようなアイデンティティをもつ人間の話や、そのアイデンティティゆえに俺たちが経験したことを聞きたくないと言うのなら、どうぞ自由にこの本を閉じて、俺をツイッターでフォローするのもユーチューブで見るのもやめてくれればいい。別に俺はあなたにつきまとったりはしないから。

「先祖がしたことで私を責めるのか？」

この言葉は通常、イギリスが環大西洋奴隷貿易で果たした役割というきわめてデリケートな領域で議論しているときに登場する。「私は奴隷を所有したことなんてない」と言って論点をすり替えるのだ。もちろん、現在イギリスで生きている人間は誰一人としてアフリカ人を所有したことがないのはみんな知っている。しかしだからといって、イギリスの歴史において奴隷制が重要な役割を果たしたという事実は少しも変わらないのだ。★2 また、作家のゲアリー・ヤングがかつて語ったように、イギリス人は自分たちが直接関与したわけではない肯定的《ポジティブ》な国家的出来事を当然のように誇るが――「俺たちはワールドカップで優勝した」「俺たちは戦争に勝った」――、それでも多くの人々は自国の歴史の否定的《ネガティブ》な側面に向き合うつもりはないようだ。かれらは喜んで「ダンケルク精神」〔集団が一丸となって困難を克服することを意味する英国の慣用表現。一九四〇年、フランスのダンケルクで独軍に追い詰められた三三万人の英仏軍の兵士が数日間で英国に撤退した出来事にちなんでいる〕に自分を結びつけるが、「アムリツァル精神」〔一九一九年四月一三日、インド北部のアムリツァルで、弾圧法の制定に反対して集まった非武装の市民に英軍が無差別発砲し数千人の死傷者が出た〕については、その存在を認識する気すらあまりないように見える。

「言い訳をするな」

なぜイングランド北部は南部よりもずっと貧しいのか、なぜイタリア南部は北部よりもずっと貧しいのか、なぜロンドン東部は西部よりも貧しいのか、なぜグラスゴーやベルファストは昔からイギリスのほかの都市とくらべてはるかに暴力的なのか？　もしこのような質問を誰かにしたなら、返ってくるのはおそらく歴史や政治、経済にもとづいた説明である。そしてそうした説明がイングランド北部の人々、イタリア南部の人々、ベルファストやグラスゴーの人々が抱えている生来の欠点を免責する「言い訳」だとは誰も言わないだろう。「言い訳をするな」という言葉が意味しているのは、人類がみずからの社会のあり方を理解するために用いてよいツールが、黒人に限って使用禁止になるということだ。黒人がどんな問題に直面していようとも、その原因は黒い肌と劣った文化のせいなのだ。

俺はしょっちゅうこの言葉を投げつけられる。なので、俺はそもそも何について「言い訳」をしているのかを検証するため、前章で簡単に触れた俺の家族の過去と現在をおさらいしよう。俺の母はアルコール依存症の両親をもち、父は児童養護施設で育った。俺はひとり親家庭に育ち、学校給食は無料だった。知ってのとおり、給食費が無料になる資格がある子どものほとんどは、全国統一試験GCSEで五科目合格を達成できない。だが俺と母が産んだほかの三人の子どもはすべて一〇科目合格を成し遂げ、着実に人生で成功を収めている。俺は、個人的には自分の人生はうまくいっていると考えているので、俺がいったい何に「言い訳」していることになっているのかがよくわからない。

しかし、俺とほかのきょうだいが人生をしっかり歩んでこられたおもな理由の一つには、貧しい子ども、とくに貧しい黒人の子どもは、ほかの子どもの半分のことを成し遂げるために二倍の努力をしなければならないことをとても幼いころから意識させられていたことにある。なのにそんな俺が人種差別と貧困がいかに意図的に再生産されているかという意義のある知識を話すことは、貧しい子どもが落ちこぼれることの「言い訳」をしているようにみなされるのだ。まったく馬鹿げた話だ。「言い訳をするな」という言葉で俺を攻撃する人々は、俺がどこから来て、人生で何を成し遂げたかを知ってもなお恥を覚えないらしい。そのことに俺は純粋に驚くが、かれらはそれほどまでに分からず屋なのである。

「おまえは世界中の問題を欧米のせいにしている」

これは「言い訳をするな」という言葉の地政学的バージョンであり、欧米大国の圧倒的な支配がいまなお世界中の人々に大きな影響を与えているなどと生意気なことを言う者を狙い撃ちにする。だがこの言葉を口にする人に、都合よく「すべてを欧米のせいにしている」アフリカ人あるいはアジア人研究者を挙げてほしいと頼んだところで、何も答えは返ってこないだろう。なぜならそんな学問は単純に存在しないからだ。

アフリカ、アジア、カリブにおける脱植民地化後の学問は、非白人も人間であり、強大な白人の手助けがなくても互いに抑圧するという当たり前の事実を基本的な前提としている。実際、そうした研究の多くが指摘しているのは、アフリカの人々およびアジアの多くの人々を見舞った多大な困難は、いずれも二つの抑圧者集団の強欲によって引き起こされたという事実だ。すなわち自国の支配層と、かれら国内の抑圧者がしばしば奉仕し共謀するところの国際資本や諸外国である。欧米諸国は、植民地支配が公式には終焉を迎えてからも、残酷極まりない独裁体制をいくつも樹立しては支援し、また選挙で選ばれた大統領を自国の都合によって打倒するという行為を長い間喜んで続けてきたのだ。

こうした単純明白な事実を指摘すると「すべてを欧米のせいにしている」というレッテルを貼られてしまう。だが心配する必要はない。当たり前だが、単なる形容詞やスローガンは反論ではないのだ。

「私には肌の色は関係ない」

これを聞くと俺は笑ってしまう。この言葉は、肌の色に押し付けられたイメージではなく、肌の色そのものが否定的《ネガティブ》なものであるという考えにもとづいている。肌の色は関係ないというのはあまりにも馬鹿げた話なのだ。くだらないがよく使われるこの言葉ほど、人々が人種について議論する難しさを物語るものはない。

「人種の問題じゃないんだよ」

何もかもが人種の問題ではないのだ、そろそろそれを理解すべきだ——。

現実には、「人種」は近代世界においてもっとも重要な概念の一つでありつづけてきた。それは何世紀にもわたる奴隷制を支え、ジェノサイドを正当化し、誰が生き誰が死ぬか、誰が市民権や財産、移民の権利や投票権を得られるのかの境界線を引くのに使われてきたのだ。これほどの影響力をもつ概念について考え、議論し、向き合うことを拒否することは、人類に対する、あるいは少なくともその一部に対する無関心を明らかにしめしている。

…

ここで挙げた議論にならない議論には多くのバリエーションがあり、どれも常識で論破できるものではない。すべての人々を説得することはできないし、説得しようと時間を無駄にする必要もないのだ。

第二章　母が白人だとわかった日

俺は怒りに震えながら小学校から帰宅した。母はその理由を知ろうとしたが、俺はなかなか教える気にならなかった。母にしばらくなだめられ、俺は学校の運動場で、ある男子にとても胸糞《むなくそ》悪い言葉で呼ばれたことを伝えた。やっと俺が母に詳しいことを話しはじめたとき、奇妙なことが起こった。「ママ、その白人の男子が……」と言ったところで、絶句してしまったのだ。俺は母をめぐる深刻な事実に気がつき、母をみつめた。そして俺はかすかな恐怖と非難をにじませながら訊《き》いた。「でも、ママも白人なんでしょ?」

それまで母は俺にとってごく普通の母だった。五歳の子どもにとって、どんな愛情深い親と同じ完璧なスーパーヒーローだったのだ。しかし、そうした母のイメージが一瞬にして消え去り、二度と取り戻せないものになったことに気づいた。俺はそんな質問をしたことを後悔した。その日一日何事もなかったようにしていればよかったのに、そうしなかった自分に腹が立った。母の顔には、ショックと諦《あきら》めとの中間のような表情が浮かんでいた。いつかこの日が来るとわかっていたにしても、俺のストレートな質問に驚いていたのだ。

母は少し考えたあと、無意識にではあっても心理学を巧《たく》みに使って、次のように答えた。「確かにママは白人だけどドイツ人で、その子はイングランド人だから」。実際には母がドイツ人ではないことや（祖父が軍人だった関係でドイツに生まれ、香港で育ち、その後イギリスに戻った）、厳密に言えば俺だって「イングランド人」であることは問題ではなかった。しかし母がそのような心理的な逃げ場をつくってくれたおかげで、俺は母の気持ちを傷つけているのではないかと不安になることなく、安心して俺が受けた人種差別的ないじめを話すことができた。

そのとき俺はたった五歳だったが、世のなかには「白人」という集団が存在することはわかるようになっていた。そしていま母がその「白人」であることがわかったのだ。俺は多くの白人が、自分が「白人」であることについて少しでも触れられるだけで気分を害することを知っていた。「白人」であるということは、あらゆる権力システムと同様に、言及され詮索されることを嫌うものだということを俺は直感的に知っていたのだ。

俺は母に、その男子が俺のことを「チャイニーズ・ブラック・ニガー・バスタード《私生児》」と呼んだことを伝えた。俺には母にその言葉を口に出すことすらよくないことのように思えた。しかし母は怒る前に、笑いだしそうになるのを我慢したに違いない。それは何と奇妙な言葉の組み合わせだろうか！　その男子——あるいはおそらくはその親——の人種差別的侮辱は、オリジナリティという点では満点だった。俺が子どものころに受けた侮辱には、クーン、ウォグ、ダーキー、カラード、もちろんニガー、ときにはパキ（レイシストは口にする差別語の不正確さでは悪名高い）といった決まり文句があったが、その子どもが言ったような差別語の独特な組み合わせは、あとにも先にも一度も聞いたことがない。

しかし、黄色味を帯びた薄茶色の肌、丸顔、「つり目」であるミックスの人間にとって、その子どもの侮辱は、五歳児が思いつくものとしては俺の人相をほぼ正確に表現していた。俺の曾祖母をみても、あるいはジャマイカの歴史を考えても、俺の祖先に中国人がいた可能性は非常に高い。その男子の侮辱にすら帝国や民族移住の歴史の痕跡《こんせき》が残されているのだ。

　これが、俺が受けた人種差別的侮辱の最初の記憶だ。もちろん、その後も数え切れないほどそうした言葉を投げつけられた。子どものころに受けた数え切れないほどの人種差別的侮辱を思い出す度に感じるのは、恥の感情だ。それは、ほかの男子に自分の母親を侮辱されたときに感じる恥ずかしさとは比べ物にならないほど自分の気持ちを暗くさせる。他人の母親を侮辱するというタブーを破れば必ず喧嘩になる。しかし人種差別的侮辱を受けると暗鬱な気持ちになる。なぜなら俺たちは、五歳にしてすでにある程度知っているからだ——自分たちが、少なくともイギリス社会において、この時代にも亡霊のようにつきまとう人種的歴史という重荷を背負った二級国民だということを。俺たちは、征服者の土地に住む征服された人間なのであり、それゆえに不名誉な人間なのだ。五歳の時点で、場違いな土地に存在するみずからの黒い身体が引き起こす攻撃性をすでに意識しており、社会のなかに明白に存在する黒人に対する否定的《ネガティブ》な考えを内面化しはじめているのだ。

　たとえば、かつて一九四〇年代、アフリカ系アメリカ人の心理学者であるマミー・クラークとケネス・クラークは、ある実験を思いついた。「人形テスト」として知られるもので、ジムクロウ時代の黒人アメリカ人の子どもたちの人種感覚を調べるのが目的だった。この実験では、色だけが違う同じ人形を子どもに渡し、どの人形が美しいか、またはどの人形が醜《みにく》いかなどの質問をした。その結果、黒人の子どもは白色の人形に対してはるかに肯定的《ポジティブ》なイメージをもっていることがわかった。のちにこの実験は「ブラウン対教育委員会事件」という画期的な裁判〔一九五四年、米最高裁がカンザス州の公立学校における人種隔離を違憲とみなし、公民権運動を勢いづけた〕で、差別の悪影響をしめす証拠の一つとして使われることになった。この実験は、近年までアメリカやはるか遠くのイタリアなどで何度も行なわれており、その結果の多くはネット上の動画で見ることができる。

現在でも、一般的に黒人の子どもと白人の子どもの双方が、黒は悪の代名詞で、白は富や権力、美しさの代名詞だと早い段階で考えていることがわかっている。この実験でもっとも悲しいのは、黒色の人形が醜くて悪だと答えた黒人の子どもが、どの人形が一番自分に似ているかを尋ねられたとき、その質問の意味を理解して言葉に詰まる場面だ。真面目な親がどう願おうとも、子どもはかなり早い段階で人種を意識するようになるのだ。

イギリスにおいて、黒人の子どもの身体はある罪を犯している。この国がどのようにして裕福になったかという居心地の悪い真実と、白人権力が思うがままに地球を闊歩《かっぽ》していたそうした古き良き時代は終わったということを白人に思い起こさせるという罪だ。白人はいま、みずからの帝国が残した数多くの遺産の一つと向き合わなければならない——母国の多民族化だ。白人イギリス人のなかで、「有色人種」と仲良くなろうとした人々や、カムデンのように物理的にかれらの近隣に住んでいる人々は、多くの場合人種の違いを少なくとも我慢できる生活上の事実として受け入れているようだ。国内でもっとも人種的に均質な地域に住む人々が、もっとも人種の違いによる汚染を恐れているのは皮肉なことだが、この皮肉は世界共通のものである。ジェームズ・ボールドウィン〔一九二四—八七年。米国の黒人作家〕の有名な言葉にあるように、「白人は、人種隔離によって自分が見たいニグロをつくりだす」のだ。

俺は俺を侮辱した子どもに怒り、俺の純真さを壊し、母と俺が同じ人種ではなく、今後も同じにはならないことをあまりにも早く俺に気づかせた世界に怒った。おそらく俺はその前からそれを知っていたが、内心で否定していたのだろう。その日起こったことは、啓示というよりもただの確認だったのかもしれない。いま振り返ってみると、その子どもの親を恥ずかしく思う。どういう親が五歳の子どもにそうした考え方や行動をとらせるのだろうか。少なくとも俺は、そんな反人間的で人種差別的な考えを子どもに教えることは、児童虐待だと考える。しかし、人種差別があまりに一般的であるために、そのように考えられることはほとんどない。

人種差別的侮辱が続くにつれて、俺はそれに対し腕力で返すようになった。これはきわめて効果的だった。ただ俺はもともと温和な子どもだったので、たとえ喧嘩に勝っても家に帰るとよく泣いていた。他人を傷つけるのは嫌だったのだ。俺たち黒人の子どもはほかの防衛手段もつくった。俺の小学校は人種的にも経済的にも非常に多様であったが、俺の学年の黒人の子どもはいじめられそうになると、みんな親戚のふりをしてそれと闘った（親が知り合いの黒人の子どもはみんなそうするのだ）。また、俺たちは「アフリカ語」という秘密の言語を操った（実際には俺たちはカリブ系だったが）。ほかの生徒はそうしたことを羨《うらや》ましがったものだ。

その日から俺と母親の関係は、一般的な母親と息子の関係ではなく、白人の母親と黒人の息子という関係になった。人種が俺たちの間に割りこみ、その後もずっとそこにあった。そのことは俺たちの行動や態度を形づくり、会話を特徴づけ、母親と息子にありがちな対立をさらに強めた。「白人」の手による黒人世界の喪失と苦しみと、その結果として存在するかなり多くの白人が日々感じているが率直にはめったに語ることはない罪悪感、恐怖、優越感との奇妙な混合に俺たちを結びつけた。

母の家族がイギリスの基準でもひどく貧しかったことも、かれらに恐ろしい制度的被害の歴史があったことも、母が半分スコットランド人であるためにイングランド人との間に個人的な葛藤があったことも問題ではなくなった。人種は俺たちの関係においてそのような複雑なニュアンスを打ち消した。イギリス社会においては多くの場合そうなのだ。

母の名誉にかけて言えば、母がしたのは、俺たちが生きる社会の痛ましい真実から逃避した上で最善を望むのではなく、理不尽なことには正面から立ち向かうというものだった。別の日、別の男子が俺のことを「ブラック・バスタード《私生児》」と言った（そのときはチャイニーズとニガーの部分はなかったが）。母は、次にレイシストがこの言葉を使ってきたら、「うん、ありがとう」と言うように言った。その理由は、第一にそうすることでかれらの虚《きょ》を衝《つ》く。第二に、その言葉は嘘ではない。俺は黒人である。そして俺が生まれたとき、両親は結婚していなかった。しかしどちらも恥じることではないということだった。

また母は、俺は人種混合《ミクスト・レイス》ではなく、黒人なのだと言った。もちろん母は俺の生物学的現実を理解していたが、人種は科学的ではなく社会的なものだということも理解していたのだ。母は、いざというときに俺がどのように扱われることになるかを知っていたし、俺が直面している問題が深刻で、人種意識のまごつきは俺にとって何の役にも立たないこともわかっていたのだ。

人種の政治性に対する母の理解、さらには母が受けた教育全般は、カリブ系イギリス人との交流から大きな影響を受けていた。母が子どものころ、家族は教育をあまり重視していなかった。とくに女子に対してはそうだった。父親は、無教養かつ暴力的で、身も蓋《ふた》もないほどのレイシストだった。また当時の階級／ジェンダー関係にも条件づけられていた父親は、母の試験の成績がほかの三人の兄弟とくらべていちばんよかったとき、母に「カンニングしたに違いない」と言った。学校の教師が母に大学進学を勧めたとき、母は「先生、それはお金持ちがいくところです」と気まずく笑いながら言ったという。母は自分の立場をよくわきまえていたようだ。

しかし、母は村で唯一の黒人家族（父の家族は別にして）と仲良くなった。それは俺の名づけ親であり、この本を捧《ささ》げているオフスおじさんの家族だ。オフスおじさんの父親は、大学を出て母国ガイアナで教師をしていた。またオフスおじさんはラディカルな政治運動に傾倒していた。そして子どもたちにはよい教育を受け、理想的には大学に進学することを期待していた。母は、オフスおじさんの家族から大学進学を勧められ、実際にそうした。そして大学ではカリブ史を勉強したが、これはまさにオフスおじさんの影響によるものだった。

黒人イギリス人がこの社会の階級的規範を拒否したことは、黒人とイギリス全体にとって、この国の黒人の存在を挑戦的なものにさせたに違いない。母が反植民地主義を掲げるラディカルな黒人運動に触発されたことは、自分の子どもの育て方についても母に根本的な影響を与えた。

母の相談相手になった黒人たちは、この社会で俺は黒人の子どもとして扱われるだろうと母に教えていた。俺の「肌の色の薄さ」は俺を救ってくれないだろうと。ここはジャマイカでも南アフリカでもない。イギリスで俺は「赤ら顔《ハイカラード》」ではなく（カラリズム〔同じ人種・民族内で肌の色の濃淡を理由に起きる差別のこと〕のことはともかく）、白人の子宮から生まれた黒人男子なのだ。それはほかの多くの人種理論と同様に生物学的には虚構ではあるが、社会的、政治的には現実である。

　俺は自分の信条とこうした現実の認識から、俺自身に受け継がれた黒人の側に自分のアイデンティティを置くことを選んだ。それは黒人が悪事を一切働かない倫理的に優れた模範だと考えたからではない。単純に白人至上主義が不正義かつ愚劣《ぐれつ》で、究極的にはジェノサイド的な思想だからだ。また、黒人性《ブラックネス》は白人性《ホワイトネス》よりもはるかに容易に違いを受け入れることができる。両者の歴史的、存在論的起源はまったく異なるのだ。

　俺は学校で白人性《ホワイトネス》についてすべてを教えられるだろう。その引力と重さをよく知るだろう。奴隷商人や帝国主義者を崇拝し、俺を人間未満だと信じている哲学者や政治家を称賛するように教えられるだろう。通常の学校ではそうなるのが必然だ。もし俺が自分が受け継ぐ黒人性《ブラックネス》や、反体制的な「白人」の歴史について学ぼうとするなら、まず母、そして俺は、それができる場所をみつけなければならなかった。

　母は、パンアフリカニズムを掲げる地元の土曜学校に俺ときょうだいを入学させた。当初学校は、初めての「ミックス」の子どもであることで俺たちを入学させることをためらった。しかし、俺たちのためにほかの黒人の親が学校にかけあってくれた。白人女性が自分の子どもに黒人の歴史を学ばせたいと思っているときに、黒人コミュニティが支援を拒否するくらいなら、「混乱した人種混合《ミクスト・レイス》の若者」（黒人コミュニティの決まり文句。悲劇のムラート〔ヨーロッパ系白人と黒人の間に生まれた人を指す言葉〕）

について何も文句は言えないだろうと学校を説得してくれたのだ。もし黒人である父が学校に俺を連れて行っていたなら、何も問題は起きなかったに違いない。とはいえ、いま実際以上にそれを深刻に言うつもりはない。結局俺たちはそれほど大騒ぎすることなくその学校に入り、そこで素晴らしい時間を過ごしたのだ。

　俺のあとにも、何人か「ミックス」の子どもが入学してきた。学校は、カムデン南部にあるいくつかのプレハブ小屋にあった。黒人コミュニティは、子どもたちに課外教育を提供し、子どもをトラブルから引き離すように最善の努力をしていた。しかしこうした学校は、刑務所ほど資金が豊富ではなかったようだ。俺たちの学校は「ウィニー・マンデラ・スクール」〔ウィニー・マンデラは、南アフリカの反アパルトヘイト活動家。ネルソン・マンデラの妻として運動の国際的象徴となった〕と名乗っていた。これは、当時南アフリカで行なわれていた反アパルトヘイト闘争に連帯し、コミュニティがパンアフリカニズム的な政治志向をもっていることをしめすためだった。母は、当時のモノクロの学校通信をいまでも持っていて、そこには俺の写真とともに「ここではよく勉強ができる」という俺の言葉が紹介されている。当時俺は七歳にすぎなかったが、黒人コミュニティの学校と通常の学校の違いがはっきりとわかっていたのだ。

　人種の問題が俺たちの間で明らかになると、母にはもうためらいはなくなった。俺たちきょうだいに公民権闘争や奴隷制、アパルトヘイトにかんする映画を観せるようになった。俺の一〇歳の誕生日には、マルコムXの演説を収録したテープ一式をプレゼントしてくれた。モハメド・アリのドキュメンタリー映画も一緒に観た。要するに、俺が自分を理解するために、そして俺が「混乱した」人種混合《ミクスト・レイス》の子どもにならないように、母はできるかぎりのことをしたのだ。そしてこうした努力において、母はイギリスの黒人パンアフリカニストのコミュニティから十分な支援を受けたのだ。

しかし、母が受けたラディカルな政治教育や長年参加していた政治運動をもってしても、やはり母は白人なのであり、決して本当の意味でうまくやることはできなかった。母はほかの黒人、もっと言えば黒人女性ができるような方法で、黒人の息子に手を差し伸べることができなかったのだ。俺たち二人は痛みをもってこのことを知り、その結果この世界に対して、そしておそらくお互いに対して怒りを覚えるようになった。俺が成長するにつれ、二人の会話は人種の違いを反映するようになり、俺は母が白人であることが恥ずかしくなった。母が教えてくれた黒人が集まる場所に、母と一緒に行きたいと思わなくなったのだ。母親とは別々に行動したいという一〇代にはよくある気持ちもあったが、そこに人種的な意味合いが加わっていたのも確かだった。

俺はヒップホップや途中までしか読んでいない何冊かの本をつうじて、中途半端に理解した黒人ナショナリズムの政治思想にのめりこんだ。マーカス・ガーヴィー〔一八八七―一九四〇年。ジャマイカ生まれの黒人民族主義運動の著名指導者。一九一〇年代後半から二〇年代にかけて米国で活動した〕の主張や思想を極端に単純化し、一九九〇年代のイギリスが一九二〇年代のアメリカとどれだけ違うかをきちんと理解しようとしなかった（結局、俺はまだ一〇代だった）。

当時の俺が本当に知っていた不正義は、白人による奴隷制、植民地主義、アパルトヘイトだけだった。モンゴル帝国や日本のファシズム、アッバース朝についてはまだ何も知らなかった。また、オリーブ色の肌をもつローマ人が、いまでは白人とされている人々をしばしば野蛮人とみなし、かれらの家に侵入して平気で奴隷にしていたことも知らなかった。スペインが何百年もの間イスラームの国だったことも知らなかったし、奴隷制が「新世界」〔南北アメリカの俗称〕の極端におぞましい奴隷制にかぎらない、文化を超えたかなり世界的な制度だということももちろん知らなかった。

だから、「ネイション・オブ・イスラム」〔一九三〇年に米国で設立され、マルコムXも所属していた黒人イスラム教組織。白人に対する黒人の道徳的優位性を説く〕が白人は悪魔だと言うのを聞き、アフリカ人奴隷の公開処刑や拷問《ごうもん》について読んだ一五歳の俺は、白人には永久に、ほかの人種とはくらべようもない救いがたい誤りがあるように考えたのだ。一方、何世紀にもわたる奴隷制と植民地主義を知り、現代のアフリカの状況を調べ、多くの黒人にある強烈な人種的自己嫌悪に日々接しているうちに、黒人には生まれつき何か問題があるのではないか、黒人は今後も永遠に歴史の敗者となる運命にあるのではないか、あるいは黒人は白人よりも生まれつき心が優しく、それが現実世界では弱点となっているのではないかと逆説的に思うようにもなった。

俺が一〇代になり、黒人の大人になるにつれて、母の表情に痛みと不安が浮かんでいるのがわかった。俺の身体に不安と恐怖を感じていたのだ。一八〇センチの身長としかめっ面の茶色の顔をもつ俺は、かつては天真爛漫《らんまん》で愛くるしい五歳児で、まだ母が「姉」ではなく「抑圧者」であることを知らなかった。母は、消え去ったその幼い男の子の復活を願っていたのだ。そのとき俺は、強気で不当に睨《にら》みつけるティーンエイジャーとなり、白人が犯したすべての罪の責任を母の肌になすりつけていたのだ。

母が俺を叱ろうとするとき、それは白人の母が「黒人の若者」である俺をしつけようとしているように俺には思えた。それは頑迷な教師や人種差別的な警官がそうするように、あるいは世界中でそう行なわれているようにだ。俺は母が俺を支え、愛してくれていることは知っていたので実際には違っていたのだが、いつもその違いを感じとれたわけではなかった。

しかし、俺がこんな風になったことに母の責任はなかったのか？　俺の誕生日にマルコムXの演説テープをくれたのは母ではなかったのか？　マルコムXの主張は、ジムクロウ下のアメリカでの彼の人生と時代を正しく言い表していなかったのか？　母がイギリスで黒人の子どもを育てていたのは、黒人の子どもが家で焼死し、死者の遺族には同情ではなく嫌がらせの手紙が届き、黒人のおばあさんが警官の銃弾で身体麻痺になっても、そうした悲劇から黒人は犯罪者としてしか報道されないような時代だったのではないか？

母は、俺をパンアフリカニズムを掲げる土曜学校に入学させたり、ハックニーエンパイア劇場に『黒人ヒーローの殿堂』〔マーカス・ガーヴィー生誕一〇〇周年を記念して一九八七年につくられたミュージカル。歴史上活躍した黒人を称える〕を観に連れていったりしなかったのか？　そうであれば、俺に憤《いきどお》りが生まれるのは必然ではなかっただろうか？　白人がアフリカ大陸とその子孫に対して行なった犯罪の事実は、白人を憎む原因として十分すぎるほどではないのか？　圧倒的に多くの白人が黒人を憎悪していたが、白人にはそうする歴史的な根拠も動機もなく、ただ俺たちの肌の色に対する頑迷な偏見があったのだ。俺たちだってただの人間であり、なぜ憎しみ返してはいけないのか？

実際には、白人の妄想家がそう信じたがっているのとは違って、黒人の怒りが白人への憎悪に変化したことは、南北アメリカのかつての奴隷制国家でもなかった。それは黒人が遺伝的に偏狭《へんきょう》になりにくいからではなく——たとえば近年南アフリカで起きているアフリカ系移民に対する外国人嫌悪的《ゼノフォビア》な攻撃をみよ——特権と権力にしがみつく抑圧者の残忍さは、どんな状況であれ抑圧への抵抗が生みだす怒りよりもつねに大きいからである。そうしたわけで、白人であっても母は「黒人コミュニティ」におおいに受け入れられた。そして黒人の子どもがこの社会で生き延び、さらに成功をつかむために必要なすべてのことをかれらから学んだのである。母のことを「困った白人女性」と感じた人もいただろうが、それが明白な偏見となって現れることはほとんどなかった。

人種が俺たちの関係に介在し、長期間そのことが貧困によるストレスやありふれた家族内の不満と結びついて、その関係を壊す恐れがあった。それでも俺たちは生き延び、数多くの苦闘の末に成功をつかんだ。人種の違いが俺たちの間に埋めることのできない溝をつくったとしても、それはまた俺たちが強くなるための共通の試練になったのだ。

はっきり言っておくと、母は完璧ではなかった。母も人間であり、俺たちきょうだいは多くの点で大変な苦労を経験した。母は精神的な病と闘っていた。そして俺たちが子どものころの家族は、その政治性やパンアフリカニズムにもかかわらず、貧困によって悪化したストレスと怒りに満ちていた。心に傷を抱えたティーンエイジャーであった俺の両親は、俺が生まれる前に出会って別れた。少なくとも母にとって父はあまりいい恋人ではなかった。また母と継父《ままちち》の離婚は本当にトラウマに満ちていて、家族として立ち直れないかのような心の傷を残した。

母が癌《がん》で闘病している間、当時一二歳の姉と一〇歳の俺は、料理、掃除、買い物、化学療法中の母の看病など、外部からの援助はほとんどなしに家庭のすべてを引き受けなければならなかった。母は病から回復したあと、すっかり大人になった子どもに対して親としての責任を果たそうとするあまり、俺たちと衝突することになった。とくに姉は、家を出て祖母の家で暮らさなければならないほどになり、そのあとホステルで暮らすようになった。

俺は、俺が五歳のころの母親像を読者に語りたいわけではないし、ましてや母は白人の救世主などではなかった。俺は母を心から愛しているが、母は俺やほかのすべての人々と同様に欠点をもっている。しかし、そうした欠点や、母自身が本当にひどい子ども時代を送ったにもかかわらず、母の努力が母をよりいっそう輝かせているのだ。その後の人生で母が経験した変化は、本当に感動的なものだ。

俺が母は白人だと気づいたとき、すでに母は現実をよく知っていた。母は何度も「ニガーの愛人」と呼ばれたことがあったし、父が国民戦線やそのほかのレイシストと戦うのを毎日のように見ていた。母の父親は「ニガーと付き合った」ことで母と絶縁した。母が俺の兄を妊娠したとき、まわりの人々は赤ん坊は灰色の怪獣になるだろうから堕《お》ろすべきだと母に言った。いまからすると馬鹿げた話だが、母は恐怖を感じた。それまでミックスの子どもを一度も見たことがなかったので、どう考えればいいのか本当にわからなかったのだ。母が街なかで乳母車を押しているときに、子どものころの友人が母を無視して通り過ぎていったり、俺たちが「本当に」母の子どもだと信じない人もいた。母は、反黒人感情が当時の社会にどれほど深く浸透しているかをよく知っていたのだ。

俺の友人もみな、かなり早い段階で人種の意味を学んでいた。人種の入り口として俺の経験は例外的なものではなく、とくに残酷なものではない。俺の親友の一人に、シェフィールドに生まれたジャマイカ系のクラシックの作曲家兼起業家がいる。彼は、保育園の先生が給食の牛乳を配る際に、彼とほかの非白人の子ども二人を列から出して教室の隅に立たせたとき、白人の意味を知ることになった。その先生は「移民」が身分不相応にも不労利益を得ることを恐れ、どうにか白人の子どもだけにそれが渡るよう努力したのだ。先生は一週間にわたって毎日これを続けたが、友人はその先生に怒り、「先生は僕に下に倒れていてほしいんだね」と言って地面を指差し、「でも僕はあそこまで飛ぶんだ」と言って空を指差した。友人のその後の経歴は、五歳の彼の宣言を証明するものとなっている。

俺の父は、警官や父を教育する立場であるはずの人々から暴行を受けたりニガーと呼ばれたりすることが、覚えていられないくらいたくさんあった。児童養護施設で育った黒人の話を聞いてみれば、幼い子どもが現実に経験した本当の恐怖物語を聞けるだろう。父も幼年期の一時期をそこで過ごした。イギリスの黒人やアジア人がこうした話をどれだけ多く集めて、その経験がかなり一般的だと懸命に世界に伝えても、その告発に対する白人社会の反応は往々にして（おそらくみせかけの?）「驚いた」というものだ。高貴なイギリスが、子どもへの広範な人種差別的虐待でみずからを汚《けが》すとはいったいどういうことだろう?　このような類《たぐい》の行為は、もっと野蛮な国で行なわれるものではないか?

もちろん現実には、俺のスコットランド／イングランド系の家族にも、それぞれ虐待の歴史があった。俺の両親が経験したことの多くも、人種的な負荷は加わっていないにしろイギリスじゅうの「白人」コミュニティのものと共通するものだろう。イギリスの貧困地域に住む何万人もの白人の親（多くは汚名を着せられたシングルマザー）が、一九七〇年代まで政府に強制されて子どもをオーストラリアに送っていたことを覚えているか？〔一九世紀末から一九七〇年代まで、孤児やシングルマザーの子どもがオーストラリアをはじめとする英連邦諸国に送られ、低賃金労働に従事させられた〕多くの場合こうした子どもは、性的虐待、重労働、さらには鞭《むち》打ちの被害にあった。もしこれが欧米以外の国によってなされたならば、児童売買と呼ばれただろう。★1

二〇一〇年にイギリスのゴードン・ブラウン首相、その前年にはオーストラリアのケビン・ラッド首相が、この政策について謝罪した。しかし当然ながら、そのまったく同じ時期にイギリスの養護施設、刑務所、警察の留置場、精神病院で広く行なわれていた黒人の子どもへの虐待については、公式に認められ賠償されるまでに何年もかかるだろう。もしそうしたことが実際にあるとすればだが。

母や、さらに重要なことに俺たちをとりまく黒人コミュニティは、俺が黒人であることを肯定することで俺に強さと自己意識を与えてくれただけでなく、闘いに備える準備をしてくれた。闘いとはイギリスの黒人が生きる現実であり、俺がすぐにでも必ず経験することになると黒人コミュニティが知っていたものだ。それは、たとえば警察の嫌がらせ、教師との対立、もうすぐ一〇代になる仲間の暴力や苛立ち、そして俺がほぼ運命づけられている刑務所行きをどう避けるかといった難関である。そうしたことすべてが俺を待ち構えていたのだ。

　俺が人種に目覚めたのは、一九八八年のある日、自分の母親が白人であることに気づいた、あるいは理解したときだった。興味深いことに、俺は父やほかの男性との間で、かれらが黒人で自分がそうでないことに突然気づくような瞬間を経験したことはない。このことは、イギリスにおける白人と黒人の定義と理解のされ方を物語っている。

　しかし、白人というものが実際に何を意味しているのかを俺が真剣に考えるようになったのは、それから一〇年以上が経ってからのことだった。たいていの人々と同じように、俺も単純に白人は白人であると、あまり深く考えずに理解していた。一〇代後半になって、白人とは何か、またケルト人、サクソン人、コルシカ人、北欧人がどのようにして「白人」と定義されるようになったのかについて考えはじめたのだった。ヨーロッパ系の人々はつねにみずからを白人とみなし、それにもとづいて政治的、経済的な特権を得てきたのだろうか？　人種差別はつねに存在していたのか？　ヨーロッパは経済的にも軍事的にもつねに世界を支配してきたのか？　奴隷制はつねに白人によって運営され、黒人だけが被害者だったのか？　いったい、「白人」とは何か？「白さとは権力のメタファーである」とジェームズ・ボールドウィンは語っている。「お金は白い」とブラジル人は言う。南アフリカ人は裕福な黒人を「白人」と呼ぶ。「白人」という言葉が称賛として、「あなたはお金持ちで、とても成功しているから名誉白人だ」という意味で、アフリカの国であっても裕福さの定義となっているのである。あるいはフランツ・ファノン〔一九二五—六一年。カリブ海の仏領マルティニーク島生まれ。精神科医でアルジェリア独立運動の理論的指導者〕が言うように、「白人だからこそ金持ちなのであり、金持ちだからこそ白人なのである」。

人種は有色人種の視点を通してのみ理解できるとよく言われるが、これは白人が正常な「人種なき」集団であることを前提としており、当然ながらまったく真実ではない。W・E・B・デュボイス〔一八六八―一九六三年。米国の社会学者、歴史家〕やジェームズ・ボールドウィンといったアフリカ系アメリカ人の先駆的な思想家を筆頭に、学者や思想家、反人種差別活動家は、人類学的な視点を徐々に白人に向けてきた。白人であることが当たり前になっており自分は人種の影響を受けていないと考えている人は、白人について議論することさえ不快に感じる。しかし現在では俺たちが危険にも理解せずにいる白人の歴史にかんする優れた研究成果が多くある。

では、もし「白さ」が本当に権力のメタファーだとしたら、その権力は実際にどのように行使されているのだろうか？　セオドア・W・アレンが一〇年以上をかけて書いた緻密《ちみつ》な研究書『白人種の発明（The Invention of the White Race）』によると、バージニア植民地の人口調査データの最初の二世代では、白人と定義される人間はいなかった。現在白人とされている人々は、その時点ではまだヨーロッパのどの地域から来たかなどの別の要素によって分類されるのがほとんどだったのだ。アレンによれば、ヨーロッパ系アメリカ人の祖先が「白人」と定義されるようになったのは、アフリカ系奴隷とヨーロッパ系奴隷の間の労働者的連帯に対処するためであり、とくに一六七六年のベーコンの反乱（イギリス総督ウィリアム・バークリーに対する多民族的な反乱）を受けてのことだった。

ヨーロッパ系の支配層は、武器をもつ権利やプランテーション経済における一定の特権的地位を、肌の色、すなわち「白さ」にもとづいて与えるようになった。たとえば、一七〇五年のバージニア州奴隷法では、キリスト教徒の白人奴隷を裸にして鞭打つことや、黒人が白人を雇用したり所有したりすることを違法とした。またこの法律は、白人女性がニグロやムラートとの間に私生児をもうけた場合には罰金を科し、人種間の結婚には禁固刑を科し、奴隷主が奴隷を殺すことを合法とした。★2 白人中心の年季奉公人が動産奴隷に置き換えられ、奴隷がおもにアフリカ系の人々に限定されるようになると、この白人特権がいっそう重要になった。それはまさしく、人間が人間でありつづけることができるかどうか、それとも単なる所有財産の一つになるかどうかの分かれ目となったからだ。

身近なところでは、アレンはイギリス占領下のアイルランドでの人種的支配の管理と北米での人種的抑圧を対比している。アイルランド人が受けた扱いと、のちに北米において人種化された集団が受けた扱いには、多くの顕著な類似点があるのだ。★3

イングランドには一九六〇年代まで、アイルランド人は本質的に野蛮人であるという考えが残っていた。悪名高い「アイルランド人、黒人、犬はお断り（No Irish, No blacks, No dogs）」という看板はその一例だ。しかし、南北アメリカでは、アイルランド系移民は黒人奴隷制、南部連合〔一八六〇年に奴隷制の拡大に反対するリンカーンが米大統領選に勝利した後の一八六一年に、奴隷制の存続を主張して合州国を離脱し南北戦争を引き起こした南部一一州の連合国家〕、白人至上主義の大きな支持者となり、南北アメリカ全体の奴隷所有者のなかで一定の割合を占めることになった——それでもイングランド人やスコットランド人にくらべればはるかに少なかったが。俺のファミリーネームであるデーリーはアイルランドに起源があるのだが、俺のはるか祖先を所有していた男の出自をしめしている可能性がある。アイルランド人は、アイルランド国内でひどく抑圧された経験があったにもかかわらず、とくに一九世紀に南北アメリカに渡ると、白人として振る舞う利点を大変よく理解するようになり、すぐにそれを実行した。★4

　ヨーロッパ系の入植者が人口の多数を占めたアメリカ合州国と、ヨーロッパ系の入植者が少数派だったカリブ海地域の人種体制には違いはあるにしても、「白さ」が権力の支柱として機能していたことには変わりはない。アメリカでは、一八六五年に奴隷制が「廃止」されたあとでさえも、「黒人の血」が少しでも入っている人をニグロと定義し、ジムクロウによる差別の対象とする「一滴《ワンドロップ》」ルールを設ける悪習があった。カリブのプランテーションでは、「白人」が人種混合《ミクスト・レイス》の子どもを認知する率は高く、プランテーション制度の緩衝《かんしょう》材としてかれらを利用していた。

　こうした人種管理政策の違いは現在までその影響を残している。アメリカでは、俺は間違いなく黒人だ。しかし、アメリカやさらにはイギリスで俺を黒人にしているのと同じ薄茶色の肌（「黒さ」に付随するあらゆるステレオタイプや問題がそれについてまわる）は、カリブでは俺を「赤ら顔《ハイカラー》」の人間にしている。カリブでは、俺の顔色は中流階級、特権、富、スノッブさと結びついているのだ。たとえば、ジャマイカのゲットーには、俺のような顔色の人間はほとんどいないし、ボブ・マーリー〔一九四五—八一年。ジャマイカのレゲエミュージシャン、ラスタファリアン。白人の父と黒人の母との間に生まれた〕の人生をジャマイカではまれなものにしているのもそのためだ。

アメリカでさえ白人の定義は融通のきくものであったことを理解するために、ある州のケースをみてみよう。二〇世紀初頭、バージニア州は「ムラート」を定義する法律ができて一二五年で初めてその定義を変更した。法律が制定された一七八五年から一九一〇年まで、ムラート、あるいはこの法律の言葉で言えば「カラード」とはニグロの血が四分の一以上入っている人を指していた。一九一〇年には、そのカテゴリーは一六分の一以上のニグロの血を引く者に拡大され、それまで白人に分類されていた多くの人々が法的にカラードとなった。

そして一九二四年、人種保全法という法律のなかで、議会は初めて「ムラート」や「カラード」ではなく、「白人」を定義した。白人が白人以外と結婚することを禁じたこの法律では、「白人」を「コケイジャン〔元来ユーラシア大陸のコーカサス地方の人々を指す言葉だが、一八世紀の米国でヨーロッパ系白人を指す言葉として使われ始めた〕以外の血の痕跡がまったくない」か、「アメリカインディアンの血が一六分の一以下である」と定義した。同様に一九三〇年、バージニア州議会は「カラード」を定義したが、その定義はやや雑で、「ニグロの血が入っていることが確認できる人」とした。[★5]

人種的分類は、恒久的、固定的、科学的であるかのように装《よそお》っているが、つねに支配層が想定する必要性やその意志と結びついてきた。たとえば、南北アメリカのスペイン植民地では、ミックスの人々が「白人」証明書を買うことができたし、[★6]一八世紀のジョージア州では、開拓地をアメリカ先住民族やスペイン人から「守る必要がある」という非常に特殊な状況下で、黒人でも白人になることができた。[★7]

歴史上の様々な時点で、ヒンドゥー教徒、アラブ人、そして日本人までもが名誉白人として定義されることがあった。人種理論は、今日われわれが考えているほど明確なものではなく、つねに実用性に左右されるものだったのだ。[★8] ブラジルは、人種的奴隷制がもっとも長く続き、ほかの地域にくらべて圧倒的に多くのアフリカ人が連れてこられた地域であり、先祖によって人々を分類する信じられないほど多くの人種カテゴリーが生まれた。以下は、おそらく五〇〇種類はあるというカテゴリーのほんの一部だ。

ブランク、プレトゥ、モレノ・クラロ、モレノ・イスクール、ムラート、ムラート・イスクール、ネグロ、カボクロ、イスクール、カブ・バード、クラロ、アラスアバ、ホーシュ、アマレアウ、サラー・イスクール、コル・デ・カネラ、プレトゥ・クラロ、ホーシュ・クラロ、コル・デ・シンザ、ヴェルメール、カボクロ・イスクール、パード、ブランコ・サララー、マンビンビ、ブランコ・カボクラード、モレノ・イスクール、ムラート・サララー、ガズラ、コル・デ・シンザ・クラーラ、クリオール、ロウル、モレノ・クラロ、カボクラードゥ、ムラート・ベイ・クラール、ブランコ・ムラート、ホーシュ・デ・カベル・ボン、プレトゥ・イスクール、ペリ[★9]

人種的に人々を定義する言葉がどれだけあるかに関係なく、ブラジルは人種的民主主義を謳《うた》いながらも、南北アメリカのほかの元奴隷制植民地と同様に、奴隷制が終わったあともずっと白人至上主義を拡大・維持しようと努めてきた。★10 住民の肌の色を白くして、しばしば「黒い汚れ」と呼ばれる人々を排除するために、可能なかぎり多くの人々をヨーロッパから移入しようとしたり、ヨーロッパから逃《のが》れてきたファシストの拠点になったりと、ブラジルが悪質な人種差別を維持してきたことは現在はっきりとみてとることができる。

何度もブラジルを訪れている俺が自信をもって言えるのは、リオやサルバドールの裕福な地域でアフロ系ブラジル人〔アフリカ系ブラジル人〕を見かけることはほとんどないということだ。もしそこで黒人を見かけたとしても、ホームレスか、何かの単純労働を終えてファベーラ〔ブラジルでスラム街を指す言葉〕に戻る途中である可能性が高い。ブラジルは人口の大半が黒人であり、ナイジェリアを除けば地球上のどの国よりも黒人の数が多いというのにそうなのである。

俺はブラジル旅行中に一度、ブラジル当局の人種をめぐる態度を身をもって体験したことがある。ブラジル警察の暴力をテーマの一つにしている「Yours and My Children」という曲の映像を撮影したときのことだ。南米最大のスラムといわれるリオのホッシーニャというファベーラで一日中撮影していた。撮影の出来におおいに満足した俺たちは、機材を車に積んで帰路につこうとしていた。監督とカメラマンは「白人」のブラジル人で、かれらが車の前の座席に座り、俺は後ろの座席に座った。そしてそのファベーラを出るとき、この地区をつねに取り囲んでいると思われる大規模な警官隊から一台の車が出てきて、われわれの車を止めた。

警官は通常車を止めたときにするように、運転手を尋問したり、免許証を見せるよう要求したりするのではなく、俺に後部座席から降りるように要求してきた。車から降りるとすぐ、一人の警官が巨大な機関銃を俺の顔に向け、何かを叫びはじめた。しかし残念なことに、俺はたいていのイギリス人と同じく、これまでポルトガル語をほとんど勉強したことがない。さらに怒った警官は、銃の安全装置をはずしたようだったが、俺はその間ずっと両手を挙げたままで何も言わなかった。

これはとても奇妙なことだ。これまでの人生で俺は何度か命の危険に直面したことがある。しかし恐怖に押しつぶされそうになりながらも、それに対する反応は奇妙なものでしかないというのはよくあることだろう。それは勇敢さやヒロイズムによるものではなく、ただ目の前の不条理に対してそういう反応になるのだ。そのときの俺は、自分にまったくなすすべがないことがわかっていたので、諦めの気持ちでいた。

俺は、ブラジル警察による残虐な暴力行為をテーマの一つにした曲の映像をつくりに来ていたくらいなので、かれらがどれほど頻繁《ひんぱん》に人々やさらには子どもを射殺しているかをよく知っていた。[★11]俺は、自分に向けられる銃身を見つめながらこう考えた。この曲の映像をつくっているときに警察に撃たれるとしたら、それは何という皮肉なんだろう。思わず俺はぎこちなく笑ったような気がする。

するとブラジル人の監督が一気に俺に駆け寄り、俺の服を引っぱり上げて腰を警官に見せた。俺はすぐに理解した。監督と警官はさらにいくつか言葉をかわし、安心した警官は銃を下ろして車に戻り走り去っていった。帰りの車のなかで、監督とカメラマンは何が起こったのかを俺に説明してくれたが、俺たちはすでにわかっていた。警官は俺に、服を上げて銃を持っていないか見せろと叫んでいたのだ。俺がファベーラのドラッグ売人で、二人の金持ちの顧客を引き連れていると警官は考えていたのだ。そうでなければ、アフロ系ブラジル人が金持ちの子ども二人と一緒に車に乗っているわけがない。だとすれば俺が銃を持っている可能性は高い。

その警官は本当に俺を撃とうとしていたのだと監督は言った。警官は、俺がブラジル人で、上半身を見せられないような危険な人物だと思ったのだ。緊張が収まって警官が銃を下ろすと、監督は警官に、俺が「あそこの住人」ではないこと、つまりファベーラの人間ではなく、実際にはイギリス人であることを伝えた。その警官は、ほとんどのブラジル人と同様に、俺がブラジル人ではないことに困惑した表情を浮かべていた。

監督とカメラマンは、こうした明白な白人特権の事例に遭遇して非常に気まずい思いをしていたので、俺はかれらの罪悪感を和《やわ》らげるために、残りの時間かれらの話を聞くことにした。それはかれらの責任ではないにしても、かれらは自国で毎年数万もの貧しい人々（その多くは肌の色が濃い）が殺害され、そのうち何千件もが警察によるものであることを知っていた。国を白くするために、黒人よりあとにイタリアやドイツからブラジルに移入された人々の子孫であるかれらは、同じ国のほとんどの黒人が日常的に経験している現実に直面したことはなかっただろう。

こうした人種を原因とする機会と結果の大きな違いは、どちらかの側の長所や欠点に直接の原因があるわけではなく、歴史の痕跡と出生のめぐり合わせをつうじて発生している。それでも白人であることは、そのことに守られている人々にとっては当たり前のことだが、表向きには人種差別を政策としていないブラジルのような国でも文字どおり生死を分ける要因になるのである。

南北アメリカのかつての奴隷制植民地では、白人性《ホワイトネス》が社会統制の道具として先駆的に導入され、大変うまく機能していた。奴隷制が続いた何世紀もの間、貧しい白人はかれらがどれほど悲惨な状況に置かれていたとしても、その間に何十回、何百回と発生した奴隷反乱で反乱側につくことはほとんどなかった――ハイチのポーランド人〔黒人奴隷の反乱を鎮圧するため一八〇二年にナポレオンがハイチに送ったポーランド人部隊が仏軍から離反し反乱側に加勢した〕、白人であるジョン・ブラウンのハーパーズフェリー襲撃〔一八五九年に奴隷制廃止主義者のブラウンが、奴隷の一斉蜂起をめざして起こした実力行動〕、一七四一年にニューヨークを占拠しかけた多民族の労働者階級の反乱などの注目すべき例外はあるが。[★12]

自由黒人〔奴隷制社会において身分を買い取るなどして法的に自由な身分となった元奴隷の黒人〕やムラートは資産を所有していることも多く、ときには自分も奴隷を所有することもあったが、人種的ナショナリズムの精神でもって奴隷反乱に参加し、さらには指揮をとることが貧しい白人よりもはるかに多かった。自由黒人やムラートであっても、激しい差別を受けていたからだ。たとえば、一八世紀後半のサン＝ドマング（現ハイチ）では、異例なほど人数が多く裕福な有色自由人〔白人支配層と黒人奴隷の中間にあった社会的身分。ほとんどはムラートで、一部自由黒人を含んでいた。一八世紀末には白人と人数が拮抗していた〕ですら、医者や弁護士になることも、白人と食事や礼拝をともにすることも、白人と同じ墓地に埋葬されることも、白人と同じような服装をすることも許されなかった。ダンスをするにも許可が必要で、フランス人の父親のファミリーネームを名乗ることも禁じられていた。[★13]

　このような有色自由人に対する差別は、多かれ少なかれ南北アメリカ全体に存在していたが、奴隷制が改革・廃止され、すべての黒人が形式的には「自由」になったことで「有色自由人」が何かを意味することがなくなり、人種そのものがさらに重要な意味をもつようになった。とくにアメリカでは、新しい奴隷制が生みだされ、奴隷制時代よりもさらに残酷な方法による黒人の公開処刑や拷問が普通に行なわれるようになった。★14

皮肉なことに、少なくとも奴隷制時代には、所有物としての黒人の立場がその黒人を殺したり治癒不能なほど負傷させたりすることを抑止することがあったのだ（あくまでもごくまれにだが）。また奴隷制時代は、白人と黒人のアメリカ人は、想像できるかぎりもっとも近い距離で生活していた。黒人女性が白人の子どもの乳母としてかれらを養育することも多かった。もちろん「性的関係」や強姦《ごうかん》もごく普通にあった。

しかし、黒人が白人の所有財産でなくなると、その距離の近さが問題となった。人種隔離が実施され、奴隷制時代には当たり前だった人種間のセックスを新たに犯罪とする異種姦防止法も施行された。ほかの人間を所有しその労働力から利益を得るために、みずからを上位の存在であると定義し人種的に黒人から区別していた白人は、黒人が自由になったことで自分たちが人種的復讐の対象になる可能性があることに気づいたのだ。奴隷制が廃止された一八六五年以降のアメリカの歴史、とくに南部諸州の歴史は、この恐怖心によって決定的に形づくられている。

人々が白人至上主義や人種隔離について考えるとき（考えてみることがあればだが）、とくに公民権法成立以前のアメリカ南部やアパルトヘイト体制下の南アフリカを思い浮かべがちである。しかしヨーロッパの植民地では、程度の差は大きくあるにしろ、事実上ほぼすべての国が何らかの形で白人至上主義的な法律に支配されていた。たとえば、イギリス支配下の香港では、中国人は夜間の外出を制限され、特定の学校に通うことも、特定の時間に劇場に行くことも禁止され、「ヨーロッパ人」とは別の鉄道車両に乗らなければならなかった。ビクトリアピーク〔香港島でいちばん高い太平山の英語名。頂上部周辺は、英国統治下で植民者の富裕層が住む高級住宅街となった〕の麓《ふもと》に広がる、ネズミが走りまわる中国人のスラムには、人種差別を受けるほかの「第三世界」のスラムと多くの共通点があったのだ。★15

長い間ヨーロッパでは、白は美や神聖なる光、黒は悪や悪魔と結びつけられていた。ただしそれでも、一六世紀の作家や思想家は、みずからの美の基準が相対的なものにすぎないことを認識できていた。そうした事実は、ウィリアム・シェイクスピア〔一五六四―一六一六年。イギリスの劇作家、詩人〕が繰り返し黒人として表現している恋敵《こいがたき》の女性（一般には「黒い貴婦人《ダークレディ》」と呼ばれている）に対する一連のソネット〔シェイクスピア『ソネット集』高松雄一訳、岩波文庫、を参照〕など、多くの作家の作品に見つけられる。しかし一八世紀になると、ボルテール〔一六九四―一七七八年。フランスの小説家、啓蒙思想家〕、イマヌエル・カント〔一七二四―一八〇四年。ドイツの哲学者〕、デイヴィッド・ヒューム〔一七一一―一七七六年。スコットランドの哲学者〕などの思想家が、公然と白人至上主義を支持するようになった。

民族的な憎悪をもつことや、ほかの人間を支配したり残虐行為を行なったりすることは、白人だけに見られるものではない。しかし、俺の個人的な意見としては、そしてそれは根拠にもとづいているのだが、一八世紀のヨーロッパで発展を始めた人種と白人至上主義の思想は、新しく形成された国民国家や工業技術と結びついて、人間の野蛮さの能力と実践を歴史上かつてないレベルにまで高めたのだ。

世界を植民地化したのは、自由主義思想や啓蒙主義的ヒューマニズム、あるいはプロテスタントの労働倫理ではなく、ヨーロッパの組織的暴力の能力とその動員力である。そして、人種的に異なる他者を非人間化することでジェノサイドがとりわけ容認されるようになり、それが欧米による支配の支柱となったのだ。第二次世界大戦は、世界史におけるこうした残虐行為の頂点だとされ、ナチスが行なったことは異常な逸脱だと考えられがちである。しかし、一部の人々がナチスドイツをそれまでの歴史からどれだけ切り離そうとしても、ナチスは「ユダヤ人」を管理する法律をつくる際にアメリカの人種法から多くを学んでいたし、人種や優生学にかんしてヨーロッパとアメリカ全体で行なわれていた広範で長い歴史をもつ議論に力を借りたのだ。

ウィンストン・チャーチル〔一八七四―一九六五年。英国の保守政治家で、第二次大戦期の首相〕をはじめとする欧米の主要な政治家は、ジェノサイドとして知られるようになった行為について、その犠牲者が「劣等人種」である場合には完全に支持し、称賛さえしていたようだ。[★16] ナチスのジェノサイドは、白人至上主義が形成されるはるかに長い歴史から生まれた。白人至上主義は、南北アメリカのプランテーションで開発され、世界の植民地化において実践され、啓蒙主義と長い一九世紀において敬《うやま》うべき哲学として成立したのだ。単なる白人至上主義ではなく、「人種」という概念の具体的な内容についてはのちほど触れる。ただしこの二つは切っても切れない関係にある。

一九世紀に「欧米」の思想を取り入れ、それを利用することに成功した唯一の非「欧米」国家は日本だった。大日本帝国は、明治維新から始まる時代に、ヨーロッパの技術革新をいち早く意識的に取り入れ、残忍な民族主義帝国を築きあげるまでになった。大日本帝国の極度の残虐さは、二〇世紀初頭に白人至上主義が打撃を受けた主要な要因の一つだった。[★17] 世界中の非白人の植民地人民が嘆願したり、抗議したり、明らかに劣る武器で勇敢に反撃しようとしたりしても、ヨーロッパの帝国主義者の自信や残虐行為への欲求を削《そ》ぐことはほとんどなく、むしろ帝国主義者に野蛮人は生まれつき劣った存在であるとさらに確信させただけだった。

しかし、「アジア人」として白人を打ち負かし、あるいは少なくとも戦争で白人と同等に戦えることを日本がしめして初めて、欧米の主流社会は、帝国主義に対する少数の急進的な批判者が長い間言いつづけてきたことを真剣に考慮しはじめたのである。帝国の拡大は妨害なしに進むものではなく、白人は現実に至上の存在ではない――その残虐性においても。

もし日本が現代世界を支配するようになっていたなら、いまごろは日本人がもつ偏見について議論していたかもしれない。実際、大日本帝国は崩壊したにもかかわらず、東南アジアや中国などの多くの地域ではいまだ大日本帝国の残虐性が問題になっているが、それは当然のことであり理解できる。

イギリス帝国を批判する人々に「過去を引きずるな」と言うイギリス人は、朝鮮人やフィリピン人が、日本軍に占領され、奴隷にされ、拷問されたことを話しても、同じことを考えたり言ったりしないだろう――共感するとはまったく思えないが。驚くべきことに、保守派のデイリーメール紙でさえ、一九四一年の香港の戦いでイギリスが日本軍に敗北してから七五周年にあたって、日本軍がその戦いでイギリス人に行なった残虐行為について日本政府が謝罪しないことを嘆《なげ》く「左翼分子」になるのである。★18

しかし、白人だけが抑圧者になるわけではなく、また「白人」以外の人々がつくるヒエラルキーも白人のものと同じ特徴を多くもっているにしても、「白人」とは新世界の奴隷制植民地で最初に誕生したときから白人至上主義的なアイデンティティだったのであり、非白人に対する攻撃を前提としていたという事実に変わりはない。白人性《ホワイトネス》はつねに支配の道具として機能してきたのだ。哲学者のチャールズ・ミルズが言うように、「白人性《ホワイトネス》とは、白人が何らかの構造的レベルで権力をもたない状況では不可能な現象である」[★19]。

白人の概念は白人至上主義の概念と密接に結びついている。だからこそ、白人至上主義に対抗するこれまでの進歩は、一部の白人にとっては自分のアイデンティティに対する攻撃のように感じられるのだ。それが白人に対するジェノサイドではないのは明らかだ。実際、もし白人が少しでもジェノサイドに近いことを経験していたら、白人至上主義者がジェノサイドという言葉を軽々しく口にすることはないだろう。

しかし、ある集団があらゆる政治権力をもち、世界を定義しそのあり方を決定する実質的に無制限の特権をもっていることに慣れている場合、元「被支配人種」――傲慢《ごうまん》なニグロと呼ばれ処刑されたこともある――と権力を共有したり、その意見を聞かねばならなかったりすることは、みずからに対する抑圧のように感じられるのである。しかし、白人性《ホワイトネス》が「白人」の一体性をつくりだして「白人」の間にある重大な階級的抑圧や民族的対立を覆い隠そうとしても、それでも白人が一枚岩でないことは明らかである。ヨーロッパ内の民族的、階級的、国民的な対立は、歴史上何度も起こってきたように、「白人」の脆弱《ぜいじゃく》な一体性をふたたびくつがえす可能性がある。

ジェファーソン、ルーズベルト、ウィルソン、リンカーン、カント、ヒューム、チャーチル、ユゴー、ヘーゲルなど、それ以外の点では知的であり、場合によっては大変聡明であった過去数世紀のもっとも有名な知的象徴の多くが、先天的な白人の至上性という信念を公然と支持していた。そうであれば、いまになってこの言葉に気分を害するのはかなりおかしい。さらにおかしいのは、現在白人至上主義が、アメリカ南部の頭巾《ずきん》をかぶった得体の知れない変人が発明したものだと考えられるようになっていることだ。まずこれは、クー・クラックス・クラン（KKK）〔一八六五年の南北戦争終了直後、米国南部で元奴隷主が設立した白人至上主義の秘密結社〕が最盛期には数百万人ものメンバーを抱えていたという現実を無視している。また、すでに述べたように、白人至上主義は二〇世紀後半まで、法律的、政治的、道徳的に主流の存在で公然と支持されていたのだから、古代や遠い歴史の話ではないのである。

それでも、かつてのイギリス帝国でなくとも、イギリス国内では事情が込み入っている。「白人至上主義」や「白人特権」といった言葉が、イギリスには当てはまらない、あるいは理解しにくいと白人イギリス人が感じることがあるのは、次のような事情があるからではないだろうか。第一に、イギリスは植民地で行なっていたような公然たる白人至上主義を国内で実践したことはない。だから植民地に出自をもつ人々は、イギリスで生まれたとしてもイギリスの人種統治について異なる理解しているのだが。第二に、イギリスでもっとも貧しく暴力がはびこる地域は、スコットランドのグラスゴーや北アイルランドのベルファスト、イングランド北東部の治安の悪い地域で、そこにはほとんど白人しかいないということがある。これについてはあとで論じる。グレンフェルタワーで「民族《エスニック》」と一緒に焼け死んだ白人、ヒルズボロスタジアムで圧死しマスコミに泥棒だと悪者扱いされた白人、アバーファンの惨事〔一九六六年一〇月、英国の南ウェールズにある炭鉱村のアバーファンで、大雨によりボタ山が崩れ一四四人が死亡した〕で死んだ白人は、「白人特権」をもっていたと言えるのだろうか？

一部の白人にとって「白人特権」という言葉が馬鹿げたものに聞こえる理由はよくわかる。とくにロンドンのケンジントン・アンド・チェルシー区にかんして言うと、北部のグレンフェルタワーの火災では労働者階級のムスリムが注目を集めた一方で、南部には湾岸諸国出身の裕福なムスリムが多くいる。貧しい白人は、そうした裕福なムスリムがルイ・ヴィトン柄のランボルギーニで高級ショッピング街のケンジントンハイストリートを走っているのにたいして、ムスリム憎悪《ヘイト》を直接ぶつけることもできないのである。

階級はすべてに影響する。人種差別に対してもそうなのだ。しかしそれは複雑な仕方においてである。そして「白人特権」は、絶対的なものではなく時代の潮流なのであり、制度化された白人至上主義の哲学と実践によって生みだされた人類の歴史における分析可能な要因なのである。いまだイギリスで何百万人もの白人が非常に貧しいことが、白人特権が存在しないことを証明しているという考えは、あまりにも幼稚で歴史的にも無知な議論であり、これが真剣に受け止められていることに俺は驚きを感じる。ジムクロウ下のアメリカ南部、アパルトヘイト体制下の南アフリカ、カリブ海の奴隷制植民地にも貧しい白人はいたが、過去から時間が遠く隔《へだ》たっていることを利用して当時は白人特権が存在しなかったと主張する愚か者はいないだろう。

実際にはかつてのサン＝ドマングの貧しい白人は、奴隷を所有できないほど貧しいことに抑圧を感じ不満を抱いていたのだ！　白人を法的に優遇することは、支配層が貧しい白人の人種的忠誠心を買うために生まれたもので、かれらの貧困を完全になくすためのものではなかった。イギリスでは「白人労働者階級」がまるで先住民であるかのように語られることがあるが、イギリスへの移民は、EUに加盟する以前ですらほとんど「白人」だったのだ。

だからこそ、イギリスで貧困層がこれほど苦しんでいるにもかかわらず、「イギリスの白人を守れ」というキャンペーンが行なわれる一方、「イギリスのケルト人、ノルマン人、サクソン人を守れ」とは叫ばれなかったのだ。こうしたキャンペーンを行なった人々は、たとえそれがもたらす物質的な恩恵がわずかであったとしても、白人であるということが感情的、心理的にどのような意味をもつのかをよく理解していたのだ。

「白人」であることのそうした精神的、感情的な利点が、俺の母方の祖父が、労働者階級であり、軍人で戦場で拷問を受けたことがあり、無学でアルコール依存症であり、たいして人生で成功しなかったにもかかわらず、「少なくとも俺はニガーではない」とあれほど頻繁に言えた理由だ。多くの人が理解できないふりをしている白人性《ホワイトネス》について、祖父は何を理解していたのだろうか。

自分が裕福からほど遠く、多くの苦しみがあったにもかかわらず、母が五歳の息子の疑わしげな目つきを見て、自分の父親と同じような人種的不快感を感じたのも同じ理由だ。しかし、母は答えを求めて息子を導き、自分が産んだ小さな人間から投げかけられた課題に全力で立ち向かったのだ。

第三章　特別支援？

俺が受けた学校教育は、おそらく人生のほかのすべての出来事と同様に、矛盾に満ちたものだった。俺が通った小学校は、中学校ほど人種的な多様性はなかった。中学校では、世界中にルーツをもつ子どもたちが生徒の半分以上を占めていたのだ。ただしその小学校でも、クラスにかなりの数の黒人や茶色の肌の子どもがいたし、家庭ごとの経済格差も非常に大きかった。小学校は、俺の家と同じくハイゲートとアーチウェイの境にあった。ハイゲートは緑が多く非常に裕福で、圧倒的に白人が多いロンドンの半郊外である。アーチウェイは、近くのトッテナムほど荒れてはいないが、それでもアイルランド系、カリブ系、キプロス系の移民の子どもであふれる公営住宅が集中していた。その小学校は、地域ではおそらくましな部類の学校だったので、アーチウェイの生徒よりもハイゲートの生徒の方が若干多く集まっていた。しかしそのことは、一部の教師による俺たちの扱いの違いを際立たせることになった。

小学校に入学した最初の年から、俺はいじめとしか言いようのない状況に直面した。それは普通考えられるようなほかの生徒からのいじめではなく――先に述べた奇抜な人種差別的侮辱やありがちな喧嘩はともかく――一部の教師によるいじめだった。俺の最初の先生は、俺がしゃべり過ぎると感じていたようだ。俺が「何でも知っている」ことに腹を立てていたのだ。彼は、俺の自信満々の態度や積極的に発言しようとする意志、自分の意見を言おうとしたり質問に対する答えを知ろうとしたりする意欲にいらだっていた——そうしたことは学校が生徒に奨励すべきことなのだが。それで先生は、「魔法のボタン」を押すまでは、俺に授業で一切発言してはならないと言った。「魔法のボタン」とは、俺の胸の内側にある見えない場所で、先生がそこを突かないかぎり俺は発言してはならないということだった。先生の突き方は強くて痛かったので、この仕組みは先生の意図したとおりの結果になった。俺は授業中に発言したいとか、質問に答えたいとはまったく言わなくなったのだ。俺が五歳のときの出来事だ。

　しかし大人にとって、しかも教師にとって、子どもの知性が腹を立てる理由になるということを俺が本当に理解しはじめたのは、インファントスクール〔五歳から七歳までの小学校の前期課程〕の最終学年のときだった。俺は夏休みにジャマイカに旅行し、その後新学期が始まった。新しい先生は、何かの事情で前の学年の先生と同じだった。母は俺がおしゃべりで、また俺が旅行でどんなことを体験してきたかを知っていたので、その週の間俺がジャマイカで見てきたことをみんなの前で話す時間をとってくれるように先生に頼んだ。そうすれば俺の気もすむし、授業中に勝手にしゃべりだして問題を起こすようなことはないというわけだ。

　先生はしぶしぶ同意した。しかしそれは俺が実際に話しはじめるまでのことだった。俺が「ジャマイカはここからはるか遠く離れていて」と言うと、俺にこのような場を与えなければならないことに明らかに腹を立てた先生は、「ずっとそこにいればよかったのに」と嫌味を言った。俺はその言葉に打ちのめされ、その日でジャマイカの話をするのをやめてしまった。

　次に俺が覚えている出来事は、母が俺のクリスマス休暇の読書用に教室にある本を家に持って帰らせてほしいと先生に頼んだところ、先生が拒否したことだ。前に俺がプレイセンター〔子ども向けの屋内遊戯施設〕の遊具の後ろに本を落として失くしてしまったことがその理由だった。本が出てこなければ弁償すると母は言ったのだが、それでも先生は拒否した。

同じ日だったか、別の日に母が学校に来て先生がいなかったのかはよく覚えていないが、とにかく俺たちは教室に二人きりになり、母は俺のクリスマス休暇用の本を一揃《そろ》い「盗む」ことにした。俺は「ママ、そんなことしちゃダメだよ、僕が怒られるよ」と母にやめるよう懇願したのだが、母は「大丈夫、休み明けにまた持ってくればいいだけだから」と言った。そして、俺の年齢層向けのなかでもっとも難易度が高い本を一揃い抱えて、学校をあとにしたのだった。

先生は俺にきちんと本の読み方を教えていると主張していたが、母は先生が俺の能力を引きだす十分な努力をしていないと確信し、自分で俺の読書能力を正しく評価しようとしたのだった。クリスマス休暇中、母は学校から持って帰ってきた本を俺にすべて読ませ、授業で先生が俺に渡していた本が俺の読書能力をはるかに下回るレベルのものであることがわかった。そうして、母と先生の緊張関係は頂点に達することになる。

正確な経緯は忘れてしまったが、その学年のある時点で、俺は通常のクラスではなく「特別支援」学級に入れられた。こうしたクラスは、学習障碍《しょうがい》をもつ子どもや英語を第二言語とする子どもを対象にしていた。支援が欠かせない子どものために学校がこうした制度を設けることは必要だし立派なことだが、どうして俺がこのクラスに入ることになったのだろうか？　俺はイギリスに生まれ、恥ずかしながら現在まで英語しか話せない。当時すでに家ではヤングアダルト向けの本を読んでいたから、学習障碍や言語的な問題では説明できなかった。俺はそのクラスに自分がいるのはおかしいとは思っていたが、授業ごとにホットチョコレートとビスケットが配られたので、急いでそのクラスから出ようともしなかった。

　そのクラスでは俺が知的に慣れていたものよりもはるかに低いレベルの勉強をしていたので、俺は退屈して怠けるようになり、遅れをとりはじめた。俺はそのクラスに通常のクラスにはある勉強のやりがいがないことに腹を立てていたのだが、それは俺をいじめる先生から離れる機会でもあった。また、そのクラスに入れられたのは何か悪いことをした罰なのではないかとも考えていたので、母には正式なクラスから追いだされたことをうまく伝えられていなかった。

　そうして問題の核心に触れることになる。もし俺に本当に学習障碍があるのなら、先生は事前に母と継父《ままちち》に相談するか、少なくとも俺を特別支援学級に入れることを知らせてもいいはずだが、そうしたことはしなかった。先生は自分のみが知る理由で、両親に知らせることなく俺を特別支援学級に入れたのだ。どれくらいの間そのクラスに入っていたかは忘れたが、おそらく一、二ヵ月だっただろう。その後まったく偶然にもパンアフリカニズムの土曜学校のスタッフが俺の「通常」の学校を訪れ、俺が特別支援学級に入れられていることを知った。土曜学校のスタッフは、俺の行動や態度にどこかおかしいところがあると母に伝えていたが、その理由がわかったのだ。そしてすぐに俺がそのクラスに入れられていることを母に伝えた。もちろん母は激怒した。

　俺が特別支援学級に入っていることを知った母は、俺にそのクラスについて質問してきた。俺は問題がいかに根深いかを説明した。俺は先生のことがまったく好きではなく、先生には嫌われていると思っていた。そして先生のクラスから出られてよかったと思う理由を母にいくつも説明した。先生は俺がジャマイカに残っていればよかったと言った。授業中の質問に俺が手をあげるのをいつも無視していた。俺が「何でも知っている」ことにも腹を立てていた（またこれだ）。先生は俺にいつもひどい態度をとった。ほとんど理由もなく俺を教室から追い出したり、定規や本で俺を殴ったりしたこともあった。母は、先生が俺を殴り、俺がそれを母に言わなかったことが信じられず、俺や俺をめぐる状況、そして何より問題の先生にひどく腹を立てた。

言うまでもなく、翌日には母は学校に乗り込み、先生に面談を要求した。母が先生に詰問し返答を要求している間、俺は居心地が悪く、地面に飲み込まれて消えてしまいたい気持ちで座っていた。母は、なぜ俺が特別支援学級に入れられたのか、なぜ頻繁《ひんぱん》に教室の外に出されたのか、なぜ俺を怒鳴ったのかについて先生に訊《き》いた。そして、「どうして息子をあるときは定規、またあるときには本で叩いたんですか」と怒鳴りつけたのだ。そうしてすでに気まずそうにしていた先生は、ついに冷静さを完全に失ってしまった。

「彼を叩いたことは認めます。しかしそれは彼が……」。言葉に詰まった先生は俺を見た。そして母を見て、俺を表現するのに適切な言葉をみつけようとした。俺が想像するに、先生は「カラード」と言いたかったのだろう。しかしそれが時代遅れの表現であることも知っていた。それで俺を「黒人《ブラック》」と呼ぼうとしたのかもしれないが、白人の母を見ているとそれも不正確に思えた。それで先生は「彼が茶色《ブラウン》だからではありません」と思わず口にした。母はここまでの話し合いで人種について言及していなかったが、文脈としては暗に存在していた。先生は自分の意思でそれをもちだしたのだ。

自分の気持ちをやっと言えたという安堵《あんど》感と、困惑や恥ずかしさや憤《いきどお》りが入り混じった先生の表情はいまでも忘れられない。先生が椅子にもたれて座っている姿も目に浮かぶ。一階の廊下の突き当たりの校長室の隣にある教室、何度もその前に立たされた教室の扉、珍しく雲一つなく晴れた日に耐えられないほどの光が差しこんできた怖いほど大きな窓、未来の大人たちのための小さな椅子。そうしたものを正確に覚えている。そこで明らかになったのは、俺がこの女性教師から受けた虐待はすべて、茶色の肌をした小さな子ども、とくに頭が良くて自分の意見を言いすぎる茶色の子どもを教えなければならないことに対する先生の不快感の結果だということだった。

俺は特別支援学級から出され、ふたたび通常のクラスに戻ったが、その学年の残りの期間もつらいものだった。俺はだんだん学校が嫌いになり、単に肌が茶色いという理由で俺を嫌っている人間に従わなければならないことに憤慨した。一週間だけ臨時の先生が来たとき、俺はほっとしたのを覚えている。読書の時間になって、俺はイアン・フレミングの『007 黄金銃を持つ男』を選んだ。彼女は俺に「たぶんその本は読めないよ」と言い、「もっと読みやすい」本を渡してきた。

その先生は七歳の子どもにその本は読めないと率直に思ったのかもしれないが、「俺に」その本を読む能力がないと先生が考えているように俺には思えたので、この出来事は記憶に残っている。日常の人種差別は人を猜疑《さいぎ》心に駆り立てる。子どもであってもそうである。誰もがよくするように「普通」にひどいことをしてくるだけなのか、それとも俺や友人が言うように「黒人だから差別されている」のかがわからないというジレンマに陥《おちい》るのだ。

母は、俺と先生との関係に熱心に注意を向けるようになった。俺のやる気と行動が悪化するのをみて、解決策をみつけようと神経をすり減らしていた。土曜学校にも相談してみたが、かれらの精いっぱいの努力のかいなく、相変わらず俺は態度が悪く、成績も落ちていることがわかった。母は学校を変えようと考えた。おそらく俺が何らかの奨学金をもらえるほど「頭がいい」のはわかっていたので、私立校に通わせることも母は考えたが、俺はこの考えにはきっぱりと反対した。俺は高いレベルの教育を受けられるという考えには魅力を感じたが、私立校では「金持ちの白人の子どもたち」に囲まれることになるので、それは絶対に嫌だと母に訴えた。

公立学校が問題に満ちていることはわかっているが、金持ちの子どもに混じった唯一の貧しい子ども、また白人に混じった唯一の茶色の子どもという場所で文化的に孤立するよりも、多文化が共存するインナーシティの学校でなんとかやっていきたいと思ったのだ。七歳のころには、自分の「社会的位置」をすでに理解していたので、疎外感を感じるような空間にわざわざ飛びこむつもりはなかったのである。


その学年の終わりには、学校生活に対する俺の憂鬱感がひどくなっていた。新しい学年、つまり「ジュニアスクール」〔七歳から一一歳までの小学校の後期課程〕の一年目に入るとき、母は先んじて新しい先生に口論をふっかけた。ストレスがたまりきっていた母は、いま思えば不当にも、「もし先生に息子を教育する気がまったくないのなら、いまそれを教えてください。そうすれば息子をこんなひどい学校には通わせません」と先生に息巻いたのだ。

新しい先生は、母の悪態に気を悪くするどころか、むしろ息子の教育に対する母の情熱に感銘を受けた。先生は母を座らせて俺が抱えていた問題について丁寧に話し合った。そしてその話し合いの結果、母はボランティアとして決まった日に教室に来て子どもたちの読書を手伝うことになった。俺を見守りながら同時に学校の役にも立つというわけだ。俺への影響は劇的だった。俺は母が教室にいることに大喜びしたわけではないが——そんな子どもはいないだろう——新しい先生が俺の自尊心や学校への態度が受けたダメージを解消しようとそんな風に積極的に動いてくれたことは、俺と公教育との関係をまったく変えてくれたと言っても過言ではない。

さらによかったのは、その先生が俺にとって魅力的な人物だったことだ。アマチュアのボディビルダーである先生は筋骨隆々の大男で、アメフトに熱中するとても頭のいい人物だった。男子なら誰もが憧《あこが》れるような存在だ。俺はまだサッカーを好きになる前で、先生の影響を受けアメフトに惹《ひ》かれた。母にボールを買ってもらって、このまったく非イギリス的なスポーツを一緒にやろうと友人を説得した。

ご想像のとおり、子どもたちは自分自身やお互いを地面に投げ飛ばす誘いにはあまり応じなかったが、アメフトに夢中になったその一年間俺は数え切れないほど膝《ひざ》や肘《ひじ》をコンクリートの地面で切ったりすりむいたりした。俺の読書能力や学習態度は向上しはじめ、母が教室にいることにも慣れた。俺は母がほかの子どもの読書能力の向上を助けていることを誇りに思っていたし、いまでも俺の幼なじみの親友の一人は、母がいなければ読書の仕方は身につかなかったと断言している。

俺はこの先生と大変仲良くなり、先生は俺に簡単には手に入らないアメフトにかんする高価なハードカバーの本を何冊もプレゼントしてくれた。俺は年度末に先生と離れるとき泣いてしまったことをよく覚えているが、先生はその後の小学校生活でも俺を気にかけてくれた。そのために、俺のことをよく思っていない次の俺の先生たちと対立したこともあった。先生はポーランド系だったが、俺はイギリス生まれだったと思っている。いま思えば、先生自身が移民か移民の子どもであるという経験が、多様な子どもが集まるクラスがもたらす問題にうまく対処するのに役立ったのではないだろうか。ただ、俺が小学校にいる間に先生に生い立ちを聞くことはできなかったし、残念ながら卒業以来会っていない。

ジュニアスクールの次の学年では、事態はかなり悪化した。先生と衝突したのだ。その先生とは姉がすでに衝突を経験しており、控えめに言っても関係はよくなかった。その女性教師は、姉が宿題を家に忘れたと言うのは嘘だと怒鳴りつけて姉を泣かせたのだが、いまでも姉は宿題をやったのは本当だと言っている。いま振り返ってみると、八歳の子どもに向かって「嘘つき」と怒鳴ることがどれほどおかしなことかがわかる。この先生と俺との関係がどのようなものだったかは、二つの出来事によくあらわれているが、そのうちの一つを紹介しよう。もう一つの出来事についてはあとで述べたい。

子どもがどれほど多感であるか、一見小さな体験がどれほど深くその後の人生に影響するかというのは、とても興味深い。たとえば、俺は子どものころ二度溺《おぼ》れそうになり、二度とも見張りの大人に助けられた。そうした失敗の結果、俺は三〇歳になるまでほとんど泳げなかった。同じようなことが筆記や絵でも起こった。俺が書く字はほとんど読めるものではないし（不気味なことに、父や祖父が書く字と大変よく似ている）、また俺は五歳児の平均にもおよばないような絵しか描《か》けない。俺はビジュアルアートが大好きなのだが、水泳と同じく早くに受けた嫌な経験から、絵を描くことが子ども時代をつうじて嫌いになったのだ。

クリスマスに向けて、先生（ボディビルダーであるポーランド系イギリス人の次の先生）が、生徒全員にお祝いの絵を描くように言った。俺は雪だるまを描くことにした。俺はすでに自分の絵の能力に自信がなかった。数字や言葉に対する俺の「自然」能力は、美術にはないことはよくわかっていた。しかし、俺はこの雪だるまの絵で自分に絵の能力があることを証明しようと決意し、実際にやってみせた。少なくとも自分ではそれができたと思った。その絵は、俺がそれまで描いた絵のなかでは最高の出来栄えだったのだ。クリスマスの帽子をかぶり、降ってくる雪の結晶に囲まれた、本物そっくりの雪だるまだった。

絵の上手な子どもにくらべれば決していい出来ではなかったかもしれないが、俺はこの作品に非常に満足し、自信満々で先生に提出した。先生はこれまで俺の絵には満足していないようだったが、今回はきっと満足してくれるだろうと思った。しかし、それは間違いだった。先生は俺に「ひどい絵だね」とかそんなことを言ったかと思うと、それを破り捨て、描き直すように言ったのだ。俺は大変ショックを受けたが、これはまだ始まりにすぎなかった。ほかの生徒はすでに次の課題に進んでいるのに、不出来な雪だるまを描き直すという俺の作業は、そのあと二、三日続いた。完全に恥をかかされたのだ。

もちろん、この雪だるまの絵の出来事が人種や階級に直接関係しているかどうかはわからないし、私立校にもひどい先生はたくさんいるだろう。しかし、第五章で述べるようにこの先生は変わったタイプのリベラルで、以前に姉に対してそうだったように、俺やとくに俺のインドネシア系の友人を厄介《やっかい》視しているようだった。

その日先生は単に機嫌が悪かったのかもしれないし、子ども全般が好きではなかったのかもしれない。あるいは単に俺のことが嫌いだったのかもしれない。もしかしたら、俺が手を抜いて絵を描いていると本気で思っていたのかもしれない。それは誰にもわからない。しかし、俺がこの話をもちだしたのは、大人の一見単純な行動（この場合は子どもの絵を破くこと）が、子どもの自尊心にどれほど大きな影響を与えるかということを言うためだ。もちろんそんなことが世界に数ある不正義の上位にランキングされないことはわかっているにしてもだ。

もしこうした経験にいい面があるとすれば、それは俺に謙虚さを与えてくれたということだろう。俺がどのような才能をもつとしても、それは相対的なものにすぎないということだ。子どものころ、俺は歴史の年号や出来事を比較的簡単に覚えることができ、数学も非常に得意だった——いまは鍛錬不足で数学はお手あげだが。性格は典型的な真面目タイプで、子ども向けのアニメよりも野生動物のドキュメンタリー番組を好んで観ていた。家族パーティーでは、ほかの子どもと走り回るよりも、大人と哲学的な議論をしていることが多かった。俺は何かの科学者か宇宙飛行士、あるいはその両方になりたかった。学校でプラネタリウムや科学博物館に行ったとき、宇宙がいかに広大で、人類がどれほど多くの好奇心と努力によってそれを解明してきたのかを考えて圧倒されたのだ。

俺は、ニュートン物理学、進化論、蒸気機関など、イギリス人が成し遂げた最高の成果を学んだが、学校の一部の教師の時代遅れの偏見やかれらが想定する階級的前提によって、こうした分野を探求したいという自然な欲求から遠ざけられた。俺は、歴史の流れを変え、人類の知識の範囲を広げた男性――理由は言うまでもないが、そのほとんどが男性だった――を尊敬するように教えられると同時に、自分の立場をわきまえるように教えられたのだ。天才的な才能について勉強する見返りは、自分がそれをめざそうとしないことだったのである。

このことは、公教育全体とその内部力学について考えるきっかけになるだろう。教育は権力の場で、社会規範を再生産する場であるべきなのか？　それとも社会規範に疑問をもち、その克服や再構築に積極的に参加することを奨励する場であるべきなのか？　国の教育は、より多くのダーウィンやニュートンを生みだすためのものなのか、それとも中間管理職の公務員や労働者を生みだすためのものなのか？　どんなことにも独自の方法で疑問を抱く子どもの自然な性質が画一的な教育方法と触れ合うとき、どんな緊張がそこに生まれるのだろうか？

イギリスの公教育は、現在も俺が子どもだったころも、一九世紀のビクトリア朝時代のパラダイムから抜けだせず、規律や従順さ、目上の人への敬意、そしてよい労働者になってよい仕事に得るという考え方に導かれている。学校にいく目的は、自分が情熱を傾ける対象や天職をみつけるため、幸せになることを学ぶため、そして「教育する（educate）」という言葉の起源にあるように「人のなかにあるものを引きだす」ためであるという考えは、ほとんどそこに存在しないのだ。ましてや、俺たち庶民が国の統治に参加すべきだという意識はまったくない。

俺たちは役所の官僚主義に気をとられるあまり、教育カリキュラムが普遍的な抽象的真理の結果ではなく、俺やあなたのような現実の人間によって設計されていることを忘れがちだ。俺は学校の成績はほとんどA評価だったが、公教育のなかで階級や人種の観点からものごとを考えるように教えられたことは一度もなかった。この二つの概念は明らかにこの世界と俺の現実に深く影響しているのにもかかわらずだ（公正を期して言うと、俺はGCSEの選択科目で社会を選ばなかったが）。資本主義とは何かといったことも知らずに俺は学校を卒業した。ましてや住宅ローンとは何か、金利とは何か、中央銀行とは何か、不換通貨とは何か、量的緩和とは何かといったことも習わなかった。帝国主義という言葉が教室で使われることはなかったし、「階級闘争」という言葉も聞いたことはなかった。

俺が学校で学んだ歴史は、貴族的で愛国的なプロパガンダにすぎなかった。ヘンリー八世とその結婚劇、どのようにイギリスとアメリカがナチスを倒したか（そこでイギリス連邦諸国が果たした役割について言及されることはなく、ソ連の貢献については非常に曖昧《あいまい》な形でしか言及されない）、そしていかにイギリスが民主主義やすべての善きものを発明したかということだ。

学校の授業では、なぜ教室に親が世界中からやってくることになった生徒がいるのかをまったく教わることはなかった。イギリス帝国の話が出てきても、それは勇敢な鉄道建設や砂糖輸出の話としてであり、そこに人間の犠牲者がいたことは教わらなかった。二〇世紀の間、イギリスはほとんどずっと戦争状態だったこと、それはいわゆる「戦後」においてもそうだったことはもちろん一度も言及されなかった。★1 全国的なカリキュラムを管理するのは大変なことだとは思うが、イギリス国家が多少暴力的であっても本質的には慈悲深いものだと子どもたちに教えることが、祖先が獲得した限られた自由を尊重する大人を育てる最良の方法だとは思えない。

このように、俺は学校をほぼA評価の成績で卒業したにもかかわらず、公教育で批判的思考を学ぶことはほとんどなかったと言える。俺が学校で行なった不服従は、学校外で学んだか、カリキュラムを超えることを奨励してくれたごく少数の反抗的な教師から教わったものだったのだ。

北欧諸国の教育制度を理想化するのはありきたりだと思うし、それに独自の欠点があることは確かだが、それでも俺が北欧で教えた経験は俺に衝撃を与えた。学校のスピーカーから大音量のハウスミュージックが流れるなか子どもたちが軽快に登校するのを見たり、誰も教室で先生を「ミス」や「サー」と敬称をつけて呼ばないのを目撃したりした。そしてそのような形式性の欠如が教育結果の質に影響を与えているようには見えなかったのである。

一例を挙げると、俺はコペンハーゲンで治安の悪い「郊外」（いわゆる団地）の学校グループと一緒に活動した。その地域では、アフガニスタン戦争やイラク戦争などの紛争地域から来た移民の子どもが多かった。俺が非常に驚いたのは、難民や難民申請者、移民の子どもたちが、デンマークに来て五年も経たないというのに、デンマーク語を流暢《りゅうちょう》に話せるようになっていたことだった。英語も標準的なレベルで話せるようになっており、イギリスの平均的な一六歳が書いたものと比較しても遜色《そんしょく》のない水準で詩をつくれるまでになっていたのだ。

一つの経験から推測するのはつねに危険だが、俺はこの出来事をきっかけに、イギリスの教育政策とその実践を冷静に検討するようになった。そして評論家であり国際的に有名な教育者であるケン・ロビンソンが主張するように、★2 イギリスの学校はほとんどの場合生徒の創造性を殺しているという結論に達した。俺はイギリス政府はこれを意図的にやっていると考えている。さらに調べてみると、フィンランドの「不可解な」事例に出くわした。フィンランドの学校には制服も、学力別のクラス分けも、定期テストや成績による順位づけもない。それにもかかわらず、フィンランドの生徒は世界有数の高い学力を誇り、「できる」生徒と「できない」生徒の差がもっとも小さいのだ。★3

前章で紹介した、クラシックの作曲家兼起業家である俺の友人は、学校で「頭が良すぎる」ことが問題になる経験をした。細部は異なるとしても俺の経験と同じようなものだ。友人は、宗教を非常に厳格に信仰するカリブ系の厳しい家庭に生まれた。ある日、母親が小学校に呼ばれた。家庭ではそのことが非常に深刻に受け止められた。先生は母親に、友人が頭が良すぎて答えをすべて知っているので、「白人の子どもが答えるチャンスがない」と言った。「もし、お母さんがお子さんを黙らせてくれれば嬉しいのですが」。友人の母親はかなり控えめな人だが、そんな彼女でも、あまりにも馬鹿げた要求への憤りを抑えることはできなかった。

しかし、それはそんなに馬鹿げたことなのだろうか？　それが親を学校に呼びつけるほどの問題だと教師が考えたのはまったく馬鹿げている一方で、俺はその教師がそう考えるに至った原因を理解できるし、その教師とオープンで成熟した対話をする機会が与えられれば、たいていは共感することすらできる。イギリス人のアイデンティティは、そのリベラルなレトリックとは対照的に、明白に白人を同義語としている。現代のイギリス人のアイデンティティは、根本的に疑いの余地なく人種差別的なイギリス帝国とともに成長し形成されたのだ。

「被支配人種」に対する支配はそのアイデンティティの一部なのであり、そのアイデンティティの枠組みにおいては、被支配人種の一員である植民地からの移民がその能力を最大限に伸ばすことを奨励することが、多くの教師（友人の先生の場合、一九三〇年代生まれの女性）にとっては、みずからの人種、文化、国家に対する裏切りのように感じられたわけだ。それは受け入れるのは難しいにしろ十分理解はできることだ。個々の教師を非難したり、この現象を一部の腐ったリンゴのせいにしてすませたりすることは、何十年にもわたる研究を完全に無視するだけでなく、イギリスの近代性がもつ大きな矛盾の一つに立ち向かうことを拒否することなのだ。[★4]

一九六〇年代、国内で生まれた大量の黒人の子どもがイギリスの学校に通うようになると、政府は深刻な問題に直面した。完全な市民権をもつことを想定しておらず、実際にはイギリス人とはみなしていない集団をどのように教育するか、あるいは教育しないかという問題である。この問題もまた、すでに大きく階層化されている社会という文脈と、より広く教育の歴史のなかに位置づけられなければならない。

一九六〇年代には、生徒の先天的な能力という優生学的な考え方の名残《なごり》がまだ大きく広まっていた。「低知能児」のための学校（ＭＳＮ）は、「学習障碍児」のための学校（ＥＳＮ）という、少し受け入れられやすい名前に変更されただけだった。この種の学校は、通常の教育制度の外にある学校で、扱いの難しい生徒――「特別支援」を必要とする生徒や学習障碍をもつ生徒――がそこに打ち捨てられていた。驚くようなことではないが、ＥＳＮ学校で黒人の子どもが占める割合は、黒人がイギリスの人口全体に占める割合よりも圧倒的に高かった。

　この現実を受けて、グレナダ人の研究者バーナード・コード〔グレナダ人民革命政府の元副首相。一九六〇年代後半からの数年間、ロンドンのＥＳＮ学校で教師として働いていた〕は、いまや伝説的な『西インド諸島の子どもは、イギリスの学校制度においていかに学習障碍児にされているか』を発表し、イギリスの学校教育における不正な制度的差別を告発した。★5このパンフレットは、小さな独立系黒人出版社から出版され、初版の一万部が売り切れた。一九七一年の出版時には、メディアは一様にそれを好意的にとりあげた。もちろん政府はコードが告発した事実を否定した――最終的には彼が実際に正しかったことを認めるに至ったが。しかし衝撃的だったのは、政府が彼の電話を盗聴し、警察に彼の甥《おい》を脅迫させたことである。これがイギリスにおいて抑圧の場とされてきた黒人教育の歴史なのだ。★6

　イギリスのカリブ系コミュニティと進歩的な教師は、かれらが恒常的に不公平な人種差別的制度だとみなした教育制度を改善しようと取り組んだ。主要なカリブ系コミュニティでは、俺が子どものころに通っていた学校のような黒人の補習校が設立された。こうした補習校の第一号は、コードが先ほどのパンフレットを出版する三年前にガス・ジョン〔グレナダ出身の教育研究者〕がすでに設立しており、運動のピーク時には一五〇校もの補習校が存在したとコードは推定している。親と教師が共同で行なう会議や取り組みが始まり、学者や黒人の専門家が声をあげ、イギリスの学校制度のなかで黒人の子どもがより公平な扱いを受けられる保障を求める大規模なキャンペーンが展開された。

カリブ系コミュニティは本当に奇妙な存在だ。かれらはわずかな資源を利用して――現在でもほとんどのカリブ系イギリス人は労働者階級である――子どものために補習校を設立し、何十年にもわたってこうした学校で毎週末スタッフとして働いてくれるボランティアをみつける努力をしてきた。それなのに同時にかれらは、「教育に熱心ではない」とされる。黒人全体がよくそう表現されるようにだ。

一九七〇年代から、あるいは俺が学校に通っていたころから、状況はどのように進歩しただろうか？　近年のイギリスの学校では、黒人の子どもは公平に扱われているだろうか？　悲しいことに、そして予想どおり答えはノーだ。たとえば二〇〇〇年、デイヴィッド・ギルボーン（ちなみに白人の見解を必須とする人のために言えばデイヴィッドは白人だ）と彼の同僚のハイディ・サフィア・ミルザは、スティーブン・ローレンス調査[★7]の遺産の一部として、人種・民族と学校の成績との関連性を調査するように政府の教育監査局に依頼された。[★8]

かれらはその調査のなかで、六つの地方教育局〔日本の地方自治体の教育委員会にあたる。イギリス全体で約二〇〇の地方教育局がある〕が提供した「ベースライン・アセスメント」のデータを調べた。ベースライン・アセスメントとは、義務教育に入った五歳の生徒の学力を、筆記試験と教師による評価を組み合わせて測定するものだ。その結果、たいして驚くほどでもないが優生学にもとづいたでたらめな考えをくつがえす事実がい

くつか判明した。おもなものとしては、

・同じ民族集団でも、地域によって成績に大きな違いがある
・すべての主要な民族集団がGCSEを五科目以上合格する可能性がある地方教育局が少なくとも一つはあった
・ある地方教育局では、五歳の学校入学時において、黒人生徒の成績がすべての民族集団のなかでもっとも高かった
・調査対象の六つの地方教育局すべてにおいて、黒人生徒の成績は、学校に通うにつれてその地方教育局の平均と比較して低下していた
・調査対象のなかでは最大規模で、国内でも最大規模の地方教育局では、黒人生徒の成績は入学時にはもっとも成績のいい民族集団として全国平均を二〇ポイント上回っていた。しかし、卒業時には全国平均を二一ポイントも下回り、その地方教育局でもっとも成績の悪い集団となっていた

この報告書は、発表当時左派メディアで広く引用された。このような明らかに人種差別的な教育上の権利侵害の証拠が調査対象の六つの地方教育局すべてでしめされたことは、もしこの調査が本当に制度的な人種差別を是正する意図をもっていたのであれば、教育政策をよりよい方向へと大きく変えるきっかけになったのではないかと思うだろう。しかし、そのような変化は起こら

ず、国の政策は「基礎段階プロファイル」（あるいはFSP方式）を使って入学する子どもたちを評価するように変更された。FSP方式とは、完全に個々の教師の判断に評価が委《ゆだ》ねられる評価方法で、つまり客観的ではない。

驚くようなことではないが、FSP方式による教師の評価の結果は、白人の子どもがすべての民族集団のなかでもっとも頭がいいという結論を出している。実際には、長年にわたってインド系の生徒の成績が白人生徒の成績を大幅に上回ってきたのだが。このように、明らかに恣意《しい》的で不用意なバイアスがかかる可能性があると考えるのは難しいことではないのに、なぜ国は客観的でない評価を学校に義務づけたのだろうか？　もしFSP方式による評価が白人生徒に劇的に悪い成績をもたらすものだったなら、いまごろそれは変更されていたのは確実だ。特別な扱いは必要ないし、求めてもいない。結果に影響を与える人為的ミスや誤認の余地を排した公正な試験を行なうだけでいいのだ——もし五歳児にどうしても試験を受けさせなければならないというのであれば。

黒人の子どもの学力を低く見積もる傾向は、学校教育の間ずっと続くことは確かだ。これは俺の経験とも一致するし、先に引用した地方教育局のデータでも黒人の子どもは学校に長く通うほど成績が下がることがわかっている。これは理解するのに難しい話ではない。教師のかなりの部分、あるいはほんの数人が、生徒が黒人であるというだけで実際よりもはるかに頭がよくないと決めつけてそのように扱うならば、生徒は教師に腹を立てるし、生徒の自尊心や成績に自然と影響を与えてしまうということだ。

イングランドとウェールズでは、小学校の最終学年ですべての生徒が外部試験のSATs〔カリキュラムの達成度を測るための学力テスト〕を受けなければならない。外部試験は、生徒を知らない人が客観的に採点するので、人種的な偏見が生じる余地がない。それと同時に、教師は教室で生徒を評価している。

ブリストル大学による全国調査によると、二〇〇一―〇二年から二〇〇四―〇五年の間、カリブ系黒人の生徒に対する教師の評価は、SATsの試験結果よりも五・六ポイントも下回っていた。★9 アフリカ系黒人の生徒の場合その数字は六・四ポイントとなり、白人生徒の場合その数字は三・三ポイントだったのにくらべて約二倍の開きがあった。この調査は、教師が黒人生徒の学力を実際の学力よりもはるかに低く評価し、しかも白人生徒の二倍も過小評価していることをはっきりとしめしている。

興味深いことに、アフリカ系の黒人イギリス人生徒の方が一般的に成績がいいにもかかわらず、教師は曾祖父がカリブ海地域出身の生徒よりもかれらを過小評価しているのである。教師の評価と客観的な試験の結果に大きな差があることがわかるのは、外部の採点者が評価対象の子どもを知らないキーステージ2〔七歳から小学校を卒業する一一歳までに受ける教育カリキュラム〕のSATsを受けるときだけだ。

同じ調査は、インド系と中国系の生徒は、実際の学力にくらべて教師に過大評価される傾向があるとしている。これは、インド系と中国系の生徒は全員が超優秀であるという広く普及しているステレオタイプと一致するものだ。また、貧しい地区の白人生徒は、裕福な地区の白人生徒よりも過小評価される傾向がある。つまりこの調査では、教師も人間であり、自分や社会の偏見を子どもたちに投影していることが確認されたのだ。教育省はこれらの研究やデータを俺と同じように認識しているはずだし(少なくともそう願う)、イギリスの教育システムから人種的偏見を排除する法的義務がある。しかし、あとの章で話すように、親や地域社会、教師からの強力な圧力なしには、これは実現されそうにない。

歴史的な文脈を理解すれば、俺が特別支援学級に入れられた意味もよくわかる。興味深いのは、すべての人に質の高い教育を提供することを約束しているようにみえるイギリス国家が、黒人イギリス人に質の高い教育を保障することを目的とするコミュニティ主導の大規模な取り組みをほとんど支援してこなかったということだ。また、イギリスメディアは、バーナード・コードの研究と問題提起に当初共感をしめしてから数十年にもわたって、黒人の若者はイギリス社会に何の役にも立たないごろつき、強盗、ドラッグ売人にすぎないというイメージを喜んで報じてきたのだ。

とはいえ、俺の世代のカリブ系イギリス人の学校経験は、いくつかの点で親の世代とはまったく異なっていた。まず、植民地で教育を受けた祖父母は、俺たちの親よりも、一般的にイギリスの権威をより多く信頼していたと言っても過言ではない。そのために、自分の子どもが「学校当局」について正当な苦情を言っても、それを聞き入れようとしなかった。教師に不当に殴られたり(体罰が違法になったのは一九八六年のことだ)、ほかの罰を受けたりしたあと、帰宅して親に文句を言うとする。すると親はその子どもをさらに殴ったり(多くの場合、教師の暴力よりもはるかにひどいものだったことは認めざるをえない)、「殴られるということは、悪さをしたんだろ」「先生の言うことが聞こえなきゃ、感じとれ」と言ったりした。そうしたことは俺の親の世代にはよくあった。だからイギリス生まれの俺たちの親は、子どもが学校で避けがたく直面する人種的な問題をよく知っていた。問題と戦うための戦略はいつも完璧というわけではなかったものの、子どもに対して学校の側に立つことははるかに少なかったのだ。

父やおじさんたちにとってみずからの学校経験はあまりにもひどいものだったので、かれらは学校を文化的、知的な戦場とみなしていた（その戦いにおける勝利とは、その根本的に人種差別的、階級差別的な教育機関において高い成績をとることだった）。だから小学校の最終学年で、また別の教師が俺をしつこく心理的にいじめてくることを父に訴えたとき（まわりからはほとんど気づかれないようないじめだったが）、父は自分の親がやったように俺を殴ったり、「先生の言うことを聞け」と言ったりしなかった。それどころか、父はウェストサセックス州からわざわざ学校にやってきて、校長と面会した。教師が俺を見下《くだ》し、いつも怖がらせるような態度でいじめているという父の主張を校長が否定すると、身長約一九〇センチ、体重およそ一〇〇キロの父が立ち上がり、椅子に座っている校長に覆《おお》いかぶさるように近づいた。父は、穏やかだが蔑《さげす》むような声で言った。「私はいま優しく穏やかに話しているでしょう？　でも、あなたはいま怯《おび》えているわけだ」

校長は父に、言いたいことはわかったから問題の教師には言っておくと言って、彼女は確かにそうした。しかしそれに対する先生の反応は、俺に対する冷やかし、完全な無視、みせかけの心配といったものを個性的に混ぜ合わせたものだった。ある日先生はクラス全員に、今日は正式に「キングスリーに優しくする日（be nice to Kingslee day）」、略して「BNTKの日」（確かに彼女はそう略し、黒板にも大文字で書いた）にすると宣言した。「キングスリーは今日、やりたいことをやり、誰にも反論されることなく言いたいことを言っていい」ということだった。もちろん俺は何が起きているのかがわかったので、その日は黙っておこうとしたのだが、先生はすべての質問を俺に向け、「今日はBNTKの日なんだから、キングスリーに最初に答えてもらいましょう」とクラスのみんなに言った。俺が一〇歳のときの出来事だ。

もし俺の両親が、学校での俺のつらい経験は完全に俺自身の振る舞いの結果だと言っていたら、あるいは俺に対するいじめに十分に異議を唱える知的装備をもっていなかったら（俺の親と同じ労働者階級の人々や同世代の多くの人々がそうであるように）、おそらく俺は学校を完全にドロップアウトしていただろう。

しかし幸運なことに、俺の親は俺の学校教育に積極的な関心をもち、「システム」に対して俺を擁護することに何のためらいもなかった。母は、一般的に白人の子ども、とくに裕福な白人の子どもには「疑わしきは罰せず」が適用されるが、俺には適用されないことを理解していた。父やおじさんたちは、イギリス社会の多くの人々、一部の「リベラル」な白人女性でさえもが、頭のいい黒人の子ども、とくにその男子にどれほど脅威を感じているかを知っていた。そうした人々がときには無意識的にであっても、俺の学力向上をどれほど強く妨害してくるかを知っていた。親の理解と支援、そして（様々な民族出身の）少数のラディカルな教師の支援がなければ、皮肉にも俺の知的能力、つまり先生の授業計画を超えて理解し疑問をもつ意欲は、学校教育から俺を完全に引き離していただろう。

　大人の「頭のいい黒人」にすらショックを受ける人がいるが、これは俺や友人にとって、この上ない笑い話になっている。当然、ほかの人々に対してと同じように俺のスピーチを純粋に褒《ほ》めてくれる人と、コックニー〔ロンドンの労働者階級の訛り〕を話す「黒んぼ」にしては「話がうまい」と驚く人の違いは俺にもわかる。俺がテレビ番組やパネルディスカッションに参加しているときに、俺に反論する相手が、あたかもまだ完全にはそう思っていないかのように「君は実にかなりいい点を突いている」と俺に恩着せがましく言ってくることがあるが、そうした人々が気にしているのは、人種、訛《なま》り（階級をしめす指標）、服装だけなのではないだろうか？　そういう発言をする人物が、標準的なイギリス英語を話す俺と同年代の白人のケンブリッジ大学教授が本当に的を射《い》た発言をしたときに、「君は実にかなりいい点を突いている」と伝える必要を感じるとは想像しがたい――一部の人々はただ本当にまわりのすべての人を馬鹿だと思っているのかもしれないが。

　イングランド北部の人々、または「スカウス」〔リヴァプールを中心としたイングランド北西部の訛り〕を話す多くの人々も、自分たちの訛りについてまわる偏見にもとづいて、同じように見下されていると感じているに違いない。プロの作家であるキプロス系の俺の友人は（彼の父親はハックニーで育った）、若いころに様々な会社で働いていたときのことをよく話してくれるが、よく同僚や上司に「君がヘルマン・ヘッセを読んだのか？　ほんとに？」と言われたそうだ。このように、階級にもとづく推測と人種にもとづく推測は重なるところが多い（人種自体が最大かつもっとも明白な階級的指標の一つなのだが)。

また、階級的規範が特定の空間に行くのを妨《さまた》げる要因になるのも興味深い。たとえばテレビ討論会のような場所がそうだ。実際のところ、労働者階級の人々は、とんちんかんな二枚舌に付き合っている暇はない。誰かに公然と見下したような無礼な態度をとられたとき、俺たちの自然な反応は、「失せろ」と言うか、もし相手がよほど無礼な態度をとったのなら、一昔前のように喧嘩をするために外に連れだすというものだ。俺はこの衝動と何度も戦ったことがある。

クラシックの作曲家である俺の友人は、オーケストラで演奏されたばかりの曲の作曲者として自分が紹介された際に白人が見せる驚きの表情、そしてその驚きを上品に隠して作曲を誰に手伝ってもらったのかと訊きたい衝動を抑えている白人の表情について、よく俺と冗談を言う。友人は本当に「誰に作曲を手伝ってもらったのか」と何度も質問されたことがあるのだ。

その友人が何よりもおもしろいのは、彼があらゆる人々がもつ人種的な固定観念を混乱させてしまうことだ。友人はとても伝統的で上流階級的でさえある英語を話し、しかもクラシックの作曲家である。そしてかなりお洒落な人物で、ツイードのスーツやポンチョなどほとんどの黒人が絶対に着ないような「変わった」服装を見事に着こなす。ほかの黒人は、友人のアクセントやその服装から判断して、「彼は白人になりたいんだ」と思ってしまう。悲しいことにそれは、かれらが黒人らしくあるには特定の決まった方法があると思いこんでいるということだ。

ツイードのスーツを着て、ピアノを弾いて、標準英語を話す友人の政治信条がいかに「黒い」かを知ったときの黒人の驚きの表情も俺は見てきた。友人はアフリカの歴史や文化について、ダシキ〔アフリカの民族衣装〕を着た大多数のアフリカ主義者よりもはるかに詳しい。白人も同じような間違いを犯し、彼にもっともあてはまらないことを言ってしまうことがある。その友人を見て、彼が黒人としての自尊心と自己愛をもつ「あんな」黒人の一人ではないと考えてしまうのだ。

　黒人の身体のなかにある人間的な卓越性が、一部の人々のアイデンティティ意識全体を脅《おび》やかし、黒人に対する恐怖、軽蔑混じりの称賛、侮辱を生みだしている。俺にはそんなことに継続的に脅威を感じることがどんなものかはほとんど想像できないが。黒人の卓越性に対するこうした一見奇妙な反応は、何もないところから登場してきたものではなく、ヨーロッパの文学、思想、哲学、歴史学が何世紀にもわたって行なってきた反黒人的宣伝に由来するものだ。

　たとえば、アフリカ人にはほかの人類と違って歴史がないと主張していた「歴史家」たちは、ジンバブエのグレートジンバブエ遺跡やマリのトンブクトゥ写本、イレイフェ〔ナイジェリア南東部の都市〕やベニンの崇高な金属芸術など、「植民地期以前」のアフリカでは存在しないはずの歴史が存在した証拠をみると、アフリカ外にその起源を探そうとした。ときには、アフリカ人よりも宇宙人の方がアフリカの歴史に影響を与えたと考える学者もいた！

　このような「知的」傾向を促進したのは、奴隷にされた人々――すなわち教育を受けることを物理的に妨げられた人々――の知的能力が、すべての黒人の永久的かつ遺伝的な知的能力をあらわしていると決めた人々だった。一九世紀にあっても、より賢明でより人間的なヨーロッパの思想家にとっては、奴隷とされた人が自分の知的能力を隠したり低く見せたりするのには、正当な理由と明白な動機があることは明らかだった。またヨーロッパと西アフリカの間にあるテクノロジーの格差は、オリーブ色の肌をしたローマ人とその北や西にいる「白人」との間に何世紀にもわたって存在したテクノロジーの格差や、宋時代の中国と一〇世紀のイギリスとの間に存在したテクノロジーの格差と同様に、肌の色に起因するものではないこともかれらは理解していた。

欧米が黒人を支配する能力は、人間に対する搾取と支配の長い歴史の一つの章としてではなく、永久的な人種的優劣として理解されてきた。そのため一九九〇年代後半になっても、「一流」の学者たちは、アメリカにおけるＩＱ（知能指数）テストの得点の人種差は、その国の経済的な歴史とはまったく関係がなく、黒人が遺伝的に劣っていることをしめしていると主張していた。しかしもちろん、優生学から生まれた欧米のＩＱテストで東南アジア系の人々が白人より高い得点を出している現在において、白人は東南アジア系の人々よりも遺伝的に劣っているという主張をほとんど聞くことはない。

俺は、俺の友人がクラシックの作曲家であることや、別の友人が外傷外科医であることに驚く人々が、黒人が遺伝的に劣っていることを堂々と認めたり、素直に信じていたりすると言っているわけではない。それでもこうしたことは、歴史上長く続くプロパガンダにかれらが影響を受けた結果なのだ。

イギリスは、自国の実際の歴史とそのリベラルなレトリックとの間で板挟《ばさ》みになっているようだ。人々は本当に、黒人イギリス人の学力向上を奨励しそれを回復させようとしているのだろうか？　それとも、ただ優越感に浸《ひた》るために、黒人をないがしろにした結果発生する刑務所や犯罪にかかる余計な費用を選ぶのか？　裕福になり政治的な影響力をもつ可能性のある黒人の中流階級が生まれることは、長期的な観点からみて人口動態や政治にどのような結果をもたらすのだろうか？

率直に言おう。刑事司法上の人種的、経済的偏《かたよ》りを是正したい、あるいは少なくともそれを減らしたい、一〇代のギャングによる暴力をなくしたい、より多く教育を受けた子どもを増やしたい、そしてよりまともな社会をつくりたいというのであれば、その仕事は刑務所ではなく小学校から始まるのだ。

第四章　リンフォードのランチボックス

「ニグロは野蛮で無法な動物的人間の見本であり、仮にも彼を理解しようとするならば、ヨーロッパ的な態度をすべて捨てなければならない……」

G・M・F・ヘーゲル〔一七七〇―一八三一年。ドイツの哲学者〕

「[アフリカ人は、] 人類のなかでもっとも堕落した人種である。獣のような形に近づいていて、正常な政府にたどり着くほどの知能はどこにもない。」

ジョルジュ・キュビエ〔一七六九―一八三二年。フランスの博物学者〕

「人はもはやニグロを意識することはなく、ペニスだけを意識する。ニグロは消滅した。彼はペニスに変わった。彼はペニスだ。」

フランツ・ファノン

一九九二年八月一日、俺はバルセロナオリンピックの陸上男子一〇〇メートル決勝を観るためにテレビの前に座っていた。俺はそのとき九歳だったが、俺にとって陸上競技とサッカーはすでに事実上の宗教となっていた。年長世代のカリブ人がもつクリケットへのこだわりを俺は受け継がなかったのである。選手全員がスタート位置に着くと家族全員が息を飲んだ。俺たちは、イギリス陸上のチャンピオンであり、当時黒人イギリス人でもっとも有名な人物だったリンフォード・クリスティを応援していた。リンフォードは、イアン・ライト〔サッカー選手〕、ソウルⅡソウル〔一九八七年から九七年まで活動した音楽グループ〕、レニー・ヘンリー〔俳優、テレビ司会者など多方面で活躍する〕、レノックス・ルイス〔プロボクサー〕らとともに、スポーツ、文化、エンターテインメントをつうじて、非公式かつ暗黙のうちに、黒人イギリス人が不確かな「ブリティッシュネス《イギリス人らしさ》」を手に入れた奇妙な現象の一端を担《にな》っていた。

　イギリスとアメリカにおいて、スポーツやエンターテインメント界での黒人の卓越性は、とくに矛盾した性格をもっている。一方では、自然なリズム感、頭脳ではなく筋肉、「自然」動物の運動能力といった古いステレオタイプが踏襲され、他方では大きく分裂した行動を生みだしているのである。イギリス（あるいはアメリカ）の卓越性を世界にしめす偉大な人々の一部が黒人だというのに、どうして両国は黒人を二流国民のままにしていられるのか？　どうしてイングランドのサッカーファンは、代表チームの半数が黒人になろうというのに、黒人選手にバナナを投げつづけることができたのか？　どうして白人アメリカ人は、ジェシー・オーエンス〔一九一三―八〇年。米国の黒人陸上選手〕やジャック・ジョンソン〔一八七八―一九四六年。米国の黒人プロボクサー〕、モハメド・アリを脇において黒人は劣った存在だと主張しつづけることができたのか？　この矛盾は明らかだった。

　一九九二年八月の最初の週、俺はこの矛盾とそれに人々が対処する方法を目にした。リンフォードはその日、オリンピックの一〇〇メートルで金メダルを獲得した。彼は一九二四年のハロルド・エイブラハムズに次いで、その競技で金メダルを獲得したやっと二人目のイギリス人選手になった。俺の家は大騒ぎになった。彼の活躍をとても喜んだ。一方、彼がユニオンジャック〔英国の国旗〕を身にまとうのを見て、イギリスじゅうの黒人家庭が違和感、喜び、そして戸惑いを感じているのがわかった。リンフォードの勝利は喜ばしいが、国民戦線や植民地主義、警察の暴力、バビロンシステム〔ジャマイカのスラングから生まれ、レゲエ音楽を通じて世界に広まった言葉で、不正や腐敗を生み出す国家や社会制度を指す〕を象徴するその旗には憤《いきどお》りを感じていたからだ。

一方、俺たちの祖父母の多くは、自分たちがイギリス臣民であることを誇りに思っており、ユニオンジャックに何の違和感も感じていなかったし、実際に何万もの人々がこの旗の下で戦った。しかし、リンフォードが勝利したころまでには、俺たちは制度的な人種差別に何十年にもわたって落胆させられていた。何百万人の「白人イギリス人」の祖父母もまったく同じ時期に移民としてイギリスにやってきたにもかかわらず、決してその白人と同じように黒人が「ブリティッシュ《イギリス国民》」にはなれないことをやむなく受け入れていたのだ。

保守党の政治家ノーマン・テビットが一九九〇年に提案した悪名高い「クリケットテスト」は、イングランドが西インド諸島の国とクリケットで対戦する際に、黒人イギリス人を招待してかれらがどちらの国を応援するか調べ、イギリス国家への忠誠度をはかるというものだ。これは一部の人々が考える国家への帰属意識がいかに排他的かをしめすと同時に、スポーツが民族的、人種的な不安、忠誠心、摩擦の重要な現場であることを明らかにした。

何万人ものファンが声援を送り、何百万もの人々が自宅で見守るなか、涙を流しそうになりながらユニオンジャックに身を包んでトラックを走って戻ってきたとき、リンフォードはその数日後にタブロイド紙が自分の勝利をどのように伝えることになるのかを想像もしていなかったのでではないだろうか？　そのときの俺も、まったく想像していなかった。

　リンフォードの勝利から数日後、俺は日用雑貨店に入り、九歳の子どもにしては奇妙なことに、あるタブロイド紙に目を通していた。正直に言うと、なかに掲載されているヌード写真をこっそりと覗《のぞ》いていたのかもしれない。しかしそのときかなり奇妙な風刺漫画《カートゥーン》に出くわした。その夏はホース使用禁止令〔水不足による屋外の水使用制限〕が出ていたのだが、この漫画にはズボンの股間が大きく膨《ふく》らんだリンフォード・クリスティが描《えが》かれていた。そしてホース使用検査官がリンフォードのその膨らみを指して、「ホース使用禁止令が出ているんだよ」と教えているのだ。俺はこの漫画をとても奇妙に感じ、リンフォードがキャリアの頂点に達した直後にこうした漫画が掲載されることには何かの意味があると考えた。もちろん、いまではその意味をもう少し理解している。

　リンフォードの歴史的な勝利のあとの数日から数週間の間、マスコミはリンフォードのイギリススポーツ界への貢献には目もくれず、「リンフォードのランチボックス」にかんする記事ばかり掲載していた。「リンフォードのランチボックス」とは彼の明らかに巨大なペニスを意味するまったく婉曲《えんきょく》ではない婉曲表現だった。おそらくリンフォードは、決勝戦前夜にそのペニスの移植を受けたわけではなく、キャリアを通じてまったく同じペニスをもっていたと思われる。それなのに、なぜ報道機関はアスリートのキャリアにおいて最大の栄光を手にしたこの瞬間を選んで、リンフォードをそんな風に性的な視点から描いたのだろうか？

　最初に「リンフォードのランチボックス」に注目したのはサン紙だと言われている。サン紙は一九九二年八月六日に「リンフォードのようにランチボックスを詰める一〇の方法」と題した特集を組んだ。この特集では、黒人モデルの下着に物を詰めさせてリンフォードの「あのスタイル」を表現した。ほかのタブロイド紙（一部の一般新聞を含む）も「リンフォードのランチボックス」について独自の記事を掲載した。「リンフォードのランチボックス」は一種の文化的な記号となったのである。俺と同じ年齢か歳上の人に「リンフォードのランチボックス」のことを訊《き》けばそれが何かを知っているし、バルセロナオリンピックでの決勝戦も覚えているだろう。しかし、その日まで男性選手はみな同じようなライクラ製の短パンを履《は》いていたし、リンフォードのペニスのことはとくに意識されていなかったように思う。問題は、もしリンフォードが優勝していなかったら、彼のペニスが話題になることはあっただろうかということだ。

　リンフォードは、こうした記事の不愉快な性質とタイミングの悪さについて、自分の気持ちをはっきりと表明した。しかしそのことはその時点ですでに難しいものになっていた彼とイギリスメディアとの関係をさらに悪化させただけだった。リンフォードの不満はたいてい無視されたり、感情的だとみなされたりした。たとえば、ボイス紙の黒人ジャーナリストであるトニー・シーウェルは、リンフォードは「弱虫男」だと非難し、リンフォードのような「セレブ」のせいで、自分が黒人男性であることが恥ずかしいとさえ主張した。控えめに言っても、かなりおかしな主張だ。

　このランチボックスの騒ぎが象徴的なピークを迎えたのは、リンフォードがITV〔英国の民放TV局〕の番組『スポーツ・イン・クエスチョン』にジミー・グリーブス〔一九四〇―二〇二一年。元イングランド代表の白人サッカー選手〕、クリス・ユーバンク〔英国の黒人プロボクサー〕、イアン・セント・ジョン〔一九三八―二〇二一年。元スコットランド代表の白人サッカー選手〕、そしてメール・オン・サンデー紙のジャーナリストであるパトリック・コリンズと出演したときだった。リンフォードは、彼に対するメディアの扱いについて観客から質問されると、メディアが自分を不当に扱い、「ランチボックス」に夢中になって自分の功績を無視していると感じていると再度はっきりと表明した。

その後この『スポーツ・イン・クエスチョン』の出来事は、それが人種、セクシュアリティ、文化、そしてイギリス政治について示唆《しさ》したもののために、その後何十年もとりあげられることになる言い争いへと発展していった。パトリック・コリンズはメディアを擁護し、リンフォードが一部の否定的《ネガティブ》なコメントを「つかまえて」メディアを一般化していると非難した。しかし、リンフォードは一般紙ですら「ランチボックス」の記事を掲載したことを指摘していたのだ。ジミー・グリーブスは、リンフォードに対し、そんなに気分を害するならもっとふさわしいものを着るべきだと述べ、「私は彼〔リンフォード〕のそれ〔ペニス〕で不快になったことはない。もっといえば、多くの女性はそれに魅了されている」と言った。

当然クリス・ユーバンクはリンフォードに味方して、ジミー・グリーブスと議論になった。グリーブスはユーバンクに対し、ティナ・ターナーの曲「シンプリー・ザ・ベスト」に合わせてリングに上がるべきではない、もっと謙虚になって自分の立場をわきまえるべきだとはっきりと言った。なぜ、グリーブスはそんなことを口にしたのだろうか？　議論が終わるころについにリンフォードが泣きだし、彼が本当に傷ついていることにグリーブスが気づくと、番組の雰囲気は一変した。

イギリスのテレビ界における前代未聞の瞬間であり、俺はリンフォードに深く同情した。リンフォードの涙は、彼をトニー・シーウェルが言うような「弱虫男」にするどころか、黒人の男らしさの脆《もろ》くて人間的な側面をあらわしているように感じた。そうしたものはイギリスのテレビではほとんど見ることはできない。リンフォードがその気になればジミー・グリーブスの首を二つにへし折ることができたのは明らかだが、リンフォードはそんな風に逆上して「怒れる黒人」になるのではなく（そうしてもおかしくなかった）、泣いたのだ。これは、性器にしか注目されず自分の素晴らしい成績が無視された怒りからくる反応としてはまったく正しいものだ。

スチュアート・ピアースやポール・ガスコインをはじめとする多くの白人イギリス人のサッカー選手が、選手人生の象徴的な瞬間に公然と涙を流し、共感や支持を得てきた。だから、この一件でイギリスの中心的な黒人新聞であるボイス紙の記者がリンフォードを男らしくないと揶揄《やゆ》し、現実に起きている人種差別の力学を検証しなかったのはまったく恥ずべきことだった。

その後リンフォードは、みずからの「ランチボックス」をあからさまに利用した広告に登場することでさらに問題をややこしくし、偽善的だという正当な非難を招いた。クリネックスのポケットティッシュの広告で、上半身裸のリンフォードが「小さいのが手に入った」という売り文句を掲げたのだ。また、下着の広告にも登場したが、これもある種の批判を招いた。

しかし、俺にとってここでの問題は、黒人アスリートの個々の判断ではなく、この一件が黒人アスリートをめぐるより大きな言説のなかにどのように位置づけられるかということだ。社会学者のベン・キャリントンは、イギリスの黒人アスリートについて書いた素晴らしい論考の一つで、イギリスメディアとリンフォード・クリスティとの間の険悪な関係を、まったく同時期に同じ報道機関が黒人プロボクサーのフランク・ブルーノに注いだほとんど無条件の愛と比較している。★1

フランクとリンフォードは、イギリスの黒人と主流派の白人との間にある文化的態度や欲望、黒人性《ブラックネス》に対する理解の違いをさまざまな点で象徴している。思い出せる年齢の黒人のほとんどにとって、フランクはつねに問題含みのキャラクターであり、アイコンや英雄ではない。たいていは俺たち黒人を愚か者に見せる馬鹿げたステレオタイプだとみられてきたのである。これはもちろんフランクにとってはまったく不当なことで、フランクが人種を代表する必要はなかった。

とはいえ、フランクには悪気はないようだったが、彼の明確な王室主義、サッチャーへの支持、さらには反アパルトヘイト闘争の真っ只中において南アフリカへの文化的ボイコットを拒否したことなどから、フランクはその単純な人物像がしめすよりも大きな問題を抱えている。反アパルトヘイト団体からの多大な圧力にもかかわらず、フランクは一九八六年に南アフリカの白人ボクサー、ゲリー・コーツィーと試合を行なった。フランクはそれを「自分のことは自分で守る」というサッチャー流の理由と、「家族を養わなければならない」という言葉で正当化し、さらに彼はプロモーターのミッキー・ダフから、コーツィーが「反アパルトヘイトで、何十人もの黒人の友人がいる」と聞いたとまで言った。

このような理由から、フランクはリングでの功績にもかかわらず、俺が知るほとんどの黒人から「白人側の黒人」とみなされるようになった。俺が子どものころ、おじさんたちやコミュニティの人々がいつもフランクをけなしていたのを覚えている。また、同じ黒人イギリス人ボクサーのレノックス・ルイスやナイジェル・ベンが人々に愛されていたのとは異なり、黒人アメリカ人選手との試合ではほとんどの人々がフランクよりもアメリカ人の対戦相手を応援していた。フランクが王室を敬い、個人主義的で、サッチャー政権下のイギリスで自分が利用されていることに気がつかなかったため、彼は黒人イギリス人にとってよく言えば曖昧《あいまい》な存在、悪く言えば非常に嫌われる存在となっていた。フランクははっきりとそのことに気づいており、それが彼を苦しめていたのだ。

一九九五年、フランクはWBCヘビー級世界チャンピオンを賭けてアメリカの黒人ボクサー、オリバー・マッコールと戦った。俺はいつものようにテレビで観ていた。俺にとってボクシングは先に述べたような宗教的熱狂の対象になっていた。この試合は「帝国の逆襲」と題され、チラシやポスター、そしてメディアではユニオンジャックが多用されていた。以前、フランクとレノックス・ルイスが対戦した際には「イギリスを賭けた闘い」と銘打たれたことがあり、ナショナリズムや帝国主義が謳《うた》い文句にされるのは目新しいことではなかった。試合は一二ラウンドの激闘の末、フランクが判定勝ちで勝利し、ヘビー級世界チャンピオンとなったわずか九人のイギリス人のうちの一人となった（そのうち七人が黒人である）。

試合後のフランクのインタビューは、リンフォードがテレビで泣き崩れた様子と鋭く対《つい》をなす非常に興味深いものだった。フランクはリングサイドで汗だくで座りながら、目に涙を浮かべ

「俺はアンクルトム〔白人に媚びる黒人を指す蔑称〕ではない、俺はアンクルトムではない」とインタビューのなかで七、八回は繰り返した。しかしインタビュアーの質問はそのこととはまったく関係なかったのだ。

このように、キャリアの頂点にある二人の黒人アスリートが、人種差別の力学と深くかかわる理由でテレビで泣きだしてしまったのだが、その後マスコミがそのことを分析することはなかった。試合前、かつてレノックス・ルイスがフランクと対戦する際にそうしていたのと同じように、マッコールもフランクをアンクルトムと呼んで挑発していたのだった。フランクは「肌の色は関係ない」と何度も主張していたが、この発言は多くの白人大衆からの称賛を保証するものだった。またフランクは、人種差別はごく一部の愚かな人々によるものだと主張したが、彼は真面目にそう信じているようだった。

しかし、フランクのような大男がリングサイドで泣きながら、自分は裏切り者でもアンクルトムでもないと何度も繰り返しているのを見ると、フランクは自身の主張にもかかわらず、自分がある大きな間違いを犯していることを本当は理解していたのだと思われる。つまり黒人のアイデンティティやコミュニティに対する信頼が自分に欠けているのは間違いであると。彼は、自分のキャリアのなかでもっとも重要な瞬間に、それを釈明する必要があると考えたのだ。

俺が子どものころに知っていた黒人の大人たちは、フランク・ブルーノを本当に憎んでいたわけではなく、実際には愛していたし、少し気の毒にさえ思っていた。だからこそ、フランクの人間性など本当は尊重していない人間が、陰では嘲笑しつつ表ではフランクを愛していると主張するのを見て、心を痛めていたのである。しかし、もしフランクが自己を確立し、当時のイギリスに存在していた明白な人種差別を批判し、南アフリカの黒人の人間性を尊重して南アフリカ選手との試合をボイコットしていたなら、フランクの「ファン」の大部分は確実にフランクに反感を抱いただろう。俺たちにはそれがわかっていたので、試合後のインタビューでやけになって怒りだし助けを求めるフランクを守りたいとさえ思ったのである。

　ベン・キャリントンが指摘するように、リンフォードの「ランチボックス」とは異なり、フランクが「俺はアンクルトムではない」と言って涙を見せたことは、主要メディアではほとんど言及されなかった。おそらく当時のイギリスの報道機関は、この出来事の重要性を扱うだけの政治的語彙《ごい》や歴史の知識をもちあわせていなかったのだろう。報道機関がこの出来事の重要性をとりあげるというのは、多くの白人ジャーナリストが、お気に入りの黒人ヘビー級チャンピオンであり、おそらく億万長者であるフランクが、同じ黒人から愛されていないことに挫折感を抱いているのはなぜかと問うことだった。

　フランクの涙は、賞金や白人からの称賛だけでは十分ではないこと、むしろ白人からの称賛は誠実なものではないこと、そして彼がほかの黒人のスポーツ選手や有名人と同じように黒人から愛されることを切望していることをしめしたのである。イギリスの人種の歴史を知ろうとしない鈍感なイギリス人ジャーナリストには、このような状況を理解することはできなかったのだ。

時間は飛んで二〇一二年八月九日、俺はロンドンオリンピックの陸上男子二〇〇メートル決勝を観るためにテレビの前に座っていた。ジャマイカのウサイン・ボルトは数日前の一〇〇メートルですでに優勝しており、その年もウサイン・ボルトとジャマイカが優勢な年になると思われていた。すべてのジャマイカ系イギリス人や世界中の短距離ファンと同じように、俺はとても興奮していた。

そこで、大変奇妙なことが起こった。どういうわけか、BBCは二〇〇メートル決勝の直前に不気味な優生学の映像を流したのだ。コリン・ジャクソン〔英国の元陸上選手〕、マイケル・ジョンソン〔米国の元陸上選手〕、デニーズ・ルイス〔英国の元陸上選手〕という黒人陸上選手の伝説的存在である三人の隣に座っていた司会者は、その映像を次のように紹介した。

二〇〇メートル決勝を前にして、あまりとりあげられないテーマをとりあげます。実は過去三二年間、オリンピックの男子一〇〇メートル決勝に白人選手は一人も出場していません。一〇〇メートルで一〇秒を切ったのは八二人で、そのうち八一人が黒人でした。一〇秒を切った唯一の白人は、今夜二〇〇メートル決勝に出場するフランスのクリストフ・ルメートルだけなのです。二〇〇メートルで二〇秒を切った白人選手は四人しかいません。このことは、生まれか育ちかという問題に大変鋭い見方を与えます。

この発言には、いくつかの明らかな問題と基本的な論理の欠落がある。まず、地球上の男性の約四〇パーセントはインド人と中国人であり、ほかにも世界には白人でも黒人でもない人々がいるのは言うまでもない。しかし、この台本を書いた人は、そうした人々がオリンピックの短距離決勝で活躍していないことにはまったく気が及ばないようだった。それは非常に明白な白人中心主義的主張であり、そこで問題にされているのは、世界の模範であるべき白人が勝利できず、さらに悪いことに黒人男性が白人を打ち負かしているということなのだ——あたかも黒人と白人のアスリートには永遠の競争があるかのように。どんなことであれ黒人が白人に勝つことには、何らかの説明が必要であると視聴者と社会に向けて言っているわけだ。

その紹介コメントのあと、ダーウィンの『種の起源』や優生学運動、ナチスによるジェノサイドについて議論する短い場面が流れた。そして黒人の運動能力の話題に移り、偉大な短距離選手の祖先はみなアフリカ、「つまり奴隷」にさかのぼることができるというナレーションが流れた。「手かせをはめられ、奴隷船に詰めこまれて海を渡っても生き延びたのは誰か？　綿花や砂糖のプランテーションでの強制労働の生活を生き延びたのは誰か？　それにもっとも適した者のみが生き残ったのである」

映像が終わり、司会者はコリン・ジャクソンに意見を求めた。コリンが、黒人選手も白人選手も短距離走の「鍵」となる「速筋」をもっているという、実際に彼も参加した科学的な研究結果について話し、映像の無茶苦茶な説明に反論したが、司会者はこう答えた。「しかし現在、非常に才能のある一四、一五、一六歳のアスリートでも、もしかれらが白人なら、短距離走の最高レベルの競争に勝つことはできないとほとんど組織的に考えさせられているのではないでしょうか？」

これは公《おおやけ》の場で白人が尋ねた非常に示唆に富む質問だ。というのも、黒人が「黒人がどのように表現されるかは重要だ」「黒人にとって共感できる、自分に似たロールモデルをもつことは有益である」と主張すると、言い訳をしている、人種を切り札としてを使っている、特別扱いを望んでいると非難されることが多いからだ。しかし、二〇〇メートル決勝の前に、公共放送の司会者が実際にそうしたことが重要であり、白人が法律で参加を禁じられたり、何らかの差別を受けたりしたことのない競技で黒人が勝つのを見ると、一〇代の白人がその競技にわざわざ挑戦する気をなくす可能性があると主張したのである。

奴隷制と短距離走が「関連する可能性」を探るドキュメンタリー番組を何の因果か制作したことがあるマイケル・ジョンソンも、そうした考えに反論していた。彼は、あるスポーツにとって重要な要素となるのは、謎の遺伝子ではなく、文化やトレーニング、そのスポーツの国民的人気だと言ったが、これは科学者でなくても十分に理解できることだ。

奴隷制と短距離走には関連性があるとされていること、また特定の分野で黒人が秀でていることには「説明」が必要だとされていることそれ自体が重要なことを物語っている。俺の知る限り、ドイツとイタリアがつねにヨーロッパでもっとも強いサッカーチームである理由を説明するために、ファシズムから生まれた遺伝子を発見しようとするドキュメンタリー番組があったためしはない。フランコ〔一八九二―一九七五年。スペインの軍人、政治家。長期独裁政権を率いた〕が死んだ直後に生まれた世代の選手が活躍したスペインが、一時的に世界最高のチームになったことは、俺の「ファシズムとサッカーの融合」という仮説を裏づけるだろうか？　これは確実に馬鹿げた問いだろう。もしかしたら俺はいい線をいっているのかもしれないが、しかしこうしたことはけっして問われることはない。ドイツ人、イタリア人、スペイン人の卓越性に説明はいらないからである。少なくともファシズムとの関連性のような否定的《ネガティブ》なかたちでの説明は必要ないのだ。

若いころにBBCで観た、『アヤックスを夢みて』というドキュメンタリー番組を俺は鮮明に覚えている。この番組は、オランダのアヤックス・アムステルダムというサッカークラブが、なぜイングランド全体よりも優れたサッカー選手を育てることができるのかを追っていた。それは、アヤックスの指導法の優秀さが、地元出身の選手たちのパフォーマンスに顕著に表れていることをおおいに称賛する素晴らしいドキュメンタリーだった。このドキュメンタリーは、ヨーロッパの歴史上の恐ろしい出来事から生まれた謎のオランダ人遺伝子を探していたわけではない。また、タイガー・ウッズやウィリアムズ姉妹が登場するまで続いたゴルフやテニスにおける白人選手の優位性について、白人は祖先が長いあいだ人を鞭《むち》打って練習をしていたおかげで、強肩や素晴らしいテクニックを手に入れることになったという説明をする人々はいない。

奴隷制と短距離走の「関連性」というものがどれほど馬鹿げているかを根本的に理解するために、いくつかの基本的で常識的な事実をみてみよう。二〇〇八年にウサイン・ボルトが北京五輪で優勝するまで、ジャマイカは男子一〇〇メートルの金メダリストを一人も輩出してこなかった。奴隷制と短距離走に「関連性」があるならば、奴隷制廃止から一四八年も経ってから、ウサイン・ボルトの誕生を機にそれまで潜伏していたスーパー奴隷遺伝子が突如として表面化したと考えなければならないようだ。

またブラジルにはジャマイカの約四〇倍の黒人がおり、西半球で最後に奴隷制を廃止した国であるにもかかわらず、一〇〇メートルで銅メダルすら獲得したことはない。ブラジルが唯一獲得した短距離走のメダルは、一九八八年にロブソン・ダ・シルバが獲得した二〇〇メートルの銅メダルだった。ナミビアのフランキー・フレデリクスは、アフリカ系アメリカ人「奴隷」の子孫ではないが、オリンピックの短距離走で四つの銀メダルを獲得している。これは八〇〇〇万人以上いる黒人ブラジル人全員の合計よりも四つも多いのだ。

こうした常識の欠如はどう理解すればいいだろうか？　先述の映像を企画したのが誰であろうと、八一人の黒人男性が一〇〇メートルを一〇秒以下で走るのに要した苦労や犠牲、吐き気を催《もよお》すような何年にもわたるトレーニングが、ほかの何億人もの黒人男性を代表するものではないことを理解できないというのは少し変だ。またイギリスのテレビ史上もっとも視聴されるスポーツイベントの直前に、このような反知性的ででたらめな映像が放送されたというのはさらに変だ。

黒人アスリートの功績は、かれらの努力やその国での短距離走の文化的重要性、指導の質、組織や準備のたまものではなく、慈悲深い奴隷主からの間接的な贈り物であるという考えは、ただの空想の産物だ。さらに言えば、ジャマイカをはじめとする南北アメリカ全体に現在もはっきりと残る奴隷制の負の遺産が無視されたり軽視されたりする一方で、漠然とした奴隷制と短距離走の「関連性」が多くの視聴者の前でとりあげられるというのは、黒人に対するさらに大きな侮辱である。

オリンピックのボクシング競技でのキューバの驚異的な成績は、近年の陸上競技でのジャマイカの成績、ラグビーでのニュージーランドの成績、バスケットボールでのアメリカの成績と同じように、そうした制度的、文化的な要因と関係があるだろう。しかしジャマイカのスポーツ選手の卓越性は、国内の青少年スポーツ大会で国立競技場が満員になるという、かなり容易に追跡可能な性質のものであるが、この映像を企画した人にとってそれはありえないことなのだ。ジャマイカ人ごときが、アヤックスのオランダ人のように、ライバルよりも練習を積み、献身的で、規律正しく、チームとしてまとまっているなどということはあってはならないのである。

さらに、ほかのカリブ海諸島にも多くの奴隷がいたが、陸上の分野でジャマイカの成功を真似ることはできなかった。ウサイン・ボルトは、ほかの島々の合計数の三倍もの金メダルを一〇〇メートルで獲得しているのだ。一方、奴隷となったアフリカ人の大半は合州国には連れて行かれず、連れて行かれたカリブ海地域の奴隷制の方がはるかに過酷だったことをしめす明確な証拠がある。したがって、「最適者生存の奴隷」理論が真実であれば、短距離走ではカリブ海の国々がつねに勝者となるはずだ。しかし、歴史的に短距離走を支配してきたのは合州国であり、その差は歴然としている。

しかし、その司会者が率直に認めているように、意識的にせよ無意識的にせよ、白人の生まれもった優越性を信じこんでいる人種差別的な人々にとって、「男性の逞《たくま》しさ」を試す二つの至高のスポーツ――一〇〇メートル決勝とヘビー級ボクシング――で黒人男性が勝利するのを見るのはかなりがっかりする体験に違いない。長距離走における東アフリカの国々の優勢が、同じような失望を呼び起こさないことは注目に値するが、それでも多くの「説明」やステレオタイプを独自に生みだしている。

俺自身のスポーツとの関係は興味深いもので、俺がジャマイカ系であることもあり、俺のコミュニティや友人の間ではつねに短距離走が人気だった。一〇代のころにいちばん興味をもっていたのはサッカーだったが、ロンドンの体育大会で一〇〇メートル走に出場することになり、決勝で七人の「完全に黒人」の少年たちを破って全イングランド大会にも出場した。もちろん出場していたのは黒人男子が圧倒的に多かったが、俺は準決勝で敗れ、競技に出場した唯一の白人男子が優勝した。実際のところ、俺たちはこのことを奇妙に感じ、帰りのバスでは「白人男子に負けた」ことについて冗談を言っていた。俺の母親が白人であることは、とくに問題にならなかった。俺たちも、黒人は生まれつき運動能力が高いという思い込みを、現実を直視することなく内面化していたようだ。

スポーツとエンターテインメントは、第二次大戦後のイギリスで黒人がおおいに活躍する数少ない分野であり、若い黒人男性が自分たちに開かれているようにみえるその二つの分野をめざすのはまったく自然なことである。イギリスの学校を訪れた際、黒人の少年たちに大きくなったら何になりたいかを俺が尋ねると、将来はサッカー選手かラッパーになりたいという答えがもっとも多い。ジンバブエ、南スーダン、エチオピアの学校でも同じ質問をしたことがあるが、その答えは大きく異なり、はるかに多様だった。

典型的な黒人の若者として、俺自身も学校、地区、日曜リーグなどさまざまな場所でサッカーをしていた。しかし、俺は普通よりもさらに少し進んで、黄金期のウェストハム・ユナイテッドのユースチームに入った。そのころのウェストハムは、のちにイングランド代表となるジョー・コール、マイケル・キャリック、リオ・ファーディナンド、グレン・ジョンソン、ジャーメイン・デフォーらを輩出していた。

人種はサッカー界につねに存在するテーマだが、その存在自体が認識されていないことも多かった。黒人選手は、人種差別的な「冷やかし」を「挑発的」になることなく受け入れることを期待されていた。だから、コーチに「ウォグボックス」〔ウォグは黒人をはじめとする肌の色が濃い非白人への蔑称で、ウォグボックスはブラックカルチャーによく登場する大型ラジカセをその蔑称と結びつけて呼ぶ英国のスラング〕を取りに行けと言われても、俺は「冗談が通じない」人間なので、いらいらしていたものだ。もしかしたら、白人のコーチたちはスパイク・リーの名作映画『ドゥ・ザ・ライト・シング』（一九八九年）を観ていて、ラジオ・ラヒーム（その映画に登場する架空の人物〔映画の中ではつねに大型ラジカセを持ち歩き、パブリック・エネミーの「ファイト・ザ・パワー」を流している〕）のことを思い出していた可能性もあるが、実際にはありえないだろう。

スポーツと学業の対立は、俺が一〇代のころの大きな問題であり、それはつねに人種的なニュアンスを帯びていた。俺はサッカーが得意でウェストハムのユースチームに入っていたが、王立研究所の数学上級クラスにも通っていた。土曜の黒人学校とオフスおじさんが、俺に科学への興味をかきたててくれた。オフスおじさんはいつも、それが何かも知らないような年齢の俺に量子物理学の道に進むだけの頭脳があると言ってくれた。

数年後、俺がサッカーを始めたとき、オフスおじさんは密かに落胆し、サッカーが俺を駄目にしてしまうのではないかと母に話していた。オフスおじさんは、黒人コミュニティの多くの人々と同様に、黒人のスポーツ選手を自分のコミュニティのためにほとんど何もしない愚か者としかみていなかった。賞賛に値する一部の例外を除いて、個人的に成功したあとに自分の立場を使って不正義に対して声をあげることをほどんどしない存在だと考えていたのだ。オフスおじさんのような人々は、サッカー選手よりもウォルター・ロドニー〔一九四二―八〇年。ガイアナの政治活動家、研究者。日本語訳書に『世界資本主義とアフリカ――ヨーロッパはいかにアフリカを低開発化したか』（北沢正雄訳、大村書店）〕や、C・L・R・ジェームズ〔一九〇一―八九年。トリニダードの政治活動家、研究者。日本語訳書に『ブラック・ジャコバン――トゥサン＝ルヴェルチュールとハイチ革命』（青木芳夫監訳、大村書店）〕のような黒人の学者にずっと多くの感銘を受けていたのだ。

俺が中学校に入学したとき、母が何かの折にムハンマド先生（その中学の有名な黒人教師）に、俺が早くサッカーチームに入りたがっていると伝えたところ、ムハンマド先生は「彼には勉強も一生懸命やってほしい」と答えたそうだ。俺はいま、サッカー選手になりたがっている黒人少年でいっぱいの教室で、まったく同じことを言っている。

イギリス国家は、黒人全般、とくにカリブ系は生まれつきスポーツが得意で、勉強には不向きだと長いあいだ信じこんできた。これは、かれらがどれほど俺たちのことを知らないかということをしめしている。俺が恩恵を受けたコミュニティの民族教育の歴史は別にしても、カリブ系の理髪店や持ち帰り専門の料理店（フッド〔都市部の貧困地区を指すヒップホップでよく使われるスラング〕でカリブ系が経営しているのがこの二つだ）に思い切って足を踏み入れれば、壁に誰の顔が貼られているのか、俺たちが誰を崇拝しているのかがわかる。ドラッグの売人だろうか？　ありえない。スポーツ選手だろうか？

たまにはあるが、めったにない。よくあるのは、マーカス・ガーヴィー、マルコムX、ボブ・マーリー、モハメド・アリだが、ハールズデンで俺が通う理髪店の場合には、黒人の科学者や発明家のポスターが壁に貼られていることが多いのだ。

では、なぜ多くの白人やメディアが、スポーツ界での黒人の活躍に動揺しているのだろうか？俺はロシアや中国が体操競技で圧倒的な強さを誇っているのを見て、自分はロシア人でも中国人でもないから絶対に挑戦しないなどとは思わないし、ましてや自分にはその競技が民族的に不向きだと感じたりすることはない。『ロード・オブ・ザ・リング』を観て、「ああ、また白人がおもしろい映画をつくったのか、残念だ」と思うこともない。このことは、過去数世紀にわたる欧米の人種神話のなかで、あまり語られてこなかった側面の一つに光を当てる。人種神話がその意図された受益者の多くに与えている狂気についてだ。

優越性を前提としたアイデンティティは、健康的で安定したものではない。ヘーゲルが主人と奴隷の弁証法を書いたときに言っていたのは、「あなたがそうでないから、私は私である」というアイデンティティだ。要するに、主人は自分を定義するために奴隷の支配を必要とすることで、自分自身を奴隷の奴隷にしているのだ。

白人至上主義者は、どれだけそれを認めたくはなくても、その自己意識全体が不安定なことでみずからを黒人の奴隷にしているのである。この人種的な脆《もろ》さこそが、一九一九年と一九五八年にイギリスで起きた人種差別的暴徒の襲撃[★2]、一九八〇年代の火炎瓶放火事件、そして有名なスティーブン・ローレンス殺害事件を引き起こしたのだ。

人間は様々な奇妙な理由で人を殺す。しかし他人の肌の色がその人を殺したいと思うほどの強い反応を引き起こすということがどれほどおかしなことなのか、人々はほとんど考えることがない。白人特権については語られるが、そうした白人の重荷について語られることはほとんどない。倒錯に基づいたアイデンティティ、すなわち黒人や他者の劣等性との関係でしか自分自身を定義できない寄生的なアイデンティティに縛《しば》られるという重荷だ。

これは、黒人の殺害《リンチ》を軽い娯楽の一つとし、黒人と白人との結婚や、さらにアパルトヘイト体制下の南アフリカで街中で一緒にいるところを見られることさえ違法とした心理であり、ニュルンベルク法〔一九三五年にナチスドイツでヒトラーが公表・発布し、国内のユダヤ人の公民権を奪った法律〕をつくり、歴史上のあらゆる動きの背後にユダヤ人の巨大な陰謀があるという理論を生みだした心理である。超資本主義の銀行家からボリシェビキの革命家まで、その背後には明らかに邪悪で狡猾《こうかつ》なユダヤ人が必ずいるというものである。

そんなにもほかの人種を恐れるのは大変なことだ。黒人が白人の人種的支配の歴史に恐怖を抱き憤慨するのは当然のことだが、奇妙なことに、黒人にとってそれは非常に光栄なことなのだ。白人至上主義者が何と言おうと、かれらが黒人の卓越性を阻《はば》むためにそこまですることは、むしろおおいなる称賛なのである。黒人ボクサー選手のジャック・ジョンソンの活躍が、白人が「白人の期待の星《グレート・ホワイト・ホープ》」〔一九〇八年、ジョンソンがそれまで白人に限られていた世界ヘビー級チャンピオンの座を手に入れたことで、再びチャンピオンの座を取り戻す白人選手が登場することを願って白人社会で使われた言葉〕を探すきっかけになったことは、率直に言ってかなり哀《あわ》れであり、黒人陸上選手のジェシー・オーエンスがナチス国民全体の世界観を台無しにしたというのは〔一九三六年にナチス政権下のドイツで開催されたベルリンオリンピックで陸上四種目の金メダルを獲得した〕、やはりかなり悲しいことだ。人種差別は危険だが、白人を被害者にする。たとえば、子どもの知性に脅威を感じた俺の学校の先生たちのように。

　これを読んでいる黒人や茶色の肌の人々は、俺がおかしくなったと思うかもしれないが、最後まで聞いてほしい。人種差別には腹が立つが、俺はこの時代のこの文化のなかで、自分以外の人間に生まれたかったとは思わない。なぜか？　なぜなら、どんな困難に直面するとしても、俺は自分の民族やその歴史、文化を愛しているからだ。俺が自分の自尊心を満足させるために、中国人やインド人、スペイン人が人間としての能力を十分に発揮せずにいる必要はない。そうした能力をほかの人種に捧《ささ》げるというのは、あまりにもったいない。俺はシェイクスピアやスティーブン・ホーキング、老子の素晴らしさに感銘を受けることができるし、かれらが黒人でなくても俺にはまったく問題ない。白人であっても、白人至上主義的なアイデンティティに攻撃的に結びついていない人々は同じように感じているはずだ。

　あたかも黒人が人種差別の唯一の被害者であるかのように考え、また白人をまるで事態を理解できないかのように扱いながら、人種差別がいかにひどいものかについて心の内を打ち明けることがしばしば奨励されているが、俺は白人と役割を交換して、見た目が違う子どもが学校に行きたがっているからといってその子どもに唾《つば》を吐く人間になりたいとは思わないし、自分と同じ「人種」の女性に口笛を吹いたらしいという理由で子どもを殴り殺すようなことはしたくないのである。★3

　もちろん、こうしたことはアメリカの例である。アメリカはいい意味でも悪い意味でもあらゆる面でかなり過激だが、イギリスは国内においてもこのような非常識さがまったくないわけではない。だから、イギリスのニュースキャスターが人種について尋ねるとき、人類学的なレンズをかれらの側に向けてはどうだろうか？　たまには白人に白人性《ホワイトネス》について訊いてみよう。白人という支配的なアイデンティティーを不可視にして、その神秘的な力を保持することを許してはならないのだ。一部の活動家は、これは白人性《ホワイトネス》をふたたび「中心」に置くことであり、問題であると主張するかもしれないが、俺はそうは思わない。

なぜ白人はウサイン・ボルトの功績に刺激を受けることはできないと思うのかとデニーズ・ルイスやコリン・ジャクソンが例の司会者に質問していたら、きっと素晴らしかっただろう。白人ではない何世代もの作家がシェイクスピアやチャールズ・ディケンズ、ジョン・スタインベック、フランク・ハーバート〔一九二〇—八六年。米国のSF作家。代表作に『デューン』シリーズがある〕などの白人作家に刺激を受けてきた。すべてのサッカーファンが出身国を問わずマラドーナやメッシに感動してきた。俺を含め、アジアの武術を学んでいる多くの人々が、ブルース・リーやブアカーオ・バンチャメーク〔タイのムエタイ選手〕、少林寺の僧侶たちに影響を受けてきたのだ。

その司会者は白人のアイデンティティについてどう考えて、たまたま黒人である人々の優れた点に白人は刺激を受けることができないと言っているのだろうか？　そしてそれは正しいのだろうか？　なぜ彼は白人をそれほど軽んじているのか？　彼が多くの視聴者の前でこのようなことを言っても、なぜほとんど反応がなかったのか？

「リンフォードのランチボックス」にしても、「白人の期待の星《グレート・ホワイト・ホープ》」を打ち負かしたジャック・ジョンソンの許しがたい黒人性《ブラックネス》にしても、ジェシー・オーエンスがドイツでヒトラーに恥をかかせたことにしても、黒人アスリートはこれまで白人大衆の想像力と奇妙な関係を築いてきたし、これからもそうである。一九六〇年代と七〇年代に、モハメド・アリはイギリスのポピュラーカルチャーのなかで象徴的な地位を占めていた。アリは一九七一年にBBCの番組『パーキンソン』で行なわれた有名なインタビューでカリスマ性と知性を発揮し、白人にはもううんざりだと率直に語っていたが、あらゆる人々から称賛された。

一方で、黒人アスリートは、白人の遺伝的優位性という迷信を何度も完全に打ち破ってきたが、多くの人々にとってそれは、異常な謎のニガー遺伝子の存在を裏づけるものとして機能し、労働者階級の黒人青年が貧困から抜けだすための数少ないルートで身につけた卓越性、規律、成果のたまものとはみなされないのである。

現在では、黒人選手がイギリス代表チームに入ることは普通になっている。国を代表してプレーする黒人サッカー選手に、バナナの皮が投げられたり手紙に銃弾が入っていたりすることはもうない。イングランドのサッカーチームの半分が黒人選手であることに人々は慣れた。現在のユースチームの傾向からすると、将来的にはますます黒人が増えていくことが予想される。イングランドのサッカープレミアリーグは、アメリカのNBAやNFLと同じように、黒人選手がいなければいまのような素晴らしい試合を観ることはできないのだ。それでも、同じ制度的な問題がかれらを取り巻いている。アフリカ系の人々が圧倒的に多いこの分野に黒人の監督やコーチは明らかに不足しているし、もちろんオーナーもいない。

バナナの皮を投げられた時代が終わったあとの黄金時代にも、サッカーと人種差別をめぐるスキャンダルは依然として存在している。もっとも有名なのは、アストン・ヴィラFCの元監督ロン・アトキンソンが二〇〇四年にマルセル・デサイー〔ガーナ出身のサッカー選手〕を「クソ怠け者のうすのろニガー」と呼んだことだ。当時ITVのコメンテーターだったアトキンソンは、自分のマイクのスイッチが入っていることに気づかず発言し、その発言は実際に世界の一部の国々で放送されてしまった。アトキンソンは不名誉なかたちでITVを辞めざるを得なくなかったが、もし発言が放送されていなかったら、そうなっていたかどうかはかなり疑わしい。

アトキンソンは、自分は「黒人選手にチャンスを与えた最初の監督の一人だ」と釈明した。自分はレイシストではないと少しでも主張するために彼がこのような発言を行なったのは明らかだ。もちろんその発言が示唆するのは、黒人選手はチャンスを与えられる存在だと彼が考えているということだ。黒人選手は努力していないし、ほかの選手のように実力にもとづいて自動的にポジションを得るのではなく、アトキンソンのような当然のごとく白人の「権威」ある人物からチャンスを「与えられる」存在なのだ。白人選手にチャンスを与えた最初の人物の一人だと主張する監督はいないだろう。

この出来事には、いくつかの不可解な点があった。とくに、マルセル・デサイーのようなサッカー界の有名選手が明らかに調子の悪いプレーをしたときに、「怠け者のうすのろニガー」のようなひどい言葉がすぐにアトキンソンの口から出てきたことを単なるミスだったと主張したことだ。また、予想どおり、黒人の元選手たちが列をなしてアトキンソンを擁護し、アトキンソンが本当はレイシストではないことを世間に知らせようとした。そう、自分たちの同僚を「怠け者のうすのろニガー」と呼んだ人物は急いで擁護するが、それ以外の問題についてはまったく沈黙しているような黒人は確かに存在する。

この文章を書いている時点では、サッカー界の人種差別にまつわる二つの記事が話題になっている。一つは、チェルシーのユースチームに所属していた元選手たちが、クラブ在籍時にグラハム・リックスとグウィン・ウィリアムズの二人の白人の元コーチから日常的に人種差別的虐待を受けていたと告発したもの。リックスとウィリアムズは、クラブの黒人の子どもたちを日常的に猿、クーン、ニガー、ウォグ、槍投げなどと差別的に呼び、そのうちの一人には「もし俺の心臓がおまえらのチンコと同じくらいデカかったら、俺はもっと走れる素晴らしい選手になれたかもしれない」とまで言ったとされている。[★4]もう一つは、一七歳以下ワールドカップで優勝したイングランド代表チームのメンバーだったリアン・ブリュースターが、リヴァプールやイングランド代表でプレーしていたときに受けていた人種差別的虐待について告白したもので、彼はチームが何ら対処しなかったことに失望している。[★5]

ここで、「黒人性《ブラックネス》とは何か」という大きな問題にたどり着く。レイシストが考える「黒人」とは何なのか？　それはいつかプレミアリーグでプレーすることを夢みる少年たちを教えている大人にも大きな脅威を与えるものなのか？　あるいは、ジムクロウ時代のアメリカ南部で、黒人男性と白人女性のセックスを想像しただけで殺害《リンチ》が行なわれたほど、性的な不安を引き起こすものなのか？

俺がここでみてみたいのは、レイシストの想像力のなかで構築された黒人性《ブラックネス》と、肌が黒い人々や黒人と定義されている人々に対する歴史的な偏見の具体的な形のことだ。肌の色の黒い人への憎悪が世界的な問題であることは、インドでアフリカ系の学生に加えられた暴力や差別、東ヨーロッパで黒人サッカー選手に向けられた猿のものまね《モンキーチャント》などから垣間《かいま》見ることができる——東ヨーロッパの人々は歴史的にみれば奴隷制のおもな被害者で、西ヨーロッパとは違い世界をかけめぐる帝国をつくったりはしなかったが。また、東アジアや南アジアの多くの地域の人々が黒人に対してもつ恐怖や反発、興味が入り混じった奇妙な感情のせいで、俺は韓国のもっともにぎやかな通りで一時間近くもタクシーを捕まえることができなかった。韓国人の友人に、俺は被害妄想に陥《おちい》っているのだろうかと尋ねたら、かれらは「そんなことはないよ」と笑って言った。

　このような世界的な状況があるにもかかわらず、黒人の定義は場所によって大きく異なる。白人が白人特権という基本的な問題を理解していないふりをするのは愚かだと俺が思う理由の一つは、「半分白人」である俺自身が、ある社会における黒人性《ブラックネス》の認識にもとづいて、白人とはまったく異なる扱いを受けてきたからだ。イギリスやアメリカでは黒人として、南アフリカでは「カラード」〔南アフリカでは白人と黒人、あるいはアジア人との間に生まれた人を指す〕として、ブラジルでは「カリオカ」（ブラジルでリオデジャネイロに住む人を指す言葉）として、カリブ海地域では前述したように「赤ら顔《ハイカラード》」として、どの場所でもそれに応じた扱いを受けてきた。北アフリカでは、俺は茶色の肌をしたアマジー族の地元民のふりができるが、肌の色の濃い黒人は奴隷を意味する「アビード」と呼ばれることが多い。俺は肌の色は薄いので、そう呼ばれることはない。

　マルコムX、マーティン・ルーサー・キング、モハメド・アリ、あるいはアンジェラ・デイヴィス〔米国の黒人解放運動活動家、マルクス主義研究者〕やヒューイ・ニュートン〔一九四二―八九。米国の黒人解放運動活動家。ブラックパンサー党を結成した〕など、アメリカの黒人革命家のアイコンに肌の色の薄い人が不釣り合いに多いのは興味深い。部分的にこれはアメリカの「一滴《ワンドロップ》ルール」の歴史を反映したもので、もしこれらの非常に「肌の色の薄い」人々がカリブ海地域に生まれていたら、かれらの肌の色とその背景にある歴史によって、ほぼ間違いなく中流階級か上流階級に生まれたことを意味したか、少なくともそのような人間として受け止められていただろう。

人種混合《ミクスト・レイス》の外見をもつマルコムXやアンジェラ・デイヴィスがもしジャマイカで生まれていたら、かれらは「山の手の人々」だっただろうから、まったく同じ色に対する認識が場所によって異なるというだけで、アメリカでの生活とはまったく違う人生を経験していたことになる。一方、ブラジルに移動すれば、かれらはふたたび社会の底辺にいる人として見られる。ボブ・マーリーの「市場性」の一部は肌の色の薄さによるものだったのか？　もし、オバマの両親が二人とも黒人で、彼が漆黒の肌をしていたら、大統領に当選していただろうか？　知る由もないが、個人的には疑問である。

俺がこれまで遭遇したなかで、おそらくもっとも変わった黒人の定義のあり方は、オーストラリアでのものだった。俺はそこで二度ライブツアーを行ない、別の機会にはヒップホップ・シェイクスピア・カンパニー〔シェイクスピアとヒップホップの類似性の探求することを目的としてAKALAが共同設立した音楽劇団〕の仕事でその国に行った。そこで俺は、活動家や思想家と一緒にパネルディスカッションをしたり、学生や若者の集団とワークショップをやったりした。

オーストラリアでは、俺には白人のように見え、俺が行ったことのあるオーストラリア以外のどの国に行ってもそう見られると思うが、それでも自分たちのことをブラックフェラ（アボリジニの人々は自分たちをそう呼ぶ）であると断言している人々と多く会った。かれらが自分の黒人性《ブラックネス》について語るときの激しさは、かれらがクールを気取ってそう言っているのではなく、本当に様々なことをかれらが見たり経験したりしてきたこと、オーストラリアでかれらが黒人として非常に厳しい環境を生きてきたことを俺に教えてくれた。

　まさしく白人の顔色をもつ（しかしアボリジニの特徴をもつ）人々が、なぜ黒人として見られるようになったのだろうか？　この奇妙に思える現象のルーツは、もちろん歴史に求める必要がある。一九一〇年から一九七〇年にかけて、アボリジニの子どもの三人に一人から一〇人に一人が強制的に家族から引き離され、白人の家庭や全国の児童養護施設で育てられた。これは、オーストラリアのアボリジニにかれらの伝統文化や言語を忘れさせ放棄させることを目的とした強制同化政策だった。身体的、性的虐待が横行し、子どもたちはまともな教育を受けることができなかった。また家族やコミュニティが進んでかれらを見捨てたのだと教えられることもよくあった。

　この政策の被害者は現在、「盗まれた世代」と呼ばれている。俺が出会った「白い」顔をしたアボリジニや、ミックスとして様々な外見をもつアボリジニのブラックフェラは、この常軌《じょうき》を逸《いっ》したジェノサイド的な政策の遺物の一つなのだ。オーストラリアがかれらの祖父母を文字どおり物理的に奪い、その黒人としてのアイデンティティのあらゆる側面を消し去ろうとしていたことを考えれば、かれらがみずからの黒人性《ブラックネス》を猛烈に擁護するのも不思議ではない。現在、オーストラリアのブラックフェラは、ほぼ白人に近い外見の人であっても、俺のような比較的裕福な黒人イギリス人旅行者よりも厳しい扱いや見方をされていることに疑いの余地がない。そのことは、時と場所によって人種と階級のあり方が変化することをあらためてしめしている。

オーストラリア政府は、一九九〇年代にアボリジニの子どもの強制引き離し政策を批判的に検証した「かれらを家に戻そう」レポートを出し、当時のジョン・ハワード首相が遺憾《いかん》の意を表明したことで、この歴史と（ある程度）折り合いをつけようとしたが、オーストラリアの先住民族が受けたひどい扱いと、その結果生まれたかれらの怒りは、いまでもオーストラリアで深刻な問題となっている。★6

黒人であっても反黒人感情を深く内面化することがあるのは、黒人コミュニティで肌の漂白が大規模に流行していることや、「黒過ぎるものはよくない」というカリブ海地域の古くからの言い回しにも表れている。白さが権力のメタファーである限り、当然黒さは無力さのメタファーとして機能しているに違いないし、お金が人を白くするのであれば、貧困は人を黒くさせる。

黒人への偏見が世界的なものであるとすれば（もちろん程度の違いはあるにしても）、これは昔からずっとそうだったのか、そうでないとすればいつからそうなったのだろうか？　この疑問に以下では答えたい。しかし、ここではインドのカースト制度については触れないことにする。その理由は単純で、俺がインドのカースト制度の歴史について十分な知識をもっておらず正確な判断ができないからだ。ここでは、中東、北アフリカ、ヨーロッパ、南北アメリカの文化における黒人に対する偏見の発展について考えてみたい。

おもしろいことに、聖書とコーランには黒人への偏見はみられないが、ある意味で反黒人の物語はアブラハムの宗教〔ユダヤ教、キリスト教、イスラム教の三宗教の総称〕の歴史に起源があり、肌の色にはまったく触れていない聖書の一節から始まる。『創世記』九章一八―二五節では、ノアの息子たちであるハム、セム、ヤペテについて書かれている。これによると、ハムは裸の父親を隠さなかったので、ハムとその子どもたちは奴隷となる呪いをかけられた。

この一節ではハムの肌の色についてはまったく触れられていないが、それでもこの部分から、黒人はハムの呪われた息子であり、したがって永遠に奴隷に適しているという迷信が、現在われわれが考える「人種」というものが発明される一〇〇〇年以上も前に生まれた。黒は悪いもの、白はよいものという色の象徴性は、アフリカを含む多くの文化圏で何千年も前から存在していたが、この神秘的な色の象徴性が人間の肌に適用され、それに沿った社会構造が設計されなければなかった理由はない。

しかし、むしろそれは奴隷制をつうじて発生した。奴隷制は、歴史的にみて一般的で古くからある制度だ。最大の帝国から最小の部族集団まで、地球上のあらゆる場所に存在してきた。古代ギリシャ、帝政ローマ、フィレンツェ・ルネッサンス、（ヨーロッパの）啓蒙時代、産業革命など、ヨーロッパの歴史で称賛される時代を支えたのは奴隷制だったのだ。歴史のほとんどにおいて、奴隷にする側は、奴隷にされる側と同じか近隣地域の出身だった。奴隷（slave）という言葉は、スラブ民族を意味するスラブ（Slav）という言葉から来ている。なぜなら、多くの「白人」東欧人が、何世紀にもわたってほかの「ヨーロッパ人」に奴隷にされ、さらにかれらによってムスリムに売られたからだ。

中世ヨーロッパ、地中海、古代世界において奴隷制は一般的なものだったが、白人と黒人という二元的な意味での人種的な現象にはならなかった。古代「ヨーロッパ」帝国の典型であるローマ帝国は、プランテーション式の奴隷制によって一部がつくられた社会だったが、黒人と奴隷制が広く結びつけられることはなかった。しかし現在われわれが「奴隷」のことを考えるとき、思い浮かぶのは南北アメリカで奴隷にされた黒人アフリカ人のイメージである。このようになった過程は、古代・中世の世界に起源がある。

どこにでも多かれ少なかれ文化的排外主義はあるものだが、七世紀以降のアラブのイスラムと、ヨーロッパのキリスト教の拡大（はじめは四世紀以降のローマから、次に一五世紀以降のヨーロッパから）に伴い、排外主義は、普遍的な真理を主張する一神教の神学書の普及と結びついた。またイスラムの法学者は、キリスト教の法学者とは異なり、理論的には人種平等の考えを支持しつづけていたが、実際にはイスラム世界の帝国の奴隷のほとんどは黒人だった。オスマン帝国、アッバース朝、ファーティマ朝、モロッコ帝国では、肌の色の薄い人々や「白人」も奴隷にされていたが、黒人奴隷はとくに蔑《さげす》まれ、価値が低く、最下層の仕事をさせられた。そして人気の仕事を得ることが肌の色の薄い人々よりも全般的に難しかったのである。のちの南北アメリカとは異なり、これらの地域で奴隷の大半を占めていた黒人女性は、アビシニア〔現在のエチオピア〕の女性の有名な例外を除いて、白人ヨーロッパ人奴隷の女性にくらべて美しくないとみなされていた。

「イスラム世界」における奴隷制は、おそらくほかのどの地域よりも、多種多様な搾取の状態を意味していた。伝統的なイスラム社会では、オスマン帝国のデヴシルメ（行政機関のために教育されたヨーロッパ系キリスト教徒の奴隷で、オスマン社会のなかで大宰相《だいざいしょう》にまで上《のぼ》り詰めた者もいた）から、軍人奴隷や家庭の召使い、ハーレムの女性、宦官《かんがん》〔王朝に仕えた去勢された男性〕、また最底辺には、一八六〇年代のエジプトの綿花ブーム、一九世紀のオマーンのクローブ農園、有名なザンジュ（黒人）の反乱が起きた九世紀のバスラの塩田などの黒人プランテーション奴隷の広範な使用に至るまで、様々な状況があった。

イブン・ハルドゥーン、アル・イドリーシ、イブン・スィーナーなど、初期イスラム世界の著名な思想家の多くは、ヨーロッパのキリスト教や啓蒙主義にみられるような反黒人的な偏見をもっていたことがわかる。たとえば、イブン・ハルドゥーンは、「黒人は愚かな動物であり、生まれつき奴隷に適している」と述べている。

一方、古代ギリシャ・ローマ世界や初期のイスラム社会では、黒人があらゆる種類の社会的、職業的役割を果たしていたことは言っておかなければならない。そして古代ギリシャ人（アリストテレス、ヘロドトス、ディオドロスなど）は、直接自分の目でみた古代エジプト人を黒人だと考えていたようだ。初期ヨーロッパには、聖モーリス〔三世紀にスイスで大量に殉教したとされるテーベ軍団のエジプト人指導者〕のような有名な黒人聖人や、黒人の聖母マリアの図像がある。「イスラム世界」では、北アフリカやイスラム・スペインに、黒人の学者や誉《ほま》れ高い将軍、さらには強力な王朝が存在していた。そしてもちろん、西アフリカのいくつかの社会や帝国がイスラム教を取り入れ、それを「アフリカ化」した。しかし、二世紀以降、「エチオピア人」（黒人の総称であり、現在のエチオピア国家とは何の関係もない）は、「暗闇」に住み罪を犯す邪悪な悪魔の代理人であり、さらには悪魔そのものであるとかなり一貫して表現されるようになった。

一五世紀の地中海やイベリア半島では奴隷制はまだ一般的だった。イベリア半島の奴隷制は人種だけにもとづいていたわけではなかったが、一四七〇年代のセビリアには「カサネグラ（黒人の家）」というものが存在した。これは、奴隷にされた「近親者」の自由を買うために黒人が立ちあげた一種の慈善事業だったようだ。[★7]「近親者」と括弧《かっこ》でくくったのは、かれらが全員同じ民族集団の出身であると断言する理由もなく、その名前にしめされているように「黒人」という共通意識と奴隷としての共通体験がかれらを結びつけていたからだ――その後の数世紀の間の「新世界」の黒人たちがそうだったように。しかし、この時点では南スペインの奴隷人口のなかで黒人はまだ少数派だったと思われる。

一五世紀半ば以降、イベリア半島のヨーロッパ国、とくにポルトガルが西アフリカ沿岸部で貿易を開始したが、ヨーロッパ人はかれらが決まって反感をしめす後進性や野蛮な文化をそこに発見しなかった。実際一部の人々は、当時のアフリカの街並みをヨーロッパの街並みと比較し、貿易相手のアフリカ人は文明的、文化的だとはっきりと考えていた。[★8]偏見や固定観念、違いの意識は確かにあったが、アフリカとヨーロッパのテクノロジーの格差、そしてその格差が可能にした奴隷制、大虐殺、支配が決定的になるまでは、体系的な人種差別は存在しなかったのである。

一方、南北アメリカには「ハムの呪い」が適用され、またそれがプラトンやアリストテレスの「生まれつきの奴隷」の思想にもとづいた哲学と結びついて、人類史上最大かつもっとも激しい大規模な奴隷制の実験に影響を与えた。カリブ海地域の先住民族がスペインの残虐行為とヨーロッパが持ち込んだ伝染病によってほぼ全滅したあと、アフリカ人が奴隷として連れてこられるようになった。カリブ海地域に労働力として連れてこられた最初の黒人は、実際にはスペインから来た。それはそれ以前の地中海やサハラ砂漠を通る奴隷貿易ルートを反映している。また、カリブ海地域と南北アメリカの初期のプランテーション労働力は、少なくとも短いあいだ多人種だった。

しかし、「インディアン」の土地でかれらを奴隷にすることをためらったこと（壊滅させる方がよかった）、地中海でオスマン帝国がイベリア半島への白人スラブ人の供給を遮断したこと、西ヨーロッパの国家体制の強化がライバルのヨーロッパ国の人々を奴隷にする可能性を消し去ったこと、西アフリカ諸国の軍事的、経済的な弱さ、そしてもちろん黒人に対する憎悪や恐怖など多くの理由により、南北アメリカでの奴隷制は「黒人」だけの問題となったのだ。

黒人と悪についてのヨーロッパ人の偏見は、決して固定されたものではなく矛盾がなかったわけではないが、すでにそれは一〇〇〇年以上の歴史があり、みずからの目的のために再利用することができた。その過程で、キリスト教が公言する普遍的な人類愛という倫理は明らかに踏みにじられたのである。

南北アメリカでの黒人奴隷制は、決して必然的なものではなかった。実際、イスパニョーラ島〔現在ハイチとドミニカ共和国があるカリブ海の島〕の初代スペイン人総督オヴァンドは、黒人奴隷を禁止するよう王に要請した。黒人奴隷が非常に厄介《やっかい》な存在で白人の年季奉公人や原住民の反乱を引き起こす原因になると考えたのだ。スペイン国王は一時的にそれを受け入れたようだ。[★9] 従順なアフリカ人という迷信は、次の章で説明するように、歴史上何の根拠もない。「アフリカ人」の協力者や奴隷商人が奴隷貿易を助長する一方、アフリカでも南北アメリカ全体でも、「アフリカ人」の抵抗は奴隷貿易の規模を大幅に制限したのだ。

南北アメリカの奴隷がアフリカ系の人々に限定されるようになると、黒い肌は人間性ではなく商品性、人格ではなく財産性をあらわすものとなり、その結果、反黒人主義は西ヨーロッパと北米の新興資本主義経済の基盤の一つとなった。先住民族を殺戮《さつりく》しその土地を奪うとともに、何百万人ものアフリカ人を文字どおり死ぬまで働かせて新世界の鉱物を手に入れたことは、熱心なイデオローグたちがいくら否定しようとしても、欧米の経済発展の歴史に小さくない影響を与えている。綿花、砂糖、タバコ、コーヒーなど、当時の主要な商品は、歴史家のスヴェン・ベッカートが正しく「戦争資本主義」と呼ぶもののもとで、黒い肌をした人間商品によって生産されていたのだ。[★10]

それは自由貿易や開かれた市場ではなかった。近代ヨーロッパやアメリカの発展を支えたのは、軍事支配、強制労働、国家の独占、そして民主主義のかけらもない状態だったのだ。人種差別は、奴隷主に自由の否定と強制労働という前代未聞の実験を正当化する根拠を与えた。そのように人種差別は、周辺的なものでも単なる副作用でもなく、欧米の繁栄にとって必須のものでありつづけている。

一五世紀半ばから一九世紀にかけて、最低でも推定一二〇〇万のアフリカ人が「浮かぶ地下牢」〔米国の歴史家のマーカス・レディカーが奴隷船を指して呼んだ言葉〕に入れられて大西洋を輸送された。数え切れないほどの人々が、アフリカの海岸に向かう道中や、恐ろしい中間航路《ミドル・パッセージ》〔大西洋三角貿易のなかで、アフリカから奴隷を南北アメリカやカリブ海地域に運ぶ航路〕で命を落とした。アフリカの黒人は野蛮な異教徒であり、奴隷制はかれらが文明を身につけるために必要でよい段階であるという考えは、ヨーロッパのキリスト教思想に深く浸透し、奴隷制廃止主義者のなかにもこの考えを受け入れ、口にする者がいた。

しかし一八世紀半ばになっても、ヨーロッパ人の観察者が——アフリカ沿岸部で奴隷制に深く関わっていた人々も含めて——黒人は人間ではないと断言することは稀《まれ》だった。[★11] アフリカ人はおそらく劣った存在であり、異教徒であることは間違いないが、少なくともその時点までかれらが人間であることに疑問がもたれることはなかったのである。奴隷制につきものの非人間的な扱いを考えると不思議に思われるかもしれないが、この時代のヨーロッパでは下層民に対する非人間的な扱いが当たり前だったことを認識する必要がある。たとえば当時のイギリスでは、貧しい人々が少しの財産を盗んだだけで決まって絞首刑にされていたり、オーストラリアへと過酷な環境で連れていかれたり、あるいは未来の植民地で繰り返されるような方法で暴力的に土地から追いだされたりしていた。もちろん、反黒人的人種差別における非人間性は、大西洋をまたぐ動産奴隷制に独自の残酷性を与えていたが。

「科学的」かつ体系的な人種差別への転換点は、イギリス系ジャマイカ人の奴隷主であるエドワード・ロングのような書き手が、黒人は劣っているだけでなく人間ですらないという理由でプランテーション制度を正当化しはじめたときに訪れた。★12

「オランウータンが夫でもニグロの女性を貶《おとし》めることにはならない」とロングは述べ、アフリカの黒人を猿に例える強迫観念の初期の一例となった。ロングの言説は、現代の理性的な人間にとっては大変馬鹿げたもので、一八世紀の聡明な知性の一部がそれを極めて真剣に受け止めていたとは信じがたいが、実際かれらはそのように受け止めていた。そして、科学的とされる人種差別理論の全体像が生みだされ、人類を人種の等級で分類し、一部の人種を人類の分類から完全に除外したのだ。

こうした理論は、現在ジェノサイドと呼ばれているものを正当化するために使われた。★13イギリスでは、一七八一年に起きた悪名高い奴隷船「ゾング号」事件をめぐる裁判で、黒人に対するそのような非人間的な扱いが法廷で明らかになった。船が困難に陥った際に船員が一三三人のアフリカ人を海に「投荷」したことに対して、奴隷の「所有者」が保険金を要求したが、保険会社はその商品が意図的に捨てられたという理由で保険金の支払いを拒否した。裁判が長引くなかで初めて奴隷制廃止主義者が船員を殺人罪で裁くべきだと主張したが、しかしいずれのケースでも溺《おぼ》れた人々は人間ではなく商品であるという前提で裁判は進められ、裁判官は、「殺人行為のような罪はなく、残酷さをしめすものも示唆するものもなく、不適切さをしめすものもなく、「船員に」殺人の罪を問うことは狂気にほかならない」と結論づけた。★14

人種を「科学的」に探求した人々に公平を期すために言うと、そうした人々すべてがロング（あるいはカントやヒューム、ボルテール）のような偏見をもっていたわけではなく、奴隷主ばかりというわけでもなかった。また、言うなれば「完全に人種差別」的な考えが広まるまでの過程は長く、複雑だった。たとえば、一八一三年には、当時のイギリスの人種科学研究を主導していたジェームズ・カウルズ・プリチャードが、ロングとはまったく逆のことを言っていた。

> 全体的にみて、人類を分けている様々な人種は、すべて一つの祖先から生まれたという推論を高い確率で導くことができるようだ。

プリチャードは、「単一起源論者」と呼ばれる科学者の一人であり、キリスト教の人類愛の思想にもとづいて、全人類はアダムの子孫で、同じ祖先の枝分かれであると結論づけたのである。しかし、その後の一九世紀の間、皮肉にも一八三三年にイギリスが奴隷制が廃止したあとの数年間に、一部の人種、とくに黒人は本当の人間ではないというロングの考えが支配的になりはじめた。[★15] このような考えは、異なる人種の人間にはいくつかの別々の起源があるとする多起源論者によって一般的に推進された。[★16] 人種にかんする「科学的」理論の遺産には、一九五〇年代後半になっても何らかの形でパリ、ロンドン、ニューヨーク、ブリュッセルに存在していた人間動物園や、俺が子どものころに見た黒人サッカー選手に向けられたバナナの皮や猿のものまね《モンキーチャント》などがある。

反黒人的人種差別の起源を南北アメリカのプランテーション経済に求めたり、それを資本主義の飽くなき欲望の単なる副産物だとする研究者もいるが、新世界の奴隷制が黒人だけを対象にすることを可能にした偏見は、ヨーロッパの歴史と文化にはるかに深く根ざしており、また世界のほかの地域、とくに中東と北アフリカに長期間におよぶ先例があったという方が正しいようだ。★17現在でも北アフリカでは奴隷制が続いており、アメリカの刑務所でもほとんど半奴隷制と言えるものが続いているように、ブラジルのファベーラからヨハネスブルクのスラムまで、黒人性《ブラックネス》の発明の遺産はあまりにもはっきりと存在している。

黒人につきまとう数々の偏見のなかには、黒人男性がもつという非常に高い性的能力とその生殖器への恐怖がつねに含まれているが、そのことは黒人が劣った存在だとみなされていることと皮肉な対照をなしている。またその偏見は形を変えて黒人女性にも向けられている。「リンフォードのランチボックス」への執着《しゅうちゃく》、優生学にもとづいて奴隷制と黒人陸上選手を結びつけた映像、白人の観客と黒人のヘビー級チャンピオンとの奇妙な関係は、それぞれ一見何のつながりもないようにみえる。しかし「科学的」人種主義の歴史を研究すれば、これらのエピソードや問題を結びつけているものは歴然としている。

しかし、黒人性《ブラックネス》には別の軌跡、別の起源、そしてまったく異なる定義もあった。植民地支配以前のアフリカの黒人たちが、自分たちの黒さを完璧に美しく、正常なものだと感じていた様子であるのは何ら驚くべきことではない。★18そしてまた、白人至上主義者が、白を抑圧の色、つまり人間がほかの人間を所有し、何の罰も受けることなく強姦《ごうかん》したり殺したり盗んだりする権利をあらわす色とすることで、逆説的に黒を自由の色、革命の色、人間性の色となる道を開いた。[19]

これが黒人ナショナリズムと白人ナショナリズムを対等に比較することが馬鹿げている理由だ。それは黒人が本質的に道徳的だからと言うのではなく、この二つのナショナリズムがめざすものがまったく異なるからである。この違いがあるからこそ、モハメド・アリは黒人ナショナリストとしてベトナムの非黒人・非アメリカ人との連帯のために命を危険にさらし、キャリアの最盛期を棒に振り、何百万ドルもの収入を失うことを選んだのだ。また、アリはやや修辞的に「白人は悪魔だ」と言っていたにもかかわらず、イギリスと戦っていたアイルランドの白人には大きな共感をしめすことができた。

黒人ナショナリズムの革命的な人間的力量をしめすもっともドラマチックな例は、その歴史のごく初期にハイチでみられた。人類史上唯一成功した奴隷革命のあと、独立した黒人政府は一八〇四年、革命に協力した白人のポーランド人とドイツ人を法的に「黒人」とした。[20] また黒人アイデンティティの革命的で反逆的な性質は、黒人とその文化が劣っているという人種差別的プロパガンダにもかかわらず、数多くの白人が黒人の文化、音楽、芸術からインスピレーションを受ける理由の一つである。だからジョン・レノンは（偉大だったとしても）黒人にとって自由の象徴になれないが、ボブ・マーリーやニーナ・シモンやモハメド・アリは多くの白人にとっても自由の象徴となっているのである、

そうした黒人性《ブラックネス》の展望と考え方こそ、世界を形づくっているのは否応なく白人至上主義であるにもかかわらず、二〇世紀の英語圏でもっとも認められた自由の象徴（アリ、マルコム、マー

リー、マーティン）が、チェ・ゲバラを除いて黒人に偏《かたよ》っている理由である。実際、歴史上もっとも有名な二人の黒人ナショナリストであるボブ・マーリーとモハメド・アリは、世界中のあらゆる民族の数え切れないほどの人々に愛されている。

アリやマーリーのような、反白人至上主義的で歯に衣を着せない非妥協的な政治的人物が世界中でヒューマニズムの象徴になっているという事実は、政治的責務としての黒人ナショナリズムと白人ナショナリズムの生まれもった違いを明確にしめしている。主流の白人社会がこの明白な事実に理解するためには、ジャーナリスト、メディア、観衆が、白人至上主義が明らかに反人間的な思想であることを認めなければならない。だからそのかわりに、マーリーはマリファナを吸っていたヒッピーにすぎず、「One Love」しかマーリーの曲として認識されず、政治的感情もその曲にしかしめされていないとされることが多いのである。

しかし、ナショナリズムはその歴史的起源によって意図や内容が異なるものだという考え方は、理解が難しいものではない。たとえば、スコットランド国民党（SNP）とイギリス国民党（BNP）はどちらも「白人イギリス人」で構成されておりその点で違いはない。スコットランドにも多くのレイシストがいるが、現代におけるスコットランドのナショナリズムは、イギリスのナショナリズムの大部分を育てた人種差別的な帝国の幻想ではなく、イングランドの優越性に対する拒絶とその命令を拒否することに根ざしている。SNPに言いたいことは山ほどあるにしても、もし俺がスコットランドに住んでいたらSNPに投票するだろう。もちろんBNPには絶対に投票しない。おっと話が脱線してしまった。

現在でも黒人性《ブラックネス》は抵抗と反逆の伝統を象徴しつづけており、イギリスで黒人ではない若者が反抗的な文化に参加しようとすると、ヒップホップやグライム〔二〇〇〇年代初頭にロンドンで誕生したラップミュージックのジャンル。一九九〇代のUKガラージから発展し、レゲエやヒップホップに影響を受けた〕に群がる。それ以前はレゲエだった。黒人の若者は個人的にどれだけ好きでも、パンクやグランジには決して飛びつかなかったし、これからもそうだろう。イギリスの黒人カリブ系移民やアメリカの黒人の文化や音楽は、つねにあらゆる階層の若者を結びつけている。黒人は軽蔑されると同時に高く評価されているのだ。この矛盾の根源が、白人性《ホワイトネス》がその信者を縛っておくためにつくった監獄と、黒人性《ブラックネス》がもつ革命的な力の両方にあることは、そこに参加する人々の間ではほとんど認識されていない。

しかし、黒人アーティストがつねに黒人性《ブラックネス》を前面に押しだして活動している一方で、エミネム〔米国の白人ラッパー〕以外の白人アーティストが白人アイデンティティの矛盾に取り組もうとしないのは、すべての当事者が、自分たちが認めようとするはるか以上に目の前にある人種のダイナミクスを理解していることをしめしている。

第五章　イギリス人の記憶のなかの帝国と奴隷制

「彼［チャーチル］は、世界中のそうした場所でイギリスの影響が残っていることを非常に誇りに思うでしょう。とくに世界最大の民主主義国家であるインドには驚くことでしょう。もちろん、イギリス統治の恩恵を受けていないほかの不運な国々とは対照的です。もしこんなことを公言してよければですが。大丈夫ですよ。本当の話ですから。」

チャーチルについて本を書き終えたばかりのボリス・ジョンソンの言葉

「未開部族に対して毒ガスを使うことに強く賛成する。強い恐怖を与えられるだろう。」
「私はインド人が嫌いだ。獣じみた宗教をもつ獣じみた民族だ。」

ウィンストン・チャーチル

「キングスリー、こっちに来て」。カナダ訛《なま》りの先生が興奮気味に俺の名前を呼び、手招きをした。彼女は普段から意地悪だったので、そんな風に熱心な調子で俺を呼んだことを少し不審に思った。俺がそばに行くと、先生はその手を――俺にこの場の歴史的な厳粛さを伝えるかのような重さで――七歳の俺の肩に置いた。
「キングスリー」。先生は壁にかかった絵画を指して言った。そしてこれから言う決め台詞を芝居がかった深呼吸で強調した。「この人が奴隷制を終わらせたのよ」。先生はぐっと絵画から目を離し、まるでその人物に感謝しろとでも言うかのように、俺をじっと見つめた。

先生は俺が喜びを分かち合うことを期待していたが、俺はただひたすら混乱していた。「一人でですか？」と俺は尋ねた。「手伝っただけということではなくて？」

先生は顔をゆがめ、いらいらした様子の息遣いを見せた。それは二〇〇八年のアメリカ大統領選前、バラク・オバマを支持しないと宣言した恥知らずな黒人を説教しようとするときにリベラルがよく見せた息遣いと同じだった（俺は二〇〇八年にその場にいた。俺もそんな罪人の一人だったから、「おまえは自分にとって何が善かわからないのだ。どうしてそんなに恩知らずなのか」という表情をよく知っている）。言われたことを俺が素直に受けとらないことにむっとした先生は、「キングスリー、違います。彼が奴隷制を終わらせたんです」と言った。

俺たちは学校の遠足でナショナル・ポートレート・ギャラリー（国立肖像画美術館）を訪れていた。壁にかかっていたその絵画は、黒人解放の守護聖人であるウィリアム・ウィルバーフォース〔一七五九―一八三三年。英国の政治家。キリスト教人道主義者として議会で奴隷貿易廃止運動の先頭に立った〕の肖像画だった。まだ七歳の俺には先生に反論する能力も手段もなかったが、その発言が馬鹿げていることはわかっていたので記憶に残っている。どんな魔法の力が、教育を受けた大人にそんなことを信じさせたのだろうか？　強い道徳的信念をもったたった一人の男が、三大陸で数世紀にわたって続いた大規模な奴隷ビジネス（とジェノサイド）にどうやって終止符を打つことができたというのだろうか？

さらに言えば、なぜ先生は、クラスの生徒のなかでもとくに俺にそんな馬鹿げた考えを信じさせようとしたのだろうか？　クラスにカリブ系の子どもはほかにもいたから、「黒人の子どもに言ってやろう」というつもりではなかったはずだが、パンアフリカニズムの土曜学校に通っていた俺だけが、教室で先生が教えることに好きに反論していたのだった。そのコミュニティ教育のおかげで、ウィルバーフォースがアフリカ人を解放したと先生が言うころまでには、俺はすでにカリブ海の反乱奴隷「マルーン」〔逃亡奴隷あるいはその共同体。各地で反乱を起こした〕やハイチ革命についての知識を少しはもっていた。だから、奴隷にされた人々はウィルバーフォースやほかの誰かが助けに来るのをただ座って待っていたわけではないことを少しは知っていたのだった。

イギリスに、当時のヨーロッパのほかの主要な奴隷貿易国よりもはるかに規模の大きい大衆的な奴隷制廃止運動があったことは事実であり、それ自体は興味深く注目すべきことだ。しかしその一方で、イギリス人は何世代にもわたって奴隷制廃止についておとぎ話にすぎないものを信じるように育てられてきた。イギリスの学校教育が環大西洋奴隷制について教えるとしたら次の三つだけだ。

一、ウィルバーフォースはアフリカ人を解放した
二、イギリスは奴隷制を廃止した最初の国だ（しかも、おもに道徳的な理由で廃止した）
三、アフリカ人は同胞を売った

これらのうち、最初の二つはまったくのナンセンスであり、三つ目はいきすぎた単純化だ。歴

史上屈指の人身売買国として二世紀を過ごしたあと、この出来事全体から想起される歴史上の著名な人物が議会の奴隷制廃止主義者だけだというのは、イギリス社会について何を語っているのだろうか？　人身売買を行なった多くの人物の名前は、その名前を冠した通りや建物で俺たちを取り囲み、砂糖王の記念碑として残っている豪華な田舎の邸宅から俺たちを見つめ、保険会社、近代的な銀行、鉄道など、かれらが得た利益から一部つくられた制度やインフラのなかで生きつづけているにもかかわらず、ウィルバーフォースのように国民の記憶に残ることはなかったのである。実際、ほとんどのイギリス人は、環大西洋奴隷制にかんする人物をウィルバーフォース以外に一人も挙げることができないだろう。国民の認知的不協和を和《やわ》らげるための集団的、選択的記憶喪失の能力は、大半のイギリス人が、とくに環大西洋奴隷制と、より広くイギリス帝国を記憶する方法によくあらわれている。

　俺のウィルバーフォースとの出合い方は、決して特殊で孤立したものではなかった。しかし他国がやるとプロパガンダだとイギリス人がみなしがちな、この極めて選択的な過去の想起という大きな伝統から生まれたものなのである。たとえば、一八〇七年にイギリスで奴隷貿易廃止法〔イギリス帝国内での奴隷売買を禁止した。ただし、既存の奴隷は維持できるものとした〕が施行されてから二〇〇周年を迎えた二〇〇七年、政府とメディアはそれを記念する期間を設けた。首相のトニー・ブレアは、イギリスが奴隷制に関与していたことについて深い悲しみと遺憾《いかん》の意を表明したが、謝罪はしなかった。新聞には、イギリスが謝罪すべきかを問う記事が大量に掲載されたが、そのほとんどに「イギリスが最初に奴隷制を廃止したのだ、いつまで文句を言うのだ」という意味の言葉が必ず含まれていた。

その記念行事から生まれた唯一の大作映画は、もちろんウィルバーフォースを題材にしたもので、イギリスの奴隷商人ジョン・ニュートン〔一七二五―一八〇七年。海軍兵士から奴隷商人を経て、奴隷制廃止主義者の英国国教会の牧師になった〕が作詞した救済を歌う賛美歌の曲名から、『アメイジング・グレイス（素晴らしき神の恵み）』という予想どおりのタイトルがつけられた。内容はハリウッド風のシンプルな物語で、ある勇敢で先見の明がある人物が、当時の支配的で強力な利益集団に挑戦し、最後には大胆な正義感でかれらを打ち負かすというものだ。この記念期間には、ほかにもBBC2でジャマイカのマルーンについてのドキュメンタリーをつくった俺の姉をはじめとする何人かの活動があったが、国中に響き渡ったウィルバーフォース賛美のコーラスにくらべれば、そうした活動の影響は極めて小さなものだった。

　黒人の活動家や研究者は、ウィルバーフォース中心の言説に不快感を覚えた。黒人コミュニティの活動家で「ligali.org」〔パンアフリカニズム的な教育活動やアフリカ系の人々の人権擁護活動を行なう英国の活動家・研究者集団〕の設立者であるトイン・アグベトゥは、そうした「ウィルバー祭り」に疑問を投げかけるドキュメンタリーを制作せざるを得なかったほどだ。[★1] アグベトゥをはじめとする人々は、二〇〇七年の記念祭典だけでなく、長年にわたる誤った教育や、二〇〇五年のBBCのドキュメンタリー番組『奴隷ビジネス』などに疑問を投げかけた。この番組では、司会者が「一八〇七年にイギリスは驚くべきことをした。莫大な利益に背を向けて奴隷貿易を終わらせたのである。これはおもに一人の男のおかげだ」と視聴者に伝えた。この子どもじみて牧歌的な、しかもまったく不正確な言葉は、奴隷制廃止をめぐる主流社会の言説のあり方をよくしめしている。

　もう二、三の例を挙げれば十分だろう。歴史家のヒュー・トーマスは、九〇〇ページに及ぶ大著『大西洋奴隷貿易（The Atlantic Slave Trade）』の結びで、奴隷の抵抗が奴隷制廃止の要因であることにはまったく触れず、ヨーロッパ人の廃止主義者の名前を何人も挙げている。もちろんイギリスを廃止国の中心として位置づけているが、イギリスがそうした動機は良心の発露以外には何もないようだ。トーマスはまた、奴隷貿易が長く続いたのは、アフリカ人（どうやらムスリムのアフリカ人は別として）が「お人好しで、たいていは従順だった」からだと断言している。[★2]

またここ数年、イギリス国内の異なる地域にある三つの学校が、奴隷制を教えたり記念したりしたやり方で大きなニュースになった。そのうちの二つの学校では、アフリカ人奴隷を売買するビジネスプランを書かせるためのプリントを生徒に配った。別の学校の教師は、黒人歴史月間《ブラック・ヒストリー・マンス》〔黒人の歴史に敬意をしめすことを目的として米国、カナダ、英国で公式に制定されている期間〕に子どもたちに奴隷の格好をさせ登校させることはいいアイデアだと考えたようだ[★3]！

ボブ・ゲルドフ〔アイルランドのミュージシャン、慈善活動家〕は、まさに現代のウィルバーフォースであり、現在中心的立場にある白人の救世主であるが、その彼でさえアフリカ人にかんしては粗雑なレトリックを免《まぬが》れていない。ゲルドフが出演するBBCのテレビシリーズ『アフリカのゲルドフ』では、彼が西アフリカの海岸を散歩しながら、ヨーロッパ人は金《ゴールド》を求めてアフリカにやってきたが、「永遠の汚点ではあるが、アフリカ人が売らなければならなかったのは、かれら自身だった」と視聴者に語っている。ゲルドフは脚本を書いていないかもしれないが、そういう台詞を言っているのだ。

では、事実はどうなのか？　ウィルバーフォースは一人で仕事をやり遂げたのだろうか？　イギリスは奴隷制を廃止した最初の国であり、アフリカ人は自分の子どもを高値で売るために大西洋岸に列をなしていたのだろうか？　いやいや、まったくそんなことはない。

そもそもイギリスは環大西洋奴隷制を廃止した最初の国ではない。デンマークは一七九二年に奴隷貿易の廃止を決定し、フランスは革命最中の一七九四年に一度奴隷制を廃止した。奴隷制廃止主義国イギリスはそれにどのように反応したのか？　すぐにそれらの国に追随したのだろうか？　違う。イギリス政府がやったのは、軍隊をカリブ海に派遣してフランス領の島々に侵攻し、フランスが奴隷制を廃止した場所にふたたび奴隷制を導入しようとすることだった。イギリスは、このフランスとの戦争で、その時代でもっとも先鋭的な黒人の奴隷制廃止主義者を含む約二〇〇〇人の黒人フランス軍兵士をイギリスのポーチェスター城に投獄した。当時のイギリスの黒人人口は全体で一万―一万五〇〇〇人程度だった。★4

イギリスのフランス領カリブ海への侵攻は、ハイチへの侵攻も含んでおり、その時代におけるハイチの位置づけを考えると、とくに重要な意味をもつ。一七八〇年代のハイチは、南北アメリカで群を抜いて収益性の高い奴隷制植民地だった。ブラジル、キューバ、ジャマイカの合計に匹敵する量の砂糖を輸出し、★5世界のコーヒーの半分を生産し、アメリカ合州国になったばかりの北米の一三植民地全体を上回る利益を上げていたのである。ハイチ（当時の名称はサン＝ドマング）は、アンティル諸島の真珠であり、フランス帝国がイギリス帝国に競いつづけるための資金源だった。このような戦利品を手に入れることは、イギリス帝国にとって産業的規模の人種的奴隷制を継続させるために、大きな起爆剤となるはずだった。

結果的には、フランス軍の旗の下で戦った元奴隷のアフリカ人たちがイギリス軍を打ち負かし、イギリスが獲得し奴隷制を復活させた島の一部を奪還した。このカリブ海地域での大規模な再奴隷化軍事行動をイギリスに行なわせたのはウィリアム・ピット首相であり、数年後にはウィルバーフォースに議会で奴隷制廃止運動の先頭に立つよう勧めた人物でもある。実際、ピット自身がウィルバーフォースよりも先に議会で奴隷「貿易」廃止問題を提起していたのだ。★6

一七九〇年代のカリブ海での戦いは、イギリス帝国史上最大の軍事的惨事の一つとなった。イギリスにカリブ海全域での敗北と挫折、そして望まない条約をもたらしたのだ。イギリス軍兵士の死者は少なくとも五万人と推定されているが、それを大幅に上回るとの見方もある。もしイギリスがフランスからハイチを獲得し、当時のカリブ海でもっとも重要な二つの植民地、ハイチとジャマイカ両方を手中に収めてまぎれもないカリブ海の支配者になっていたら、一八〇七年にイギリスが突然道徳に目覚めて奴隷貿易を廃止することになったとは絶対に考えられない。この時点では、アメリカは独立を勝ちとったばかりで（イギリスはこれに不満を抱いていた。一八一二年の第二次独立戦争をみよ）、まだイギリスやフランスのような世界的な大国にはなっていなかったのだ。

イギリスがハイチで敗北したそのほんの数年後、フランスはつかの間の奴隷制廃止を反故にし、ハイチの人々――スペインやイギリスと戦って勝利し、フランスのためにこの島を守った人々――をふたたび奴隷にしようとした。トゥサン・ルヴェルチュール〔一七四三？―一八〇三年。ハイチに奴隷の子どもとして生まれた黒人で、独立運動の中心的指導者〕は、フランス人のプランター（奴隷所有者）と共存する意志があり、かれらにプランテーションを残し、元奴隷にわずかな賃金でプランターのもとで働きつづけることを強制する考えをしめしていた。しかし、ナポレオンにはルヴェルチュールのようなニグロとどのようなものであれ対等に仕事をする気はなかった。ナポレオンは死の床で「トゥサンを認めるべきだった」と言ったという伝説がある。

イギリスはフランスとの戦争のあいだ英仏海峡で実施していた海上封鎖を解除し、ナポレオンの義弟が率いるフランス軍がハイチに向かい、「成り上がったニグロ」を元の社会的位置に戻そうとするのを支援した。当時のイギリス首相であるヘンリー・アディントンは、「ジャコバン主義、とくに黒人のジャコバン主義を殲滅《せんめつ》しなければならない」と述べた。★7 イギリスのジャマイカ総督は、ハイチのフランス軍に武器や援助物資を送った。総督は、アディントンと同じく、敵国フランスが奴隷制と白人至上主義を維持することは、奴隷制廃止をめざす反乱ニグロに力を貸すことよりも好ましいと考えたのである。

フランスは、当時のイギリスの奴隷制廃止主義者ジェームズ・スティーブン（そしてハイチ人自身）が予言していたように、ハイチ人をふたたび奴隷にすることはできないと悟った。そしてその後フランスは、既存のハイチ人を絶滅させアフリカから新たに奴隷を連れてきて再出発しようと計画した。それに続く戦争は明白なジェノサイドになった。フランス兵は島のすべての黒人を絶滅させるように命令を受けたのである。★8 この絶滅の試みは、家族や降伏した兵士、老人や病人の虐殺も含まれていたが、さらにフランスはこの戦争で蛮行の範囲を拡大させた。船をガス室にしたり、大量の人々を溺死《できし》させたり（トゥサン・ルヴェルチュールの兄弟とその家族はこの方法で死んだ）、人を食べるように訓練された数千匹の犬をキューバから持ちこんだりしたのである。しかしハイチ人はこうした蛮行にひるむことはなく、むしろ闘争を強化したようだ。フランス兵やほかの観察者が当時ハイチ人から受けた恐怖の記録を数多く残している。

アフリカ人の元奴隷やクレオール（ハイチ生まれ）「奴隷」、そしてその同盟者であるマルーン、有色自由人、フランスから離反したポーランド人たちは、それまでスペインやイギリスを打ち破ってきたようにフランスに勝利し、ハイチは一八〇四年に独立を宣言した。これは人類史上初めてかつ唯一成功した奴隷革命であり、南北アメリカで米国に次いでヨーロッパの支配から解放された二番目の植民地である。独立後ハイチはすぐに奴隷制を廃止した。イギリスがカリブ海の植民地で奴隷制を廃止する三〇年前のことである。また、それまでの数世紀の間に白人の優越性という考えのもとにその島で行なわれてきた蛮行にもかかわらず、世界で初めて憲法で人種差別を禁止した国家となった。すでに少し述べたように、ハイチは単に人種差別を禁止することから一歩進んで、革命側で戦った「白人」（実際にはポーランド人と一部のドイツ人）を公式に黒人とした。言ってみれば名誉黒人である。

イギリスと大西洋の主要国（フランスとアメリカ）は、奴隷貿易を廃止したにもかかわらず（実際にはその廃止ゆえに）、またその後数十年の間スペイン支配と戦って新たに誕生した国々は喜んで承認したにもかかわらず、独立した黒人共和国であるハイチを承認しようとはしなかった。南米をスペインから解放しようとしたシモン・ボリバル〔一七八三―一八三〇年。ベネズエラの軍人、革命家。スペイン支配に対する南米の独立戦争を率いた〕を支援したのは、独立したばかりの黒人国家ハイチだった事実はその皮肉に苦味を加える。ハイチはシモン・ボリバルに、解放した地域で奴隷制を廃止することを条件として資金、武器、軍人を提供した。しかしボリバルが生みだした国々は、ハイチよりも早く承認されたのである。

イギリス政府の「奴隷貿易廃止」の信念がどのようなものであろうと、自由を勝ちとった反乱奴隷が設立した人類史上唯一の国家の正統性を承認するまでには至らなかったのだ。★9 さらに、「奴隷貿易廃止国」のイギリスは、自由を勝ちとり奴隷制を廃止したハイチに対して、フランスとアメリカが繰り返し攻撃を加えるのを傍観していた。一八二五年、フランスは再侵略の脅《おど》しを使って、かれらがかれらの「財産」、つまりハイチ人を失ったことの引き換えとして、ハイチ政府から九一〇〇万フランの賠償金を勝ちとった。この「賠償金」の支払いは一九四七年までかかり、ハイチはその支払いのためにフランスの銀行から借金しなければならないほどだった。

独立後のハイチは、勝利した革命派の間で繰り返された黒人対ムラートという人種的な色合いを帯びた戦争に苦しめられた。そして肌の色にもとづいた奴隷制時代の特権の遺物は、現在まですべての元奴隷制植民地を苦しめている。アメリカは一九一五年にハイチに侵攻し、外国の白人が土地を所有することを禁じていたハイチ憲法の規定を撤廃させ、一万五〇〇〇人のハイチ人を殺害した。また二〇世紀の大部分にわたって残忍な独裁政権を支援し、ハイチがようやく選挙を実施できるようになってからは、そこで選ばれた指導者ジャン・ベルトラン・アリスティドをハイチの支配層と協力して一九九一年と二〇〇四年に二度にわたって追放した。★10 俺の知るかぎり、イギリス政府の高官はこうしたことに一言も抗議しなかったが、もしその犯人がロシアやイランだったら、「人権」についての道徳的な憤《いきどお》りを表明したことは間違いないだろう。

しかし、奴隷制廃止にかんするイギリス政府の二枚舌は、ハイチ革命を潰《つぶ》そうとするだけでは終わらなかった。イギリスの植民地で奴隷制が廃止されて賠償金を得たのは、二〇〇〇万ポンド（現在の貨幣価値で約一七〇億ポンド〔日本円で約三兆円〕）を得た奴隷主だった。[11] これは、その後二〇〇八年の銀行危機の後処理までの間で最大の公的救済措置だった。奴隷にされた人々には何も与えられず、むしろ「徒弟制度」と婉曲《えんきょく》に呼ばれる制度の下で、さらに五年間奴隷でいることが期待されていた。もちろん、東インドから来た「クーリー」〔インドや中国などの地域から来た人身売買による低賃金労働者〕は、奴隷制廃止後も長い間「年季奉公人」としてカリブ海地域に散らばって労働していた。[12]

俺がいま語っているのは、イギリスの歴史のなかで、国内の児童労働を廃止するのに約一世紀にわたる議論と改革、そして多くの狼狽《ろうばい》があった時代のことであるのを忘れてはならない。「自国」の子どもたちの労働を廃止したばかりのイギリス議会が、遠く離れたニグロに愛着を感じていたと本当に信じられるだろうか？　さらに、イギリス領カリブ海諸国の奴隷が自由を求めて立ち上がったとき（しばしばイギリス政府が実際にかれらを自由にしたと勘違いして）、イギリスの植民地機関はどのように対応したのだろうか？

一八〇七年にイギリスで奴隷貿易廃止法が成立したあと、イギリス領カリブ海諸国では大規模な奴隷反乱が連続して起こった。最初は一八一六年のバルバドス、次に一八二三年のデメララ（イギリス領ガイアナ）、そして一八三一年にジャマイカで起きたバプテスト戦争である。

バプテスト戦争は、おそらく六万人もの人々が反乱軍に参加したイギリス領カリブ海諸国史上最大の反乱だった。[13] イギリスには、ジャマイカやそのほかの地域がハイチと同じ道をたどることに対する純粋な恐怖があったことはいくら強調してもし過ぎることはない。実際、ジャマイカのマルーンがイギリス軍による反乱鎮圧に協力しなかったら、バプテスト戦争は完全な革命に発展していたかもしれない。この反乱を受けて、イギリス首相グレイ卿の息子で植民地省次官のハウィック卿は、新任のジャマイカ総督に次のように彼の考えを書き送った。

> 奴隷たちは、これまで受けた恐ろしいほど厳しい罰に少しもひるむことなく、逆にみずからの命を惜しまず、奴隷になるより死んだほうがはるかにましだと考えている。怒り心頭で友人や親族の運命に対する復讐に燃えているのだ（中略）これまでの状況が長く続かないことは明らかであり、それが続く間はひどく恐ろしい危険がやむことはない（中略）私自身は、奴隷解放だけで効果的に危険を回避できるということを確信しており、改革された議会はすぐにその対策に着手するだろう〔一八三二年の選挙法改正によってカリブ海地域にプランテーションをもつ奴隷主の議員の影響力が低下した〕。しかしそうするまでの間、ニブ氏が懸念しているように、どの土地でも白人がいっせいに殺害される可能性があまりにも高い。★14

抑圧された人々への愛を表現するために、イギリスがとった方法は奇妙なものだった。反乱を起こすしかないようなひどい状況に人々を放置して、その状況を改善するどころか（奴隷主のために二〇〇〇万ポンドが支払われたことを思い出そう）、純粋で不滅の愛から解放したはずの人々の大量殺戮を行なったのである。

イギリス政府がみずからの帝国内で反乱奴隷を扱ったやり方や、奴隷制を廃止したハイチを承認しなかったことは、奴隷を所有していたアメリカの南部連合やブラジル、キューバとのイギリスの関係とは対照的である。一八三三年の奴隷制廃止後の何十年もの間、イギリスはアメリカ南部から奴隷がつくった綿花を大量に輸入してあらゆる産業を発展させ、イギリスの銀行や企業家はブラジルの奴隷鉱山や奴隷がつくったインフラに投資して大儲けした。ブラジルとキューバは一八八〇年代まで奴隷制を続けたが、それでもイギリスの企業や商人から多額の投資を受けていた。もちろんイギリス政府はそれを知っていた。

しかし、一連の出来事のなかでおそらくもっともイギリスの不誠実さをしめすエピソードは、海上で奴隷貿易を取り締まる任務を負ったイギリスの西アフリカ艦隊が、アフリカ人を一人「解放」するたびに「報奨金」を受けとっていたことだ（利他主義などではなかったということだ）。ときには解放したアフリカ人を再度奴隷として売ってしまうこともあった。[★15]そして香港、アデン、シエラレオネといったイギリスの植民地では、二〇世紀に入っても長く奴隷制が存続した。イギリスは約二世紀にわたって環大西洋奴隷貿易を支配し、それに伴う拷問《ごうもん》、強姦《ごうかん》、大量殺戮を行なってきた。ほかのヨーロッパ諸国が奴隷制廃止への道を進んだとき、イギリスはそれを支持しなかった。そして一七九〇年代にはカリブ海全域で奴隷制を温存するために戦争をした。また人類史上唯一成功した奴隷革命を潰そうとし、敵国のフランスが同じことをするのを支援した。そしてカリブ海で初めて奴隷制を廃止した国を承認しなかった。こうしたことすべてにかかわらず、一部の「歴史家」や教師、そしてさまざまな愛国者たちは、一八〇七年（ハイチ独立からわずか三年後）にウィリアム・ウィルバーフォース一人に導かれて突如イギリスが奴隷貿易を廃止したのは、「それが正義だったからだ」という手前勝手なおとぎ話を信じるようにわれわれに言うのである。何とも馬鹿げた話だ。

しかし、「ウィルバーフォースが一人ですべてやった」という考え方には、ほかにも二つの思想的源泉がある。一つは、すでに触れた白人の救世主という古典的な比喩であり、もう一つは、複雑な問題に対して単純な解決策を求めたり、複雑に絡み合っている人間の歴史を理解しようとするのではなく、偉大な人物、つまりヒーローを求めたりする欲求である。しかし、残念ながら人類の歴史のなかで、現実の厳しさに汚されていない者はほとんどおらず、完璧な人間などいない。

ウィルバーフォースよりもはるかに優れた奴隷制廃止主義者で、奴隷制廃止のために文字どおり血を流したトゥサン・ルヴェルチュールでさえ、人間的な不完全さや矛盾をもっていた。奴隷として生まれ、三〇歳で自由の身となったハイチ革命のカリスマ的で軍事的にも優れた指導者だったルヴェルチュールは、自身も奴隷を所有していたことがある。ハイチ総督時代には過酷な労働体制を敷き、自分の養子である「甥《おい》」を、フランス人の「プランター」に失礼な態度をとったという理由で処刑した。さらにはジャマイカで計画されていた奴隷反乱を彼がイギリスに密告したことで、その反乱を扇動したとされた者たちは絞首刑にされた。

それでも、ルヴェルチュールは自分の血を流し、成人してからの人生の大半を奴隷制廃止のために戦った。人間は複雑なのだ。この点でのウィルバーフォースとルヴェルチュールの違いは（ルヴェルチュールの貢献の方がはるかに大きいという明白な事実以外に）、ルヴェルチュールにかんするもっとも崇拝的な書物でさえ、ルヴェルチュールが奴隷制廃止の戦いを「一人で」やったとは言わないということではないだろうか?

カリブ海の奴隷制の終焉にかんする分析で、そのほかの複数の要因とともに、歴史上唯一成功したハイチの奴隷革命やさらに幅広い奴隷の抵抗という現象に言及しないものはまったく真剣に受けとるべきではない。また、南アフリカにアパルトヘイトの半奴隷制国家がつくられ、それが二〇世紀に入っても長く存続し、武力闘争、抗議行動、世界中のボイコット運動などの組み合わせによってやっと公式に打倒されたこともイギリスがもつ明らかな矛盾を示唆《しさ》している。イギリス政府が一八〇七年に奴隷貿易を廃止したのは、正義とアフリカの人々に対する本当の愛からだとしたら、俺が七歳になるまで終わらなかった南アフリカのアパルトヘイト体制をイギリス政府が支援していたことはどう説明すればいいのだろうか? 白人至上主義にもとづく強制労働体制が、アパルトヘイトの基盤だったことを忘れてはならない。

しかし、はっきりさせておきたいのは、俺は一八〇七年の奴隷貿易廃止法の成立にウィルバーフォースが一定の役割を果たしたことに異議を唱えているのではない。またその輪郭や複雑さはともかく、その法律の成立が前進だったことに異議を唱えているわけではないということだ。また、当時のイギリス人の一部が誠実な反奴隷制思想をもっていたことに異議を唱えているのでもない。ウィルバーフォースよりもはるかに鮮明に奴隷制廃止を訴えていた人々がイギリスにはいたのだ。たとえば、フォーウェル・バクストン〔一七八六―一八四五年。英国議会議員で奴隷制廃止運動家。ウィルバーフォースから奴隷制廃止運動を引き継いだ〕やトーマス・クラークソン〔一七六〇―一八四六年。英国の奴隷制廃止運動家。英国のみならず世界中の奴隷制に反対する活動を行なった〕、奴隷がつくった綿花の輸入に抗議してストライキを行なったイギリス人労働者、そしてもちろん、メアリー・プリンス〔一七八八―没年不詳。バミューダ生まれの黒人女性で、一八三一年に奴隷女性としての人生を書いた自伝『メアリー・プリンスの歴史』（未訳）を出版した〕やオトバ・クゴアーノ〔一七五七―没年不詳。西アフリカ生まれの元奴隷。一七八七年、『邪悪で不正な奴隷貿易と人間売買に関する見解と所感』（未訳）を出版した〕、オラウダ・イクイアーノ〔一七四五―九七年。ナイジェリア生まれの元奴隷。一七八九年に自伝『アフリカ人、イクイアーノの生涯の興味深い物語』を出版した（日本語訳は久野陽一訳、研究社、二〇一二年）〕など、当時イギリスに住み、出版活動を行なった黒人の奴隷制廃止運動家などだ。

俺が言いたいのは、権力は要求やみずからの動機なしには何の譲歩もしないということだ。粗い歴史的比較を許してもらえれば、奴隷制廃止運動は、現在の反戦運動のようにみなければならない。次のように考えてみよう。現在、イギリスではたとえ政治の主流派からみれば周辺的であっても、おそらく数百万もの人々が、政府の外交政策、武器取引、戦争挑発に心から恐怖を感じている。また、つねにイギリスの戦争に反対票を投じるはぐれ者の国会議員もいる。しかしこうしたことが、イギリスの支配階級が反戦人道主義を真剣に受け止めていることを意味するだろうか？

もちろん、そんなことはない。イギリス政府が「人道的」な爆弾でリビアの人々を救うと主張しながらリビアのテロリストを支援し、リビアから逃げる人々を海で溺《おぼ》れさせ、外務大臣が死体の処理をめぐる冗談で聴衆の笑いを誘うのもそのあらわれだ〔二〇一七年一〇月、当時外務大臣のボリス・ジョンソンが、戦争で破壊されたリビアの都市シルテについて「死体さえ片付ければ」新たなドバイになれると発言した〕。あるいは、イエメンで市民を殺すための武器をサウジアラビアに売っているのとまったく同時に、人道主義の名のもとにシリアで戦争をしているのもそうだ。

時代は変わり、人種差別的犯罪の過激さも変化してそれほど直接的ではなくなったかもしれないが、その言説やマキャベリ的な精神はほとんど変わっていない。「白人の重荷」については粗暴な言葉ということでもう誰も使わなくなったが、そのかわりに民主主義や人権の普及、独裁者から人々を救うということが語られている。しかしこれはおもしろいことに、一九世紀の「白人の重荷」が主張していたこととほぼ同じなのだ。「アフリカ争奪戦（The Scramble for Africa）」〔一八八〇年代からから第一次世界大戦前にかけて、西ヨーロッパ諸国がアフリカ大陸の大部分を分割・植民地化したことを指す〕は、多くが人道的な観点から正当化されていたのである。ヨーロッパ人はアフリカに行き、奴隷貿易をとりしきる支配層からアフリカ人を救う必要があったのだ。もちろん、アフリカにそうした支配層が存在していたことに疑いの余地はない（結局、かれらはイギリスの取引相手だったのだが）。しかし、「アフリカ争奪戦」がアフリカの大衆を「救った」というのは、もっとも右派的な歴史家でさえ広めるのが困難だと考えるほど荒唐無稽な話なのだ。

　そしてここで、学校が奴隷制について教える三つ目の点であり、ゲルドフをはじめとする多くの人々がふたたびもちだしている古くからある主張、つまり「アフリカ人は同胞を売った」という言葉をとりあげてみよう。「アフリカ人は同胞を売った」という決まり文句には明らかな問題がいくつもあるが、それでもこれを「議論」として提示する人は後を絶たない。

　何よりまず、イギリスに「アフリカ人」の共犯者がいたという事実が、イギリスのあらゆる悪事を帳消しにするのだろうか？　多くの人々はそうだと考えている。次に、全大陸的な「アフリカ人」のアイデンティティは、工業技術、「アフリカ争奪戦」、境界線の引き直し、そして現代のパンアフリカニズム運動が二〇世紀になってそれを生みだすことがなければ存在しなかったし、いまでもそのアイデンティティは矛盾や対立をはらんでいるのである。一六世紀から一九世紀のアフリカが楽園だったわけではない。すべての人間が腰巻姿でキャンプファイヤーのまわりに座って「クンバヤ」を歌っていたわけではないのだ〔「クンバヤ」は一九三〇年代に米国で生まれた黒人霊歌。現在英語圏では他人の楽観的な融和的態度に対する皮肉として「クンバヤを歌っている」という表現が使われる〕。古式ゆかしい泥小屋が散在するアフリカ大陸全体にまたがる巨大な――しかし明らかに原始的な――黒人王国ではなかったのである。それはヨーロッパやアジアが一つの大きな幸せな家族ではなかったのと同じだ。

アフリカには、民族、文化、階級、帝国主義の対立があったし、いまもあることは、それぞれの時代を扱う研究者の誰もが認めている。その分断を植民者や奴隷商人が利用したのだ。実際、著名な歴史家シルヴィアン・A・ディウフが指摘しているように、現存するどのような奴隷の回想においても、かつて奴隷だった者たちは、自分がほかの「アフリカ人」や「同胞」に売られたとは語っておらず、イギリスに住んでいたサンチョだけが、自分を売った者たちの「黒さ」に言及しているのだ。★16 環大西洋奴隷貿易の犠牲者たちは、アイルランド人が一九世紀の大飢饉《ききん》の際にイングランドにいる「白人の兄弟姉妹」が故意に自分たちを餓死させていると考えていなかったのと同じく〔不在地主を含むイングランドの支配層は、飢饉下のアイルランドにほとんど援助せずアイルランドに食料輸出を続けさせた〕、自分たちが「黒人の兄弟姉妹」に売り飛ばされたとは考えていなかったのである。

一九六〇年代にナイジェリア東部で収集された口承伝承によると、数世代前に娘を奴隷として売ったことで、ある特定の家族が呪われていると考える地域集団があったそうだ。このような裏切り行為が一般に行なわれていたとしたら、その家族が何世紀にもわたって呪われている理由にはならなかっただろう。西アフリカの主要な奴隷貿易国であるオヨ、ダオメ、アシャンティでさえ、自国民、つまり「同胞」の売買を禁止または制限する法律を制定していた――ただしもちろん他民族の人間を襲撃して売ることは続けていたが。コンゴの初期の国王は、ポルトガルの国王に手紙を書き、商人は人々を奪っていくので送るのをやめて、かわりに教師や司祭だけを送るよう懇願した。その時代の西アフリカでもっとも印象的な国家の一つであるベナンは、奴隷貿易開始当初から自国民の保護に成功した唯一の国家だったようだ。★17

俺たちは、植民地期以前のアフリカをロマンティックにとらえる必要はない。俺たちはみな、「王や女王」の子孫ではない。俺たちのほとんどは奴隷として売られた祖先をもち、その祖先はおそらく農奴、使用人、既存の奴隷、戦場で敵に捕らえられた兵士だっただろう。そうは言っても、前述のオラウダ・イクイアーノが、アフリカの王国の奴隷制と南北アメリカの奴隷制を大きく区別していたのは興味深い。多くのヨーロッパ人も同じように考えていた。アフリカの「奴隷制」は、「新世界」の砂糖プランテーションで行なわれていた人種的な動産奴隷制と似ても似つかぬものだったのだ。イギリスの奴隷商人であるジョン・ニュートンは次のように述べている。

> われわれが考えるに、この野生で野蛮な人々の奴隷状態は、われらの植民地にくらべてはるかに穏やかである。というのも、一つにはかれらには西インド諸島のような高地農園の耕作地がない。したがって、われらの奴隷を疲弊させるような過度で不休の労働を必要としないのである。もう一つは、奴隷であっても傷つけることは誰にも許されていないからだ。★18

そこで、アフリカ人は「従順」だったという歴史家ヒュー・トーマスの主張を考えてみよう。この主張が非学問的な価値判断であることは、ヒュー・トーマスも、この主張を広めるほかの人々も、その主張を証明するための比較データを提示していないことにみてとれる。たとえば、ギリシャ・ローマ世界、ヨーロッパの「暗黒時代」、一八世紀のロシア、中世の朝鮮で奴隷にされた人々が、「アフリカ人」よりも反乱を起こす可能性が高かったことの証明だ。実際、世界の奴隷制を研究している専門家は、あらゆる奴隷社会において奴隷の反乱が比較的稀《まれ》であることを指摘しているが、その理由は研究者にとっては明白である。★19

しかし、環大西洋奴隷制の歴史の研究全体で、おそらくもっとも軽視されている分野は、アフリカにおける奴隷化への抵抗の問題である。ほとんどの人々は、カリブ海の黒人が何らかの抵抗をしていたことを少なくとも漠然とは知っている。しかし俺にとって興味深いのは、多くの黒人ディアスポラを含む人々が、「アフリカ人」は階級、地域、民族の区別なく自分の家族が連れ去られるのをただ許し、あるいはもっと悪いことに全員が奴隷貿易の協力者だったと信じたがっているようにみえることである。

しかし、何十年にもわたる綿密な調査の結果、これがまったく真実ではないことがわかっている。西アフリカ沿岸部のあちこちでは、カリブ海のマルーンのようによく組織されたゲリラ集団が奴隷船に対する何百もの反乱や攻撃を行なっていたのだ。イギリス、フランス、オランダにある記録だけでも四八三件もの反乱があった。こうした衝突での平均死者数は約二五人で、歴史家のデイヴィッド・リチャードソンは、この形態の抵抗だけで中間航路を通らなければならなかった人々の数が一〇〇〇万人は減ったと推定している。[20] また、西アフリカに停泊したヨーロッパの奴隷船の一〇隻《せき》に一隻は、船内での反乱か陸地からの攻撃を経験したと推定されている。

注目すべきなのは、イギリスではイギリス人が自分の意思に反してオーストラリアなどに送られていた間、革命はおろか、流刑地《るけい》への移送に反対する大規模な反乱は起こらなかったことだ。俺はこれが白人イギリス人がとくに従順だったせいだと言いたいのではない。ほかに可能性のある説明がいくつかあるからだ。イギリス国家があまりにも重武装で、階級区分があまりにもはっきりしており、人々があまりにも分断されていたといったことだ。

最後に、次の二つの事例は、西アフリカの人々にとって、環大西洋奴隷貿易の性格と経験がいかに複雑なものであったかをしめしている。まず一九世紀には、複数のアフリカの裕福な家族が自分の子どもを取り戻すためにはるばるアメリカまで航海したという証拠がある。また身代金の慣習、つまり奴隷として売られた家族を取り戻すために二人かそれ以上の人間を捕らえて売ってその金をつくったという慣習を証明する多くの記録がある。このようなことをした人々を確実に奴隷商人だと呼べるだろうか？　もしあなたがそのような困難な二者択一に直面したとき、自分の子どもを取り戻すために見ず知らずの人を誘拐することは絶対にないと言えるだろうか？　俺には到底無理だ。

当時の西アフリカのほとんどの人々はまったく奴隷貿易に関与していなかったことを知っていながら、アフリカ人は従順だったとか、「同胞を売っていた」という単純で見え透いた主張をすることは、イギリスがアイルランドに侵攻したときやフランスと戦ったときに殺した相手は——

現在かれらはみな白人かつヨーロッパ人だとみなされているので——同胞だったと言うようなものなのだ。そしてもちろん、その時代にイギリスの支配層が自国民を親切に扱っていたというわけでもない。

アフリカに対するこうした植民地主義的自己投影は、一部の人にとっては都合がいい。なぜなら現実の人間の行動を説明するための通常の概念——経済、市場の需要、王国間の対立、民族間の敵意、階級の違い、純粋な利益追求、自己保存、愛など——を使わずにすむからだ。またそうした振る舞いは、当時はまだ存在していなかった概念である「アフリカ人」を、一人の人間の行動の説明として提示することもできる。「アフリカ人は同胞を売った」というのは、現在言われる「黒人対黒人の暴力《ブラック・オン・ブラック・バイオレンス》」〔第一〇章を参照〕の歴史的変形なのである。

こうしたことはいずれも、当時も現在もアフリカの支配層がもつ強欲や移り気、そして黒人がそれぞれにもつ人間的な欠点を言い訳するために言っているのではない。そうではなく、われわれがほかの地域や時代、そしてそこに生きた人々に対してするのと同じやり方で、複雑な現象の全体像を描くために指摘しているのだ。ボブ・ゲルドフのようなアイルランド人は、アフリカ人が永遠に汚点を抱えた存在だと断言できる立場にあるのだろうか？　ゲルドフがアフリカ大陸全体に対してこのような中傷をする立場にあるほど、アイルランドの歴史は諸国家の歴史のなかで唯一無二の純粋さをもっているのだろうか？

もちろんそんなことはない。ケルト人が住むアイルランドには、イギリス人が到着するずっと前から奴隷制があったが、だからといって当然イギリス人の振る舞いは何ら正当化されない。アイルランドの商人は、ヴァイキング時代に早くも奴隷商人に協力してアイルランド人を売っていた。親英派のアイルランド人指導者は、イギリスのアイルランド征服に協力した。そしてアイルランド人の商人や地主は、近代ヨーロッパ史上最悪の飢饉のなか、「同胞」から無理やり土地を奪った。★21

すでに触れたように、アメリカにやって来たアイルランド人は、自分たちがイギリス人に苦しめられたにもかかわらず、奴隷主となり、白人至上主義の熱烈な支持者となった。もっとも熱烈なアイルランドナショナリストの一人であったジョン・ミッチェルは、黒人奴隷制の声高な支持者となった。一方アメリカでもっとも著名な黒人教会の一つは、信徒の多くがまだ奴隷であったにもかかわらず、アイルランドの飢饉に援助を送っていたのだ。俺はこうしたことを、アイルランド人には「永遠の汚点」があると示唆するために言っているのではない。またアイルランド人には独自の欠陥があると言っているのでも、これらの行為がすべてのアイルランド人の道徳性を象徴していると言っているのでもない。実際、当時のアイルランドナショナリストのなかには、自分たちの偽善的な振る舞いを非難した者もいたのだ。

俺が言いたいのは、もし「アフリカ人」が一部の人間の欲望と移り気のために永遠に呪われるのであれば、ゲルドフのアイルランドの同胞を含む全人類も同じだということだ。ゲルドフがイギリス人、ましてすべての白人がほかの人間を奴隷にしたことはかれらの永遠の汚点だと主張しなかったことも興味深いが、まあいいだろう。平均的なアイルランド人はイギリス人と一緒にされることに腹を立てるだろうが、ゲルドフをはじめとする人々は、何世紀にもわたる多様で複雑な歴史を「アフリカ人は同胞を売った」という常套句で覆《おお》い隠しているのだ。

ところで、この章はイギリスについてのものである。アイルランドは決してイギリスの一部ではない。しかし、ゲルドフはイギリスのエスタブリッシュメントの一部であり、イギリスの植民地主義的な傲慢《ごうまん》さをよくしめしているので、俺のアイルランド人の友人は俺がゲルドフをイギリス人に含めることに異議を唱えないだろう。

そこで、イギリス帝国が全体としてどのように記憶されているかについて考えてみたい。二〇〇五年、のちに首相となるゴードン・ブラウンは、「イギリスが植民地主義の歴史について謝罪しなければならない時代は終わった」と世界に向けて発信した——いつそのような謝罪の時代があったのかという疑問を俺たちに残しつつ。二〇一四年に行なわれた世論調査会社ユーガブの調査では、イギリス人の五九パーセントがイギリス帝国を誇りに思うと答え、それに対し歴史学者のニーアル・ファーガソン〔スコットランド生まれの右派の歴史家〕は「私の勝ちだ」とツイッターに満足げに書き込んだ。俺は同様の調査を、先祖が非白人で元植民地に出自をもつイギリス人だけを対象に行なってほしいと思う。もちろんまだまだ白人化していないアイルランド人についても同様だ。イギリス帝国の慈悲深さを測るには、イギリス帝国に支配された人々の子孫である数十億の人々に、イギリス帝国を好意的に記憶しているかどうかを尋ねればいいのである。

事実は一つだ。どのような人間も、愛しているという理由でほかの民族を植民地支配するわけではない。ポストコロニアル研究の伝統につうじている人ならば、アフリカ、アジア、アイルランド、カリブ海の知識人やかれらが代表する人々が、イギリス帝国に対するニーアル・ファーガソンの好意的な記憶を共有していないことを知っている。だからこそ「歴史家」としてのファーガソンは、こうした地域のもっとも著名な知識人を無視しなければならないのだ。イギリス領カリブ海諸国では、ポストコロニアル研究の伝統はウォルター・ロドニー、C・L・R・ジェームズ、エリック・ウィリアムズ〔一九一一―八一年。歴史家でトリニダード・トバゴ共和国の初代首相。日本語訳書に『資本主義と奴隷制』（中山毅訳、ちくま学芸文庫）〕によって開拓され、かれらの著作は現在でも教育を受けたカリブ海地域の成人の標準的な読み物となっている。

インドには、ブッカー賞を受賞した作家のアルンダティ・ロイがいる。ロイはおそらく、世界でいちばん現代インドの腐敗や弱者への虐待に対する優れた批判を行なっており、ガンジー崇拝への歯に衣着せぬ反対意見を述べている。ロイの仕事を知っている人は、彼女がインドのヒンドゥー教ファシストのような民族主義的な怨恨をもっていないことを知っていると思うが、インドやそのほかの地域におけるイギリス帝国に対する彼女の評価は、俺の評価とほとんど同じだ。また、パンカジ・ミシュラ〔インド生まれの評論家〕を挙げることもできる。彼は、ヨーロッパの覇権に挑戦して「アジアの再興」をめざしたアジアの知識人について書いた名著で、ヨーロッパ中心主義のナンセンスに見事に反論している。[★22] ちなみに彼は、ロンドン・レビュー・オブ・ブックス誌でファーガソンに知的制裁を加えたこともある〔二〇一一年一一月、ニーアル・ファーガソンの著書『文明』（日本語訳は、仙名紀訳、勁草書房、二〇一二年）を書評し、ファーガソンを小説『グレート・ギャツビー』の登場人物で上流階級に属し人種差別的なトム・ブキャナンになぞらえて痛烈に批判した〕。

そのファーガソンが強制収容所の影で育ったケニアには〔ファーガソンは一九六〇年代の子ども時代の数年間、親の仕事の都合でケニアで暮らした〕、グギ・ワ・ジオンゴがいる。世界でもっとも有名なケニアの小説家・学者であり、ジョモ・ケニヤッタ〔一八九三―一九七八年。ケニアの初代首相、大統領〕の（イギリスの支援を受けた）抑圧的な「独立」政府によって投獄された人物である。ジオンゴはアフリカの支配層の腐敗と残虐性を正確かつ継続的に批判することで、イギリス統治が恐ろしいものだったことを忘れるよう訴えたのであろうか？　断じてノーだ。実際のところ、非白人の元イギリス植民地やアイルランドの著名な知識人で、イギリス帝国に対するロマンチックで好意的な記憶をしめしながら母国で尊敬されている人物を見つけるのは難しいだろう。これはなぜか？　イギリスの植民地主義について、なぜ世界中の人々がこのように異なる理解をしているのかを知るためには、いくつかの点に触れなければならない。

第一に、イギリス人は、教育から映画館、劇場、音楽ホール、そしてロンドンのウェンブリースタジアムなどで開催された大規模な帝国博覧会の展示などの文化のあらゆる分野で、何世代にもわたって意図的な帝国主義的、軍国主義的プロパガンダにさらされてきた。★23 このプロパガンダがいまだに生みだしている視野の狭さは、二〇一六年にリアム・フォックス国際貿易大臣がEU離脱をめぐる国民投票を前にして「イギリスはEUのなかで二〇世紀の歴史を隠す必要のない数少ない国の一つだ」と発言したことに端的にあらわれている。この発言がおかしいのは、イギリスは世界でも数少ない、二〇世紀の歴史の大部分を隠蔽《いんぺい》した国の一つだからだ。

植民地独立の時代に、イギリス国家はみずからの犯罪の証拠を隠滅する組織的なプロセスに着手した。「オペレーションレガシー」というコードネームで、諜報機関と外務省が共謀して、イギリスが統治下の植民地で行なったことについての機密事項が記載された膨大な量の文書を、文字どおり燃やしたり、海に沈めたり、隠したりしたのである。★24 イギリス政府を困惑させる可能性のあるもの、宗教や人種に対するイギリスの不寛容さをしめすもの、独立後の政府が「非道徳的」に使用する可能性のある書類の処分や隠蔽が命じられたのだ。

外務省は法廷でそうした文書を隠したことを認めざるを得なかったが、その規模については沈黙した。それはいまさら何を言われても信用するのは愚かなほどだ。しかし、わかっているかぎりでも、何十万ページもの文書が破棄され、一〇〇万ページ以上の文書が隠された。隠蔽された文書は植民地支配期のものに限られず、はるか一六六二年に書かれたものにまでさかのぼる。この「オペレーションレガシー」の存在が明らかになったのは、二〇一一年、イギリスによるケニアの強制収容所〔一九五〇年代、ケニアの独立運動「マウマウの乱」に対する英国の武力弾圧の過程で数万―数十万の人々が強制収容所に入れられ、多くの人々がその劣悪な環境や拷問により死亡した〕の生存者とイギリス政府との間で行なわれた裁判のなかだった。

このことが意味するのはイギリス帝国の歴史を正確に書くことはまったく不可能だということであり、「オペレーションレガシー」の存在が明らかになる前に書かれたものは、確実に不完全なものだということだ。それが発覚したあとも、一部の「歴史家」、つまり証拠に導かれるはずの職業の人々が、イギリス帝国の驚異というものについてみずからの考えを見直していないというのはかれらの本質をしめすものである。

歴史的記憶の破壊は、文書に限ったことではない。イギリスは、ホレーショ・ネルソン提督〔一七五八―一八〇五年。英国海軍軍人。ナポレオン戦争で活躍した〕に敬意を表して戦列艦ビクトリー号〔ナポレオン戦争での最大の海戦である一八〇五年のトラファルガーの海戦でネルソンが座乗し、英海軍を勝利に導いた〕を保存し、そのほかイギリス史の主要な時代の艦船も保存しているが、奴隷船は一隻も残っていない。★25 政府がイギリス帝国の実態をしめす証拠の大部分を隠したり燃やしたりしたことが明らかになったあともイギリス帝国を支持する知識人の従順さには畏敬の念を抱かざるを得ないが、俺たちの自由な思考というものはそのような用途に使われているのだ。

帝国の擁護者は、自分たちを西洋思想の頂点、西洋の知的探求の素晴らしい歴史に対する偉大な貢献者とみなしたがるが、実際には西洋思想の硬直化、およびかれらが嘆《なげ》いている「西洋の衰退」をまさに象徴しているのだ。ヨーロッパによる植民地拡大の残虐性について何を発言するにせよ、それはジョルダーノ・ブルーノ〔一五四八―一六〇〇年。イタリアの哲学者、修道士。地動説と汎神論を説き、投獄・処刑された〕やウィリアム・ティンデール〔一四九四―一五三六年。聖書を英語に翻訳したことで英国王に処刑を命じられた〕、トマス・ペイン〔一七九二年、著書『人間の権利』をめぐって英国政府に逮捕されそうになり英国を脱出した〕やバートランド・ラッセル〔第一次世界大戦時、反戦活動を行なったため大学を解職され投獄された〕といったヨーロッパの思想家たちがそれぞれの社会や時代で迫害やさらには死に直面しながら、知的限界を押し広げてきたおかげだ。しかしイギリス帝国を擁護するリベラルは、いまの権力者や現状を称賛する応援団にすぎない。そしてかれらはイギリス帝国を批判する者の道徳主義を嘆く一方で、世界史のなかでイギリス帝国をほかのどの国よりも優れた存在にさせたのは、その文明的な道徳性によるものだと主張するのである。

このようにしてプロパガンダは続いている。ほとんどの人々は、自分たちの名で自国の政府が行なってきたことにまだまったく気づいていない。たとえば、インドで数千万もの人々を意図的に餓死させたこと、一九五〇年代にイギリス領ケニアの人々を強制収容所に投獄して大量に拷問したこと、一九七二年に米軍基地建設のためにイギリス領インド洋地域にあるディエゴガルシア島の住民を追放したこと、「戦後」とされる期間を含めて過去一〇〇年間のほとんどでイギリス軍が行なった広範な拷問や一連の秘密戦争などだ。

また、人々はイギリス支配が世界各地で激しい抵抗を受けたことも知らない。反乱は広範囲におよび、歴史家のリチャード・ゴットは、このような反乱のエピソードだけで一冊の大著を書きあげ、反乱側の視点から帝国の物語を語ることができたほどだ。★26 もしイギリス帝国が提供したものがすべての人々にとってよいものだったと言うなら、支配を受けた原住民《ネイティブス》が絶え間なく銃を手にしてイギリス帝国に抵抗したのはなぜだろう。それは原住民《ネイティブス》があまりにも愚かで、自分たちにとって何がよいことなのかがわからなかったのか、あるいはイギリスが提示したものがそれほどよいものではなかったのかのどちらかだ。

しかし、イギリス帝国についての批判的な議論が広がらない最後の理由は、古くからある単純な人種差別にある。たとえ歴史をよく知っていても、多くの人々は気にしない。自分たちがやったら善で、ほかの人がやったら悪だというわけだ。歴史家のジョン・ニュージンガーの言葉は長く引用する価値がある。

> かれらが考えなければならないのは、イギリス国家が他国にしてきたことを他国がイギリスにした場合、かれらはどのように反応するのかということだ。たとえば、イギリスが中華帝国にアヘンを強制せず、その逆が行なわれたとしたら、かれらはどれほどそれを帝国主義的に感じるだろうか？　イギリス政府がアヘンの輸入を禁止しようとしたときに、中国が強力な軍隊を派遣してイギリスの海岸線を荒らし、イギリスの港を砲撃し、イギリスの兵士や民間人を虐殺していたとしたら、かれらはどのような反応をしただろうか？　もし、イギリ

スが香港を占領するかわりに、中国がリヴァプールを占領し、そのマージーサイド州を拠点に、一〇〇年近くにわたってイギリスを支配していたとしたら？　もしも、イギリス人の抵抗があらたな攻撃を誘発し、中国がロンドンを占領し、バッキンガム宮殿を略奪して焼き払い、屈辱的な和平条約を押しつけていたら？　もしも現在、北京に帝国博物館があり、中国によるイギリス略奪の成果が展示されていたら？　こうしたことはいずれも一九世紀にイギリス国家が中国に対して行なったことなので、まったくの空想ではない。★27

イギリスとほかの帝国との大きな違いは、「ベルギーやナチスの第三帝国ほどひどくなかった」ということではない。それは事実であるにしてもまったくくだらない自慢である。実際の違いはイギリスが世界支配に成功したということであり、英米帝国のなかでアメリカの二番手ではあるが現在でもそうであるということだ。いまイギリス人が問うべきなのは、「われわれはドイツ人と同じくらい悪だったのか」ということではない。むしろ、より倫理的な未来を築くために、イギリスの歴史を批判的かつ率直に反省することは可能かということだ。イギリスは、みずからが主張するように世界で民主主義的に振る舞うことができるのか？　それともそんなことはまったく不可能なのか？　権力や威信、時代遅れのビクトリア朝式の支配と優越の概念にしがみつくことが、あらたに世界大戦を誘発し、言いようのない苦しみを世界にもたらすことより重要なのだろうか？

イギリス帝国を誇りに思うイギリス人の五九パーセントは、それが重要だと考えているようだ。かれらの預言者は、帝国のない世界を想像しはじめることさえできないし、なんとかれらが正しいことが証明される可能性も十分にある。世界史にもとづいて、残虐性、腐敗、二枚舌、侵略は実際にはよい政策であり、国民はただ「大人になって」それを受け入れる必要があると極めて合理的に主張することもできるのだ。しかしそれは、イギリスの帝国主義はいまも昔も高尚な道徳性に突き動かされているというふりをすることとはまったく別の話だ。

しかし、支配、分断、残虐さへの志向は、少なくとも過去数千年のあいだ不変のように思われてきた一方で、分かち合い、協力、支配権力への抵抗、より公正な秩序をつくりだそうとする志向も同じように存在してきた。部分的であれ人類がより公正な世界をつくってきたのは、ほかの何よりも帝国との闘いの結果なのだ。

ファーガソンやそのほかの人々は、俺がイギリス帝国の犯罪に対する「道徳的な高い憤りに身を任せている」と非難するだろう。しかしファーガソンや彼のような人々は、毎年一一月一一日にポピーを身につけているに違いない〔イギリスやカナダでは、毎年一一月一一日の第一次世界大戦終結記念日に、戦争で死んだ自国の兵士を悼む象徴として赤いポピーの花を身に着ける慣例がある〕。つまり、死者がイギリス人である場合には、かれらも「道徳的な高い憤りに身を任せている」のだ。しかし一九五〇年代にケニアで拷問され死んだ人々も法的にはイギリス人だったが、かれらにはポピーも涙も出てこない。その意味するところは明らかだ。記憶と尊敬に値する先祖とそうでない先祖がいるということだ。イギリスのために殺した者は栄光に満ち、イギリスに殺された者は人間ではない。もし俺たちが本当に平和を願うのであれば、毎年一一月一一日にイギリスの暴政による犠牲者をも追悼するのではないだろうか？

俺がイギリス帝国について語るのは、俺がここで生活し人格を形成してきたからだけではなく――歴史に興味をもつことにいちいち説明が必要なわけではないが――その負の遺産があまりにもはっきりしているからだ。また、イギリスの自由な報道機関がどうみせかけようと、スペイン、ポルトガル、ドイツ、日本の帝国とは異なり、イギリス帝国は弱体化しアメリカ帝国の二番手としてではあれ、ある意味まだ存在しているからだ。イギリスの支配階級と国民の多くは、世界を取り締まることは依然として「われわれ」の神聖な権利であり、地球上のほかの国の人々が何を考えているかなど知ったことではないと考えているようだ。

イギリスの知的言説でもっとも興味深いのは、残虐行為が日本やドイツやイスラムによるものであればはっきりと認識することができるのに、太陽の沈まないみずからの帝国――つまり一八世紀の主要な奴隷貿易国であり、イギリス連邦の本国であり、先駆的に白人至上主義的な啓蒙思想を育《はぐく》み実践した国――を鏡で見るとなると、多くの人々が突然目が見えなくなり、耳が聞こえなくなり、口がきけなくなり、殺人を殺人として考えることができなくなるということだ。

第六章　スコットランドとジャマイカ

俺は半分スコットランド人で半分ジャマイカ人だとよく紹介されるし、自分でもそう言ったことがある。しかしこれは単純化のしすぎで、おそらく俺が無意識にした選択に由来する。俺の父はその両親ともにジャマイカ人だが、イギリスで生まれた。母方の祖母はスコットランド人だが、祖父はイングランド人だ。祖父は非常に不快な人物で、黒人と恋に落ちた自分の娘と実質的に縁を切ったほどの強烈なレイシストだった。祖父を訪ねたのは数回しかないが、一度祖父が「冗談」で俺に「お前は汚れているから白く塗れ」と言ったことがあった。俺が六歳のときだっただろうか。

大人の言葉が子どもに与える影響は計りしれない。俺は祖父のことをほとんど知らなかったので、祖父についてあまり考えたことはなかった。しかしその「冗談」はあまりにも衝撃的で、おかげで俺は祖父がその言葉を言った瞬間の天気、空気の味、光の質、裏庭の刈りたての草の匂いなどをはっきりと覚えているくらいだ。その出来事が写真のように固定化し、祖父にかんする俺の動かしがたい記憶となっている。しかし、俺は祖父の言葉に傷ついた記憶はない。奇妙なことに、俺がそのとき感じたのは、祖父に対する恥ずかしさや嫌悪感、そして哀《あわ》れみだったのではないかと思う。

母は自分の両親と友好的な関係を保とうとしたが、結果的に俺たちは母方の祖父母とほとんど会うことはなかった。祖父が亡くなると、俺たちきょうだいは祖母と仲良くなり、姉と一緒に祖父母が移住していたタイに遊びに行ったこともある。祖父は死ぬまでずっと移民や「黒んぼ」について文句を言っていたが、自分が軍人年金をもらってタイに隠居することには何の矛盾も感じていなかった。祖父は、国外移住者の典型的な生活スタイルとして、その国の言語を学ばず、その社会に溶けこまず、その国の文化に敬意を払わなかった。オーストラリア人やアメリカ人などのほかの国外移住者と一緒に外国人居住区に住み、自分の国にいるタイ人に対する不満を言っていたのだった。祖父の死後、タイ社会になじんだ白人の祖母は、タイ人男性と再婚した。家族のなかにはそれを残念に思う人もいた。祖父は墓穴を掘ったのだろうが、自分の子どもにさえどれだけひどいことをしたかを思えば、祖父が祖母に対してどんな態度をとっていたかは容易に想像できる。

一方、俺が生まれる前に父と母は別れ、父は自分の母親とあまり仲良くなかったにもかかわらず（家族とはそういうものだ）、驚くべきことに俺の母は俺の父方のジャマイカ人の祖母と非常に仲のいい関係を保っていた。子どものころの俺は、たいていの日曜日をその祖母ミリセント・ロバートの家で過ごしていた。俺はそこで典型的なカリブ料理を食べ、白人イエスやエリザベス二世を描《か》いたウィンドラッシュ世代にはおなじみの絵を見て、死ぬほど汗をかいて過ごしていた。祖母は真夏でもセントラルヒーティングの温度をまったく下げようとしなかったからだ。

母がカムデンのカリブ系コミュニティと広く知り合ったのも、この祖母を通じてだった。そうして俺は自分が受け継ぐカリブ海の伝統に囲まれて育つことになり、そちらにより自己同一化するようになった。もう気づいただろうか？　これまで俺はジャマイカ系ではなくカリブ系という言葉を使ってきた。俺が過ごしたコミュニティは、英語圏のカリブ海諸島とガイアナの人々で構成されていた。たとえば、俺の「継」祖母はグレナダ出身だった。冠婚葬祭では同じサウンドトラックが鳴り響き、同じ白いアイシングがかかったラムケーキ、エスコビッチフィッシュ〔ジャマイカを代表する魚料理。揚げた白身魚に野菜マリネを載せたもの〕、ハードフード〔根菜を混ぜ合わせたジャマイカの朝食〕、カーニバル、サウンドクラッシュ〔DJがどれだけ観衆を盛りあげられるか競い合うもの〕、親の「ブルースダンス」パーティーでの居眠り、土曜学校、ときには教会、ラスタファリアンの父親とキリスト教徒の祖父母の衝突、レゲエミュージック、ラヴァーズロック、ジャングルがそこにはあった。

　俺の世代のカリブ系イギリス人の誰もが見て経験してきたものがある。俺の世代は「故郷」と直接つながっている最後の世代ではないかと俺ははっきりと感じている。カリブ海出身の祖父母は、俺たちの子ども世代が成人するころにはほとんど亡くなってしまうので、俺たちが歳をとることは、一つの時代の終わりのように感じられる。「俺たちは誰になるのか」というのは、ディアスポラの大きな問題の一つだ。カリブ海出身の祖父母の知恵や笑い声、料理や罵声《ばせい》がないなかで、俺たちや俺たちの子どもたちやまたその子どもたちは、イギリスに生まれた黒人として、またカリブ系として、どのように生きていくのだろうか？　俺たちは黒人イングランド人になるのだろうか？　それともその言葉はまだ矛盾を内包しているのだろうか？　「故郷」とのつながりは断ち切られてしまうのだろうか？　それとも、ここに来て多くの犠牲を払った祖父母に敬意を表して、そのつながりは維持されるのだろうか？　それは誰にもわからない。

しかし、俺たちはすでに興味深い独自の方法で、実際にカリブ海諸島にいる人々よりも強くカリブ人らしさを守ろうとしてきた。これはディアスポラ、とりわけ攻撃を受けていると感じているディアスポラとしては普通のことである。たとえば、ジャマイカではセリーヌ・ディオン、ガース・ブルックス、マイケル・ボルトン、そのほか多くの「意外な」歌手が大人気だが、イギリスのジャマイカ系ディアスポラはまったくそうした歌手が好きではなく、ジャマイカ音楽にもっと強く鋭い関心を向けている。

それはなぜだろうか？　俺はそれを文化防衛と呼びたい。つまり、みずからの文化の源流から疎外されると、より激しくその文化に固執《こしゅう》する傾向があるのだ。同じようなことをインドのヘヴィメタルに感じたことがある。インド国内でヘヴィメタルは絶大な人気を誇っているが、イギリスのインド系ディアスポラにはほとんど認知されていないのだ。この現象は、イギリスで音楽が人種的に売りだされていることにも起因しているだろう。しかし理由は何であれ、「故郷」に住む人々は、自分が自分ではない何かに変化しようとしているのではないかというディアスポラの不安を感じることなく、自分が惹《ひ》かれるものであれば「白人のもの」でも好きになる大きな自由をもっているようだ。

同様の文化防衛として、俺の叔父は、彼の世代（叔父は四歳のときにこの国に来た）の人々が、歳をとるにつれてジャマイカ人らしくなったとよく言っている。叔父の世代は、一九七〇年代の極端な社会的排除と人種差別に対処するために、ジャマイカ訛《なま》りをあらためて習得し、さらにはそれをつくりあげたりしていたのだ。イギリスにいる黒人のなかでジャマイカ系は中心的な存在だったため、ほかのカリブ海諸島やアフリカから来た人々でさえ、ジャマイカ系の生活スタイルや気性、訛りを真似ることがあった。イギリスの政府やメディアは、ほとんど「ジャマイカ系のギャング」だけにしか注目していなかったが（もちろんそうしたコカイン密売人たちを登場させた冷戦下の地政学についての分析はなかった）、俺がジャマイカ系であることは、子ども時代の仲間たちの間で大きな誇りと称賛の源となっていた。

若者の間ではジャマイカの影響を受けた音楽が主流で、俺たちは黒人イギリス人として黒人アメリカ人の功績に対してもある種の「人種的信用《クレジット》」を得ていた。俺たちはR&Bやヒップホップに詳しいとみなされ、ほかの人々にはできない方法で黒人アメリカ人のゲットーでの経験を理解できるとみなされていたのだ。この二つの仮定は、ほぼ事実だったと言わざるを得ない。ほとんどのカリブ系はニューヨークに親類がいて、ヒップホップはカリブ系を通じてイギリス社会に入ってきた。ニューヨークにいる親類は最新のミックステープをイギリスに送ってくれて、ブロンクスやブルックリンでそれが発売された数日後にはブリクストンやトッテナムで売られていたのだ。

ヒップホップが一般社会に広がる前は、イギリスで黒人以外の人々がアメリカのブラックカルチャーのアイテムを少しでも手に入れようとすれば、多くの場合「フッド」に来る必要があった。こうしたことで黒人イギリス人はある種の文化資本を得た。これに加えて、とくにジャマイカ系やそのほかの黒人少年は、タフでスポーツが得意であると思われていた。もちろん、これはいいことでもあり、悪いことでもある。ステレオタイプは敵に恐怖を与えることがあり、ティーンエイジャーにとってそれは役に立つこともある！　一方で、俺と違って身長が一八〇センチもなく、生まれつき運動神経がいいわけではない場合、タフであること、速く走ること、ラップが上手であることを期待されると、大きな損をすることになる。

俺とスコットランド人とイングランド人のアイデンティティとの関係やそれにかんする経験は、もう少し多義的だった。俺は白人の祖父母と会うことはめったになかったが、スコットランド人の母方の祖母のきょうだいは俺たちと忘れずに連絡をとってくれたし、なかでも大叔母のメアリーおばさんとは、祖父母よりもよく会っていたことを覚えている。スコットランド人の大叔父であるケニーおじさんは、俺が科学に興味をもっていると聞いて、初めて会ったとき俺がスコットランド系であることに誇りをもてるようにとスコットランド人が発明したものをすべてリストにして俺に渡してくれた。

スコットランドの親類と過ごしたわずかな時間のなかで、俺たちが黒人であることが障害になることはなかった。それどころか、かれらは茶色の肌の人間より祖父を含めたイングランド人を嫌っているような気がしたくらいだ。もちろんこの経験を一般化するつもりはないが、いま振り返ってみると、このことは俺に大きな影響を与えた。母は、ドイツ人としてのアイデンティティに加えて、スコットランド人としてのアイデンティティを確立し、「人種差別的な白人イングランド人」に対抗することができたのだ。

スコットランドにも（ドイツにも）人種差別がないと言うわけではないが、スコットランドとイングランドという二つの国の文化やそれにともなう世界観がまったく異なることに疑いの余地はなく、近年の出来事はさらにそれを強化させるものだった。スコットランドは、奴隷制やイギリス帝国で果たしたみずからの役割については記憶喪失になっているにしても、イギリス帝国へのノスタルジア、下層階級への憎悪、文化的傲慢《ごうまん》さ——そうしたものが人種差別を助長する——は、イングランドの方がはるかに強い。その一方で、スコットランドは黒人人口が少なく、全体として非白人の人口もはるかに少ないため、スコットランドの「民族的境界」はイングランドのように挑戦を受けていないとも言わねばならない。

俺はジャマイカ系の家族や文化にずっと親しんでいたが、子どものころにジャマイカとスコットランドを訪れたのはそれぞれ一度きりだった。ジャマイカには七歳のときに六週間、スコットランドには一〇歳のときに一〇日間訪れた。どちらの旅も俺の人生や考え方に大きな影響を与えた。信じられないかもしれないが、俺は当時からこのことを強く意識していた。

一九九一年の夏、祖母は俺と姉、そしていとこのドウェインを連れて、ジャマイカのセントアン教区にある祖母が生まれ育ったダンスヴィル村に帰郷した。セントアン教区は、マーカス・ガーヴィーやボブ・マーリー、ウサイン・ボルトの出身地でもある。この旅では、いくつかのことがとくに印象に残っている。最初の二週間、俺は自分の頑迷なイングランド主義を露《あら》わにした。七歳の俺は姉にジャマイカは遅れた国だと非難した。少なくとも祖母の村は家のなかにトイレがないし、蚊がたくさん飛びまわり、バスの運転手は乗客の命におかまいなく山のカーブを曲がったり鶏《にわとり》やヤギを連れた乗客を乗せたりするし、そのうえ電車はまったく走っていない。俺はジャマイカの嫌なところを山ほど見つけ、ジャマイカが小さくて、発展しておらず、目に見えて貧しいと罵《ののし》った。対照的に姉は、到着した瞬間からジャマイカが大好きになり、まだ小さいのに誰も彼女がイギリス人だとは気づかないような本物のジャマイカ訛りで話すことができた。俺はそれがとてもうらやましかった。

そう、パンアフリカニズムの土曜学校に通い、祖母や曾祖母のシチューチキンやココナックリームで炊いたライス&ピーズ〔カリブ海の伝統料理の豆ごはん〕を七年間食べつづけたにもかかわらず、俺は完全に欧米人根性をもった俗物《スノッブ》になっており、イギリスの基準では貧しくても、ジャマイカの「第三世界」的な貧しさを大きな軽蔑をもって見下《くだ》していたのだ。もしあの旅をしていなかったら、いまでもそうしていたかもしれない。しかし、最初の二週間が過ぎると、俺は徐々にジャマイカに慣れ親しんでいった。水のシャワー、命懸けのバス乗車、そして外でのトイレにも慣れ、ジャマイカを好きになっていった。親類と一緒にトカゲ狩りをしたり、川で泳いだり、谷や丘に登ったり、鬱蒼《うっそう》とした森のなかを数え切れないほど冒険したりした。「葉っぱで拭《ふ》け」と言われていたのに、間違って棘《とげ》のついたイラクサで尻を拭いてしまい、楽に座れるようになるまで何日もかかった!

姉といとこと俺は、民謡や遊びを教えてもらい、いまでもそれを覚えている。また俺たちは音節がゆがんだ秘密の言語を学んだ。俺たちはそれを「ジャマイカンジプシー」語と呼んだ。もちろん俺たちは、当時本物の黒人への究極のパスポートだったジャマイカ人の話し方をマスターした。スーパーマンのような外見のボブおじさんはダンズリバーフォールズ〔セントアン教区オーチョリオスにある観光名所の滝〕

を俺をかついで登ってくれた。そして曽祖父の墓を訪れ、自分の先祖の歴史を実感した。旅の半ばには、俺はジャマイカが大好きになり、自分のことをジャマイカ人だとさえ思うようになった。若い人間の心は影響を受けやすく、くるくると頻繁《ひんぱん》に変化するものなのだ。六週間の旅が終わるころ、そんな心変わりを経験した俺は、ジャマイカで生活を続けるためにジャマイカに引っ越したいと母に泣きついた。

この旅が楽しいことばかりだったわけではない。家庭内暴力やホームレスを目《ま》の当たりにしたし、激しいハリケーンにも見舞われた。当時のジャマイカはいまよりもずっと危険だった。しかし、風景の美しさ、人々の親しみやすさ、制服姿や教会に向かう子どもたちの汚れ一つない誇りが身体的、文化的な自由と結びついている様子は、俺にとってジャマイカの欠点を補って余りあるものだった。それ以来、俺はジャマイカと「俺たちの」ジャマイカ文化に愛着をもっている。この愛着は、その後何十年にもわたって接してきたレゲエミュージックやジャマイカ料理《ヤードフード》、ジャマイカの歴史にかんする知識、そしてJ・A・ロジャース〔一八八〇―一九六六年。ジャマイカ系米国人の歴史家。アフリカの歴史とアフリカ系ディアスポラの歴史を研究した〕、オルランド・パターソン〔ジャマイカ生まれ。人種と奴隷制を研究する歴史社会学者〕、マーカス・ガーヴィーなど多くの知識人の影響によって確固たるものとなった。

俺のディアスポラとしての自己意識は、黒人が拒否されてきた「ブリティッシュネス《イギリス人らしさ》」に対して確立された。それは俺の上の世代のおじさんたちとほとんど同じものだ。俺の世代は、偽のジャマイカ訛りをでっちあげるほどの人間はほとんどいなかったが、自分たちが生まれた国よりも、理想化されたジャマイカの姿に自己同一化していた。俺たちはイギリス人であることよりも、黒人に自己同一化していたのだ。イングランドがサッカーやクリケットで黒人チームと対戦すれば、黒人チームを応援したものだ。たとえば、一九九〇年にイタリアで開催されたワールドカップでは、イングランドとの試合でカメルーンを応援したことを鮮明に覚えている――こうしたことは俺より若い世代では変わったが。これをイギリスに対する「恩知らず」と感じる人もいるかもしれないが、俺たちはイギリスで黒人選手が猿のものまね《モンキーチャント》で侮辱されたりバナナの皮を投げつけられたりするのを見て育ったのだ。まったく驚くべき反応ではない。

ジャマイカは大きな問題を抱えているが、それでもユニークな国であることは間違いない。わずか一世紀前には人類史上もっとも残酷な奴隷制植民地の一つだったこの小さな島は、その大きさにくらべてポピュラーカルチャーに絶大な影響を及ぼしてきた（その点イギリスに似ているが、ジャマイカは帝国主義国ではない）。黒人ディアスポラのもっとも偉大な学者たちを輩出し、過去一〇年間では陸上競技を支配し、史上最大の黒人組織の創設者であるマーカス・ガーヴィーや、ヒップホップのゴッドファーザーであり「第三世界」初のスーパースターである（あなたもおそらく知っているだろう）ボブ・マーリーを生みだした。

また、驚くべきことに、現在もジャマイカでは女性に対する暴力が深刻な問題となっているとはいえ、上司が男性よりも女性である可能性が高い、世界で三つの国のうちの一つでもある。そしてすでに触れたように、二〇一七年の報道の自由度ランキングでジャマイカは世界八位で、イギリスより三二位も高い。現在のジャマイカがいまだに直面している問題が何であれ、イギリスに直接支配されていた三〇〇年間のどの時点よりも、ずっと民主主義的であると言えるだろう。

しかし、多くのイギリス人は、それほど遠くない先祖をイギリス人が所有していた民族を、本質的に暴力的だとみなすようになった。おそらく、過去の多くの奴隷反乱に対する無意識的な想念がイギリスとジャマイカの関係にいまだにつきまとっているのだろう。

もちろんジャマイカが世界でもっとも暴力的な国の一つであることは異論のないところだ。しかし、この暴力を単純なステレオタイプで説明することには異議がある。たとえば、カリブ系の男性は本質的に悪い父親であるという単純なイメージは、非常に皮肉なものである。何世紀にもわたってカリブ海の歴史は、ヨーロッパから来た男たちが先住民族やアフリカ人の女性を性的に搾取し、その「雑種」の子どもを黒人に育てさせたり、奴隷にしたりすることで形成されてきたのだ。

イギリスでのジャマイカ系の人々に対する「ギャング化」されたイメージは興味深いものだ。ジャマイカ系の中流階級や上流階級の人々ですら貧困地区に住むジャマイカ系の人々を同じような俗物根性を通して見ているし、俺がこれまで訪れた国々でイギリスほどジャマイカ系が否定的《ネガティブ》に見られている国はないからだ。CIAの支援を受けたジャマイカ系ギャングのドラッグ組織「シャワーポッセ」が大惨事を引き起こしたアメリカでさえ★1〔一九八〇年代だけで一千件以上の殺人事件を起こした〕、ジャマイカ系の人々に対する長年の固定観念は、勤勉で仕事の熟練度が高く、普通以上の教育を受け、ビジネスに精通しているというものなのだ。ブルックリンやフロリダ州のフォートローダデール〔ニューヨークとともに米国でカリブ系移民が最も多く住む都市〕の人々に訊《き》けば、それが確認できるはずだ。実際、二〇一六年の映画『ムーンライト（Moonlight)』に見られるように、「ジャマイカ系と同じくらい多くの仕事をかけもちしている」という言葉は決まり文句のようになっている——もちろんこうしたステレオタイプがジャマイカ系の人々のすべてを物語っているわけではないにしても。

世界中のいろんな場所で「本当の出身地はどこ?」と訊かれたとき（いまだにイギリスに黒人がいることを信じようとしない人は多い）、俺が「ジャマイカ」と答えると、すぐに温かい反応が返ってくるのが普通で、「ボブ・マーリー、ボブ・マーリー」という歓声を伴うことがよくある。俺が髪型をドレッドにしてからは、こうした反応がもっと多くなった。ジンバブエからタイ、インドからドイツ、ブラジルからスウェーデンまで、様々な国の人々がジャマイカと聞くと笑顔を見せるようになった。レゲエミュージックは世界的に人気があり、なかには注目を集めるためだけにレゲエをやっている人々がいるにしても、一般的には反体制的で民衆的なカルチャーとして正当に評価されている。

歴代のジャマイカ政府とジャマイカの支配層が、この世界的な評判と文化資本を、ジャマイカを発展させる政策にする有効な戦略を見つけられていないのは残念である。多くの優秀な人々を抱えるこの国が、解決できるはずの問題に苦しめられているのを見るのはつらいことだ。しかしジャマイカがほかの国と同様の階級間対立や政治の腐敗にあふれているのは事実である。そしてもっとも悲惨なのは、克服しがたい新植民地主義的な圧力に苦しめられていることである。つまりＩＭＦ（国際通貨基金）への債務、構造調整〔ＩＭＦや世界銀行が、発展途上国への融資の条件として、国営企業の民営化など市場志向の経済改革を実施させること〕、資本逃避、外国の干渉、そのほか冷戦後の地政学的な遺産である。★2

問題はもう一つある。それは一九九一年に訪れたときにはまだはっきりと捉えられていなかったが、本書にも関連するものである。つまりカラリズムの問題だ。ジャマイカは黒人が多数を占める国だが、その島のほぼすべての富、あるいはそのなかで少なくとも外国人が所有していない部分を独占していると言われる二〇あまりの「有力一族」のなかに、黒人の一族はいない。そのほとんどが白人一族で、あとはおまけのようにシリア系や中国系の一族が少しいるだけである。プランテーション時代の支配層の子孫やあとにやってきた移民が、すべての富と権力を支配しているというのはどういうことなのだろうか？

もちろん、黒人の支配層がより公正であるという保証はどこにもないが、それでもアフリカ系としての伝統や、国民の大多数が被害を受けた過酷な動産奴隷制の歴史を共有しない人々が、国の権力と富を支配しているというのは興味深いことだ。黒人支配層が独自の歴史とアイデンティティをもち植民地支配以前の伝統的な貴族階級とのつながりもあるアフリカのほとんどの国とは異なり、奴隷制はカリブ海のアフリカ系住民にそのようなものをすべて失わせてしまった。しかしそのことは、ジャマイカにおける階級の存在を否定するものではないにしても、アフリカ大陸のヨルバ人やイボ人、ウォロフ人やフラニ人のなかに同じようには単純な形で存在しない「黒人」のアイデンティティと連帯感を生みだしている。

ジャマイカ、そして世界における階級は人種化されている。現在でも、キングストンの山の手の裕福な地域からダウンタウンのゲットーへと車を走らせると、生活環境がだんだん悪くなり、肌の色がだんだん濃くなっていくことに気づかないわけにはいかない。皮膚の色で識別されることのような階級的伝統の一環として、「肌の色が薄い」ということは、裕福で特権をもっていることを意味している。一九九一年のジャマイカ旅行では具体的な出来事は何もなかったが、一緒に行った「完全に黒人」のいとこよりも俺と姉が人々に優遇されているのではないかという心が痛む疑念が漠然と頭をよぎったことはあった。

また「赤ら顔《ハイカラー》」や「赤い肌《レッドスキン》」といった言葉や、「外国」から来たミックスの俺たちは裕福に違いないという人々の一般的な感覚を覚えているが、こうした認識はいまもある。俺の白人家族が実際には「貧しい」という現実——やはりジャマイカではなくイギリスの基準ではあるが——と、いまでは俺ときょうだいが両親のどちらの家系においてももっとも教育を受けた裕福な世代であるということは問題にはならない。もう一つの現実、つまり中流階級や上流階級の黒人ジャマイカ人は、数は少ないかもしれないが、ほぼ間違いなくイギリスの平均的な貧困層よりも高い生活の質を享受し、より高い教育を受けているということも問題ではない。ジャマイカにおいても人種にかかわる偏見はなくなっていないのである。

こうしたカラリズムは、家族のなかでさえも問題の種になっている。俺の祖母は、ジャマイカ人としての誇りをもっているにもかかわらず、自分のルーツがアフリカにあることを認めようとしなかった。俺が何十年もアフリカの歴史を語って聞かせたにもかかわらず、祖母のアフリカ大陸に対するイメージは圧倒的に否定的《ネガティブ》なものだった。二〇一一年に俺が初めてジンバブエに行くと言ったとき、祖母は「アフリカという国は危険だから気をつけなさい」と言った。もちろんジャマイカの方がジンバブエをはじめとするアフリカのほぼすべての国よりもはるかに危険なのだが、アフリカ系で植民地の教育を受けた俺の愛すべき黒人の祖母にとっては、実際のアフリカにかんする事実や詳細はほとんど問題にならなかったのである。

身分や特権としての「ハイカラー」は、すべての奴隷制植民地を支配していた法律の色識別《カラーコード》に深く根ざしており、そのため肌の色の薄い人が特権をもつという現実は、現在に至るまでカリブ海やラテンアメリカの社会を蝕《むしば》んでいる。黒人が多数を占める国で反黒人感情が再生産されていることは、多くの人々には逆説的に思えるかもしれないが、これまで見てきたように人種は非常に融通無碍《むげ》な概念なのであり、社会がよりよい方向に変化するスピードはごくゆっくりとしたものなのだ。

何世紀にもわたって、黒さが動産奴隷の地位をしめすものとして、また不名誉の印として機能してきたことは、いまでも毎日のように問題となっている。決してジャマイカ人全員が黒人であることを嫌っているわけではない。それどころか、ジャマイカ人は地球上でもっとも誇り高い国民の一つである（ジャマイカ以外のカリブの人々は、多少の正当性をもって俺たちのプライドが高すぎると主張するかもしれないが）。俺が言っているのは、過去は簡単には死なないということだ。ジャマイカでさえ肌を漂白することには現実的な論理があり、それは肌の色が薄い黒人の方が生活上特権をもつことがあまりにも多いということだ。

カラリズム、貧困、暴力、あるいはそのほかの問題を感じながらも、一九九一年俺は最高に楽しかった旅から帰ってきて、自分が変わったことを実感した。いまでも俺は定期的にジャマイカを訪れているし、ジャマイカ音楽にかんする二本のドキュメンタリーを制作している。俺が「出身地」に戻る選択をするかもしれないと聞けば、レイシストは喜ぶだろう。しかし、一九九一年にジャマイカで六週間を過ごさなかったら、俺が自分が受け継ぐジャマイカの側面をどのようにみていたかはわからない。ありがとう、ミリセントばあさん。

ジャマイカを旅行してから三年後、俺はスコットランドを訪れた。ベンベキュラ島〔スコットランドのアウターヘブリディーズ諸島の島〕への旅路は長くてきついものだった。列車でロンドンからグラスゴーまで行き、グラスゴーから港までは長距離バスで、そこからベンベキュラ島までは嵐のなかを船で三時間かけて渡った。俺はもともと乗り物が苦手で、ましてや嵐のなかの船の移動では胃に何も残らないほど吐いてしまった。船は激しく揺れ、夜空の星を見上げたり夜の海の漆黒を交互に覗《のぞ》きこんでいるうちに到着した。それからの一〇日間、俺はスティンキー湾――実際腐った海藻でいっぱいでひどく臭《スティンク》った――を散歩し、スコッチブロス〔肉や野菜、大麦や豆などの穀物類が入ったスコットランドの代表的なスープ〕を食べ、古き良き高原の空気を吸った。ケニーおじさんとペギーおばさんは祖父よりもずっと歓迎してくれた。

ある日、俺は思い出の印として湾に落ちている重い石をかばんいっぱいに集めた。ロンドンに帰ったとき、俺たちはすでにお金を使い果たしていて、家族全員がバスに乗れるだけのお金がなかった。母は俺たち子どもをその石やほかの荷物と一緒にバスに乗せ、自分はユーストン駅から家までの五、六キロを歩いて帰ってきた。当時、バスの運賃は比較的安かったが、それがぎりぎりの生活を送っている家庭のやり方だった。文字どおり一ペニー単位のお金が大事なのだ。俺はバス停から家までその石を運びながら、それを集めたことを後悔したのを覚えている。母は石を持って帰るのはやりすぎだと言っていたが、俺は一〇歳の都会の少年であり、大自然を満喫したのだ。俺は母の言うことを聞かず、その結果その週は肩の痛みに苦しんだ。しかしその石はいまでも母の家にあるので、思い出のために払った代償は小さいものだと思う。

スコットランドを旅行するまでは、俺は人種差別はごく普通に存在するもので、とくにロンドンのインナーシティという比較的「安全な場所」から外に出れば確実に直面するものだと考えていた。旅行中、俺ははらはらしながら、白人しかいない空間にいることを強く意識していた。自分がどう見られるかに注意した。泥棒だと思われるのではないかと心配して、店の棚から離れたところに立ち、自分が買うつもりのものだけを手にとった。これは大人になったいまでも、誰かを罵ることになるのを避けるためにときどきやってしまうことだ。

そうして毎日、必ず受けるに違いない人種差別的な言葉を待ち受けていた。俺は、少しだけいらいらしていたように思う。どうせそれを受けるならさっさとすませたかった。しかし旅行中、そうした言葉をかけられたことはなかった。むしろ、老人も含めて親切な人ばかりだった。奇妙なことに、俺はこうした白人をどう理解すればいいのかわからなかった。いま思えば、このように白人が圧倒的に多い環境で長期間過ごし、そこで明らかな人種差別を受けて不快な気持ちになるようなことがなかったのは人生で初めてのことだった。

いざ「人種」が表面化したとき、それは実におかしくて笑えたし、悪い気分はしなかった。俺と同じ年頃の親類がまったく無邪気かつ魅力的に、「どうして茶色《ブラウン》なの？」と訊いてきたのだ（ぜひスコットランド訛りでつぶやいてほしい）。

彼女が「黒人《ブラック》」や「カラード」とは言わなかったこと（当時後者の言い方が流行していた）、

そうした侮蔑的な前提条件のある社会的カテゴリーではなく、俺の肌の色をほぼ正確に表現した茶色と言ったことに注目してほしい。「お父さんは、太陽のせいだって言ってたよ」と彼女はつけ加えた。茶色い肌をもつ人間は強盗や移民、犯罪者、あるいは「チャイニーズ・ブラック・ニガー・バスタード」だという考えを彼女が知らないことは明らかだったし、おそらく父親もそれを知らなかったのだろう。結局ここは、アウターヘブリディーズ諸島の小さな島で、学校は一つしかなく、「黒んぼ」の恐ろしさを伝えるテレビをほとんど誰も持っていなかったのだ。俺は、それまで受けてきた政治教育のおかげで一〇歳にしては珍しい政治的知識を持っていたので、その瞬間、「これは人種差別が学習された行動であることの証明だ」とはっきりと考えたことを覚えている。

スコットランドの親類とは、かれらがアウターヘブリディーズ諸島に住んでいるためにそこまで親しくなることはなかったが、島から帰るころには俺はケニーおじさんやペギーおばさん、そしてスティンキー湾にまで敬意と好意を抱くようになっていた。その日以来、俺はある種無意識のうちに自分が「イングランド人」であることをロマンティックに否定するようになり、だからあなたは俺が半分スコットランド人だと言うのを聞いたことがあるのかもしれない。

「旅は最高の教育だ」とよく言われる。一一歳になるまでに行ったこの二つの旅は、人種の愚かさや流動性、自分の人種的アイデンティティが場所によって変わること、ジャマイカのセントアン教区の丘や峡谷《きょうこく》に住む人々や、スコットランドのアウターヘブリディーズ諸島に住む人々のほうが、華やかな大都会で教育を受けた人々よりも良識的で開放的でありうることなど多くのことを俺に教えてくれたのである。

…

ここまで、黒人性《ブラックネス》と白人性《ホワイトネス》、さらには人種と奴隷制について考察してきたが、そもそも「人種」とは何かについてはまだ論じていなかった。現在、人種とは肌の色によって定義される特定の集団、またとくに黒人と白人の二項対立、そしてジムクロウ時代のアメリカやアパルトヘイト体制下の南アフリカをイメージすることが多い。「人種は社会的に構築されたものである」という言葉はあまりにもよく使われるが、実際にその言葉が何を意味しているかについてはほとんど考えられることはない。人種は社会的に構築されたものに違いないが、それはいつ、なぜ、どのようにして誕生したのだろうか？

人種という考え方は一八世紀になって初めて明確に言語化された。人間の表現型《がた》〔遺伝的特徴が形や色など表面的な部分に現れたものをしめす遺伝学の用語〕や民族的、宗教的な出自が人間の遺伝的、道徳的、知的能力にとって重要であり、そしてそれは永続的かつ変更不可能で、人種間には優劣があるというのがその考え方だ。自民族中心主義や偏見、さらにはある種の「原始的人種主義」は何千年も前から存在していたが、俺たちが考えるような人種や人種主義は非常に新しいものなのだ。[★3] 人種と民族はしばしば同じものとみなされるが、これはかつて人種という言葉が現在考えられているような民族や国民集団に対して使われていたからだ。現在の民族は、人種とは異なり、文化、宗教、地理、言語などにもとづいて人間を集団化したものだ。ある民族と別の民族を分ける境界線は、曖昧《あいまい》で不明確な場合がほとんどである。同じ言語や宗教をもち、同じ国に住んでいても、違う民族だと認識することも可能だ。

人種はもっと大雑把なもので、こうしたものをまったく共有していない二つの民族を結びつけることも、あるいはこれらをすべて共有している二つの民族を分割することもできる。民族は人種と同じように、支配的な民族が他民族を人間未満のように扱うことを正当化し多くの死者を生みだす区分になり得るし、実際そのように使われてきた。しかし、民族間の緊張関係が「人種」のそれの特徴の多くを共有しているからといって、この二つを混同すべきではない。ミリアム・エリアブ・フェルドン、ベンヤミン・アイザック、ジョセフ・ジーグラーの三人は、『西洋における人種主義の起源（The Origins of Racism in the West）』という本のなかで、人種と民族の明確な違いについて要点を述べている。

スパルタ人は隣人であるメッセニア人を永続的に集団服従させ、かれらを「自由人と（動産）奴隷の間」に分類した。ヘイロタイ《デュロイ》〔メッセニア人を含む隷属農民の呼び名〕は悪名高い残虐な扱いを受けており、スパルタ人に対する憎しみもそれに比例していた。しかし、メッセニア人がギリシャ人ではない存在としてみられていたという証拠はなく、生来的に劣った存在だとみられていた証拠もない。★4

つまり、スパルタ人はメッセニア人について、民族は異なるが人種的には異なるものではないと考えていたのである。すなわち永久かつ不可変的に劣った存在だとは考えていなかったのだ。厳密な意味での人種主義は、科学的真理にもとづいていると主張する。したがって、中東のユダヤ人やムスリム、また古代ローマの人々にも黒人に対する偏見はある程度存在していたが、それは俺たちが理解しているような人種主義にまで発展したものではなかったのだ。同様にユダヤ人に対する集団的な迫害《ポグロム》、ゲットーへの囲いこみ、憎悪は何世紀にもわたってヨーロッパに存在していたが、ナチスが汎ヨーロッパ主義的な人種科学の潮流を取り入れ、それを歴史的に長く深く根づいた反ユダヤ人的偏見に適用して初めて、ユダヤ人に対する生物学的な人種差別が生まれたのだ。

すでに触れたように、ナチスのニュルンベルク法は、ジムクロウ時代のアメリカ南部の人種法に直接触発されてつくられた。それはアフリカ人やアジア人、そしてアメリカやオーストラリアの先住民族を服従させ、さらに「必要な」場合には絶滅させることを正当化するために用いられた「科学的」人種主義が、ヨーロッパに帰還してユダヤ人やそのほかの人種を襲ったものだったのだ。[★5] さらに歴史をさかのぼると、中世ヨーロッパにおけるユダヤ人への憎悪が、アフリカやアジアの「他者」に対する人種意識の展開に影響を与えていたようだ。[★6] そのことは反アイルランド人的な意識が、ほかの「野蛮な」集団に対するイギリスの振る舞いに影響を与えたこととほとんど同じだ。

しかし、人種という概念は、実際には「人種」とはまったく関係のない議論にも起源がある。

前掲書は続ける。

「人種（race)」という言葉が最初に登場したのはフランスで、スペインでもポルトガルでもなかった。この言葉は、蔑視されている少数民族や見知らぬ肌の色をした異質な民族を誹謗中傷したり、植民地化や奴隷化を正当化したりするためにつくられたものではない。この言葉は、一四世紀から一五世紀にかけて貴族にかんする言説のなかで登場したもので、当初は人種差別的な言葉ではなかった。それは、貴族、とくに王室貴族を定義し記述する上で、血統の重要性が変化し、高まっていったことにかかわっていた。★7

人種主義《レイシズム》という言葉が一般的に使われるようになったのは一九三〇年代に入ってからで、とくにナチスの反ユダヤ人的な言説や、アメリカ人がほかのヨーロッパ系移民に対してもった憎悪との関連で使われるようになった。★8

人間社会には必ずと言っていいほどある程度の自民族中心主義が存在しているが、これを厳密に人種主義と同じものとみなすのは愚かで危険だ。自民族中心主義は克服することができるが、あからさまな人種差別や、人種には永久的に優劣があるという考え方は、はるかに根深く、克服するのが困難な亀裂となっている。したがって第二次世界大戦中、ドイツ人捕虜は白人アメリカ人と食事をすることができたが、アフリカ系アメリカ人の「同僚」や「同国人」はそうすることは許されなかったのである。

そうして戦後のイギリス政府は、イギリス連邦から「多すぎる」非白人のイギリス人を国に入れるよりも、ドイツ人やイタリア人の捕虜をイギリスに定住させるためにお金を使った。イギリス連邦市民は自費でイギリスにやってきたにもかかわらずだ。ドイツ人とイタリア人は、民族は違っても人種は違わないとみなされたので白人扱いされ、何の疑いなくイギリス人やアメリカ人になることができた。ナチスがジェノサイドを行ない、世界征服を企て、イギリスとアメリカはそのドイツと戦争をしたにもかかわらず、戦後のイギリスやアメリカの人種的論理において、ドイツ人は黒人よりも優遇されていたのだ。★9

人種の優劣という考え方がその信頼性を大きく失ったのは、二〇世紀におけるそのもっとも露骨な三本柱が、多かれ少なかれすべて敗北したからにほかならない。もちろん、その三本柱とはジムクロウ時代のアメリカ南部、アパルトヘイト体制下の南アフリカ、ナチスドイツである。しかし、研究者のジョージ・M・フレドリクソンが「公然化した人種差別体制」と呼ぶものが復活しないと考える理由はまったくないにしても、現在、人間にとって文化、民族、宗教の違いは本質的なものだと執拗に主張されていることは、公然化した人種差別体制と同じ機能を多く果たしている。★10 公然化した人種差別体制は崩壊したとはいえ、インターネットで少し時間を使って移民、警察の暴力、テロリズム、そのほかの人種にかかわるような問題についての動画のコメントを見たりソーシャルメディアのスレッドを追いかけたりしてみれば、現在も多くの人々のなかに人種や人種の優劣という考え方が、かつてないほど強く存在していることがわかるのだ。

第七章　警察、仲間、そして一〇代の日々

初めて俺が警察の身体検査を受けたのは一二歳、もしかすると一三歳のころだった。立ち会いの大人はいなかったし、被疑者としての権利も告知されなかった。これは完全に違法かつまったく普通のことである。どうやら「俺に似た」誰かが強盗をしたらしかった。同じ年、歳上の友人が同じ年齢の少年に肉切り包丁で後頭部を何度も切りつけられるのを見た。国家に違法かつ人種差別的に扱われることと、労働者階級の黒人少年が別の労働者階級の黒人少年に殺されかけること、その後続くことになるこの種の二つの事件が同じ年に初めて俺の人生に登場したことは、偶然というよりも俺が一定の年齢に達したことを意味する。国家の暴力と仲間の暴力沙汰《ざた》、どちらもロンドンの黒人男性が青年期において避けては通れないものなのだ。

労働者階級の若者の暴力的なギャングは、一世紀以上も前からイギリスのインナーシティーの生活に登場してきた。かれらに対する極端な道徳的《モラル》パニックも同様だ。一八九八年にロンドンエコー紙が伝えているように、

ロンドン、リヴァプール、バーミンガム、マンチェスター、リーズの新聞を読んでいて、重厚なベルト、鋭利なナイフ、危険なピストルを持った若い暴漢や不審者が街にいることを知らない人はいない。かれらの存在は、東・北・南ロンドンで顕著である。都市の青年とスラ

ム住人のこのような変化にどのように対処すればいいのか？　これが、日が暮れても下品な叫び声や暴力行為で治安が乱されることのない、安全で礼儀正しい街を求める人々の疑問である。こうした若い暴漢の振る舞いについて報道されているのは全体の一〇分の一で、半分は警察も知らないのだ。[★1]

一八六〇年代の「ガローティング」（首を絞《し》めるなどして行なわれた路上強盗の一種）にまつわるパニック以降[★2]、イギリスのこうしたギャングの歴史は、執拗にとりあげられてきた歴史的問題だ。BBCのテレビドラマ番組『ピーキー・ブラインダーズ』〔二〇一三年から放送されているTVドラマシリーズ。第一次世界大戦後のバーミンガムを舞台に、実在したギャングを題材にしている〕がつくられたり、多くの本に書かれたりしてきた。現在も続く全国的問題であり、二〇一五年の全国調査では、イングランド北東部がイングランドとウェールズのなかでもっともナイフ犯罪の発生率が高い地域であることがわかった。

また、二〇一七年に起きた二歳と七歳の刺殺事件や一六歳の少女を殺害して森に捨てた事件などの凶悪なナイフ犯罪の多くは、ロンドンで起きたものではなく、黒人のティーンエイジャーによるものでもなかった。スコットランドのグラスゴーは、一九二〇年代にはその悪名高い暴力的なギャングのせいで「イギリスのシカゴ」と呼ばれていた。[★3]　一〇代の若者による刺傷事件は大幅に減ってきたようだが、いまだグラスゴーの人々は組織犯罪集団による暴力という非常に深刻な問題に直面している。[★4]

だから、組織犯罪集団や一〇代の様々なギャングによる暴力事件は長い年月にわたる問題なのであり、黒人がほとんど住んでいない地域でも発生してきた一方で、もしあなたがロンドンに住み、ロンドンの新聞を読んでいると、この問題に関係しているのは黒人少年だけであり、ロンドンは世界でもっとも暴力的な都市の一つだと信じてしまうのも無理はないだろう。すでに述べたように、この問題は現実には人種よりも階級の方がはるかに大きな要因である。ロンドンは、イギリスはもちろん、ヨーロッパや世界のなかでとくに危険な地域というわけではない。この章で俺はロンドンの労働者階級の黒人少年に焦点をあてて話をするが、それは俺自身がそれをよく知っているからであり、アメリカやイギリスのメディアや警察が好んで使う、荒唐無稽かつ明らかに人種差別的な「黒人対黒人の暴力《ブラック・オン・ブラック・バイオレンス》」という言説を受け入れているからではない。「黒人対黒人の暴力」という俗説についてはあとの章で扱うが、階級の観点から見れば、「民族モデル」によって街頭犯罪を説明することは完全に的外れだと言っておけばいまは十分だろう。[★5] また、ロンドンはティーンエイジャーにとって非常に危険な街だという感じがするが、実際にはメディアのヒステリーがそう信じさせているよりもはるかに安全な街であり、また殺人事件の大半はティーンエイジャーではなく成人が起こしているということも忘れてはならない。こうしたことを念頭に置いて、俺が一〇代のころに体験した本当に恐ろしい暴力の事例を話してみよう。

一部の文化では、精神的な探求、肉体的な挑戦、遠出の旅、長老との交《まじ》わり、あるいは長年にわたって受け継がれてきた先祖の知恵を授《さず》かることが、大人への入り口になる。イギリスのインナーシティにおける一〇代の黒人少年にとってそれは、自分たちの身体には法の保護が適用されないという事実を知ることである。法の下《もと》の平等なんてものはない。社会全体がこの事実を知っている。ただ知らないふりをしているだけなのだ。自分を守ってくれるはずの組織によって自分の無力さを思い知らされたとき、人は自分が愚かで裏をかかれたと感じる。愚かとは、そうでない兆候が明らかだったにもかかわらず、どうして平等という空想上のレトリックを信じてしまったのかということだ。裏をかかれたというのは、自分が不当に扱われてきたことを知っていたのにどうして騙《だま》されてしまったのかということである。

また、一定の年齢に達すると、自分よりほんの数個歳上の少年が殺人者になっていることを知ることになる。砂で城をつくるのを手伝ってくれブランコを押してくれた少年たち、サッカーの上手さや足の速さを尊敬していた少年たち、Tシャツにアイスクリームをこぼしたり道で転んで膝《ひざ》から血を流して泣いたりしていた少年たち――そんな黒人少年たちがいまやお互いに殺し合っているのだ。その方法や理由はまだ理解できないにしても、すぐに知ることになる。歳上の友人や親類のなかには、予想どおり刑務所に入る者もいれば殺される人もいる。犯罪あるいは合法的な手段をつうじてイギリスの中流階級の豊かな生活を手に入れることができるのはごく少数だ。歳上の友人を見ると――サッカーやラップができなければ――自分の人生の現実的な選択肢を目《ま》の当たりにすることになる。そして怖気《おじけ》づいてしまう。

ロンドンは世界的にみて危険な都市ではないにしても、労働者階級の一〇代の黒人少年にとって恐ろしい場所であることは間違いない。歴史上もっとも裕福な都市の一つにいるのに、多くの友人や家族はヨーロッパでも最悪の貧困のなかに暮らしている。★6 チャンスはどこにでもあるようにみえるが、それをつかむことができる人はまわりにほとんどいない。西アフリカで博士号を取った「おじさん」たちが、清掃員や警備員として働いている。そうした仕事を見下《くだ》すわけではないが――誰だって少しは稼がなければならないのだ――それは自分の将来の理想像ではない。

俺が初めて警察に受けた身体検査、少なくとも俺が覚えている最初のものは――あまりにもたくさんあって記憶がごちゃまぜになっている――だいたい次のようなものだった。俺は学校のクラブ活動から帰宅する途中だった。ほどほどに暑い夏の日の夕方で、まだ明るかったが少なくとも午後七時は過ぎていた。家の一つ前の角を曲がると前方にパトカーが走っているのが見え、なかの警官が俺を見ていることがわかった。俺は何も悪いことをしていなかったが、後ろめたく見えないように精一杯努力して歩いた。

警官は車を止めて、俺にじっとしているように言った。一人の警官が俺のところに来て、「どこから来たんだ、トッテナムか？　ここで何をしているんだ？」と訊《き》いてきた。トッテナムは、そこからバスですぐ近くのところにあるとはいえ、カムデンやアーチウェイよりもはるかに荒れている黒人地区である。その警官が何が言いたいのかははっきりしていた。警官は俺を不審者とみなし、その場所にそぐわない存在だと考えたのだ。★7

三人の警官が近づいてくると、そのうちの二人が俺の腕をつかみ、その日このあたりで俺に似た誰かが強盗をしたので身体検査を行なうと言った。俺は警官に自分の権利を伝えようとした。学校の教師の一人であるムハンマド先生については次の章で紹介するが、その先生が、警官に呼び止められたときの権利を書いた紙を俺たち黒人少年に渡していたのだ。先生は、こうした警官との遭遇が俺たちにとって絶対に避けられないものであることを経験的に知っていたのだ。

警官たちはそんなことにはかまわなかった。二人の警官が俺の腕をつかむと、もう一人の警官が俺のポケットを探り、そしてカメラを持ってどこからともなく現れた四人目の警官がそれを俺の顔に向けて一部始終撮影した。当時としてもこれはおかしかった。俺はそれ以来何度も身体検査を受けてきたが、一度も顔を撮影されたことはない。もちろん、警官は俺から何も見つけられなかった。この時期の俺はまだまったく真面目な少年で、マリファナも吸っていなかった。一度だけ吸ったことはあったが、それはまだ幼いころに姉がくれたものだった！　警官は、謝罪も、慰《なぐさ》めも、釈明もすることなく、登場したときと同じようにさっさと去っていった。俺は家まで歩きながら、たったいま起こったことについて考えた。そして俺はこれで正式に一人前の男になったのだという結論に達し、家に着いても母にこの出来事を話さなかった。

それからの数年間というもの、ほぼ二ヵ月に一度の割合で警官の身体検査を受けた。もっとも露骨に人種差別的だったのは、ロンドン南部のエレファント・アンド・キャッスルでたまたま俺と黒人の友人グループが白人の友人と一緒にいたときだった。警官は四人の黒人少年だけに身体検査をした。そして警官は白人の友人に「それじゃあ、またな（keep it real)」と言い、精一杯の「ギャングサイン」のポーズをとって車で去っていったが、明らかにこれは白人の友人に対し彼が「ニガー」とつるんでいることをからかったものだった。

いちばん恥ずかしかったのは、すでに述べた王立研究所の数学上級クラスに行く途中でのことだった。立ったままポケットのなかを探られながら警察の人種差別的な取り締まりの不条理さを痛感した。俺は学校給食が無料になっている生徒のなかで、数学の成績で同年代の上位一、二パーセントに入ることができ、夏休みには数学のエリートクラスに通うことが許されたすべての民族を合わせてもごく少数の子どもだったが、結局権力にとっては犯罪者予備軍にすぎなかったのだ。その後俺は授業に遅刻したが、先生にその理由を説明しなかった。それは、警察が理由もなく人を身体検査していることを白人の裕福な教授が信じようとせず、俺を疑いの目で見ることになるだろうと単純に考えたから、あるいはそれを恐れたからだった。

大人になって車を買えるようになってからは、車を止められて車内を調べられることが俺と警察とのおもな接触となった。あるとき、母の家の近くで、自分の会社の確定申告用にグローブボックスに入れていた領収書を警官にすべて漁《あさ》られ車のなかにぶちまけられたことがあった。俺が文句を言うと、警官は「黙れ」と言った。俺は、黒人ではない若い経営者で、こんな経験をする人間はほとんどいないのではないかと思ったものだ。イギリス資本主義の論理にしたがえば、俺がやったことは何も間違っていなかった。労働者階級の若者が自分の才能を生かして会社をつくり、いまでは新車を買う余裕さえあるのだから。イギリス資本主義が公言する論理では、俺の起業家精神は報酬を受け称賛されるべきなのだが、実際には「公僕」に嫌がらせを受け、犯罪者と決めつけられ、納税者でないかのように話しかけられるのだ。

また、恋人の車を運転していたとき、スローンスクエア〔ケンジントン・アンド・チェルシー区南部の高級住宅街の一角にあるショッピングエリア〕で止められたことがあった。警官は彼女の洗濯物袋を道路脇に出して漁った。そのとき警官が訊いてきた質問は、初めて俺が身体検査されたときの質問を少しだけ新しくしたものだった。「ここで何をしているんだ？　この車はクロイドン〔ロンドンの最南端部〕で登録されている」。また俺が場違いだというわけだ。どうも一部の警官は車を運転する目的は移動であることを理解していないようだ。

俺の外傷外科医の友人は、警官に車を止められた際、勤務先の病院に電話をかけられるという辱《はずかし》めを受けた。警察は、メルセデスを運転する若くて運動神経の良さそうな黒人男性が、ドラッグの売人ではなく医師だということがどうしても理解できなかったのだ。友人は人の命を救うことを仕事としており、そのために高い給料をもらっているが、それでも犯罪者とみなされそのような扱いを受けるのである。階級と人種の間には不思議な関係があることがわかるだろう。若い黒人男性は医学を修めることで自分の階級的位置を変えることができるが、それでも黒人にまつわる固定観念からは解放されないのだ。

この本を書きはじめるまでの約五年間、俺は警官に車を止められたことがなかった。人生の最長記録だ。最後に車を止められたのは、平日の午後五時ごろだった。甥《おい》っ子を学校に迎えに行ったあと、パトカーが後ろをついてきていることに気づいた。家の前に車を停めようとすると、パトカーがランプを点滅させたので、俺は慣れた手順で停車した。そしてパトカーから降りてきた警官が窓のところまで来て俺に話しかけた。「これは君の車か？」「ここで何をしているんだ？」「仕事は何だ？」「最近このあたりで車の盗難が異常に多いんだ」など、よくあるような質問と発言を繰り返していた。

俺は、いまは夕方五時であること、後ろに子どもが座っていること、その子どもが学校の制服を着ていることを伝え、俺がどこから来て何をしているのかを推測するのは難しくないだろうと答えた。そして俺は警官に、この車は確実に俺のものあり、わざわざ俺の時間を無駄にする前にDVLA（運転免許庁）に電話すれば、この車が盗難車かどうかは簡単に確認できたはずだと言った。

また、俺はケンブリッジ大学で理論物理学を教えているとも言った。この嘘は、車を止められたときのお決まりのジョークで、警官が俺にちょっかいを出すのなら、俺も警官をからかってやろうと考えたのだ。俺はそれをまったくの真顔で言ったので、警官が俺にもっと質問したいという衝動に駆られていたのを覚えている。その肩書きの難解さと、そうした職業にともなう学歴、階級、特権が示唆《しさ》するものに戸惑ったのだ。もし俺が職業を「ラッパー」と言っていたら、それもまた多くの連想を引きだしただろう。「シェイクスピアを教えている」と言えば、それはそれで部分的に真実なのだが、どういうわけかそうすることは思いつかなかった。

警官にもう家に入ることを伝え、目の前の俺の家を指差したとき、警官はショックを隠せなかった。「この家に住んでいるのか？」と不信と憤《いきどお》りを含んだ口調で言った。興味深いのは、俺がビショップスアベニュー〔ロンドン北部にある世界有数の高級住宅街〕に住んでいたわけではないということだ。W10地域のなかでも比較的高級な地区に住んでいたのは確かだが、黒人家族が住んでいることにショックを受けるほど贅沢《ぜいたく》な家ではなかったと断言できる。その家はもともと公営住宅だったものを大幅に改修したものかもしれなかった。しかし、それでも客観的に言えば、一般の警官ではとても住めないような家だったのも事実だ。俺が優位に立っているのは明らかだったので、警官に質問してみた。学校からの帰り道に車の盗難について俺に尋問することで、この社会の何を甥っ子に見せようとしているのかと尋ねたのだ。

すると警官は、ぶっきらぼうに「そんなに怒らなくてもいいだろう」などと言っておずおずと去っていった。その後甥っ子とその出来事について話し合ったのだが、甥っ子はすでに黒人と国家の関係をよく理解しているようだった。甥っ子の父親はロンドン南部のかなり荒れた団地の出身で、現在もそこに住んでいる祖母を定期的に訪ねていたのだった。

これが俺にとって警察との接触の最後の事例となるはずだった。しかしロンドン警視庁の警視総監が「一〇代の凶悪犯」に厳しく対処するための新戦略を発表し、ストップ&サーチの強化を呼びかけ、ロンドンのギャングと黒人少年の問題を大きくとりあげた数週間後、そしてこの本の最終稿を出版社に提出するちょうど一週間前に、またしても俺はかなり喜劇的なかたちで警察に遭遇することになった。打ち合わせに向かうためにA40号線でベーカーストリート近くを運転していると、警察のバンがランプを点滅させているのが見えた。俺は警察を通すために自分の車を脇に寄せたが、警察は俺の車の後ろから動かなかった。再度同じことをやったが、それでも警察は俺の後ろをついてきた。俺は事態をやっと理解した。バックミラーを見ると、警官が車を停めるように合図しているのが見えたので、そのとおりにした。

警官たちはかなり気合を入れて飛びだしてきた。少なくとも俺にはそう見えた。なぜこんな交通量の多い道路で俺の車を止めるのだろうかと不思議に思った。何か重大な発見でもしたと思っているのだろうか？　警官たちは運転席と助手席の窓からこの車について質問を始めた。どうやら、「こういう車はギャングのメンバーが使っている」ということらしかった。俺はこの言い分に笑ってしまった。誰が乗っているかということよりも、車が警官にギャングを連想させたのだ。すると、後ろにいた女性警官が窓際に来て、なかを見て明らかに俺が誰かということに気づいた。そして彼女が俺に尋問していた警官を脇に寄せてこそこそ話すと、その警官の態度が一変した。

ほかの警官が俺の免許証を調べている間、その警官は俺に「警察はどう振る舞えばいいと思うか？」「ロンドンのギャングを取り締まるのにもっといい方法はないか？」と訊いてきた。俺がギャングのメンバーではなく、「著名人」だと気づいたときの警官の態度の変化は歴然としていた。もし警察がすべての市民にそのような敬意をもって接していれば、状況は変わっていただろう。俺の階級的な特権が前面に出て、警官の人種的憶測を一瞬にして打ち消してしまったのだ。俺はその警官に、実はまさにこの問題にかんする提案があり、それを市長と野党の指導者宛に書いているところだと伝えた。これは本当である。

このほかにも、家族や友人が警官に受けた馬鹿げた経験を一〇〇件以上挙げることができる。また、本を売っているという理由でブリクストン駅の駅前でカメラに撮られながら警官に暴行を受けた兄弟の例を挙げることもできる。[★8] あなたの読み間違いではない。その兄弟は、コミュニティに根ざした本の露店を行なっているという理由で警官に暴行を受け、その映像が残っているのだ。その兄弟がやっていたことは、教育に誠実に取り組む良識ある国家の人間ならば称賛するようなことだ。

これが起きたのは二〇一六年のことだが、白人の中流階級が目に見えて進出してきている歴史的に貧しい黒人地区で、慈善活動として本を売る若い黒人男性が大勢の群衆の前で暴力的に逮捕されることほど、人種と資本主義、ジェントリフィケーション〔貧困地区の再開発〕の関係を明白かつ愚かにしめしている事件はないだろう。これは、売っている本や営業許可証の問題ではなく、空間の割り当てやその所有、誰がその権利に値するかについての問題だった。何が場違いなのかをめぐる問題だった。まったく腐った事件だった。

人種差別的なストップ&サーチは、実際には犯罪撲滅のために行なわれるものではない。一般的な警察戦術としての無作為なストップ&サーチの効果は、せいぜい曖昧《あいまい》なものだ。また、他人を殺そうと思って家を出た一四歳の若者や、自分の命を軽んじて些細《ささい》なことで殺人を犯すような若者が、ストップ&サーチという潜在的な脅威によって抑止されると考えるのは、人間の心理に対する理解が心配なほど浅はかなことをしめしている。少なくともロンドンにおいては、人種差別的なストップ&サーチの目的は、黒人の少年や成人男性にイギリス社会におけるかれらの位置や、誰が支配者なのかを教え、カムデンのような上品で「リベラル」な地域であっても、白人の友人には決して起こらないような方法で（黒人少年が初めて警察に遭遇するころまでにまだ白人の友人が残っていればだが）、かれらの一日が邪魔される可能性があることをしめすことにある。

これは社会工学であり、黒人の将来予測を条件づけ、黒人は真の完全な国民ではないという事実に慣れさせ、国民という地位から通常得られる権利を期待しないようにさせるためのものなのである。また人種差別的なストップ&サーチは、ポリティカル・コレクトネスが登場する以前に存在した、黒人に対するより直接的で残忍な取り締まり形態の遺産でもある。第一章で触れた「ｓｕｓ法」とその暴力で悪名高い特別巡視隊（ＳＰＧ）の時代の取り締まりである。

現在では多くの人々、そして警察の一部も、過去の警察戦術が人種差別的だったことを認めている。しかし、かれらはそれを認めた上で、現在はほぼ警察側に問題はなく、一部に問題があるだけだと主張するのである。かれらにとって、現在の警察活動の問題は、単に警察に対するコミュニティの態度や、ラップやひとり親家庭にあるのだ。

しかし話をグラスゴーに移そう。かつてヨーロッパでもっとも危険な都市と呼ばれたグラスゴーでは、近年、若者のギャング犯罪が大幅に減少した。公式統計を信頼するなら、現在グラスゴーの若者がナイフを所持する割合は、過去三一年間で最低である。グラスゴーにおけるこの問題への取り組みは、単にストップ＆サーチだけではなく、この種の暴力、つまり正式な組織犯罪とはほとんど無縁の一〇代の暴力を公衆衛生上の問題として扱い、それにしたがって行動することを中心に展開された。

公衆衛生政策が効果を発揮しはじめるまでの間に集中的なストップ＆サーチ作戦が行なわれ、その後縮小されたが、最終的にストップ＆サーチだけではとても長期的に効果的な解決策をもたらさないことが理解された。このアプローチは、スコットランド警察の暴力抑止部隊（ＶＲＵ）が主導しているが、二〇一七年にロンドン警視庁の警視総監クレシダ・ディックが提唱した「一〇代の凶悪犯」に対するアプローチとはまったく対照的である。★9

ディックはまた、ロンドンの一〇代の凶悪犯の人種的人口統計として、かれらは「黒人」か

「アジア人」だと強調した。これもまた、ナイフ犯罪が根強く存在するものの、加害者や被害者が「白人」であることは言及されない国内のほかの地域とは著《いちじる》しく対照的である。また、イングランド人四世の子どもたちが、肌の色や曾祖父母の出身地の大陸名で呼ばれていることも注目に値する。さらに、二〇一七年一一月までに発生したロンドンの殺人事件の八〇パーセント以上が一〇代の若者によるものではなかったことも注目すべきであり、俺はより多くの「大人の凶悪犯」を拘留しようという声が上がっていないことに少し驚いている。

すでにイギリスは西ヨーロッパのなかで人口当たりの受刑者数が圧倒的に多く★10、ドイツよりも五〇パーセント、フランスよりも三〇―四〇パーセントも高い。また未成年の犯罪で終身刑を受けた人々の数も圧倒的に多い。しかしそれに見合うような犯罪率の上昇はないにもかかわらず、ロンドン警視庁の警視総監は「さらに厳しい刑罰」を求めているのだ。このようなアプローチがうまくいかないことは、多くの研究者が長期にわたって明らかにしている。そうでなくても常識的に考えればわかるというものだ★11。

俺たちの「もっとも緊密な同盟国」であるアメリカは、人口の約一パーセントが刑務所に入っており、その割合は世界でもっとも高い。アメリカのいくつかの州では、「三振法」〔過去に重罪の前科が二つある人が三回目の有罪判決を受けた場合、その罪の内容にかかわらず終身刑になるという法律〕により、ビスケットやビデオテープを盗んだといった些細な犯罪でも、何十年も刑務所に入れられてしまう。これは決して誇張ではない。しかしアメリカは何百万人もの人々を刑務所に入れ、死刑制度やそのほかの過酷な刑法を維持しているにもかかわらず、「先進国」のなかでは圧倒的に暴力の多い国でありつづけている。二〇一七年にロンドン警視庁が「一〇代の凶悪犯に厳しく」することを目的にストップ&サーチ作戦を提案しているのなら、このアプローチが問題を解決しないことは明らかである。それは一世紀半以上にわたってイギリスのインナーシティに影響を与えてきた問題を解決するどころか、排除され犯罪者として扱われる下層階級《アンダークラス》を深化・拡大させることでかえって問題を悪化させるだろう。

＊

俺が初めて人が刺されるのを見たのは、ほかの点では何の変哲もない日だった。俺は友だちと公園をぶらぶらしたあと、その友人と一緒に俺の地元であるアーチウェイの理髪店に行った。俺は自分の順番が回ってくるのを待っていた。その日はたしか週末で、当時黒人理髪店はまだ予約制を取り入れておらず、何時間も待たされることがあった。夏日だったのでとても暑く、俺はほとんど寝ていたのだが、外の騒ぎに気づいて目が覚めた。俺の「先輩」——同じ地元出身の文字どおり歳上の男性で、助言者や友人となることもある——の一人が誰かに向かって罵詈雑言《ばりぞうごん》を浴びせていた。俺の知るかぎり彼は最近出所したばかりだったのだが、保釈条件の一つが「ロンドンには行かないこと」だったので、俺は彼の姿を見て驚いた。

よく見ると、彼の破れたジャケットの袖《そで》には血がついていた。ほかにも二人、彼と同じ年齢の少年がいた。一人は知らない人物だったが、もう一人は「いとこ《カズン》」と呼べるほど俺とは仲が良かった少年で、ナイフの入ったビニール袋を振りまわしていた。ビニール袋は、加害者のDNA

や指紋が凶器に付着するのを防ぐのと、どんなナイフが使われるのかを被害者から隠すという二つの目的があった。

俺の友人は、このころすでに相当なワルだったので、これはロンドンの多くの刺傷事件のような些細なことをめぐる場当たり的な攻撃ではなく、すでに組織犯罪の道を歩んでいる若者の間で進行する抗争の一環だった。「黒人対黒人の暴力《ブラック・オン・ブラック・バイオレンス》」という決まり文句は、場当たり的な暴力とギャングの抗争や犯罪の一環である暴力との大きな違いを曖昧にするが、そこで実際に殺される少年の多くは、ストリートやギャングの問題とはまったく関係がなく、単に悪いときに悪い場所に居合わせただけだということを俺は身をもって知っている。しかし俺の歳上の友人は違った。一三歳で学校をやめさせられたあと、必然的に組織犯罪の道を歩んでいたのだ。

彼はすでに少年院に入ったことがあり、また罰としてナイジェリアに送られ、いまはイギリスに戻ってきていた。罰としての「里帰り」は、黒人ディアスポラの間ではよくあることだ。ナイジェリアやジャマイカへの送還は、子どもの行動を矯正《きょうせい》するという意味で、実際に効果的な場合もあった。「故郷」の学校はずっと厳しく、生活は一般的に苦しいものだが、ロンドンでは再現が難しい共同体の規律や義務という文化的意識がある。興味深いのは、多くの黒人の親が、自分の子どもをはるかに貧しい社会に送りこめば、イギリスでの悪行が治ると考えていることだ。それは親がイギリス自体を問題の一部だと考えていることを示唆している。

しかし、俺の歳上の友人の場合、この里帰りは逆効果だった。ナイジェリアで出合った現実にくらべて、イギリスの男子は軟弱だと感じて帰ってきたのだ。一方、ある意味では彼は助かったのかもしれない。彼が国内にいなかった年に、俺たちの地元でストリートで名を馳《は》せた少年に対する非常に陰惨《いんさん》な殺人事件が起きたのだ。その友人の仲間の何人かはその殺人事件で刑務所に入った。もし友人が国内にいたら巻きこまれていただろう。その殺人事件をきっかけに、ストリートでの抗争が延々と続き、多くの死者が出た。ともかく、話をあの日に戻そう。

俺の友人も持っていたナイフをついに取りだした。そして襲ってきた相手を「卑怯者《プッシーホール》」と呼んだ。襲撃者のうちの一人がいつの間にかいなくなっていた。友人は、通りから理髪店の入口前の通路に退避した。俺が座っていた場所から一、二メートル離れたところだ。気がつくと、姿を消していたもう一人の襲撃者が店のなかにいた。別の入り口から女性用サロンを通ってなかに入り、友人の背後に忍び寄っていったのだ。

あっという間の出来事で、俺が友人に注意する間もなく、肉切り包丁が彼の後頭部に振り落とされた。二度、いや三度だったか？　あたり一面にとめどもなく血の海が広がっていった。俺は冷蔵庫の表面をしたたり落ちる血に驚いたことをよく覚えている。ジンジャービアやグレープソーダをよく買っていた冷蔵庫だ。また、ひどく俺の心を動揺させたのは、骨を砕き、血管を破裂させ、肉を引き裂く刃物の音だった。俺が音楽を大好きだからかもしれないし、あるいは俺が変なだけかもしれないが、人が刺されるのを見るたびに、その暴力の光景よりもそこから発せられる音に衝撃を受けてきた。しかしその音にも慣れてしまうのだが。

俺の友人は、その歳ですでに体重が一〇〇キロ近くある筋金入りのワルだったが、頭を何度も切りつけられた後に見せた彼の反応のタフさには、俺でさえ驚いた。彼は倒れこむこともなく、悲鳴を上げることもなかった。殺してやると言って襲撃した相手を店から追いかけ、さらに何度か「卑怯者《プッシーホール》」と呼んだ。襲撃者はこれで十分だと満足して走り去った。救急車を待つ間、誰かが彼に頭を包むタオルを渡した。友人はやっと痛がりはじめたが、襲撃者の死を誓いつづけていた。

いま思えば、誰も髪を切るのをやめなかったことが何よりも驚きである。少年同士の殺人未遂事件は、パニックに陥《おち》る必要のないほどありふれたものだと考えられていたわけだ。俺自身、電話ボックス（そんなものがあったのを覚えているか？）に行って、同じく友人である彼の弟に電話して、「おまえの兄貴が頭を割られたから、病院に行って様子を見てくるように」と伝えただけだった。その弟は、兄の生活スタイルを知っていたので、それほど驚いた様子はなかった。しかしいまになってみると、まだ子どもの俺がそんな電話をしなければならなかったことの恐ろしさに気づく——当時の俺は自分をもう立派な大人の男だと思っていたが。俺はその兄弟の母親もよく知っていて、よくかれらの家に遊びに行っていた。また、その母親に何が起こったのかを教えるのはルールに反するということも知っていた。母親はすぐに知ることになるだろうが、俺が口を出すことではない。

俺は理髪店に戻り、自分の順番を待った。友人が理髪店で待ち合わせをしていた女の子がその場で泣いていたのを覚えている。彼女がほかの男にかわって友人をはめたのは誰の目にも明らかで、「フッド」では非常によくある戦術だった。俺は警察が来たかどうかも覚えてない。来たには違いないが、そうだとしても何も変わらなかった。俺を含め、目撃したものについて警察に話す人間はいなかった。誤解がないように言っておくと、俺たちが警察を嫌っているにしても、何が「密告」にあたるのかは、外部の人間が想像するよりもずっと複雑なのだ。

たとえば、襲撃者がおばあさんを襲っていたとしたら、人々は間違いなく割って入ろうとしただろうし、かれらを警察に引き渡すことに何の問題も感じなかっただろう――もし最初に人々がかれらを殺していなければだが。しかし、地元でギャングとして知られていた三人の少年がお互いに刺し合うというその事件では、少なくとも一〇人は目撃していたにもかかわらず、誰も目撃者として名乗りでることはなかった。さらに言えば、被害者でさえ目撃者に話してほしくなかっただろう。人々の反応は、みずから制裁するか何もしないかのどちらかなのである。

俺にとってその事件がトラウマにならなかったことは、特筆しておくべきだろう。その日以前に同様の暴力行為を見たことはなかったが、まるでそんな事件を予測していたかのように心の準備ができていた。俺の友人は病院に行き、すぐに回復した。しかし、保釈条件に違反していたため、病院から刑務所に直行することになった。

その後さらに多くの同世代の人々が俺の目の前で刺され、直接知っていた数人の少年が殺され、ほかの人々は殺人罪で刑務所に入り、さらに多くの人々が警察の捜査を受けた。クラブやパーティに行けば、人々が銃で撃たれた。極端な暴力が日常的な出来事になった。ほかにも危険はあった。そのころの俺はきれいになる前のダルストン・キングスランド駅でコカイン常用者が堂々とコカインを吸っているのを見たり、フィンズベリー公園でヘロイン依存症者が過剰摂取《オーバードース》しているのを見たりした。ほかにもブロードウォーターファームやストラトフォード・レックス

〔ロンドン東部のストラトフォードにあるライブハウス〕、一八歳以下のレイブ、催涙ガス、殴打、バットやナイフなど危険に満ちた様々な場所やものを思い出す。

俺が初めて刺傷事件と警察の身体検査を経験してからわずか数年後、俺はまったく別の人間になっていた。一三歳のころの俺は、正直言ってまだかなり軟弱な少年だった。年齢の割には背が高かったのだが、その身体の大きさは、俺の自信のなさや生まれつきのオタクっぽさを覆《おお》い隠していただけだったのだ。しかし、パンアフリカニズムの土曜学校に通い、愛してくれる母親がおり、プロのサッカー選手になる可能性があり、多くの男性ロールモデルをもち、学校の成績はオールAという恵まれた環境にいたにもかかわらず、俺は一六歳になるまでにさまざまな点でステレオタイプな人間になっていた。

俺はアビレックスの銀色のジャケットを着てポケットのなかにナイフを忍ばせていた。それは、地元の少年からもらった飛び出しナイフだった。それほど親しくない少年だったが、俺が大人の男二人——そのうち一人は刃渡りの長いナイフを持っていた——にくだらないことで襲われたときにたまたま居合わせたのだ。俺はそのナイフを持ち歩いた。俺はそのナイフが好きだった。そのナイフのおかげで自分がより安全で他人の攻撃から身をかわせるという感じがしたし、運命、危険、力強さという魅力的な感覚、つまり自分がタフだという感覚をもてたからだ。

しかし、このナイフは、俺の現実や将来の展望とは噛み合わないものだった。俺はサッカーの試合前夜にマリファナを吸うようになり、軽犯罪を犯すようになった。友人の一人は、よく父親のベッドの下から銃を持ちだしてきた。家の前の建物がコカインの密売所になっていたので、父親が護身用に持っていたのだ。俺たちはそれをストリートに持ちだし何度か人前で振り回した。喧嘩になると、瓶や武器が登場したが、それでも俺は比較的無傷でいられた。唇が切れたり、精神的にボロボロになったりはしたが、身体にはそれほど傷を負わなかった。俺は、自分の考えをはっきりと述べることができ、いざとなったら人を殴ることも厭《いと》わない、非常に気性の激しい若者になっていた。

なぜこのような変化が短期間で起きたのだろうか？　科学者になることを夢みていた優しい笑顔の一一歳の子どもが、どうしてしかめっ面でナイフを持ち歩く一六歳の若者になったのだろうか？　そのナイフをもった一六歳が、シェイクスピアを教え、オックスフォードで講義をする大人になったのはなぜだろう？　一一歳のころの俺は「お母さんっ子」で、姉よりもずっと泣いていて、そのことで姉にからかわれていた。俺が一八歳になるころには、姉は俺に残酷な暴力性があることを知った。姉は、ある時俺と俺の友人たちがその日一悶着《ひともんちゃく》を起こした少年グループの一人を殺そうとするのをやめるように説得しなければならなかったのだ。

何の因果か、先に述べた歳上の友人も、俺たちにそんなことをするのは愚かだと人殺しをやめるよう説得してくれた。組織犯罪にどっぷり浸《つ》かっていた彼にとっては――こんなことをここで言っても友人に殺されることはない、友人はもうその件では刑期を終えている！――ちゃちな殴り合いで自尊心を傷つけられたくらいの小さなことで人を殺すのは馬鹿げていたのだった。彼は一〇代の自分から脱皮し、大規模なストリートの抗争だけが殺人を考える価値があると考えていたのだ。奇妙なことに、彼は俺に本をくれた初めての友人でもある。マリオ・プーゾの『四番目のK』【日本語訳は、真崎義博訳、早川書房、一九九二年。原著は一九九〇年】という小説だった。ちなみに彼は学校ではなく刑務所でスパイ小説にはまったそうだ。また、彼は仲間のなかでは誰よりも多方面の音楽を聴いていて、俺に初めてニルヴァーナやレディオヘッドを聴かせてくれた。

俺と友人たちに公平を期すために言っておくと、俺たちが殺そうと考えていた少年たちは、子どもの目の前で俺たちに銃を突きつけてきたのだった。だから最初俺たちはその少年たちを殺すことに正当性を感じていた。ただ、いま振り返ってみると、そのころ俺は精神的に調子がよくなかったし、友人や仲間のほとんどもそうだった。しかし当時はそのことに誰も気づかなかったのに、なぜいまになってそれがわかるのだろう？

俺がこれまで若いころの暴力事件を告白してきたのは、強がってみせるためでも、自分の話にゲットー風のドラマをつけ加えるためでもない。ただ単にそれが真実であり、かつ重要だからだ。イギリスや世界中の刑務所にいる無数の若い黒人少年（やそのほかの人種の人々）を見て、「俺もああなっていたかもしれない」と言うとき、俺は「俺たちはみんな黒人だ」とか「俺もかつては貧しかった」という比喩的な意味ではなく、本当に俺だったかもしれないという意味で言っているのだ。俺も同じような過ちを犯したが、捕まらなかっただけだ。それは完全に運であり、それ以外の話ではない。刑務所制度を見ると、そこにいる受刑者と看守の出身階層に注目しないわけにはいかない。受刑者と看守は圧倒的に貧しい家庭の出身であるのに対し、裁判官や弁護士は一般的にずっと裕福な家庭の出身だ。こうした仕組みは、金持ちが楽に儲けるための大規模な詐欺みたいなものなのだ。

飢えたことも、国家に意図的に暴行されたことも、インナーシティで暮らしたこともない人々にとって、刑務所という場所はあまりにも遠い存在である。だから、ある種の少年だけがそこに行き、ある種の若者だけが罪を犯すと考える人も多いだろう。そんな人々には、黒人のものであろうとなかろうとイギリスのフッドにある小学校を訪れ、そこにいる子どもたちの遊び心や感受性、そして学ぶ意欲を見て、なぜこの小さな天使たちが今後一〇年以内に殺人者になるのかと真剣に考えてみてほしい。逆に、一流の私立学校を訪れて、そのなかの何人かの子どもたちがなぜ大人になって政治的異常者になるのかを考えるのもいいだろう。かれらはその殺戮《さつりく》が企業が利益を得て国家が戦略的優位を獲得するためのものであることを十分知りながら、あらゆる種類の高尚なレトリックを用いて戦争を正当化する。金持ちの犯罪は善で、貧乏人の犯罪は悪なのだ。

　俺は、一〇代の若者には主体性がなく、まともな選択ができないと言っているわけではないし、労働者階級のすべての少年が俺のようにナイフを持ち歩くことになると言っているわけでもない。圧倒的多数はそんなことをしない。しかし、当時の俺を含めたティーンエイジャーは、制度が公言する価値観が、その実際の行動や結果と一致していないことを理解していると言いたいのだ。俺たちは、暴力を厭わないことが、ウォール街からハリウッド、ホワイトホール〔ロンドンの官庁街。英国政府の俗称〕まで、ほぼ全世界で称賛される男性の特徴だと理解している。そして犯罪は利益をもたらす。若者はより広い世界でそうであるのと同じように、自分たちの地元でも犯罪は利益をもたらすと考えているのである。俺たちの犯罪の問題点は、その規模が小さすぎることなのだ。

　そうして俺は、公営住宅に住み、ひとり親家庭で、ドラッグを売るおじさんたちがいて、カリブ系「移民」であることなどの不利な条件から考えて「そうなるはず」とされているものと、そうならないはずのものの両方になった。俺は王立研究所の数学上級クラスに通っていたが、二年後には武器でほかの少年を殴った。同時に俺は、黒人書店やダルストン駅の駅前でネイション・オブ・イスラムやそこにいた黒人の政治党派と政治について議論していた。そして学校の中流階級の白人女子と遊ぶのと同時に、白人が存在せず確実に中流階級などいないトッテナムやハーレスデンで遊んでいた。どちらの場所でも、俺はナイフを持ち歩いていることが多かった。

トッテナムの友人とは、一緒にウェストハムのユースチームでプレーしていた。ハーレスデンの友人は、かろうじて改心したワルで、彼のかつてのストリートの仲間は殺されるか終身刑になっており、父親は本物のギャングだった。その父親は（俺の「おじさん」の一人でもある）、イギリスがその存在を認めていない種類のワル、つまり政治的で、読書家で、スーツを着て組織化された黒人ギャングだった。

彼は、ロシア革命、北アイルランド紛争、カストロのキューバについて書かれた論文を暗記することができたし、この上なく厳格な人物でもあった。カリスマ性と魅力にあふれた天性の指導者であり、戦争になればほかの男たちがついていくようなタイプの男である。彼の組織は、銀行強盗をしたり、支配している地域でA級ドラッグ〔もっとも有害性が高いとされるコカインや〈ヘロイン、MDMAなどの禁止ドラッグ〕の販売を禁止したり、警備会社を経営したり、地元の子どもたちのためにボクシングジムをつくったりした。また、一九七〇年代にはアンゴラ、モザンビーク、ジンバブエで行なわれていたゲリラ闘争ともつながりがあった。もし彼が別の人生、別の社会に生まれていたら、歴史学の教授か軍の将軍になっていただろう。なぜ、彼のような矛盾が生じるのだろうか？

　俺個人の矛盾については、いくつかの理由が考えられる。まず俺自身の脆弱《ぜいじゃく》な自我が挙げられる。俺はタフでありたいと思っていたし、敗者になりたくはなかった。俺は一三歳までに身長が一八〇センチに達し、ラップもサッカーもできたので、「弱虫」でいることは決して許されなかった。また、俺はとても怖がりで、殺されることや「弱虫」呼ばわりされることへの恐怖心は、ナイフを所持してちょっとした刑期を過ごす恐怖よりもはるかに大きかったのだ。俺の家庭は、「本物の」フッドに住む友人たちよりも貧しく、俺はかれらよりも多くの点ではるかに過酷な子ども時代を送ってきたが、俺はそこに住んでいなかったので、部外者として自分の力量を友人たちに証明する必要性を感じていた。少なくとも、それはある程度成功した。

　しかし、俺自身の脆弱な自我による失敗や愚かな決断というだけでは、そもそもなぜこのような状況が、人類史上もっとも豊かな都市の一つであり、近代民主主義の発祥の地であると自負する帝国の中心に存在するのかを説明できない。どの国にも、些細なことで殺し合いをするティーンエイジャーが生まれるのだろうか？　なぜなら、ロンドンで起きている刺傷事件の大半は、些細なことが原因で起きているからだ。目があったとか、なめられたと思ったとか、馬鹿にされたとか、ライバルのフッドに立ち入ったなどといったことだ。

　こうした若者をギャングのように扱うのはかなり大げさである。前述のロンドン警視庁の警視総監でさえ、ロンドンのナイフ犯罪のほとんどはギャングとは無関係だと述べている。[★12]しかしこうした若者、つまり俺が一時期そうだったような若者が、強面《こわもて》な外見とは裏腹に必死に助けを求めているといっても、かれらが犯すかその可能性があった殺人行為を正当化するものではない。

ギャング、すなわち実際に組織犯罪に関わっている人々は、金儲けのことで頭がいっぱいで、目が合ったというような理由では人を殺さない。かれらが人を殺すときは、銃を使ったり、場合によっては誘拐したり……想像するのは難しくないだろう。要するに、この社会の少年たちは、本当に些細なことで殺し合いをしているということだ。その原因を家族だけの責任にすることもできる。そしてひとり親が責められるのだが、両親が離婚した中流階級の子どもがなぜ人を刺すことが少ないのかは問われることはない。

「環境のせいにするな」という決まり文句を繰り返すことはできるが、幸運にも豊かな生活を手に入れた人々の誰もが、グラスゴーのイースターハウスやリヴァプールのクロクステスといった貧困地区で子育てをしようとは思わないのは、誰もそのようなでたらめな決まり文句を信じていないということだ。イギリスの最貧地区と最富裕地区の平均寿命の差は一〇年近くにも及ぶ。ごく少数の例外はあるにしても、まさしく環境があなたを決定しているのだ。

そうして、ロンドンやグラスゴーの一〇代の殺人者と、リヴァプールやダラムの一〇代の殺人者を結びつけるはっきりとした二つの特徴がみえてくる。その二つの特徴とは、かれらがほとんどつねに貧しく、ほとんどつねに男だということだ。まったく異なる民族的背景をもつ異なる地域に住む若い男性が、貧困という問題に対して縄張り争いをめぐる暴力によって反応している俺たちの社会において、男らしさ《マスキュリニティ》とはいったい何を意味しているのだろうか?

ガーナの首都アクラはロンドンよりもはるかに貧しく、多くの問題を抱えている。しかし、

iPhoneや縄張りをめぐって一〇代の若者が殺し合うようなことはない。イギリスの大部分の人々にとっては、そのようなことにかかわる特定の少年たちが存在すると信じる方が簡単で、また（俺のように）教育を積極的に推進しているような人間は、そのような心理に陥ることはあり得なかったと考えるのだ——事態がそれほど単純であればいいのだが。

成長期に感じた絶望感と恐怖感は、正確に思い出すのが難しいほど強烈なものだった。金を稼がなければならないというプレッシャー、貧困は恥だという考え、黒人で貧困という二重の恥、ポピュラーカルチャーのあらゆる側面から繰り返し吹きこまれる物質主義、空《から》っぽの冷蔵庫、止まった電気、数回の給料の未払いで家賃が支払えなくなり立ち退《の》きを迫られることになる借家人としての不安定さ、蓄積された資本よりもはるかに円滑にトリクルダウンする親のストレスと怒り、身をもって現実だと知る赤裸々な不正義、そして本当に自分は権力者が言うような否定的《ネガティブ》なステレオタイプだという確信の深まり。

こうしたものが俺の自我をマックス・プランク〔一八五八—一九四七年。ドイツの物理学者で、量子論の創始者の一人〕志望からギャング志望へと変えたのだ。最終的には自分の行動に責任をとるが、俺にも言いたいことがある。ナイフを持とうと考える前に、何年間も犯罪者のように扱われてきたこともその一つだ。もし俺が母親の言うことを聞いて七歳で私立学校に入っていたら、公立学校と同じ友人グループをつくったり、同じものに触れたり、すでに述べたような経験をしたとは思えないが、俺の核心部分はまったく変わることなく、異なる経験や条件によって同じ自分が形成されたというだけだろう。

右派のなかには、俺のような人間を「社会正義の闘士」や「美徳の代弁者」などと罵倒して攻撃する人もいるが、実際の俺はまったく逆だ。自分が殺人を犯す可能性にさらされてきたからこそ、また自分が本質的に善人ではなく、誰もが状況によって多少なりとも変化することを知っているからこそ、俺は人々が最大の能力を発揮するような状況をつくりだす手助けをすることに興味があるのだ。俺は自暴自棄になったこと、少なくともそうなったと感じたことはある。人は自暴自棄になると自暴自棄なことをする。俺は、自暴自棄になる人が少ない街や社会、世界に住みたいと思っている。これは「利他主義」であると同時に、常識的な自己防衛策なのだ。

しかし、先に述べたようなプレッシャーがあっても、俺の友人の大半は俺のようにそれに屈することはなかった。一緒にサッカーをしていたほかの少年たちは俺と似たような背景をもっていることが多かったのだが、プレミアリーグの選手になれる可能性があるというのに俺や友人がなぜ悪の道に走るのかが理解できなかった。俺が言えるのは、もしもフッドに住むほとんどの若者が、一三年間まったくの愚か者のように話しかけられたり扱われたりすることなく、まともな中流階級の生活を送るための合法的な道を見つけることができるのなら、九五パーセントの人々はそれを選ぶということだ。これを裏づける調査をしたわけではないが、何百もの会話、何年にもわたる刑務所での教育ワークショップ、そして単純な常識からそう考えるのである。

つい最近、ドラッグの売人から完全に合法的なビジネスマンに転身した俺の友人が、ロンドンでもっとも悪名高い公営団地の一つに行き、そこに住む若いラッパーにレコード契約を申し出た。この若者はそれまでストリートライフにどっぷり浸かっていたのだが、そこからすぐに離れることを必須条件にしたその契約をためらいなく受け入れた。このラッパーは、「売れるから」

という理由で自分の曲のなかでドラッグや殺人を自慢している。黒人の若者は、市場が自分たちに何を求めているかをよく理解しているのだ。しかしそんな彼でも、彼以前の「ギャングスタラッパー」と同様に、誰かを殺したりドラッグを売ったりすることよりも、音楽で物語を語ることをはるかに好むのである。

イギリスのような裕福な先進国に住んでいるのに、自分や自分の子どもの生活が向上する見込みがほとんどなく、それでも他人の利益のために一生懸命働きたいと思うような人はほとんどいないというのが明白な現実だ。だから、この現実を受け入れさせるための条件づけが必要になる。学校から追いだされてストリートに出た若者の多くは、この条件づけを拒否しているのだ。ただ、反抗心のなかには知性があるにしても、それを誤った方向に向けているだけなのだ。俺と友人（サッカー選手から転身したもう一人のワル）は、どちらも生まれながらの反抗的な人間だったが、俺の方がより生産的な反抗への道を早くに見つけた。友人はサッカーをやめたあと、結局は仕事に就いた方がいい生活を送れるのだと気づくまで俺より一〇年長くストリートライフの過酷なレッスンを受けた。

俺は両親が若いころよりもはるかに恵まれた生活を送っているが、それでもちょっとした行き違いや誤解、家族間の確執が原因で、深刻な暴力に直面してしまうことがある。たとえば、俺の弟は基本的に中流階級の生活を送っており、食事に困ったことがなく、一六歳で世界中を旅行したことがあるが、その弟が知っている刺殺事件の最初の犠牲者はもう一人の兄だった。つまり、中流階級であっても、フッドの現実からそれほど遠くにいるわけではないのだ。彼の兄（俺の義理の兄）は、ある日、学校からの帰り道で首を刺された。彼の親族は、一九八五年と二〇一一年に暴動が起きたトッテナムに住んでいる。

こうした成長期に起きる様々な体験の結果として、カムデンのような地域では、一三歳前後の少年たちの友人集団に大きな変化が起きる。小学生の間、子どもたちは家庭の所得や人種にかかわりなく友人をつくり、友人集団はその地域の多様性を広く反映するようになる。これは俺自身の経験でもあるが、この「人種混合」のあとで、非常に奇妙なことが起きる。

例を一つあげれば十分だろう。俺の白人の友人の一人がこの地域から引っ越すことになり、学校を転校した。俺は友人と連絡をとりあい、片田舎にある彼の新しい家に泊まりに行った。泥まみれになってサッカーをしたり、自転車に乗ったり、ローラースケートをしたり、楽しいことばかりだった。しかしその日の夕食で、友人の兄が「キングスリーは気にしないから」と言って、食卓で「パキジョーク」を言うことを両親に許可してもらった。俺は九歳、その兄は一四歳で、両親は食卓にいた。

俺は両親が彼を止めるだろうと思い、気まずく微笑んだ。しかし両親は止めようとせず、むしろ囃《はや》したてた。そしてその兄は夕食の席で、「臭いパキスタン人」や「飢えたエチオピア人」（当時はまだ飢饉《ききん》が終わったばかりだった）を楽しそうにからかい、両親と俺の友人は一緒になって笑っていた。言うまでもなく、俺が友人の家に泊まりに行ったのはそれが最後になった。

小学生時代を理想化して語りたいわけではないので言っておくと、小学生の子どもが人種を意識していないなどということはない。現実はまったくの逆である。しかし、それでも小学生はティーンエイジャーよりも友人をつくるときに人種的な条件や困難を乗り越えようとはするようだ。俺は、このような民族的社交性のプロセスを、弟や甥、そして訪問した無数の学校で何度も見てきた。

俺個人で言えば、俺は成績のトップ集団にいたので、小学校で俺が友人に選んだのは拡大家族としての「いとこ《カズン》」たちではなく、裕福な白人の子どもたちだった。学校給食が無料だったほかの子どもたちは、当然その集団には属していなかった。学校での階層化は早くから始まるのだ。だから俺は、特別支援学級に入れられたときを除いて、通常は「裕福な白人の子どもたち」と同じ学習グループにいたので、かれらと友人になったのだ。

おそらくかれらは億万長者ではなかったにしても、両親が二人とも専門職で、家には車が二台あり、休日にはスキー旅行に行き、家庭用炭酸飲料製造機を持っているなどというのは、当時の俺には信じられないほどの金持ちに見えたものだ。ある夏、裕福な白人の友人とその家族と一緒にフランスに行き、かれらが所有する家にいくつか泊まったが、逆にかれらを俺の家に呼んだことはなかった。いま思えば、俺は自分の家が貧しいことを恥じていたのかもしれない。貧しい友人は家に呼んだことがあったからだ。

人種の混ざった友人集団は、小学生の間はそのままなことが多いのだが、中学生の最初の二年間で不思議なことが起こる。誰も率直には言わないが、みんな何が起きているのかわかっている。それぞれの生活があまりにも違うようになり、以前のようにその違いを見過ごせなくなるのだ。人種の違いを超えてお互いにかかわりあうことができなくなるのである。俺たちはそれぞれ別の運命を背負っていることをみんなが知っている。だから九年生〔日本の中学二年生〕になるまでには、友人集団は黒人ばかりになり、あとはヒップホップが好きで、おそらく黒人の恋人がいる白人の男子が一人いるだけである。俺は、かつての俺とまったく同じように一六歳の弟にこのようなことが起きるのを目の当たりにした。また、地域の学校を訪れ、親や生徒と話をしてみて、これがよくあるパターンだということがわかった。俺たちはみな、自分の人種とその居場所を知っているのだ。

こうして俺は、一〇代のはじめはそのときの親友が住んでいたハックニー、中学の後半はトッテナム、そして一〇代後半にはハーレスデンという風に黒人のフッドに引きつけられていった。俺は一種のゲットー遊牧民になったわけだが、カムデン出身だったので、トラブルになることはなかった。カムデンにも貧しい地区があることは知られていたが、いま言ったフッドのようにはライバル視されていなかったのだ。

トッテナムの少年がハックニーに入りこむかその逆の場合には、この二つの地区が直接敵対していたせいで深刻な危険が待ち構えていた。このいずれかの地区からいずれかの地区に来た少年は、おそらく俺がかつてNW10〔ロンドン北西部、ハーレスデンを含む地区の郵便番号〕に行ったときよりもはるかに多くの不信感を向けられただろう。俺のトッテナムの友人は、ハーレスデンの友人とそのブリクストンに住む兄弟に、何年も一緒に遊んだあとでも軽い不信感をもっていたが、そこには少なくとも部分的には「ライバルフッド」に対する不信感があったことは確かだった。

このような排他性は、どの程度が一見自然な部族主義への人間的欲求によるもので、どの程度が共通のアイデンティティを形成する社会的プロセスによるものなのだろうか？　俺が考えるところ、学校の教師によるほかの人種とは異なるさまざまな扱いや思い込み、警察との接触、紙媒体やテレビでの人種の描写などを通して、黒人の子どもは一三歳までに自分の人種的アイデンティティの意味や含意を大変よく知るようになり、その共通の経験や認識でもってお互いに結びつくようになる。黒人の子どもは、国家やその代理人との接触、個人間の明らかな人種差別、そしてそのほか多くのことによって黒人としての共通感覚を身につけ、たいてい一三歳までに黒人アイデンティティが固定化するのである。

皮肉なことに、黒人としての共通感覚は、まったく矛盾した二つの行動を生みだす。まず、「仲間《マンデム》」に対する猛烈な忠誠心である。一緒に世界に立ち向かっているという意識で、まるで戦争でもしているかのように、自分の友人――あなたの「ニガ」（nigga）〔おもに米国の黒人男性が同じ黒人男性に親しみを込めて使うスラング〕――を守るためには死ぬことを厭わなくなるのだ。実際、友人が自分のために命をかけてくれないのだとしたら、その友情をおおいに疑うことになる。

しかし、黒人としての共通感覚は恐怖の原因ともなり、親しくないほかの黒人少年に対する攻撃性を生む。つまり、黒人としての連帯や共通の闘争という感覚と、黒人憎悪の感情、すなわちほかの黒人少年が自分にとって危険であるという考えの両方を内面化するのであり、この二つの傾向がつねに心のなかで拮抗《きっこう》しているのだ。見慣れない若い黒人男性の集団を目にしたとき、誰もが緊張する。かれらに「ブラックノッド」〔黒人どうしのうなずき〕をするのか、それとも「スクリューフェイス」（文字どおり顔をしかめた威嚇）をするのか、「ワグワンブラッド」〔英国のジャマイカ系のスラングで「元気か？」の意味〕や、「どこから来たんだ」と声をかけるのか？　それは、かれらすべてにとって人生を変える違いになるかもしれない。

階級についても留意しなければならないが、両親が専門職に就き、日曜には教会に行き、食事に困ることがないような基本的に中流階級の黒人の子どもたちにさえ、このような排他的な友人集団は出現する。将来ナイフを持ち歩いたり、仲間の「ニガ」に忠誠を誓うようなことのない黒人の子どもでも、非常に早い時期に友人の社会的選択を行なっているのだ。俺は大学の黒人カリブ系クラブを多く訪問し、黒人のなかでもっとも教育を受けた層にもこうしたパターンの結果が見られることを発見した。同様に、黒人以外の貧しいコミュニティで形成されるギャングの精神状況も、俺がここで述べたことと感情面でよく似ていると確信している。

一三歳にもなると、俺は白人の友人とは親しくなくなっていた。たまに一緒にサッカーをする友人はいたが、黒人の友人のように「ブラザー」と呼べるような存在ではなかった。

すでに述べたとおり、俺の家の近所には裕福な子どもたちがいた一方で、一一歳で父親のかわりにドラッグを売っていた子どもや、赤ん坊のときに大声で泣いていたために母親にアイロンで頭を焼かれたという噂のある少年がいた。少なくともその少年の頭にある手のひらサイズの火傷《やけど》の跡はそれが原因だという話だった。悲しいことにその家族を見ていると、その噂には現実味があった。その少年は中学校に入学した初日に退学になり、その後刑務所に入り、二一歳になる前に俺たちと一緒に育った別の少年に殺された。父親のかわりにドラッグを売っていた少年は、現在も何年も刑務所に入っているが、それは彼の人生で初めてのことではない。

俺の地元の「金持ち」の子どもたち、小学校の成績トップ集団の友人たちは、もちろんみんなうまくやっている。連絡することはほとんどないが、たまに出くわした際に近況を尋ねると、たいていは弁護士や映画監督になっていたり、国連で働いていたりする。誰も刑務所に入っていないし、俺の知るかぎりまだ誰も殺されていない。もちろん労働者階級のサクセスストーリーもいくつかあるし、俺も成功した一人だが、全体から見ればかなり数の少ない例外だ。リベラルで多文化的なカムデンにおいてもそうなのだ。

…

その後、ふたたびすべてが変化する。

一三歳から二五歳までの間、俺は自分の脆弱な男らしさがいつ試されることになるのかをつねに気にしていた。それに正しく対処できなければ、命を落とすか、あるいは救いようのない恥をかくことになるかもしれない。学校の成績が最高評価であっても、下っ端の警官にポケットを探られるのを防ぐことはできないし、学校制度や一般社会は、そのリベラルな主張とは裏腹に本当は俺の成功を望んでいないことはわかっていた。俺は脅《おび》えていた。脅えていた俺は笑うかわりに顔をしかめ、泣くかわりに怒鳴り、本当は抱きしめたいのに仲間と喧嘩することを学んだ。

二五歳のころ、俺は大きな安堵《あんど》感に包まれた。これは俺だけの経験ではなく、ほかの多くの人々と話をして、このような覚醒はよくあることだと知った。一八歳から二二歳までの人々が起こした殺人事件の統計も、このことを現実のものとして裏づけているように思える。セレモニーもなければ、誰かがおめでとうと言ってくれるわけではない。ある日、目が覚めたら終わっていたということだ。深呼吸をして、終わったんだ、決して以前の状況には戻らないんだとわかるのだ。数年前の排他的な友人集団と同じように、誰も何も言わないが、誰もが理解している。若者は、俺が大人であることをなんとなく感じとっているので、俺に脅威を感じる必要もなく、もう誰も俺にどこを見ているのか、どこの地区から来たのかなどと尋ねなくなった。

内面的な変化もある。一年前には激怒していたようなことでも、もう気にならなくなるのだ。五年ほど前のこと、電車で一八歳くらいの若い男が俺を睨《にら》みつけてきた。彼がトレーニングウェアを着ていた俺を同年代だと思ったのか、俺が誰かを認識した上であえてそんなことをしてきたのかはわからない。そんなことは久しぶりだったので、その若者がなぜそんなに怒っているのか、なぜ顔をそんなに不自然に傾けて俺を睨みつけているのかを理解するのに時間がかかった。そして彼は俺を威嚇《いかく》しているのだとわかったとき、俺は思わず吹きだしてしまった。すると彼は、俺が確実に一〇歳は歳上であり、彼の愚かな行為に深入りするつもりがないことを理解し、明らかに恥ずかしそうに目をそらした。これがあと一〇年早ければ、俺たちのどちらかが病院送りになっていたかもしれない。

しかし、このことはすべての人にあてはまるものではない。大言壮語から抜けだせない「先輩」もいれば、俺と違って人生を変えるような新しい経験をする幸運に恵まれず、自分自身に不満をもちつづけるあまり、些細なことで人を殺してしまう日々の可能性から逃れられない人もいる。しかし、ほとんどの場合、実際に組織犯罪にかかわっていないかぎり、二五歳を過ぎると「ギャング」にかんする無意味ないざこざや終わりのない地域抗争に加わることは減少していく。分別と日常生活の苦労の積み重ねが、人を成長させるのだ。あなたはあらゆる不正義に気づき、階級や人種が自分の世代全体に影響を与え、社会的流動性というものがほとんど嘘であることを理解する。一三歳で学校を追いだされた人やドロップアウトした人の人生がどのようなものだったのかを見れば、決していいものではないことがわかる。

そう、あなたは生き延びたが、それはほろ苦いものだ。同世代の最良の知性の一部は死んでしまった一方、金と肌の白さという心地よい毛布に包まれて育った子どもたちは、半分の努力で二倍の収入を得る。かれらは二〇年前と同じようにコカインパーティーを開いていて、警察の身体検査を一度も受けたことがないばかりか、警察にパーティーに踏みこまれたり、首を絞められて死んだりすることもない。ブリクストンに部屋を買ったばかりのかれらは、そこに新しくできた白人バーに行く。ラドブロークグローブ〔ロンドン西部の高級住宅地区ノッティングヒルに隣接する地区。戦後カリブ系移民が多く住み、一九五八年に起きたノッティングヒル暴動の現場にもなった〕にできた新しいレゲエクラブにも足を運ぶ。カリブ料理を出すクラブだが、黒人が二人以上来ると緊張する。かれらはその建物がかつてドラッグ密売所だったことを知らない。

イギリスで黒人と貧困の両方に育った人は、スチュアート・ホール〔一九三二―二〇一四年。ジャマイカ生まれの英国のマルクス主義文化理論家〕を読んだことはなくても、二五歳までにはこの社会の内部構造、そして人種、階級、帝国の力学について、多くの研究者よりもよく知ることになるだろう。研究者や脚本家は、自分の民族誌的研究のためにあなたの知識を絞《しぼ》りとりにフッドにやってくるし、暴動が起きればジャーナリストがやってくる。かれらには仕事があり、あなたはかれらのために働く。同じことの繰り返しだ。

いったん目が覚めてしまえば、あなたは若者が自分と同じ過ちを繰り返さないことを願って、かつて老人から受けたものと同じ説教を一〇代の若者相手に繰り返す。死んだ仲間、五〇代か六〇代になるまで刑務所から出られない友人や親類、途切れてしまったサッカーや音楽のキャリア、兄の揉め事のために死んだ妹など、最悪の恐怖物語をすべて話すのだ。あなたは、いまの若者の状況は自分の時代よりもずっといいと主張するが、かつて自分が尊敬する人から同じ話をされたときには礼儀正しく笑みを浮かべて聞き流していたことを思い出す。

だからそういう説教が無駄なことはわかっているが、ともかくあなたは話しつづける。しかし若者たちは、あなたもかつてそうだったように、自分たちの世界のルールにもとづいて、自分たちの過ちを犯すことになるだろう。あなたは自分自身に言い聞かせている。もし一人でも頭を切り替えさせて、一人でも違った考えをもつようになれば、自分のたわごとも価値のあるものになるだろう。そして多分それは真実だ。あなたは明日もまた説教を繰り返す。

俺、そして医師や作曲家、弁護士である俺の友人たちは、規則があることを証明する例外である。二つの世界にはさまれた俺たちは、ブリクストンやラドブロークグローブに住む余裕があるが、その地区から黒人コミュニティが追い出されるのを見ながらも、地区をまるごと買収するほどの金があるわけではない。俺たちは様々な方法でコミュニティのために闘いジェントリフィケーションに加担しないように努力しているが、法外な値段のコーヒーを買う余裕もあるし、美味しいワインも好きだし、健康のためにキヌア〔南米アンデス原産の伝統穀物〕も食べる。ホットヨガにも何度か挑戦したことがある。ああ俺たちはれっきとした国際的中流階級なのだ。

俺たちは頭が良く成功しているので、社会から完全に無視されることはないが、それでも本質的にはアウトサイダーだ。ロンドンや病院で働く俺の友人たちは、白人の同僚や上司と政治的な議論、とくに人種にかんする議論をすることを避けている。マーク・ダガンが先に警察に発砲したと新聞が報じたとき、いまや中流階級の俺の黒人の友人たちは、それが嘘であることがすぐにわかる。しかし正気を保つ唯一の方法として、同僚たちがその話をするのには加わらない。暴動が起これば、自分にはその原因がわかっていても、同僚たちの単純な分析やあからさまな非人間的な見方に歯を食いしばって耳を傾ける。

ラシャン・チャールズがコンビニエンスストアの監視カメラに撮られながら警察に首を絞められて死ぬと、会社の同僚は「彼は警察に素直に従うべきだった、ドラッグを売るべきではなかった」と言う〔二〇一七年七月、ロンドン東部のハックニーで職務質問から逃げた黒人青年ラシャン・チャールズを警官が追いかけ、コンビニエンスストアの店内で押さえつけ窒息死させた。チャールズは薬物取引で逮捕歴があったが、事件時には違法薬物は所持していなかった〕。俺の友人はその同僚が昼休みにコカインを吸っているのを見たことがあるが、そのことは彼には言わない。俺の友人たちは刑務所に親類を訪ねることがあるが、同僚には内緒である。弁護士の友人は、毎週日曜日生まれ育ったフッドでボランティアで英語を教えている一方、日々の仕事で警察や裁判官が貧しい人々や有色人種、移民について話すのを聞いている。彼は反論はせず黙って自分の仕事をする。

テロ事件が起きると——もちろん犯人はムスリムだとされる——俺の友人たちは、当然実行者を非難し、被害者に完全な同情を寄せる。しかしケニア系、ジンバブエ系、インド系、ガーナ系、ナイジェリア系、イラク系、ジャマイカ系のかれらは、白人の同僚たちとは異なり、イギリスが包囲攻撃を受けつつも静かに自国のことに専念する純潔無垢な国ではないことを知っている。友人たちは、テロリストのシンパだとみなされることを恐れてテロが起きた背景を説明することを控える（もちろん友人たちはテロリストに共感などしていない。自分の祖母や子どもが、悪い場所に運悪く居合わせて、そういう洗脳された殺人者に殺される可能性だってあるのだ）。俺は、二〇一一年の暴動やブレグジットで友人を失った人をたくさん知っている。危機においてこそ人々の本音が出るのである。

俺はかつて、大成功を収めた同年代のビジネスマンと仲良くなったことがある。文学やアレハンドロ・ホドロフスキーのグラフィックノベルが好きだという共通の話題で意気投合したのだが、ある日彼は勇気を出して給料アップを要求してきた自分の従業員についてこう言ったのだ。「そもそも俺が雇わなかったらいまごろどうしてたんだ。飲む、打つ、犯罪か」。その日俺はわざわざ彼と議論する気になれなかったし、この発言が原因で俺が彼と友人づきあいをやめたことを彼はいまも知らないだろう。彼は裕福な家庭に生まれたが、俺はわずかな金を自分で稼いだ。俺たちはベネチアの同じレストランで食事をしていたかもしれないが別種の人間なのである。

こうして、誰もがわかっているが口に出さない重要な問題にたどり着く。イギリスの階級制度の歴史だ。イギリスは実力主義や機会の平等を謳《うた》っているが、地球上のすべての国が多かれ少なかれそうであるように、いまだ生まれた階級や地域が、人生の経験や機会、結果の多くを左右する国だ。受ける教育の質や種類、そして警察やソーシャルワーカー、刑務所やほかの国家機関とかかわることになる可能性はすべて階級に左右される。この国、あるいはどの国の刑務所を訪れても、どの民族の受刑者であれその大部分は絶対的に貧しい家庭出身の人々だ。

イギリスは、同じように発展したほかの西ヨーロッパ諸国と比較して、とくに悪質な階級制度をもっている。その結果は、膨大な数の投獄者数、子どもの貧困率の高さ、暖房費を払う余裕がないために凍死する毎年何千人もの老人、フードバンクで生活する何百万もの人々、ホームレス危機、国内の最貧地域における「くる病」〔栄養不足による骨軟化症〕といったビクトリア朝時代の病気の復活などである。こうしたものはすべて、われわれの支配者とさらにその支配者が求める階級的利益や世界観にもとづいて生まれた政治的決定の結果なのである。イギリスの政治家たちが、金がないから遠く離れたおそらく石油の豊富な国を爆撃することはできないと言うのを聞くことは、あなたが生きている間にはない。

もちろん、イギリスの階級闘争の歴史は、イギリスの帝国主義と切り離すことができない。イギリスは、オーストラリア、アメリカ、南アフリカの人々に階級的緊張を転嫁できたからだ。もしイギリスの支配層が安全弁としての輸送手段をもっていなかったら、オーストラリアのアボリジニに加えられたジェノサイド的な暴力の一部は、支配層自身に向けられていたかもしれない。もっともやり手のイギリスの帝国主義者であるセシル・ローズ〔一八五三―一九〇二年。南アフリカでイギリスの帝国主義政策を積極的に推進した企業家、政治家〕は、「内戦を避けたければ、帝国主義者にならなければならない」といみじくも言った。

戦争のための資金はつねにあるのとは非常に対照的に、政治家が貧しい人々の生活に影響を与える多くのものを用意する金がないと言うのを人々は頻繁《ひんぱん》に聞くだろう。十分な防火対策、看護師や教師に対するまともな給料、高齢者の暖房費用などである。これが階級というものなのだ。国家は、公的資源を誰のために使うかを決める。イギリス政治において貧乏人には発言権はないが、選挙で選ばれたわけではない上院の「貴族」が政策に影響を与えている。このような状況は、真に民主的な社会を実現するのに役立つものではない。俺たちはそれを大幅に変えることはできないとしても、少なくとも何が起こっているのかを理解することは重要だ。階級は、文化、自信、世界観など、あらゆるものに影響を与える。イギリスでは階級制度が非常に強く定着しており、人が話すアクセントでさえ、その人の社会的背景を指ししめす。

ティーンエイジャーは、このようなことをはっきりと表現できる言葉をもっているかどうかにかかわらず、一三歳ごろには階級について理解しはじめるように俺は思う。貧困層の子どもはこの年頃から自信をなくし、黙りがちになり、恥をかくことを恐れ、そしてとくに男子は攻撃的になる傾向がある。これは俺自身も経験したことであり、イギリス国内の一〇〇校以上の中学校を訪問した経験からみても、このような悪い方向への大きな変化はほぼ普遍的なものだ。思春期やその時期特有の性的困惑や競争が組み合わさり、また世界がいかに不公平で自分の靴にどれだけの穴が開いているかに気づきはじめる。自分の夢は叶《かな》うことなく親と同じように不幸になる可能性が高く、やりがいのない仕事を五〇年間続けなければならないという現実を目の当たりにする。そうしたことがこの年頃の労働者階級の子どもたちの自信を打ち砕くのだ。

「どうしてピタゴラスの定理について勉強しなければいけないの？　使うことはなさそうだけど」「なぜシェイクスピアに興味をもたなければいけないの？　シェイクスピアなんて、金持ちの道楽だよ」。ティーンエイジャーにこう言われたとき、それは間違いだと俺は言うが、実際にはある希望をもって嘘をついているのだ。何人かは俺を信じる愚かな子どもがいるかもしれないし、その愚かな子どもが「成功する」貧しい子どもなのかもしれないと期待しているのだ。

しかし、一般的にはかれらは正しい。脱工業化後のイギリスの生活が世界的に見て物質的にひどいというわけではないし、一〇〇年前にくらべればかなり改善されていることは確かだ。しかし、単調でつまらない仕事を強いられることで、多くのティーンエイジャーが夢を諦《あきら》め、自分の「位置」を受け入れるようになっているように思える。もちろん、このように社会的規範に合わせて人間をつくり変えることが、教育の目的である。「部族」の儀式システムから公立学校に至るまでそうなのだ。

警察の取り締まりについては、警察監察局の主席監察官だったジョン・ウッドコックが一九九二年に次のように述べている。

> 警察は、一九世紀の組織を二一世紀に引きずっていこうとしている。後世のディクソン神話〔一九五〇年代から七〇年代にかけてＢＢＣで放送され人気を博した警察ドラマ『ドック・グリーン署のディクソン』では、人間味に溢れ地域に精通した巡査ディクソンが主人公だった〕にもかかわらず、警察は決して全国民のための警察ではなかった。ビクトリア朝時代の人々が危険な階級と表現した人々から富裕層を守るための組織だったのだ。[★13]

俺たちが聞かされる優しい言葉とは裏腹に、警察上層部は警察のもっとも重要な役割は富裕層の財産の保護であることをよく理解しているのである。どれほど市民への奉仕を装《よそお》っていても、また強姦《ごうかん》被害者や行方不明の子どもへの対応など、一部の警察の仕事には本当に必要で困難をともなうものがあるにしても、警察は国家や現状を維持するための用心棒なのである。これを理解すれば、社会運動家や環境保護活動家をマフィアであるかのように監視したり、運動組織に潜入して活動家と結婚するというような「非論理的」な警察活動も理解できる。なぜなら警察のおもな役割が国民に奉仕することなのであれば、このようなことには何の意味もないはずだからだ。★14 大勢の国民が政府の不正に抗議する場合、たとえば何百万もの人々が不正な戦争に抗議する場合、警察が「国民」ではなく「国家」を守るために存在していることがはっきりとわかる。

政府自体が富裕層のための政府として発展し貧困層を明確に排除してきたという歴史的背景や、財産のない貧困層が投票権を手に入れ、それによって政治的発言力をもつようになるまでに文字どおり何世紀もの闘争が必要だったかを考えてみれば、こうしたことを完全かつ簡単に理解できる。マルクスやその知的系譜にいる人々は、社会主義や社会がどのように進化するかについては間違っていたのかもしれない（この点については後で議論する）。しかし、資本主義の仕組みにかんするかれらの分析の多くは明確かつ正確であり、もし学校で労働者階級の子どもにマルクスの本を読ませれば、よく言われる「マルクス主義者のナンセンスな主張」の多くを子どもたちは完全に理解することができるだろう（興味深いことに、人種差別の生みの親であるにもかかわらず、たとえばボルテールやカントの著作は、主流の知識人の間ではマルクスほどの悪評を呼んでいない。そして当然、アフリカやアジアの学者はほとんど無視される）。

　このように、人種差別のある社会において、労働者階級の人々、とくにその黒人が警察を嫌うようになるのは当然のことなのだ。これは、政治的に論理的で現実を理解した上での行為なのであり、成功した黒人でも同じことである。イギリス社会のなかで、俺たちの家族や友人を不法に殺すことを罰も受けずに堂々と繰り返してきたのは誰なのか？　スティーブン・ローレンスの家族の期待を大きく裏切り、かれらにふさわしい正義をもたらすかわりに、かれらを内偵することにしたのは誰なのか？〔一九九三年のスティーブン・ローレンス殺害事件の初動捜査の失敗への批判をかわす材料とするため、ロンドン警視庁は覆面警官に事件に関係のない家族の内部情報を集めさせた〕　薬物捜査を受けるスマイリー・カルチャーがお茶をつくりながら本当に自分を刺したと信じろというのか？〔二〇一一年三月一五日朝、薬物の家宅捜査を受けたスマイリー・カルチャーは、お茶とクッキーを口にした後、突然ナイフで自分の胸を刺して死亡したとその場にいた警官が証言した〕　仮にそれが事実だったとしても、誰かが過失致死罪で刑務所に入るべきではないか？　オーグリーヴの炭鉱労働者を襲ったのは誰か？〔一九八四年六月、英国のサウスヨークシャー州にあるオーグリーヴでストライキ中の炭鉱労働者五〇〇〇人を機動隊六〇〇〇人が襲った〕　ヒルズボロの悲劇のあと、誰が嘘をついたのか？　警察の仕事は国家を守ることなのであり、労働者階級の人々は意味のあるかたちで国家をコントロールしていないのは明らかである。

　イギリスにおいて黒人であり、貧しく、政治的に覚醒するということは、警察、そしてイギリスそのもののもっとも醜《みにく》い側面を見るということである。それは、舞台のカーテンの裏側を見て、茶番に騙されないことである。そして自分にははっきり見えるものが多くの人々には見えていないので、気持ちが変になることである。俺は子どものころ、どれだけ自分の安全が脅やかされても警察を呼ぶことはなかった。そうすることが心によぎったこともなかった。警察は、父の世代のカリブ系黒人男性を何のお咎《とが》めも受けずに軒並《のきな》み暴行した。シンシア・ジャレットは家宅捜索中に死亡し、警官はチェリー・グロースに発砲した。そして拘留中のすべての不審死や、死因審問の陪審員が不法殺害の評決を下したケースでも、警官は決して処罰されることはない。[★15]

この本を読んでいる人のなかには、警察がかつて街角で理由もなく黒人男性を捕まえて殴っていたなんて信じられないという人もいると思うが、そういう人は、五〇歳以上の黒人にこの体験について訊いてみることをお勧めする。また、白人の証人が必要な場合は、その世代のアイルランド人に話を訊いてみるといいだろう。当時アイルランド人は黒人と比較的同じような扱いを受けることが多かったからだ。[★16]

その人が犯罪者であるかどうかは（「犯罪者」という言葉のもつ政治的な意味は置いておいて）、何の関係もなかった。俺の父、継父《ままちち》、働いていた叔父たちはみんな殴られていたし、もちろん「ワル」のおじさんたちもみんな殴られた。俺はこうした経験を聞いて育ったのだ。だから俺は教育の仕事や完全に合法的なビジネスで収入を得ている現在でも、後ろからパトカーが来ると緊張するし、もし身に危険が迫っても警察には通報しないだろう。こうしたまわりの大人の歴史から、一三歳のころ初めて警察と遭遇したとき俺はほとんど驚かなかった。俺は黒人で労働者階級だったから、当然警察は俺を探していた。そして、俺はそのことを知っていたのだ。

第八章　なぜ白人はマンデラが好きなのか？　なぜ保守派はカストロが嫌いなのか？

「クイトクアナヴァレでのレイシスト軍の圧倒的な敗北は、アフリカ全体の勝利でした！……アパルトヘイトの侵略者の決定的な敗北は、白人抑圧者の無敵神話を打ち破りました。アパルトヘイト軍の敗北は、南アフリカ国内で闘う人々を鼓舞しました。クイトクアナヴァレでの勝利がなければ、われわれの組織に対する活動禁止令が解除されることはなかったでしょう。クイトクアナヴァレでレイシスト軍に勝利したからこそ、私は今日ここにいることができるのです。」

ネルソン・マンデラ、一九九一年七月二六日
キューバのマタンサスでの演説★1

その男の子は、死んだ母親の袖《そで》を引っ張った。母親は地面に倒れて動かなくなっており、着ていた白いシャツは土と血で汚れていた。転倒したランナーのような形でぐちゃぐちゃになった手足。男の子は泣きながら母親を引っ張り、愛おしそうに脇の下に潜りこんだが、母親は死んだままだった。二人のまわりの草や土の上には、母親や父親や子どもたちが血を流しながら散り散りに倒れ、すでに死んだか死にかけていた。ほんの少し前まで歌声が聞こえていたのに、残酷な銃

弾の鋭い音が鳴り響いたあとには、静寂のなかに悲鳴だけが残った。

一九八七年に公開されたダニー・グローヴァー主演の映画『マンデラ』のこの場面を見て、俺は初めてアパルトヘイトの残酷な現実を知った。この映画を観たのは、公開されてすぐのころだったのは確かだから、俺はまだ四、五歳だったはずだ。その後長らくこの映画を観ていないが、一九六〇年に起きた悪名高いシャープビルの大虐殺を描いたこの場面は、まるで昨日観たかのように俺の心に焼きついている。この大虐殺では六九人もの人々が警察の銃撃で死んだ。また多くの人々が逃げる最中に背後から銃弾を受け負傷するか身体麻痺となった。何千人もの南アフリカの黒人が、政府の人種差別的なパス法〔一六歳以上の黒人に身分証の携帯を義務付け移動の自由を奪った〕に抗議するため、シャープビルの警察署に集まっていたのだった。人々は武器を持っていなかったが、それでも警察は虐殺することに決めた。この映画は、その出来事をかなり残酷かつ生々しい形で再現している。俺は初めて人の命、とくに黒人の命がいかに簡単に失われるものであるかを考えさせられた。

俺は母、継父、姉と一緒にこの映画を観た。もうおわかりだと思うが、俺の家族はとても政治に熱中していた。俺が思い出すかぎり俺の人生に初めて登場した政治問題は、反アパルトヘイト闘争だった。家の壁には、マルコムXの「いかなる手段をとろうとも」のポスターと一緒に南アフリカ民族会議（ANC）の自由憲章〔一九五五年、ANCを中心とする南アフリカの反アパルトヘイト組織が運動の基本方針としてつくった宣言文〕が貼ってあった。イギリスは南アフリカからはるか遠く離れていたが、イギリスの黒人コミュニティは反アパルトヘイト運動やその組織化に大きくかかわっていた。反アパルトヘイト活動家は、イギリス国家が外国の人種差別的な入植者植民地を支援していることと国内の人種差別との関係を明確に理解していたのだ[★2]。

結局、イギリスの「人種関係」の歴史のなかでもっとも激動の一〇年が、反アパルトヘイト闘争が頂点に達した一〇年でもあったというのは、まったくの偶然なのだろうか？　すでに述べたように、俺が通っていたパンアフリカニズムの土曜学校は、ウィニー・マンデラにちなんで命名された。これは、学校がウィニー・マンデラが闘争に貢献していることを称《たた》え、白人至上主義と植民地主義を国際主義的に理解していることを表明するためのものだった。俺は、一九九〇年にネルソン・マンデラが刑務所から釈放されるまでの数年間、「ママ・ウィニー」がテレビに登場するのを見て育ち、家族で反アパルトヘイトのデモに何度も参加した。

一九九一年には、ハックニーエンパイア劇場で南アフリカの芝居『サラフィナ！（Sarafina!）』の素晴らしい上演を何度も観た。この芝居は一九七六年のソウェト蜂起〔白人系言語アフリカーンスの学校での使用強制に反対して、ヨハネスブルク近郊のソウェト地区で黒人生徒が開始した抗議行動。警察の弾圧により数百人の死者が出た〕を描いたもので、南アフリカの伝説的なジャズミュージシャンであるヒュー・マセケラが出演していた。後に俺は彼に会うことができた。ご想像のとおり、俺はこうした文化的、政治的環境のなかで、一〇歳になるはるか前から帝国主義と白人至上主義の異常な残虐性を知っていたのだ。

明らかに大人向けにつくられた映画を五歳の子どもに観せるという親の判断に疑問をもつ人もいるだろう。俺も確かに不安や動揺を感じたことを覚えているが、いまでもあの場面を観たことが俺の人生のターニングポイントになったことを覚えている。つまり、大人はこんなにも恐ろしいものなのだ、世界は本当に汚らしいものなのだと初めて知った瞬間だったのだ。まだ幼い俺に非常に残酷な映画を観せた俺の親を批判することはできるかもしれないが、俺はそれは間違いだと思っている。世界のほとんどの子どもたちは、構造的な不正義の残酷さから逃れる贅沢をもちあわせていないのが現実だ。俺の子ども時代がイギリスの基準ではひどいものだったとしても、現在でも地球上の多くの子どもは、カムデンで生まれた子どもよりもソウェトやシャープビルで生まれた子どもに近い生活を送っているのである。俺の両親は正しいことをしたのだと思う。たとえそれが俺に苦痛や混乱をもたらし、うまくまとめられない多くの疑問を残したとしても。「ママ、警官は人々を守るはずなのに、どうしてあの人たちを銃で撃ったの?」「どうして警察はみんな白人で、抗議している人たちはみんな黒人なの?」「あの人たちはただ歌っていただけなのに、どうして殺されたの?」「ママ、お母さんが死んでしまって、あの小さな男の子はどうなるの?」

英米政府の決定的な白人ナショナリズムを完全に理解するには、アパルトヘイト体制下の南アフリカの問題を抜きにはできない。ファシズムとの戦いとされるものの数十年後、英米政府とそれらが仕える資本は、ナチスと同じ種類のジェノサイド的な人種差別的「論理」に根ざした思想をもつ政権を支持していたのだ。世界の警察官を自称し、「人道的な」理由で数多くの国を侵略してきた英米政府が、二〇世紀後半の政権のなかでおそらくもっとも世界的に悪評高い政権をもつ南アフリカには侵略せず、むしろその政権を支援していたのだ。

マーガレット・サッチャーは、アパルトヘイトに「原則的に」反対すると主張していたが、南アフリカ政権に対する制裁には一貫して反対した。そもそもイギリスの議会、セシル・ローズ、ウィンストン・チャーチルが、アパルトヘイト体制の建設に決定的な役割を果たしていたのだ。一方、南アフリカの多くの黒人はボーア戦争〔一九世紀末から二〇世紀初頭にかけて南アフリカの支配権をめぐって起こったイギリスと南アフリカのオランダ系白人との戦争〕をイギリス側で戦い、第二次世界大戦——繰り返すがファシズムとの戦い——でもイギリス側で戦った。もし南アフリカで白人と黒人の立場が逆だったら、白人に対してアパルトヘイトのような残虐行為をはたらく黒人政府をイギリスやアメリカが支持するとは考えられない。

イギリス、フランス、アメリカは、児童が殺害され、反政府派の政党や団体が禁止されたあとも、南アフリカへの武器禁輸を求める国際社会の呼びかけを一貫して妨害していた。こうした制裁は、通常ならばそれらの大国が「外国の民主化支援」と呼ぶものである。黒人を人間未満の存在とみなしている政府をこのように露骨に支援することが、イギリス国内の黒人に何の影響も与えないと考えるのは明らかに馬鹿げているが、イギリスの歴代政府は気にしないか、その矛盾を何とかとりつくろおうとしていた。すでに述べたように、一九八〇年代の俺たちはいまよりもずっと二級国民だった。

黒人イギリス人は、誰にとっても明らかに違いない理由によって圧倒的にアパルトヘイトに反対していた。しかし南アフリカの状況は、一つの闘争というだけではないかなり複雑なものだった。民族の分断、伝統的な貴族、実際に国を運営しなければならない可能性などの問題が事態を複雑にし、人々の帰属意識を分裂させていたのだ。また、遠く離れたイギリスでラディカルでいるのは簡単だということも理解している。イギリスでは首を踏みつけられ銃剣を背中に突き刺されることはないのだ。それでも、反アパルトヘイト運動には大多数の黒人イギリス人が結集した

（だからこそ、黒人ボクサーのフランク・ブルーノがアパルトヘイト政権を黙認していたことは黒人イギリス人をいらだたせたのである）。また、ジャマイカとバルバドス〔英連邦に属するカリブ海の国〕は、アパルトヘイト政権に制裁を科した最初の国であり、当然その姿勢はイギリスに住むカリブ系の人々にも伝わっていたということも忘れてはならない。

イギリス全体では、何十万もの人々が反アパルトヘイトデモに参加し、有名アーティストがトリビュートソングをつくったり、南アフリカへの文化的ボイコットを実施するために声をあげたりした。一九八八年にはネルソン・マンデラの七〇歳の誕生日を記念し彼の釈放を求めるコンサートがロンドンのウェンブリースタジアムで開催され、世界中の有名ミュージシャンが参加した。またイギリスの活動家は、一九八六年から一九九〇年にかけてロンドンの南アフリカ大使館でノンストップのピケを張った。それに対してイギリス政府は、活動家を逮捕し、抗議活動を禁止しようとした。考えてみてほしい。イギリス政府は、外国の人種差別的な入植者政権に抗議した自国民を逮捕したのだ。昔から大部分のイギリス国民は、権力者よりも先進的な考えをもっているようだ。

一九九〇年にネルソン・マンデラが釈放されたことは、俺たちにとって極めて大きな出来事だった。ネルソンとウィニーがブラックパワーの拳を突きあげている象徴的な写真が、世界中の新聞の一面を飾った。当時、イギリスでもっとも読まれた黒人新聞であるボイス紙は、その写真に「ついに自由になった」という見出しをつけた。その言葉がマーティン・ルーサー・キングを示唆《しさ》していたのは明らかだった〔一九六三年のキングの有名な演説「私には夢がある」の最後にその言葉がある〕。

一方デイリーテレグラフ紙は、「マンデラ、武装闘争は続くと発言」という見出しの記事を掲載した。これは、国際的な支援を受けるアパルトヘイト政権とその黒人協力者が、いまだにANCのメンバーやその支持者を虐殺していたことや、アパルトヘイトこそが残酷な暴力に根ざしていたことを考えると、非常に誤解を招く見出しだった。[★3] マンデラのANCが南アフリカの与党となった現在、マンデラが釈放されたあとも状況が不安定だったことは忘れられがちだ。マンデラが釈放されてすぐの一九九〇年四月、ウェンブリースタジアムで二回目のコンサートが開催され、マンデラはステージに登場し世界に向けて演説を行なった。

俺の家族、ハックニーエンパイア劇場、そしてイギリスじゅうの黒人コミュニティや反人種差別活動家には、祝福と勝利の雰囲気があふれていた。大人のなかでも皮肉屋（かつ鋭敏）である人々は、南アフリカに本当の意味での正義はもたらされないこと、アパルトヘイト体制下で何十年にもわたって残虐行為を行なってきた人々は処罰を受けないだろうということをその時でさえ知っていたが〔アパルトヘイト下の人権侵害を裁くために一九九五年に設立された南アフリカの真実和解委員会では、加害者は真実を話せば処罰を免れることになった〕、それでもこれが重要な出来事であること、権力が妥協を余儀なくされたこと、アフリカにおける最後の白人入植者政権が公式に敗北したことは誰も疑っていなかった。

後年、反アパルトヘイト運動と俺とのつながりは、より個人的なものになっていった。学校時代の俺の友人の一人は、父親をアパルトヘイト政権に殺害され、イギリスに亡命していた。中学時代に俺たちが組んでいたヒップホップグループで、友人は次のようにラップした。

俺にしてみれば真実和解委員会は馬鹿げている
嘘と苦しみしか手に入らないようだから

真実和解委員会が正義をもたらさないことは、一〇代の若者でもわかったのである。釈放されてから亡くなるまで、マンデラはマスコミで事実上の聖人となり、ビル・クリントンからローマ法王までのすべての人間が称賛する、この壊れた世界の敬うべき長老となった。マンデラが亡くなったとき、デイリーメール紙はそれを「巨人の死」という見出しで報じた。首相官邸は国旗を半旗に掲げ、当時のデイヴィッド・キャメロン首相はマンデラを「真の世界的英雄」と呼んだ。現在、マンデラの銅像は、サウスバンクセンター〔テムズ川の南岸にある芸術関連の複合施設〕だけでなくパーラメントスクエア〔ロンドンの国会議事堂前にある広場。多くの歴史的政治家の銅像が建てられている〕にも設置されており、アパルトヘイト体制の設計者であるウィンストン・チャーチルとヤン・スマッツ〔一八七〇―一九五〇年。南アフリカ生まれのオランダ系白人政治家。南アフリカの首相を二度務めた〕の銅像と一緒に並んでいる。どうしてこんなことが可能なのかと疑問に思うのは当然だ。アパルトヘイト体制をつくった人物を尊敬する人々は、それを倒した人物を愛することができるのか？　確実に何かが間違っているのではないか？

なぜ一九八九年のどこかの時点で、白人の保守主流派と「上品な」リベラルの双方が突然ネルソン・マンデラを英雄視するようになったのか？　イギリスの一部のマスコミは、ANCが南アフリカに「共産主義風の黒人独裁政権」を樹立しようとしていると非難し、サッチャーはANCを「典型的なテロ組織」とみなして――アメリカは二〇〇八年までそのように認識していた★4――

アパルトヘイト政府に対する制裁に反対し、保守党の学生組織である保守学生連盟は「マンデラを吊るせ」キャンペーンを行なっていたことを思い出してほしい。若き日のデイヴィッド・キャメロンがそのキャンペーンに参加していたという証拠はないが、南アフリカに対する制裁の解除を求めるロビー団体が費用を負担した現地調査団の一員として一九八九年にその国を訪問したことは確かである。ではなぜ一九九〇年以降、それ以前の南アフリカの黒人の生活に対してよくて曖昧《あいまい》、悪くて公然と敵対していた人々が、マンデラへの愛を表明したのだろうか？

俺にはマンデラを愛し尊敬する理由がある。黒人コミュニティや、一般社会に広がる前から反アパルトヘイト運動を行なっていた人々にもマンデラを愛する理由がある。俺たちがマンデラを愛するのは、彼が歴史上もっとも不正義な政治体制のひとつに反対するために、二七年間にわたって命を危険にさらしみずからの自由を犠牲にしたからだ。俺たちがマンデラを愛するのは、一九八五年にアパルトヘイト政権への屈服と引き換えに釈放を提案されたときでさえ、マンデラはその提案を拒否し、南アフリカの人々に自分の自由はかれらの自由と切り離せないものだと言ったからだ。そう、俺たちがマンデラを愛するのは、彼が道徳的に擁護できない人種差別的入植者植民地政権に対して武器をとる勇気をもっていたからである。また彼は、釈放されてからも、自分の闘争を支援した国々のことをその国々の指導者がマスコミでどれだけ評判が悪くても決して忘れなかった。そのことも、俺たちがマンデラを愛する理由だ。しかし、新たにマンデラを称賛しはじめた人々はどうだろうか？　なぜ、かれらは突然マンデラが好きになったのか？

白人主流派が白人至上主義という悪を突然認識し、その道徳的な啓示のなかで――かれら白人が奴隷制を終わらせたのと同じように――マンデラの闘いが正義であることを発見したということだろうか？　かれらは突然、自由憲章を実現しようとしたのだろうか？　かれらは、南アフリカの富が少しでも再分配されることを望んだのだろうか？　遅れてマンデラを称賛するようになった人々は、マンデラが彼の輝かしい人生のうちの二七年間を犠牲にしてまで闘った状況を根絶しようとしているのか、それとももっと邪悪な動機をもっているのか？

　こうした疑問については、マンデラを称賛する報道機関や政治機関が、マンデラが尊敬していたある人物と国をどのように記憶し描いているかをみてみれば、いくつかのヒントを得ることができる。つまりフィデル・カストロとキューバだ。遅れてきた反アパルトヘイト主義者は、実際にアパルトヘイトと戦うために軍隊を派遣した唯一の非アフリカ国がキューバだったことを、どういうわけか忘れているか知らないのである。それだけでなく、キューバは亡命ＡＮＣ〔南アフリカ国外で活動したＡＮＣ組織〕に医療援助や軍事訓練を提供した。キューバはアパルトヘイトの終焉に決定的な役割を果たしたのであり、マンデラは長い人生の最後までそのことを決して忘れなかった。彼は一度、「キューバの国際主義者たちは、アフリカの独立、自由、正義のために、その原則的かつ無私の性格において比類のない貢献をした」と書いている。★5

　釈放されたマンデラがアフリカ以外の外国で初めて訪れたのは一九九一年のキューバで、彼が「私の同志」「私の大統領」と呼んだカストロに会い、同じ演壇に立った。では、新たに登場した白人保守派のマンデラファンクラブが、カストロとキューバについてマンデラ本人とは違う評価を下すようになったのはなぜなのか？　それを理解するためには、アパルトヘイトの終焉は実際にはどのようなものだったかを確認しておく必要がある。なぜなら、アパルトヘイトの終焉は、それまであった黒人の自由の獲得と同じく、新たに目覚めた白人の支配者や、悪質な政権に圧力をかけたリベラルな運動家からの贈り物として記憶されているようだからだ。しかしこれはまったく事実とは異なる。★6

一九七四年、それまでポルトガルを支配していた独裁政権がカーネーション革命によって崩壊した。新左派政権は、前政権がアフリカのポルトガル植民地であるギニアビサウ、アンゴラ、モザンビークで行なっていた軍事活動を停止した。この三つの領地は、アフリカでヨーロッパ諸国が行なっていた直接的な植民地支配の最後の痕跡《こんせき》だった。すでにこの三つの国では、キューバと、それよりもはるかに少なく曖昧な形ではあるがソ連の支援を受けて、ポルトガルの支配に対する軍事闘争が行なわれていた。

ポルトガルで政権が変わり、アンゴラが独立を宣言すると、アパルトヘイトを終わらせるのに重要な役割を果たすことになる一連の新たな問題が発生した。アンゴラが独立を宣言したのは、アゴスティニョ・ネト率いる左翼のアンゴラ解放人民運動（ＭＰＬＡ）のリーダーシップのもとだった。ＭＰＬＡは南アフリカのアパルトヘイト政権と公然と敵対し、ＡＮＣと連携していた。これに対し、アパルトヘイト政権はアンゴラへ侵攻した。アパルトヘイト政権は、すでに隣国ナミビアを一〇年近く占領しており、南アフリカ国内でやっていたのと同じように子どもたちを投獄・拷問していた。

アンゴラ政府の要請を受けて、キューバ兵三万六〇〇〇人が一九七五年から七六年にかけてアンゴラに派遣され、アパルトヘイト政権との戦いを支援した。MPLAおよびナミビアの解放運動である南西アフリカ人民機構（SWAPO）がどれほど勇敢だったとしても、アフリカ系キューバ人が大きな存在感をしめしていたこのキューバ人部隊なしにかれらが勝利できたとはまったく考えられない。少なくとも、アフリカの革命家たちはそう主張している。

一九八七年まで、アパルトヘイト政権はアンゴラへの侵攻を繰り返した。またアンゴラ全面独立民族同盟（UNITA）のジョナス・サヴィンビという残忍で恥知らずな指導者に武器を与え、アンゴラ政府の転覆を狙っていた。しかし、この章冒頭の引用でマンデラが言及している一九八八年の「クイトクアナヴァレの戦い」という決定的な戦闘で、キューバ人、アンゴラ人、SWAPOがアパルトヘイト軍に勝利した。この勝利のあとの交渉が、ナミビアの独立、ANCの活動禁止解除、そしてアパルトヘイト政権の崩壊につながったのである。おそらくその間四〇万人ものキューバ兵がアンゴラで戦い、キューバ軍は一九九一年まで国の防衛支援と軍の訓練のためにアンゴラに駐留した。キューバ軍が撤退するまでに、南アフリカ政府はナミビアの独立を認め、ネルソン・マンデラの釈放に合意した。クイトクアナヴァレでの勝利が直接これをもたらしたのである。

これがハリウッドの大衆向け歴史映画がアパルトヘイト政権の崩壊を描くときに省略する軍事的背景である。そこでキューバが果たした役割は、唯一無二で決定的なものだった。白人至上主義のアパルトヘイト体制の崩壊に大きく貢献したというこの事実だけでも、ほとんどの人々がキューバに対して少なくともニュアンスに富んだ見方をもつことを可能にするし、さらには人権運動の拡大に大きく貢献した国としてキューバを評価することも可能にするはずだ。しかし大衆向けのプロパガンダが、少なくとも欧米ではそうした考えを抑圧している。アフリカ、アジア、カリブの人々は、入植者植民地の人種差別と戦ったキューバの貢献を忘れてはいない。長い間、キューバは単にソ連の手先としてアフリカで活動していると考えられていたが、アメリカの諜報機関の文書には別の物語が書かれており、アメリカの元国務長官ヘンリー・キッシンジャーでさえ、カストロは「当時の権力者のなかで、おそらくもっとも誠実な革命指導者だった」と認めている。[★7]

アパルトヘイトの終焉はよいことだと誰もが認めており、キューバがそのなかで重要な役割を果たしたのであれば、カストロとマンデラ、キューバと南アフリカに対して、まったく異なる見解をもつことがどうして可能なのだろうか？

簡単に言えば、マスコミが基本的な歴史的事実を歪曲《わいきょく》することに成功し、冷戦時代の遺産が邪魔となって多くの人々が批判的な思考をまったくもてなくなっているということだが、もう一つの答えは、より狡猾《こうかつ》なものだ。現実にはアパルトヘイトは死ななかった。したがって多くの白人保守派がマンデラを愛しているのは、根本的にはマンデラがかれらの仲間を処罰しなかったからなのである。[★8]危険な存在でなくなったり、無事死んだりしたあとに黒人解放運動の闘士を偽善的に崇拝すること——マーティン・ルーサー・キングがそれにいちばんよくあてはまるかもしれない——は、リベラルな装《よそお》いで実際には野蛮な意図を温存する重要な方法の一つなのである。

アパルトヘイト体制は、広大な土地を暴力で手に入れ、膨大な黒人労働者を人間未満の存在として扱うことを人種差別によって正当化した。黒人に実質的な人権はなく、自国を旅行する自由もなく、抑圧者の暴力に対して法に訴えることもできなかった。この黒人労働力の搾取が、南アフリカの豊富な鉱物資源とともに多国籍企業にかぎりない利益をもたらし、南アフリカのほとんどの白人に世界でもっとも高い生活水準のいくつかを提供したのは言うまでもない。

そのようなアパルトヘイト体制の基本的な経済的基盤を理解した上で、黒人と白人、多国籍大企業と黒人労働者の間の経済的関係が、マンデラが大統領になった一九九四年以降に変化したのかどうかを問うことは、意味のないことではないだろう。アパルトヘイト体制とはおもに経済システムのことだったとすれば、みながそうしているようにアパルトヘイトが終結したと主張するには、論理的には南アフリカに経済的平等が生まれていなければならないはずだからだ。

しかし、悲しいことにそんなことは起こっていない。確かに、南アフリカでは公式かつ合法化された露骨な白人至上主義政権は敗北した。それは正義を少しでも信じている人間にとっては喜ばしいことである。それにもかかわらず、マンデラが釈放されて以来何年経っても、先ほど述べた経済関係は大きく変化していない。そしてこれは、初期の民主化交渉でANCが妥協したことの直接的な影響なのである。

南アフリカ中央銀行は、アパルトヘイト体制の終焉後も旧政権と同じ人物が総裁を務めることになった。財務相もそのままだった。旧政権がつくった債務を返済しなければならなかった新ANC政権は、ほかの貧困国で大惨事を引き起こしているIMF／世界銀行の新植民地主義的経済モデルをやむなく受け入れた。新たに選ばれた黒人政権が、前の白人至上主義政権が外国の債権者から借りた金を返済する――これは、その影響がそんなにひどいものでなければ笑い話ですんだだろうが。

歴史上これほどまでに不快な債務返済の事例を俺は知らない。企業の利益のためにアパルトヘイト政権が行なった殺人や虐待の被害者に対する賠償金の支払いを、企業が強制されことはなかった。殺人者や拷問者は投獄されることはなく（体制が「崩壊」したあとによくあるように）、むしろ罪を告白して無罪放免になるよう勧められた。南アフリカで白人はずっと少数派だが、現在に至るまで国のあらゆる資本を圧倒的に支配しているのだ。

こうしたことは正義でもなければ、アパルトヘイトの終焉でもなかった。むしろ、明白に人種差別的なシステムから、明白に経済的なシステムへと変化しただけなのであり、南アフリカの歴史を考えれば、やはりそれは人種的なものであると考えられる。このことは、一九六〇年の悪名高いシャープビルの虐殺以来、単独のものでは南アフリカで最大の虐殺となった二〇一二年のマリカナ鉱山の虐殺につながった。その事件では、ストライキ中の三四人の鉱山労働者が警察に射殺され、現在まで誰も起訴されていない。当時鉱山を所有していたロンミン社は、ロンドンに本社を置いていた。「アパルトヘイト後」の南アフリカでも、「利益追求のためには、黒人の命は犠牲にしてもいい」という言葉が有効なのである。少数の黒人の株主、CEO、政治家がこの現実を変えることはほとんどなく、権力者は死者とその家族にほとんど連帯感を感じていない。

繰り返しになるが、意図的に誤解されないように言っておくと、アパルトヘイト政権の終焉は祝福すべきものだと俺は考えている。どんな欠陥があろうと多数派支配の方が人種差別的な少数派支配よりもつねに好ましい。ANCは、アパルトヘイト政権が行なわなかった地政学的に非常に興味深い政策をとってきた。たとえば、ジンバブエ侵略を支援してほしいというイギリスの提案を拒否したり（少なくとも元大統領のタボ・ムベキによれば）、選挙をつうじてハイチで政権をとった「ラヴァラの家族」〔ハイチの左派政党で、追放されたアリスティド元大統領が率いた〕に武器を送ったりした。それでもハイチ人が勝ちとった民主主義はハイチの支配層とその背後にいるアメリカによって破壊されたが。★9

　しかし、南アフリカの黒人がANCとアパルトヘイト後の秩序が自分たちを裏切ったと主張するのは当然である。南アフリカの平均的な黒人は、いまだに極度の貧困状態にあり、必要最低限の生活必需品を手に入れることもままならない。真の変革は望み薄で、南アフリカは世界でもっとも暴力的で不平等な国の一つである。ここ数年は、他国からのアフリカ系移民に対する外国人排斥《ゼノフォビア》の暴力事件が繰り返し発生し、多くの死者が出ている。こうした暴力は、「かれらはわれわれの仕事を奪いにやってきた」という、どこにでもあるようなレイシストの言葉で正当化されており、ズールー族の王は移民を「頭のシラミ」と表現し攻撃を煽っている。彼はその言葉が文脈を無視して理解されていると主張しているが、彼が外国人排斥の発言を繰り返しているのをみればその可能性は極めて低い。

　こうした集団的暴力が貧しいアフリカ系移民に向けられているというのは、大変考えさせられるものである。南アフリカの黒人には、自分たちの親があれほど血を流して戦った反アフリカ、反黒人の思想を内面化している者もいるようなのだ。ただそうは言っても、アフリカの民族間の違いや対立は、入植者による植民地主義より何百年も前から存在している。世界中どこにおいても、人々はもっとも弱い人々をいじめるのが好きなようだ。一方、南アフリカでは、この外国人排斥に抗議して政府に外国人保護の強化を求めるデモ行進が繰り返し行なわれ、三万人もの人々が集まっていることも言っておかねばならないだろう。

もちろん、こうしたことすべてがマンデラの責任というわけではない。それはあとで述べるキューバの達成がすべて一人の人物の功績だとは言えないのと同じだ。しかしマンデラは、ANCの妥協が、南アフリカの黒人にとって悲劇や貧困、警察国家の継続を意味することを十分理解していたはずだ。ただ、マンデラはおそらくもっと長期的な展望をもっていたのだろう。俺は、自分が生きてきたくらいの時間を自分の主義主張を守るために刑務所で過ごした人物を裁くつもりはないし、もし俺がマンデラならもっと上手くやった、あるいはできたはずだと主張するつもりもない。マンデラとANCの決定がもたらす政治的帰結の全容は、時間の経過と南アフリカの将来によってのみ明らかになる。しかし、かつてはアパルトヘイト政権の良き理解者だったイギリスの保守党政府が、二〇一六年に不安定な状況にあるANCを支援するためにイギリス陸軍を密かに使おうとしていたことは気がかりだ。★10

…

マンデラが英雄として崇拝されるのとはほぼ完全に異なり、フィデル・カストロは欧米の大衆の想像力、とくにアメリカのなかではほとんどおとぎ話の悪役のようなものになっている。キューバはアパルトヘイト体制下の南アフリカとは異なり、何十年も経済制裁を受けている。カストロが死去したとき、ガーディアン紙のジャーナリストでさえ、「フィデル・カストロの政策は忘れよう、重要なのは彼が独裁者だったということだ」という見出しの記事を書いた。しかし、その同じジャーナリストは、「トニー・ブレアを戦争犯罪人と呼ぶのはやめよう」と言い、「左派は彼の仕事を誇りに思うべきだ」と書いたのである。それでも公平を期して言えば、カストロの死にかんする報道は、いつもどおりのゴシップ紙をのぞけば、全般的には俺が予想していたよりもはるかに思慮深くバランスのとれたものだったことに俺は嬉しい驚きを覚えた。アメリカではそうではなかったのではないだろうか?

カストロはしばしば「人権侵害者」のレッテルを貼られているが(マンデラとは正反対である)、マンデラ以後の南アフリカと比較して、カストロ以後のキューバが人権面でどのような位置にあるのかを考えてみよう。両者の闘争は密接に絡み合っているが、マンデラとカストロに対する扱いがしばしば対《つい》になっていることを考えれば、平均的なキューバ人の生活条件は南アフリカ人よりもはるかに悪いと考えるのは当然のことだろう。とくに南アフリカは莫大な資源と産業をもち、経済制裁も受けていないのだ。そしてマンデラを善、カストロを悪とみなす一団が関心を抱いているのが本当に「人権」であるのならなおさらそうであるはずだ。

しかし、キューバの現実はそうした人々が主張するようなものではない。熱心なキューバ批判者が、同じような歴史をもつ国々とキューバを直接比較することを避け、単に形容詞に頼るのはそのためである。一度キューバをカリブ海や南米の元奴隷制国、または南アフリカのような国と直接比較すると、かなり違った印象を受けるようになる。

キューバは、アパルトヘイト体制の終焉に大きな役割を果たしただけでなく、同じ地域のほかの国が麻薬取引によって受けた被害を回避してきた。キューバの殺人率はラテンアメリカの平均の四分の一、また別の比較をすれば、アメリカの多くの都市の殺人率はキューバの一〇倍も高い。同様にキューバの殺人率は隣のジャマイカと比較しても低いが、南アフリカは世界の殺人率の上位一〇位内に頻繁に入っている。南アフリカのシャープビルやマリカナで起きたような労働者の虐殺は、一九五九年以降のキューバでは起きていない。もっとも熱心な反キューバのイデオローグでも、南アフリカ、ジャマイカ、ブラジル、そしてアメリカでよく見られる規模の警察の暴力がキューバに存在するとは言わないだろう。

ラテンアメリカを世界でいちばん暴力的な地域にしている極端な不平等と特殊な歴史は、アメリカがこの地域の独裁者を支援してきた長い歴史に少なからず原因がある。これがこうした国の多くの人々がキューバを希望と誇りの源泉としてみている理由の一つである。キューバはアンクルサム〔米国政府や米国人の俗称〕に立ち向かい、勝利を収めた国だからだ。

キューバには、その国に批判的な人々でさえも見過ごすことができない成果がある。それは医療だ。「キューバは医療が充実している」としぶしぶ認める声をよく耳にするが、その医療制度の規模や、またキューバが医療で多くの国々を支援していることがきちんと評価されることはほとんどないので、ここでじっくりみてみる価値はあるだろう。

二〇一五年、キューバは世界で初めてＨＩＶと梅毒の母子感染を根絶した国になった。より最近では、ヴァージングループの創設者で会長である実業家のリチャード・ブランソンも、キューバ医療の並外れた成果と、馬鹿げた制裁のために一般アメリカ人がキューバの革新的な医療技術の恩恵を受けられないことについて記事を書かざるをえなくなった[★11]。

キューバは現在、Ｇ８諸国の合計よりも多くの医療従事者を外国に派遣している[★12]。二〇一四年には、キューバは六五ヵ国に五万人の医療従事者を派遣しており、これは赤十字、国境なき医師団、ユニセフの合計を上回る数だ。一九六〇年以降、一〇万一〇〇〇人以上のキューバ人が一一〇ヵ国で医療を提供してきた。ソモサ独裁政権下のニカラグアやさらにはアメリカなど、自国と公然と敵対する国においてもキューバは医療活動を行なってきた歴史がある。

キューバの医療がどれだけ進歩してきたかをみてみよう。キューバの医師数は一九六五年には人口一二〇〇人あたりに一人だったが、二〇〇五年には人口一六七人あたりに一人という世界でも例を見ない数を誇るまでになった。二〇一四年のキューバの医師数は八万三〇〇〇人で、人口が三倍以上ある富裕国のカナダより約五〇〇〇人も多い。最近の世界保健機関（ＷＨＯ）のデータでは、キューバの平均寿命や乳児死亡率などの健康指標は、アメリカやカナダと肩を並べているほどだ。

またキューバは、世界中から集まった何千人もの学生に、帰国して自国の貧しい人々のために働くことを条件に、返済不要の医学生奨学金を提供してきた（つまりキューバ国民が費用を負担しているということだ）。二〇〇五年以来、キューバの国際医学学校であるＥＬＡＭ（ラテンアメリカ医科大学）を卒業した学生は、二〇一四年時点で八三ヵ国、二万三〇〇〇人を超えている。二〇一四年のエボラ出血熱の流行や二〇〇五年のパキスタン地震など、世界的な大規模災害の際にはキューバの医療従事者はしばしば世界で最初に当該国に入っている。★13

こうした事実は、WHOのような「共産主義のプロパガンダ機関」やキューバが支援しているすべての国の政府によって認められている。グローバルジャスティス、人命、人権を実際に気にかけている人にとって、キューバ医療の国際主義は間違いなく二一世紀最大の人道的事業の一つなのだ。キューバは、ジャマイカやハイチやリベリアに対して、援助と引き換えに水道事業を売却するように要求したり、途轍もない額の債務を背負わせたり、キューバが認める共産主義者を指導者にするように要求したりはしていない。キューバ国民は、他者に対する誠実な革命的連帯によって、大部分はグローバルサウスの貧しい黒人や茶色の肌の人々に対してこのような仕事を行なっているのである。俺の知るかぎり、イギリスは自国の元植民地に対してさえ、キューバのような規模の無条件な支援を提供していない。それどころか自国の国民保健制度を解体しているところなのである。

もし平均的なキューバ人が、平均的な南アフリカ人よりも同国人や自国政府に殺害される可能性が数倍低く、はるかに素晴らしい医療・住宅・教育を享受することができ、さらに一〇年以上長生きできるとすれば、カストロ以後のキューバは多くの重要な人間開発指数において、マンデラ以後の南アフリカよりもよい結果を出していると言えるだろう。

しかし、欧米でキューバについてこれまで言われてきたことすべてがまったく真実だと仮定しよう。たとえばカストロが冷えたビールを飲みながら反体制派を生きたままバーベキューにしたり、ナイフで人々を切り刻んだり、女性の運転を禁止したりといったような話だ。こうしたカストロの振る舞いをもし信じたとしても、保守派や主流派の政治家がみなカストロを軽蔑する理由は説明できない。なぜなら、かれらはほかの文脈ではそのような行為を問題視しないからだ。

　われわれの政府が武装させたり、経済取引をしたりした政権をみてみると、一九四五年以降の世界でもっとも凶悪な人権侵害者たちが並んでいる。カンボジアのポル・ポト、チリのピノチェト将軍、インドネシアのスハルト、ビアフラ戦争下のナイジェリア〔元イギリス植民地のナイジェリアで一九六七年、油田のある東部州のイボ人がビアフラ共和国として分離独立を行なったことでナイジェリア政府との間で内戦が勃発。イギリスは石油利権確保のために武器供給でナイジェリア政府を支援し、三年間の戦争でイボ人側に二〇〇万人の死者をもたらした〕、イスラエル、そして現在イエメンで凶悪な戦争を行なっているサウジアラビアだ。その名前は延々と続き、何百万もの人々の死と想像を絶する悲惨さの元凶となっている。[★14]

　われわれの政府を突き動かしているのは「人権」への思いだと信じるのは、よほど騙《だま》されやすい人である。保守派やあるいは「上品な」リベラルでさえも、マンデラは英雄でカストロは悪だと考えている。俺の考えではこれにはいくつかの要因があるが、昔からある単なる知的従順さもその一つだ。また、トニー・ブレアやバラク・オバマには思慮深く、場合によっては好意的な感情を抱くのに、カストロとキューバに対してはそうではない人々は、ブレアやオバマがどのように振る舞い、どのように政治権力を行使したかということには関心がなく、その思考を動かしているのはイデオロギー、ナショナリズム、偏見、あるいは無知なのではないだろうか？

　はっきり言っておくと、俺はカストロがまったく間違いを犯さない聖人だと考える宗教的左翼ではない。キューバには過ちや欠点、権力の乱用があったこと、そして国内の人種差別をはじめ克服しなければならない多くの課題があることを俺はよく知っている。キューバ革命やカストロを批判する正当な理由はたくさんある。しかし、俺が言いたいのは、キューバが歴史上もっとも裕福な国アメリカから経済封鎖され、その国が支援するテロリズムに対処しなければならず、アメリカやイギリスがほかの多くの国々に差し向けたような暗殺やクーデターの脅威につねにさらされているなかで[★15]、あなたや俺なら国の運営をもっと上手くできたと考えるのには、相当な誇大妄想が必要だということだ。

俺は国を運営する以前にこの本を書くことにすら相当苦労しているが、もしキューバ革命の功績や欠点を率直に評価するのであれば、キューバをほかの似たような国と比較してみなければならないのではないだろうか？　政治プロセスの結果を具体的に議論するよりも、個人に対する悪魔化やデマの拡散に集中する方がずっと簡単だ。フィデル・カストロ個人、あるいはカストロとはまったく逆の理由でマンデラという人物のみに注目すれば、キューバ革命や反アパルトヘイト闘争の成果についての具体的な分析をせずにすむ。しかしキューバを南アフリカやそのほかの類似国とくらべた場合には、キューバ革命の功績（と欠点）が誰の目にも明らかになるだろう。

しかし、こうしたことがイギリスにおける人種や階級にとってどう重要なのかと訊《き》く人もいるかもしれない。まず、これらの世界的な反人種差別闘争はつながっていた。一九七七年の「ルイシャムの戦い」〔その年の八月一三日、極右の国民戦線メンバー約五〇〇人が移民が多く住むロンドン南東部のルイシャムを通ってデモ行進しようとしたのを約四〇〇〇人の反対運動が妨害した〕でイギリスのファシストに勇敢に立ち向かった人々の多くは、一九八〇年代をつうじて反アパルトヘイト運動で活躍した。次に、グローバル大国として、イギリスの国内政治と世論は全世界に影響を与えるし、逆に世界の出来事はイギリスの国内政治に影響する。俺の子ども時代は、反アパルトヘイト運動の存在によって特徴づけられていた。大きくなってからはイラク戦争がそのような出来事になった。こうした出来事は、自分たちの社会とその世界での位置について多くの人々の見方に影響を与えたのである。

しかし、カストロとマンデラがイギリスにおける人種と階級にとって重要だと言うのにはもう一つ理由がある。それは、人種差別をなくしたとされる国がそれまであった階級関係を温存させているかぎりその国を称賛するが、実際に世界の反人種差別闘争に物質的に貢献していても、自国の階級関係を革命的に変化させた国は憎悪するというイギリスの主流派のあり方を明らかにしているからだ。どちらにしても真の反人種差別主義がこうした好き嫌いの動機となることはないのだ。

平均的な中流階級のリベラルや保守派のイギリス人にとって、キューバの功績は微々たるものに見えるかもしれないが、平均的なジャマイカ人、ハイチ人、ブラジル人、あるいはインド人にとっては、キューバが自国の人民大衆のために行なってきたことにはきわめて目を見張るものがある。平均的な中流階級のリベラルなイギリス人は、アメリカ帝国主義の餌食《えじき》にならず、全国民に医療と教育を提供し、そうした分野で多くのイギリス連邦諸国を援助している国を無視することはできるかもしれないが、両親や祖父母がジャマイカ、ナイジェリア、インドなどの出身で、定期的に「故郷」を訪れることでキューバを測る現実的なものさしをもっている俺たちにとって、キューバ革命の伝統はかれらとはまったく異なるものに映る。俺は、ジャマイカでキューバ人医師が人々を教育し、命を救っているのをこの目で見てきたのだ。イギリスで快適に暮らしていると、社会主義国家の成果を理想化するのは簡単だが、キューバがいくつかの重要な分野で発展を遂げているという事実を無視するのも簡単なのだ。それはほかのほとんどの「第三世界」諸国や、地球上でもっとも豊かな国でさえも達成していないものなのである。

⁝

俺が子どものころ、イギリス政治における黒人や茶色の肌の人々の発言力は、控えめに言ってもかなり小さなものだった。この状況はだいぶ変化しており、過大評価すべきではないにせよ後戻りする兆《きざ》しはない。イギリスの人口に占めるアフリカ系、アジア系、カリブ系の人々の割合が増加するなかで――二〇五〇年には三〇パーセントになると予測されている――このことはイギリス政治における対話や議論、そしてイギリス政治の方向性にどのような影響を与えるだろうか？　「第三世界」と直接つながっている俺たちは、政治的な出来事について、主流の意見とはまったく異なる解釈や記憶をもっている。そして俺たちの歴史は、イギリスの未来を形成し、またそれによって形成されつづけずにはいられない。

このイデオロギー的な闘いは、マンデラやカストロのような歴史上の人物に対する人々の記憶をめぐっても繰り広げられており、また現在行なわれている「ローズ像を倒せ」キャンペーンにも見ることができる。このイギリスのキャンペーンは、南アフリカの学生たちに触発されたものだ。南アフリカの学生たちはセシル・ローズのような植民地時代の白人至上主義的人物への称賛を止め、そうした人物が進めた残虐行為の犠牲者を悼み、帝国、人種的ヒエラルキー、そして冷戦時代の地政学によって決められたものとは異なる世界秩序への希望を抱いて、そうした人物の銅像の取り壊しを要求したのだ。

第一次世界大戦が勃発した当時、世界の大部分はヨーロッパ諸国(とオスマン帝国)によって植民地化されており、人種は大国間の国際問題において人間の違いを説明するための方法として完全に支持されていた。一部の人々はあからさまな白人至上主義に疑問を感じていたが、第一次世界大戦という大惨事のあとでも、イギリス、アメリカ、フランスの支配層は、日本がベルサイユ条約に人種平等を認める条項を入れるように提案しても、即座に拒否するだけの自信をもっていた。[★16] 民主主義的な欧米世界の「文明的」な政府が、白人至上主義は当然のものではないのかもしれないという考えを受け入れるには、もう一つの世界大戦とナチスによるジェノサイドが必要だったのだ。

第二次世界大戦が終わっても、植民地化されていた国々は、かれらがその旗の下で戦っていたヨーロッパの国々とはまったく異なる問題に直面していた。ヨーロッパ諸国がアメリカから多額の援助を受けて自国の再建に集中する一方で、植民地にはファシズムに対して肩を並べて戦ったヨーロッパの国々を相手に、みずからの自由のために戦う場所、能力、経験があった。忘れてならないのは、一九四五年に植民地の軍隊を使ってナチスを倒したあとも、英仏両国はみずからの白人至上主義帝国を温存するつもりだったということだ。

　白人至上主義のもっとも極端な形であるナチスが、過去三世紀のどの勢力よりも白人支配を弱め、欧米の威信を傷つけ、「第三世界」解放闘争の余地をつくったことは、歴史の大きな皮肉の一つである。あなたは欧米のリベラルが、たとえ自己保存のためだけだとしても、こうした歴史の教訓を学んだと思っているかもしれない。しかし、いまだ俺たちは公園で一人で遊んでいた一二歳のタミル・ライスが防犯カメラに撮影されるなか警察に殺害されることよりも、正真正銘のナチスが殴られたり、発言の機会を拒否されたりする方が、リベラルの怒りを引き起こす世界に生きているのである。

　言論の自由原理主義者については、もしかれらが九・一一のアメリカ同時多発テロを素晴らしいと考えるサラフィー主義者〔アルカイダやＩＳＩＳをはじめとするイスラム原理主義の暴力的潮流〕がアメリカやイギリスの有名大学で講演する権利を求めてキャンペーンをするのだとしたら、そこで初めて俺はかれらの誠意を信じることができるだろう。こうした人々が言論の自由について語る様子は、マッカーシズムを一〇〇〇年前の出来事のように感じさせる。

　一九四五年以降、世界の多数派である黒人、茶色、黄色人種の大衆運動が世界を根本的につくり変えた。主流の歴史学者は、脱植民地化が二〇世紀後半のもっとも重要な歴史的出来事だったかもしれないということを決して語ることはない。この脱植民地化の過程においては、宗主国社会内部からのラディカルな批判も起こり、それまであった世界の人種的ヒエラルキーは包括的につくり変えられた。現在ではほとんどのレイシストが、人前で「レイシスト」と呼ばれることに困惑するようになったのだ。マンデラのＡＮＣもカストロのキューバも、世界の人種的再編に複雑な役割を果たし、二人とも双方の貢献に多大な敬意を払っていた。そうした歴史を単純な二項対立に還元することは、その歴史に大きな傷を与えることになる。

俺の子ども時代は、俺が南アフリカからはるか離れた場所に住み、物心つくころまでにその闘争の勢いは決定的になっていたにもかかわらず、南アフリカの反アパルトヘイト闘争に強い影響を受けていた。俺が歩けるようになったころには、すでにネルソン・マンデラの名前は、自由と知恵、正義と原則の代名詞となっていた。しかし、キューバが反アパルトヘイト闘争に貢献したのを知ったのは、それから一〇年以上経った一〇代後半になってから、自分で少しずつ本を読んだり調べたりするようになってからだった。

この種の明らかな欠落は、マンデラやカストロにまつわる単純な言説とともに、権力がいかにみずからの目的のために歴史や報道を操作しているかについて、俺に貴重な教訓を与えてくれた。現在の政治的な出来事の大部分は、権力者のシナリオに合わなければすぐに忘れ去られるか完全に無視されてしまうということを知ったことで、俺はニュースや政治状況についてつねに複数の情報源を探すようになった。また自分が教えられることをつねに信じないか、少なくともそれが教えられる理由を疑うようになった。こうした特性は、俺をしばしば教師と対立させたものだった。

第九章　クー・クラックス・クランは犯罪を防ぐために黒人を殺した

もうすぐ通うことになる中学校を俺は訪れていた。こうした訪問は、生徒が九月から通うことになる大規模学校の大きさを体感し、その新しい場所に少しでも慣れ親しむための儀式だ。この訪問で、俺はほかの新入生と顔を合わせ、学校じゅうを見学した。ガスバーナーを備えた理科実験室に感銘を受けたことを覚えているが、それよりも感銘を受けたのは、もちろん大きなサッカー場だった。

俺が通った中学校は非常にいい学校だったことは言っておきたい。多くの才能ある人々を輩出しており、俺の成長にも大きな役割を果たした。何人かの素晴らしい先生、そしてそれ以上に素晴らしい友人に恵まれた。とはいえ、人生のすべてがそうであるように、その学校も矛盾に満ちていた。

学校訪問では、将来の先生たちにも会うことができた。ひと目見ただけで十分だった。大げさか生意気に聞こえるかもしれないが、そういうものなのだ。無防備な目つきは多くのことを教えてくれる。俺は先生たちをひと目見て、これからの中学校の五年間はつらいものとなり、とくに担任の先生との関係は学校生活のあいだ大きなストレスのもとになることがわかったのだ。大人は子どもを欺《あざむ》けると考えているが、子どもは素早くかつ正確に人の性格を判断できる。それはほとんど第六感のようなものだ。俺がその先生に初めて会ったときもそうだった。彼女の目は、俺のようなおしゃべりで自信過剰、そして自分の意見をはっきりと言う、見るからに労働者階級の少年への軽蔑を隠しきれていなかった。また、俺に対して人種的な不快感を感じているのもわかった。この種の感情を俺は感じとれるようになっていたのだ。

九月に正式に入学してからは、最初の印象が見事に正しかったことがわかった。すぐにこの先生との衝突が始まったのだ。お互いの世界観があまりにも違っていたので、うまくいくはずがなかった。俺の政治的英雄はモハメド・アリとマルコムXで、彼女のそれはマーガレット・サッチャーとウィンストン・チャーチルだったのだ。彼女は、イギリス固有の道徳的優位性というものを信じており、イギリス帝国は本質的に他者を文明化する任務を務めていたと考えていた。

一方俺は、パンアフリカニズムの土曜学校のおかげで一〇代にしては珍しい量の知識をもっていたが、それは彼女が信じていたことの多くと矛盾するか、少なくともそれに異議を唱えるものだった。彼女と「アフリカ争奪戦」について議論したとき、彼女は古い鉄道論を繰り返した。「植民地主義は原住民《ネイティブス》に鉄道を与えました。それはよいことでした。以上」というように。

また、「ヨーロッパ人はアフリカ人が人間であることを知らなかったから、アフリカ人を奴隷にしたことをそれほど責めることはできないが、中国に行ったときには［中国人の］人間性によって支配を阻まれた」と言っていた。当時俺は、アヘン戦争のことを知らなかったし、中国人の年季奉公人がどう扱われていたかについてもほとんど知らなかったので、具体的にどう反論したのかよく覚えていない。イギリス支配下の香港が、南アフリカやほかの植民地と同じような人種差別的なアパルトヘイト法で統治されていたことを知っていればよかったのだが。つまり中国人は、期間は短くても、ほかの被支配人種が受けたのと同じ扱いを受けたのだ。すでに中国文明の歴史的功績は明らかであるにもかかわらず、当時のイギリスの帝国主義者が中国人の人間性によって「支配を阻まれた」わけではないことは明らかだ。最終的に俺は、「なぜ植民者や奴隷主は、人間だとは知らなかった奴隷を頻繁《ひんぱん》に強姦《ごうかん》したのか」というようなことを質問したのだと思う。しかしそれはともかく……。

　この先生は、クラスの何人かの男子のことをよく「砂場坊や」と呼んでいたが、これはかれらが砂場で遊ぶ五歳児の精神的レベルにしか達していないという意味だった。そうした少年たちは、ラディカルなコミュニティ学校で勉強するという恵まれた機会をもてず、またおそらく俺が恩恵を受けたようには家族が教育熱心ではなかった。とくに、小学校から知っていた少年の一人は、重度のアルコール依存症の母親をもち、親から育児放棄《ネグレクト》されていたのは明らかだった。

　しかしこの先生は、かれらが自信を喪失し授業にも積極的に参加しない理由を調べるどころか、かれらに「砂場坊や」というレッテルを貼っていたのだ。それとは対照的に、小学校の教師で俺が好きだったアン・テイラー先生は、職務上の義務を超えて、この少年に食事を与えていた。また靴を買ってあげたことすらあった。教師の個人的な態度にどれほど大きな違いがあるかということだ。

　当時、「チャヴス」〔英国で使われる白人労働者階級の若者に対する蔑称〕という言葉はなかったと思うが、彼女がかれらを「砂場坊や」と呼んだのは、「チャヴス」という言葉と同じく、恵まれない家庭環境の人々をステレオタイプ化するものだったのは間違いない。階級的に言えば、俺も「砂場坊や」の一人に違いなかった。結局のところ、俺もかれらと同様に給食費は免除されていなかっただろうか？　俺の服や靴は、俺の家の厳しい経済状況を物語っていなかったか？　俺の貧しさが俺の訛《なま》りから聞こえてきたり、俺の肌、歩き方、目つきから見えてこなかっただろうか？

しかし、俺はすべての科目（もちろん美術を除く！）でクラスで上位の成績を収めていた。おかしなことにこのことはこの先生も含めた一部の教師を困惑させたが、そのおかげで俺は「砂場坊や」とは呼ばれずにすんだようだ。しかし、俺は「砂場坊や」に階級的親近感を感じていた。かれらに起こっていることがわかるような気がして、自分が得てきたものをかれらにも分け与えたいと思っていたのだ。

また、この先生は授業中の討論で、昼休みのサッカーから女子が排除されていることをジムクロウ時代のアメリカの人種差別に例えた。俺はジェンダー的抑圧の深刻さを十分に認識しているが、サッカー場に女子を排除するような看板はなく――まして昼休みに女子に対する殺害《リンチ》が行なわれているわけでもなく――、また国が「サッカー場に女子を入れるな」という政策をとっていなかったことを考えると、この比較はかなり変だと思ったので、先生にそう言った。それに対して彼女が言ったのは、ジェンダーにもとづく条件づけがいかに女子の期待と行動を巧妙に形成し、「本当は」行くのを妨《さまた》げられていない場所に女子が行くのを妨げていることを先生はわかっている、なぜなら男子が昼休みのサッカー場を支配し、女子がサッカーをしようとすることを男子がある種の侵入とみなしているのは疑いないからだ、ということだった。

しかし先生は、なぜ学歴の高くない貧しい家庭の少年たちが、教育を受けることに脅《おび》えるようになったのかは理解できなかった。それも「本当は」誰にも邪魔されていないものなのだ。彼女は俺に、すべての女性は地球上のどのような男性（もちろん黒人や茶色の肌の男性のことだ）よりもひどい生活を送っていると自信満々に言ったが、それはあとですぐにわかるようにグローバルサウスの茶色の肌や黒人の女性に対するフェミニストの連帯としてではなく、どれだけ俺が歴史的な人種的不正義について話そうが、本質的には何の意味もないということを言っていたのだった。

彼女やほかの数人の教師との関係が原因となり、俺にとって学校は喜びの場ではなく戦場のように感じられた。それは俺を教育することになっているが最善を尽くすつもりのない人々との絶え間ない消耗戦のようだった。俺の味方をしてくれた先生たちは、「かれら」に負けてはならない、友人たちのように学校を辞めたり、退学になったりしてはいけないと俺に言った。それはまるで、俺が自分だけを代表しているのではなく、俺やほかの一人か二人の高い成績が集団としての黒人少年の汚名をそそぐかのようだった。

この学校は、カムデンのリベラルな雰囲気を反映して退学になる黒人生徒の数がほかの生徒よりもはるかに多いことをよく認識していたが、問題の解決にはきちんと取り組もうとはしなかった。こうした矛盾がどれほど広がっていたかをしめすものとして姉が社会の先生に聞いたのは、新入生が学校に入ってくると、一部の教師はまだその生徒に会ってもいないのに名前だけを見て、その生徒が学校を卒業できるかどうかを賭けていたということだった。レオン・スミスやウェイン・ジョンソンなどの典型的な黒人の名前だったら、その生徒を卒業できない方に賭ける。たいていの場合、かれらの予測は正しかった。

　ここまでの話は、俺と先生との最終的な対決の伏線にすぎない。

　一〇年生〔日本の中学三年生〕になってあるテーマで討論していたとき、最悪の事態が起こった。経緯はこうだ。俺の学校にはネイション・オブ・イスラム（ＮＯＩ）のメンバーである先生がいて、彼は黒人生徒のための歴史の課外授業を教えていた。当時はスパイク・リー監督の『マルコムＸ』（一九九二年）が世間でまだ話題になっていたころで、ＮＯＩはスティーブン・ローレンス裁判でも注目を集めていたため、いまよりも人々はＮＯＩについて知っていた。この課外授業は、一部の教師の不興を招き、学校は理由を説明することなく一時的にその授業を中止した。

　俺はこれに反対して署名を集めはじめたが、どのような理由であれ授業は復活した。俺の署名運動に効果があったかどうかはぜんぜんわからなかったが、俺が署名を集めているところに出くわした副校長はかなり困惑した様子だった。またＮＯＩのメンバーである先生は、「アメリカ大陸の黒人」という単元《モジュール》をつくって、歴史の授業になんとか組み込ませていた。俺の担任の先生は、その単元がいちばん嫌いで、教えるのが嫌だときわめてあけすけに言っていた。俺と彼女が人種についてもっとも激しい議論をかわしたのは、この単元でのことだった。

　ある日、その単元のなかでどういうわけかＮＯＩについての議論になり、彼女は「ネイション・オブ・イスラムは本質的にＫＫＫと同じ。ただし黒人だけど」と主張した。これは一部の白人保守派の間ではかなりありふれた主張となっているが、本質的には人種差別体制下で生きる黒人が白人を誹謗中傷することと、白人が実際に暴力テロリズムの歴史をもつことを同列に置くものだ。メッセージは明確だ。白人が感情的に傷つくことは、黒人が生命の危険に直面することと概念的に同等であるということだ。

白人主流派の人類学が長きにわたって黒人は人間ではないと主張し、多くの社会がそれを証明するために文字どおりの人間動物園をつくっていたこと、NOIの人種にかんするイデオロギーがつくられたのは、アフリカ全土が植民地化され人種的奴隷制がまだ生きた記憶として残っている人々がいた時代であること、またアメリカ建国においても黒人が人間未満の存在であることは前提だったこと、そしてNOIが設立された一九三〇年代は黒人に対する殺害《リンチ》がまだ一般的だったこと——そうしたことは問題ではなかった。NOIの思想の特徴を理解する上で、そのような文脈は一切必要ではなかったのである。

しかし、白人性《ホワイトネス》が奴隷制やジェノサイド、植民地主義を正当化するのに使われているのであれば、こうしたものから被害を受けた人々のうち少なくとも少数の人々が立ち上がって、NOIのように白人は本質的に悪魔だと主張することはそんなに驚くべきことなのだろうか？

それはともかく、NOIが人種の進化についてどのような理論をもっていようとも、あるいはほかにも欠点はあるにしても、NOIには白人を殺害したり死体の一部をお土産として持ち帰ったり、白人の教会を爆撃したり、白人の子どもや妊婦を殺害したりした歴史はないと俺は反論した。さらにNOIは、犯罪をなくす一助として、ドラッグ依存症を根絶しようとしたり、アメリカで最悪の黒人ゲットーを巡回したりするなど、多くのよいことをした（実際にNOIは、アメリカのもっとも治安の悪いインナーシティのいくつかで、非武装のメンバーをドラッグの売人と戦わせていた)。

議論は授業中ずっと続き、さまざまなテーマに及んだ。クラスのみんなは、白髪《しらが》の混じった大学卒の中年教師よりも、一五歳の少年の論理に味方しているのがわかった。しかし彼女にとって議論に負けることは耐えがたいことなのは明らかだった。彼女の反応はふだんの言動とくらべてもあまりにもひどく人種差別的なものだったので、いまでも俺はショックを受けている。彼女は思わず口走った。

「クー・クラックス・クランだって、黒人を殺すことで犯罪を防いだんです。」

いま、あなたはおそらく信じられない気持ちでこの文章を読んでいると思うが、誤解がないようにもう一度言おう。これは書き間違いではない。

「クー・クラックス・クランだって、黒人を殺すことで犯罪を防いだんです。」

想像してほしい。世界でもっとも多文化的な地域の一つで、自分が教えるべき生徒たちの前に立ち、夏祭りの見世物のように子どもを含む黒人を殺害することは犯罪対策だと言ったのだ。この発言がジェノサイドを含意することは明らかだ。彼女や同じ考えをもつ多くの人々にとって、黒人が地球上から消されるのを見るのは、本当に嬉しいことに違いない。同様に、このような過激派にとって、本もほとんど読んだことのない自信たっぷりの黒人少年たちを教えなければならないことは、拷問《ごうもん》のようなものにちがいない。たまたま憎悪を表に出すことはないにしても、自分が実際には憎んでいる子どもを教えなければならない彼女のような人々は、あとどのくらいいるのだろうか?

俺は先生に一〇回ほど「失せろ《ファックオフ》」と言った。俺は完全に冷静さを失い、議論で先生を出し抜いたことで感じていたわずかなおごりも消えてしまった。怒りと苦痛だけが込みあげてきた。彼女が黒人を憎んでいることはわかっていたが、その日初めてその憎悪の大きさと深さを理解したのだ。俺は屈辱を感じ、そして混乱とも何とも言えない気持ちになった。黒人は、俺たちの肌がこの種の人々にもたらす反発や暴力への衝動を理解することができていない。この憎悪は、あまりにも非論理的なものであり、それを感じている人でさえうまく説明できるかは疑問だ。

俺は彼女に椅子を投げつけたい強い衝動に駆られた。もし彼女が男だったならば、間違いなくそうしていた。そうすれば確実に退学になっていただろう。クラスのみんなは一斉に息を呑み、数人の生徒は抗議の声をあげ、頭を横に振っていた。みな、先生が超えてはならない一線を明らかに越えたと感じていた。彼女は諦《あきら》めたように俺を見た。彼女はもうみんなの前で言ってしまった。謝っても意味がないので、そうしようともしなかった。

授業の残りの時間がどのように進んだのか、俺が教室を飛びだしたのかどうかも覚えていない。ただ俺は何度も悪態をつき、叫んだ。そして真っ赤になった彼女の顔を殴りたいと思ったことは覚えているが、たとえ俺に死を願っている人物であっても、俺には女性を殴ることはできなかった。また、彼女にも俺にも安堵《あんど》に近いものがあったような気がする。俺はいつも彼女に本音を言ってほしいと思っていたが、ある意味では彼女は慎重に踏みとどまっていた。しかし彼女はもう自分の本音を隠すことが難しくなったのだ。そしてかなり苦々しいものではあったが、彼女の真実が明らかになった。

彼女の発言はちょっとしたスキャンダルとなり、違うクラスの生徒もその日のうちに知ったようだ。その夜、家に帰って母にその日起きたことを話したとき、俺は行動しなければならないとはっきりと悟った。彼女の発言を思い返すことでその異様さがより鮮明になり、行動を急がせた。母は俺に完全に同意し応援してくれた。

俺は、学校の理事会に手紙を書いて苦情を訴えることにした。このような信念をもち、それを公然と表明している人物が教壇に立つことは許されるのでしょうか？　半分獣《けもの》で生まれつき犯罪者である野蛮人だとみなしている相手に、この先生はどのように教えることができるのでしょうか？　俺はすでに権力を信頼していなかったので、彼女が実際に職を失ったり厳しい処分を受けたりするとは思わなかったが、少なくとも学校の理事会が何かをしてくれることを期待した。

実際に起こったことは、制度的な人種差別と権力による加害者の保護という深淵な現実だった。どういうわけか俺が書いた手紙を入手した校長は、面談のために俺を校長室に呼んだ。俺はこれまで書いたようなことをおおまかに話し、校長はきまり悪そうに先生と話し合って問題を解決すると約束した。しかしその仕事――校長の職務の一環として公正に問題の解決を図るという仕事――を校長が迷惑がっていることはすぐにわかった。

そして、とうてい書きあらわすことのできない皮肉ではあるが、校長は俺にマーティン・ルーサー・キングについて書かれた本をくれた――いや、賄賂《わいろ》を贈ろうとしたというべきか？　俺はまだその本をどこかに持っている。『子どもたち（The children）』というタイトルの本だ。

俺にとってこの出来事は、キング牧師の言葉を完璧に具現化したものとなった。キング牧師は、アメリカの人種的正義を妨害する最大の要因は、公然たるレイシストではなく、正義よりも静かな生活を重視する無関心で臆病《おくびょう》な白人リベラルであると言った。キング牧師にかんする本を読んでいた校長は、自分がリベラルで、寛容で、おそらくレイシストではないと考えていただろうし、実際そうだったのだろう。しかし、彼は深刻な虐待に遭遇しても、何もしないことを選んだのだ。

数週間経っても校長から音沙汰《さた》がなかったので、俺は会いに行った。校長は、俺が非難しているようなことは言っていないと先生は否定しているが、「悪魔の代弁者」〔討論であえて批判や反論すること〕の役割を果たしたことは認めていると言った。そして校長はもう何の行動もとるつもりはないと述べた。同じクラスの三〇人ほどの生徒にその日何が起こったのかを訊《き》くことすらしなかったのだ。そして彼女が仕事を辞めさせられることはなく、公式の聴聞会も開かれなかった。

俺が聞いたところでは、彼女は俺が学校を卒業したあと――都市伝説かもしれないが――昇進したそうだ。俺は、学校が俺のことを気にして俺が卒業するまで彼女を昇進させなかったと言っているわけではない。そうではなく、学校は彼女を昇進させないほど彼女の白人至上主義を問題視しなかったと言っているのだ。もし俺が「金持ち」の子どもで、親には優秀な弁護士がいて、マスコミを訪ねて記事を書かせる能力があったとしたら――いまの俺のように！――学校は何らかの対処をしなければならないと考えたかもしれない。しかし、俺は黒人というだけでなく、貧しく、コネもなかった。しかし、もしネイション・オブ・イスラムの先生が「ナチスはユダヤ人を殺すことで強欲を阻止した」と言っていたなら、当然その先生は異常者とみなされ、即座に職を失ったのは間違いない。

この出来事を経て俺が考えたのは、彼女のような考えをもつ教師はあとどれくらいいるのだろうかということ、またそうした教師の人種差別が自国の元植民地に出自をもつ生徒を教える能力に事実上どのような影響を与えているのだろうかということである。

俺と母は、彼女のクラスから俺をはずすように学校に要求した。学校はしぶしぶながら、それでも少し安心したのかそれに同意した。俺が得た大きな教訓はこうだ。よく本を読み、マーティン・ルーサー・キングの言葉を引用するような自称リベラルの多くは、権力者の立場になると、事を荒立てるよりも不正義を支持するか少なくとも無視することを選ぶということだ。

翌年、GCSEを受験したとき、俺はまだその一件について非常に腹を立てていたので、彼女が教えた科目の試験では問題を解かず、試験用紙に「私が受けた授業の文化的、倫理的な偏《かたよ》り」について抗議文を書くことにした。腕組みして座っている俺を試験官が見て、「とりあえずやってみたら？」と言ったのをいまでも覚えている。試験官が、俺を革命家志望ではなく、試験に悪戦苦闘している生徒だと思ったのも無理はない。俺は自分がなぜ問題を解かないのかを試験官に伝えたかったが、もちろんそんなことはできなかった。だから、俺は同じ文章を何度も書いた。それで少なくとも問題を解く努力はしているようには見えただろう。結果、その科目の成績はU〔評価不能〕だった。ほかの科目はすべて最高評価のA*だったが、そのUは俺がいまでももっとも誇りに思っている成績だ。

……

俺の中学時代の経験は、たった一人の腐ったリンゴに起きた独自で特殊なものだったのだろうか？　それとも、教師と黒人生徒の間には、よくある衝突のパターンがあるのだろうか？　また、小学校で見られた黒人生徒に対する体系的な差別が、中学でも続いているという証拠はあるのだろうか？　残念ながら、二番目の質問に対する答えは断固としてイエスである。

人種と教育にかんする研究では、停退学格差（exclusion gap）と成績格差（attainment gap）という二つの「流行語」がある。停退学格差とは、歴史的にみて、黒人生徒が学校を停退学になる確率が白人生徒にくらべてつねに三倍、年によっては六倍あるという事実を指す。しかし、カリブ系の黒人生徒とアフリカ系の黒人生徒の停退学率には大きな差があり、とくに近年では、「アフリカ系イギリス人」の生徒は、曾祖父母がカリブ出身の生徒よりも停退学の可能性がはるかに低くなっている。

異なる二つのタイプの黒人生徒のそうした違いは成績にもあらわれており、一見すると「カリブ系」コミュニティに対するある種のステレオタイプを裏づけているようにみえるかもしれない。しかし、三世以上の「カリブ系」の子どもの多くはカリブに行ったことすらないので、実際にここで比較されているのは、イギリスの黒人四世の子どもたちと、おもにイギリスでアフリカ人の両親から生まれた子どもたちだ。また、関連する研究を調べてみると、より洗練された説明が必要であることがわかる。たとえば、二〇〇六年に教育省が発表した停退学格差にかんする報告書は、次のような事実を発見している。

- カリブ系黒人の生徒は、白人の生徒にくらべて、学校を停退学になる可能性が三倍高い
- 給食費免除（ＦＳＭ）と特別支援教育（ＳＥＮ）の生徒を差し引いても、カリブ系黒人の生徒は白人生徒にくらべて学校を停退学になる可能性が二・六倍も高い
- 停退学になった黒人生徒は、停退学になった白人生徒の典型的な特徴（特別支援教育、給食費免除、過去の多くの長期停学、出席率の低さ、犯罪歴、孤児など）にあてはまる可能性が低い★1

わかりやすく言えば、家庭環境に問題がないカリブ系の黒人生徒であっても、またどれほど成績が良く、出席率が高く、素行が良くても、かれらはほかの民族にくらべて学校を退学になる可能性が非常に高いということである。なぜこれが大きな問題なのだろう。それは、学校を追い出されることは、その人の人生の将来をほぼ決定づけてしまうからだ。元イギリス矯正局長のマーティン・ナレーは、「毎年学校を退学になる一万三〇〇〇人の若者は、後々刑務所に入ることが決まっているようなものだ」と述べている。

報告書は次のように結論づけている。

懲罰や停退学の実施にあたって、多くの場合おもに無意識的、しかし体系的な人種差別が停退

学格差を引き起しているということがこの報告書の明確なメッセージである。多くの人々は、これを制度的な人種差別の証拠として挙げている。［教育］省は、二〇〇〇年人種関係（改正）法にもとづき、こうした差別を撤廃する法的義務を負っている。

つまり、実証データや政府による研究は、一九六〇年代から黒人が主張してきたこととほぼ同じことを言っているのだ。すなわち、黒人生徒はイギリスの教育システムのなかで長年にわたって不公平な扱いを受けており、それはよくある貧困の問題を超えていること、そしてこれまでその問題に対し口先以外にはほとんど何も取り組まれてこなかったということだ。もちろん、多くの人々は確かなデータや綿密な調査を提示されても、そういう問題は黒人生徒やその親の思い込みであるとか、そう、俺たちは「挑発的」なだけだと主張するのだろうが。

「成績格差」とは、学校での民族間の成績の格差とその原因をしめすものである。その詳細をみる前に俺が言っておきたいのは、俺はある分野での人間集団間の成績の差のすべてが差別の結果であると言っているのではないという当たり前のことである。俺が言いたいのは、差別が存在する明確な証拠がある場合には、それを取り除くべきであり、そのうえで特定の個人や集団が与えられた機会を利用しない場合において、個々の責任についてより明確に議論することができるということだ。

第三章で紹介したように、以前行なわれていた客観的なベースライン・アセスメントでは、黒人生徒は白人生徒よりも成績がよかったのだが、評価方法が教師の気まぐれに完全に委《ゆだ》ねられた現在はそのようなことはなくなった。また、小学校入学から卒業する一一歳までの間に、教師が黒人生徒の知能をどれだけ過小評価しているかもすでにみた。この傾向は当然のことながら中学校でも継続している。

ウォーリック大学は、一四歳で受ける全国学力テストＳＡＴｓの数学と理科の上級試験《ハイヤータイヤー》におけるカリブ系黒人生徒の割合を調べることで、教師の偏見を調査した★2〔一六歳で受験するＧＳＣＥと同じく、生徒が難易度の異なる上級試験、基礎試験《ファンデーション》のどちらの試験を受験するかは教師が判断する〕。上級試験《ハイヤータイヤー》を受けると最高でＡ*の成績を獲得することができるが、基礎試験の場合には獲得可能な最高成績はＣとなる〔最低はＧ〕。その調査によれば、それまでの学業成績が同じレベルの場合、白人生徒三人に対して「カリブ系」黒人生徒二人の割合しか教師から上級試験《ハイヤータイヤー》を受けることが許されていないことがわかった。この数字は、それまでの成績に加え、性別、給食費の免除、母親の学歴、持ち家の有無、ひとり親世帯かどうかなどを考慮しても変わらない。繰り返しになるが、教師の評価は黒人生徒の学力を過小評価しているのである。

ウォーリック大学のこの研究も第三章でとりあげたブリストル大学の研究も、イギリスのすべての公立学校を対象としており、黒人生徒の厳しい状況をあらわしている。つまり、現状の教育環境と生徒の能力分けの仕組みでは、一定の割合以上の黒人生徒が最終的にＧＳＣＥで優秀な成績をとることは計算上不可能なのである。なぜなら黒人生徒が白人生徒と同じ学力と家庭環境をもっていても、ＧＳＣＥの上級試験《ハイヤータイヤー》を受験できる確率が著《いちじる》しく低いからだ。

イギリスの学校における黒人の子どもに不利な状況をまとめると、黒人生徒は、

- 五歳時の評価が低い
- 一一歳時の評価が劇的に低い
- 過去の学業成績が同じでも、上級試験《ハイヤータイヤー》を受験できる確率が大幅に低い
- 様々な要因を考慮しても、停退学になる確率が二・六倍高い

こうした状況にもかかわらず、近年、とくに二〇一三年以降、アフリカ出身者の黒人の子どものGSCEの成績は全国平均を上回っており、ナイジェリア系やガーナ系の子どもたちのような「民族」集団はとくに高い成績を収めている。アフリカ出身者の子どもは、ロンドンでもっとも貧しく治安の悪い地域であるハックニー、ペッカム、クロイドンのソーントン・ヒースに集中していることを考えると、これは非常に特筆すべきことだ。もし俺たちが社会ダーウィン主義〔最適者生存や生存競争などのダーウィンの進化論を人間社会に適用した考え方。一九世紀末から二〇世紀初頭にかけて登場し、白人至上主義を正当化した〕に毒されていなければ、アフリカ出身の親に生まれた黒人の生徒は、ほかの労働者階級の生徒が真似るべき模範になるかもしれない。

しかし、属する階級とは無関係に黒人生徒が拒否《ネグレクト》されたり、ステレオタイプ化されたりしているという実際の証拠があるにもかかわらず、ここ数年のイギリスメディアには、労働者階級の白人少年を教育システムの犠牲者とみなす傾向がある。

見失われた少年たち　白人労働者階級はどのように取り残されたか――ニューステーツマン★3

白人労働者階級の少年の成績が悪いのは驚くようなことではない　かれらのやる気は「被抑

圧」集団よりも低い傾向がある――ティム・ロット、ガーディアン[★4]
教育システムに見放された白人少年たち――デイリーテレグラフ[★5]
白人少年たちが教育システムから「取り残されている」――デイリーメール[★6]

ガーディアン紙からデイリーメール紙までの様々な傾向の紙媒体が掲載する、明らかに白人少年に同情的なトーンで書かれたこれらの記事は、これまでとりあげたいわゆる「民族マイノリティ」にかんするいくつかの報告書とは明らかに対照的である。実際のデータを検証して、これらの記事が正確であるかどうかを問おう。興味深いのは、すべての記事がイギリスの階級制度全体ではなく、人種に焦点を当てていることだ。しかし、白人労働者階級の少年とほかの民族集団の労働者階級の少年との間の成績格差は、白人貧困層の少年と白人中流階級の少年との間の格差よりもはるかに小さい。右の記事を書いたジャーナリストやこうした言説を広める人々のメッセージは明確だ。白人労働者階級の子どもが白人中流階級の子どもに遅れをとるのはかまわないが、「黒んぼ」に遅れをとることはあってはならないということだ。

さらに、これらの記事でいう「労働者階級」とは、学校の給食費が免除されている一部の子どもだけを指しており、白人人口の八六パーセントは含まれていないのだ。[★7]貧困により給食費を免除されている生徒は、そうでない生徒にくらべて試験の成績がはるかに悪い。これはイギリスのすべての民族集団に当てはまるのである。また、女子は男子よりも成績がいい。これもイギリスのすべての民族集団に言えることである。

俺は労働者階級の白人少年がイギリス社会のあらゆる場面で拒否《ネグレクト》されてきたことを否定しているわけではない。それが階級差別というものなのだ。俺がここで問題にしているのは労働者階級の白人少年への支援や同情のことではなく、同じ問題がほかの人種の「労働者階級」により明確に影響しているにもかかわらず、かれらに対する支援は著しく欠如していること、そして白人労働者階級は白人であるがゆえに拒否《ネグレクト》されているという馬鹿げた主張だ。もちろん、どういうわけかイギリス社会では、労働者階級とは白人労働者階級を意味すると考えられていることが多いのだが。

黒人に対する人種差別が黒人生徒の成績に悪影響を及ぼしている深刻な組織的問題であることが、教育省の報告書、イギリスのすべての学校を対象とした調査、あるいは研究者やこの分野の第一人者が実証的かつ測定可能な形で行なった数十年にわたる研究などでどれだけ多くしめされても、多くの人々は知的後方宙返りをして何か別のことが原因であると結論づける。たとえ、それを言っているのがすでに成功し、学歴があり、何ら「言い訳」をする必要のない黒人であってもである。当然のことながら、イギリスの黒人の日常生活にありふれた不正義——何十年にもわたって不当に教育から排除され、可能性を無駄にされ、夢を諦めさせられてきた——の規模を理解するよりも、黒人に問題があると信じる方がはるかに簡単なのだ。

このような国家規模の文脈と歴史的背景のなかで理解すれば、俺の学校経験は少数の腐ったリンゴの孤立した事件としてではなく、むしろ構造的な問題として完全な意味をもちはじめる。一部の白人教師は、「間違った」生徒がクラスで成績のトップになることにうまく対処できない。

これまで取りあげてきた教師たちは、その問題を緩和するためにさまざまな行動を展開した。公然としたいじめ（魔法のボタン）、俺を押しとどめようとする狡猾《こうかつ》な試み（特別支援学級）、暴力の行使、排除を行なった。そして俺の能力では本が読めないと言ったり、もっとも極端にはジェノサイドを提唱したりした。

俺は、ハーレスデンやブリクストンに住む黒人とは違って、中流階級の白人の子どもが多い人種的に多様な学校に通っていたので、教師による自分の扱いが、俺と同じくらい「頭のいい」白人や、さらにはほかの非黒人の子どもたちの扱いとは明らかに異なることをよりはっきりと認識することができた。

俺は家族や黒人コミュニティの適切な支援を受けて、こうした荒波を乗り越えることができた数少ない幸運な子どもだったが、こうしたデータに表れているほかのすべての黒人の子どもたちはどうだろうか？　不当に低く評価され、才能や能力は見落とされ、本来の居場所ではない成績下位層に押しこめられ、将来を左右するにもかかわらず限られた成績しかとれなくなる子どもたち。こんなことを言っていると少し陰謀論風に聞こえる人もいるかもしれないが、研究がしめすところはそれを読んでみさえすればはっきりしている。俺の個人的な経験は、それらの研究のグラフや線がしめす一つの数字にすぎないのだ。

第一〇章　イギリスとアメリカ

俺の成長は、アメリカのブラックカルチャー抜きに語ることはできない。家では、ジェームス・ブラウンがデニス・ブラウン〔一九五七―九九年。ジャマイカの国民的レゲエシンガー〕と同じくらいよくかかっていたし、ビリー・ホリデイ、エラ・フィッツジェラルド、アレサ（彼女にはファミリーネームは必要ない）〔アレサ・フランクリン。一九四二―二〇一八年。シンガーソングライター〕、ニーナ・シモン〔一九三三―二〇〇三年。ジャズシンガー〕といったアメリカのブラックミュージックのアイコンは、俺にとってレゲエアーティストと同じくらいよく知っている名前だった。この影響は非常に強く、俺が初めて人前でパフォーマンスをしたのは、ハックニーエンパイア劇場のステージで満員の観客を前に、レイ・チャールズの曲「シェイク・ア・テイル・フェザー」に合わせてきょうだいや親類と一緒に踊ったときだった。一般的に黒人イギリス人のアイデンティティは、ガーナ、ジャマイカ、ナイジェリアといった故国からもちこまれたものや、イギリスでの具体的な経験や現実、そしてほかの国――とくにアメリカ――の黒人集団から受けたインスピレーションによって形成されてきたのだ。

俺たちは、理髪店や飲食店の壁に貼られたマルコムXやマーティン・ルーサー・キングのポスターを見て育ち、俺の親の世代の人々はアメリカのブラックパワー運動が生みだした言葉を自己流に使ったり、自分たちでブラックパンサー党をつくったりした。また『コスビー・ショー』〔米国で一九八四年から九二年まで放送されたビル・コスビー主演のシチュエーションコメディ番組。NYブルックリンに住む上層中流階級の黒人家族を描いた〕や『ディファレント・ワールド』〔『コスビー・ショー』から派生したシチュエーションコメディ番組で、架空の歴史的黒人大学での学生生活が舞台〕を観ては、ＨＢＣＵ（歴史的黒人大学）〔米国で南北戦争後、黒人を教育することを目的としておもに南部に設立された高等教育機関の総称〕に喜びとうらやましさを感じ、自分たちの大学があればと思った。

カリブ系の俺たちは、ニューヨークにいる親類から、ＤＪクルー〔パナマ／ジャマイカ系のディスクジョッキー〕やレッド・アラート〔アンティグア生まれのディスクジョッキー〕の最新のミックステープや、アメリカのラッパーとジャマイカのダンスホール〔レゲエ音楽の一種〕アーティストが同じライブ（たいていはブルックリンのどこかで開催されていた）で演奏した最新のステージのビデオテープ（これを覚えているか？）を送ってもらったりして育った。俺たちは、アメリカのブラックカルチャーを外国のものとしてではなく、自分たちの延長線上にあるものとして体験した。つまり、海外にいるファミリーが、イギリスの俺たちも経験していると感じていることを世界に向けて発信してくれていたのである。

イギリスとアメリカの黒人の経験には大きな違いがあるが、俺たちは共通点に目を向け結びつこうとした。一九九二年のロドニー・キング事件の評決〔黒人米国人のロドニー・キングを取り締まり中に暴行し重傷を負わせたロス市警の警官に対し無罪が言い渡された〕に対するロサンゼルス暴動を見て、一九八五年のブリクストンやハンズワースの暴動を思い出した。クリフ・ハックステーブル〔前述『コスビー・ショー』の登場人物〕を西インド諸島出身の年老いた祖父に置き換え、クール・ハークやピート・ロック〔どちらもヒップホップＤＪ〕、ビギーの母〔一九九七年に殺害されたラッパーのノトーリアス・Ｂ．Ｉ．Ｇ．の母親ボレッタ・ウォレス〕、ＫＲＳ・ワン〔ラッパー〕もジャマイカ系だと知っていた。そしてコリン・パウエル〔一九三七―二〇二一年。黒人初の米国務長官として二〇〇三年のイラク戦争開始を導いた〕もジャマイカ系なのは知っているが、俺たちは彼を仲間に加えたくはない。

かつてイギリスでアフリカ／カリブ系が多く住む主要な地域に必ずあった黒人書店は、カリブ海や西アフリカの人々が書いたものと同じくらい、黒人アメリカ人が書いた学術書を数多く置いていた。それは俺たちが通っていたブリクストンのレッドレコード、トッテナムのボディグルーブ、ラドブロークグローブのオネストジョンズといったレコード屋がジャマイカ音楽中心の品揃えをする一方で、俺たちが必要とするソウル、R&B、ヒップホップも必ず置いていたのと同じだ。

しかし、ジェントリフィケーションとテクノロジーの変化の結果、これら三つの有名レコード屋のうち二つはなくなってしまった。ブリクストンにあった伝説的なレコード屋、ブラッカー・ドレッド・ミュージックストアは、長い間イギリスで最高級のサウンドシステムを提供し、店頭では七インチや一二インチの最新のジャマイカ音楽を売っていたが、この店も同様に姿を消してしまった。

次に俺がステージに立ったのは一〇歳のときだった。学校の年末の出し物コンテストで、明らかに混乱するクラスメイトや教師を前にニューヨーク・クイーンズのヒップホップグループであるオニクスの「Slam」と、ジャマイカのダンスホールアーティストであるメガバントンの「Sound Boy Killing」をラップしたのだった。このパフォーマンスは、俺の世代の混合性《シンクレティズム》を象徴していた。イギリス生まれの両親のもとにイギリス人として生まれた俺たちは、カリブ海だけでなくアメリカにも自己同一化しはじめていた。このようにカリブ系文化の独占性、とくにジャマイカの影響力が低下した結果として、俺たちは新しい世界観、態度、芸術を生みだした。少なくとも、親の世代の「ルーツ、レゲエ、ラスタ」と、ジャマイカやアメリカのゲットーからやってくる新しいダンスホール、ヒップホップ、R&Bが融合しはじめたのだ。

俺が一〇代の間、MC中心の音楽カルチャー〔MCとは簡単に言えばラッパーのこと〕のイギリス版が、「違法《パイレーツ》」ラジオ局やクラブの広範なネットワークを通じて注目を集めていた。UKガラージは、もともとアメリカで生まれたジャンルにジャマイカのサウンドシステムの美学と技術をもちこんだもので、それはヒップホップを生みだした融合性を反映していた。

また、イギリス独自のハイブリッドである「ジャングル」があった。これはジャマイカのレゲエとダンスホールに、大半の伝説的なヒップホップの礎《いしずえ》となっているアーメンブレイク〔一九六九年に発表されたザ・ウィンストンズの曲「Amen, Brother」に登場するドラムソロの一節とそれを元につくられたブレイクビーツ〕とイギリスのレイブミュージックを融合させたものだ。俺にとってジャングルが魅力的だったのは、そのベースラインの荒々しさ、ドラムの速さと激しさ、そして驚くべきサンプリングによってそれが完全に独自な音楽になっていたからだ。そのサウンドには、ブリストルやロンドンの公営住宅地の荒涼さが感じられ、カリブ系移民がイギリス音楽に与えた不可逆的な影響がこだましていたのだ。

ジャングルは、安全で上品なイギリス音楽に対する挑戦だったのであり、その荒々しさがジャングルのレイブにあらゆるフッドの不良少年《ルードボーイ》やギャングを引きつけたのだ。かれらは着飾ることなく、近所に出かけるかのようにジャングルを踊りにやって来た。かれらは銃を振り回し、発砲もした。しかし、人気が拡大しはじめると、ジャングルはより安全でソフトなものに変化していった。これは、不良少年《ルードボーイ》やギャングを遠ざけ、より多くの白人の中流階級の客を呼びこむために、かなり意図的に行なわれたと思う。そしてこれは両方うまくいったと思う。当然ながら、イギリスのメディアと警察は、少数のギャングを黒人全体の人種的な問題とする十分な機会を得た。それはイギリスのレイブや音楽フェスに共通する問題、つまりドラッグの過剰摂取《オーバードース》や性的暴行に対しては決してとられないやり方である。

ガラージのレイブは、ジャングルと同様の暴力問題を抱えていたが、ジャングルのレイブとは雰囲気がまったく違った。ガラージは、ソウルフルでスムーズなサンプリングと、ジャングルよりもはるかにゆっくりとした踊りやすいビートが融合しており、その結果ガラージのレイブにはジャングルよりはるかにおしゃれな人々がおり、女性も大変多く集まった。

俺は一八歳になるはるか前からガラージのレイブに数え切れないほど行った。一五歳のとき、ウェンブリーカンファレンスセンターで開催された、いまや伝説の「ピュアシルク・ニューイヤーズイブ1999レイブ」に、一万人の参加者の一人として参加した。チケットは一枚五〇ポンド〔日本円で約一万円〕だった! ガラージは金になった。ストリートの男たちが大金を稼ぎ、若い黒人起業家やDJやMCたちは、メインストリームが注目するずっと前からフッドで金持ちになっていたのだ。俺や俺の友人はそうした場所で忘れられない思い出をつくった。

一三歳から一六歳の間、俺は父のサウンドシステムでジャングルやガラージを流してMCをしていた。いまでもダンスホールは好きだし、俺にとってバウンティ・キラー〔ジャマイカのダンスホールアーティスト〕はすべてのジャンルを合わせてもトップテンに入るほどの作詞家だが、こうしたジャンルやシーンはヒップホップのようには俺に影響を与えなかった。一方父や継父《ままちち》は、N.W.A〔一九八六年にロサンゼルスのコンプトンで結成されたヒップホップグループ。名前は、「Niggas With Attitude」(行動するニガーたち)の略〕やパブリック・エネミー〔一九八二年に結成されたNYの社会派ヒップホップグループ〕、ビッグ・ダディ・ケイン〔NYブルックリン生まれ。一九八〇年代中頃から九〇年代中頃のヒップホップを代表するラッパー〕を俺に教えてくれたが、彼らの活躍のピーク時には俺は幼すぎて、その栄光を実感することはできなかった。パブリック・エネミーの伝説的なアルバム『Fear of a Black Planet』が発表されたのは一九八三年生まれの俺がまだ七歳のときだった。しかし親はこのアルバムをよくかけていたので、俺はほとんどすべての歌詞をまる覚えしていたほどだ。

一九九〇年代半ば、胸毛が生えはじめ、初めて働きだしたころ、俺は「自分だけの」ヒップホップを見つけた。一三歳の俺は、土曜日に地元のDIYショップで一日二〇ポンドで働いていた。家にその金を入れる必要がない週には、入手困難なアメリカ盤を扱うウエストエンドのマニア向けのレコード屋に行ったり、トッテナムのブートレガーから買ったりして、その二〇ポンドをすべてCDに使っていた。俺は二人の「ブートレガー」(非合法にCDをコピーして売る人)と付き合いがあったが、二人とも黒人アメリカ人で、一人はボストンのロクスベリー、もう一人はニューヨークのブラウンズヴィルという、アメリカでもっとも悪名高いゲットーの出身だった。かれらが話してくれた故郷の「フッド」の話は、買ったCDの本物らしさを高めてくれた。

二〇歳より下の年齢の人々にとって、CDがどれほど貴重なものだったかを思い出すのは難しいかもしれないが、俺はアメリカの最新のラップを入手するために、数回の食事を我慢することにまったく抵抗を感じなかった。それ以外にそれを聴く方法がなかったからだ。ラジオでも流れていなかった。ヒップホップの専門家もかけていなかった。インターネットもなかったし、輸入CDショップとブートレガーしか選択肢がなかったのだ。

俺の世代が新しい価値やアイデンティティを模索していたころ、アメリカのラップは、俺たちが黒人アメリカ人の同胞と共有するリアリティのようなものに対するサウンドトラックを提供してくれた。俺たちは公営住宅に住み、おじさんや父親の何人かは刑務所に入った。そして俺たちはかなり貧しく、銃で撃たれるか刺されたことがある人々を知っているし、逆に銃を撃つか刺したことがある人々も知っている。同様に、警察に殺されたり暴行を受けたりしたのに、泣き寝入りのままでいるコミュニティの人々も知っている。

ギャングのおじさんたちがヒューイ・ニュートンの本を読んだりモハメド・アリのインタビューを見たりして政治的に成長したように、俺たちの世代はアメリカのブラックカルチャーに自己同一化することで、闘争のための政治的な強靭《きょうじん》さや洞察《どうさつ》力を身につけることができたのだ。アメリカのブラックカルチャーは、人種や階級を理解するための新しい語彙《ごい》や方法を俺たちに教えてくれたし、問題に直面しているのは自分たちだけではないという、共通の黒人意識を俺たちに植えつけてくれた。

しかし、俺たちがアメリカのブラックカルチャーに過度に自己同一化したことに問題がなかったわけではない。俺たちは、自分たちの現実にもとづいた自分たちの言葉を見つけるのに苦労した。多くのMCがアメリカ訛《なま》りでラップしていた。俺も一三歳までそうだった。俺はある日、ニューヨークのスタテンアイランド〔NYの南に位置する島。NYのほかの地区と同じく著名なラッパーを輩出している〕のスラングや話し方を取り入れた新しい歌詞を姉に見せた。すると姉はそれが「偽物《フェイク》」だと言って俺を叱った。もっと自分のやり方でラップしてみろと言ったのだ。

アメリカのヒップホップに夢中になっていた俺は、自分の訛りでラップすることなんて考えられなかった（すでに全国的にはロンドンポッセやほかの人々が何年も前からやっていたのだが）。俺はイギリス訛りでは本物のヒップホップとは言えないし、「黒人」らしくないと思っていたのだった。しかし幸運なことに俺はこの危機を一週間で乗り越え、それ以来自分がアメリカ人であるかのようにラップしたことはない。

また、俺たちの多くは、黒人アメリカ人が経験したいくつかの破壊的な帰結を選択した。俺が思いつくもっともわかりやすい二つの例として、ロンドンで「クリップスとブラッズ」〔一九七〇年前後、米国の西海岸ロサンゼルスに誕生した米国の二大黒人ギャング組織。クリップスは青、ブラッズは赤をチームカラーとする。両組織出身のラッパーも多くギャングスタラップの興隆をもたらした〕スタイルのギャングをつくろうとしたことと、「ニガ」（nigga）という言葉を無批判に取り入れたことが挙げられる〔一九八〇年代に登場した米国の黒人ギャングスタラッパーが、本来黒人に対する蔑称である「ニガー／ニガ」を作品内で積極的に使用するようになった〕。

ギャング組織の誕生には、社会学的、経済的、文化的、人間関係的な多くの要因があり、何もないところから生まれるわけではない。クリップスとブラッズは、一九六〇年代に黒人アメリカ人が大衆的な政治的自己組織化を試みたことを受け、その副産物として生まれたものである。ロサンゼルスのコンプトン〔黒人が多く住むロサンゼルス郊外の貧困地区。クリップスとブラッズが活動し、全米有数の犯罪率の高さで知られる一方、数多くの著名ラッパーを輩出している〕とロンドンのブリクストンとの間に経済的、政治的な類似点があり、一九八〇年代に黒人イギリス人が自己組織化を試みたことの影響があることは確かだが、二〇〇〇年代半ばのロンドン南部で黒人「カラー」ギャングが登場したのは、アメリカの商業的なラップカルチャーの模倣であると同時に、政治運動の崩壊や脱工業化の直接的な結果なのである。

もちろんロンドンのギャングは、メディアがどれほど誇張しようとも、アメリカのギャング

（あるいは北アイルランド）の暴力レベルにはとても及ばない。しかし俺たちが、数世紀にもわたるロンドンのギャングの歴史や、悪名高いシャワーポッセ（ジャマイカのキングストンやアメリカのニューヨークで活動し一九九〇年代にはロンドンにも登場していた）ではなく、アメリカ西海岸のギャングに自己同一化したという事実は、その頃までにアメリカのブラックカルチャーがいかに影響力をもつようになっていたかをはっきりと物語っている。

俺が自分の曲のなかで、「ニガー」という言葉を繰り返し使っていたことを隠すつもりはない。実際、一般向けのラジオ局で流された俺の唯一の曲には、「ニガー風のシェイクスピア」という決め台詞があった。しかし、いくつかの理由で、二枚目のアルバムから「ニガー」という言葉を使うのをやめた。まず、大勢の白人の若者に「ニガー」と叫び返されるのが非常に不愉快で、しっくりこなかった。次に、俺の歳上の知り合いが、「ニガー」という言葉の使用についてかなり的確な小言をくれ——トインおじさん、ありがとう——俺たちが互いに「ニガー」と呼び合い、それが愛情のこもった呼びかけであるかのよう振る舞うことは、いんちきで破壊的であると最終的に判断したのである。

黒人アメリカ人が俺たちの拡大家族だとしても、俺たち自身は黒人アメリカ人ではなく、イギリスに住むカリブ系とアフリカ系の移民なのだ。俺は自分で歴史を勉強して、人種差別はどこにでもあるにしても、この（白人の想像の産物である）「ニガー」をつくりだそうとする試みが、アメリカほど激しく残酷に長く続いた国はないという結論に達したのだ。

俺は、アメリカの文脈でさえ「Nワード」〔「ニガー」の頭文字を取った婉曲表現〕の使用が本来の意味を失い、その言葉の誕生の文脈から切り離されたかなり擬制《ぎせい》的なものになっていると感じるようになった。ニガーとは、白人レイシストの想像力が生みだした架空の人間未満の存在である。生身の人間が牛馬のように働かされ、排除され、[★1]隔離され、警官によって処刑され、医学の実験材料にされ、[★2]動物園で展示され、自国政府に爆撃され、[★3]テロリストに住む街を燃やされ、白人と同じトイレで用を足す権利を得るために約一世紀ものあいだ闘わなければならなかったことを正当化するフィクションなのである。現在のヒップホップにおけるニガーという言葉の使われ方からは、そうした視点がまったく消えているのだ。

　現在「ニガー」は、自立した黒人という創作物、自称ゲットーの親玉《ゴッドファーザー》として提示されている。[★4]白人至上主義者の倒錯と実際に存在する黒人の無力さを反映するものとしてではないのだ。黒人の少年や若者は、自分にそう言い聞かせているものに反して、実際には後者が現実だと知っている。本当にみずからを愛する人々は、自分たちの死を祝わない。とくに、みずからの死によっていちばん利益を得る人々の娯楽のために祝うことはない。

　俺は刑務所で仕事をすることが多い。あなたの想像どおり、そこで俺がかかわる人々の多くは若い黒人男性だ。俺たちはそこでクリエイティブライティングのワークショップをすることが多いのだが、若い黒人男性が書くラップには、いかに多くのニガーを刺したり撃ったりしたかという自慢話が本当に多い。

　そんなかれらを批判することが俺にできるだろうか？　俺もかつてはナイフを持ち歩いていたし、そうすべきではないのをわかっていながらその種のラップをしていたのだ。俺はただ、もし俺が「ホンキー」〔黒人が使う白人に対する蔑称〕を殺すラップをしたらどう思うかとかれらに尋ねる。そしてミックスである俺の白人側の一族が貧しくスコットランド出身であること、黒人がほとんどいないグラスゴーがロンドンよりもしばしば暴力的であること、そして第二次世界大戦時の「白人対白人の暴力」〔ここでは一九四一―四五年の独ソ戦を指す〕でロシア人だけでも二〇〇〇万人以上が亡くなったことを話す。

それでも俺がこの話をした若い黒人男性たちは例外なく、次の二つのうちどちらかの反応をした。ホンキーを殺すラップをすることの馬鹿ばかしさに大笑いするか、あるいは、かつてニガーについてラップしていたミックスの俺がホンキーを殺すラップをするのは人種差別だと言うのだ。かれらはその理由を論理的に説明することはできないが、考えていることははっきりしている。こうした若い黒人男性は、世間一般と同じように、黒人の命よりも白人の命の方が価値があると思っているのだ。ただ俺はこの議論に若干の欠陥があることは認識している。俺が厳密には「人種混合《ミクスト・レイス》」であっても、人種的には黒人であるため、どうしても黒人が白人を殺すラップをしているように受けとられてしまうのだ。しかしそれにもかかわらず、この思考実験は示唆《しさ》に富むものである。

ただし、正直に言うと、俺はこの問題やほかの多くの問題にかんしてかなり偽善的である。俺は黒人のアイコンが白人の若者の娯楽のためにほかの「ニガー」を殺したことを自慢するのはおかしなことだと認識しているが、いまでもいわゆるギャングスタラップが好きだ。「ニガー」は、白人との関係に言及しないかぎり、数十億ドル規模の商品になる。俺は「ニガー」という言葉に消えてほしいわけでも、人々にそれを言うのをやめてほしいわけでもない。先に言ったように、俺のお気に入りの曲の多くはギャングスタラップだし、シェイクスピア悲劇から韓国の復讐映画、そして総合格闘技まで、多くの理由で人間の娯楽の基本的な部分に暴力があることはわかっているし、俺自身これらすべてを楽しんでいるのである。

俺はただ、J・コール〔ラッパー、音楽プロデューサー〕やケンドリック・ラマー〔コンプトン生まれのラッパー。二〇一八年、アルバム『DAMN.』でピューリッツァー賞の音楽部門を受賞〕の登場ですこし前進したように、主流のポピュラーカルチャーにより多くの種類の主張をもつ作品が増えることを願っているのである。同時に俺は、祖先や祖先が戦った闘争に敬意を表して、ニガーという言葉についてまわる歴史や痛みが、プールパーティや脱人種という幻想の海に沈んでしまわないことを願っているのである。

また、アフリカやカリブ海の音楽——すなわち黒人の文脈のなかで、おもに黒人が消費するためにつくられた音楽——には、ニガーという言葉は登場しないし、ジャマイカのダンスホールアーティストのなかでもっとも「ギャングスタ」的なアーティストでさえ、ジャマイカの階級力学や支配層の腐敗について深い政治批評を行なっていることも示唆に富む。そうしたことは、過去二〇年間の主流のヒップホップではまったく見かけることがないのだ。

同じように、アメリカのヒップホップほど商業的なバックアップを受けていないのに、レゲエミュージックがアメリカのヒップホップ以上の規模でアフリカ大陸全土に広く進出しているのはなぜかという問題も同様に興味深い。もしアフリカ大陸の黒人がアメリカの白人と同じくらい可処分所得を得ていたら、黒人の音楽制作にはどのような影響があるだろうか？　そして黒人が多数派である社会での黒人の自己認識は、その黒人の世界観や文化的嗜好《しこう》にどのような影響を与えているのだろうか？

アメリカの黒人コメディアンのリチャード・プライヤー〔一九四〇―二〇〇五年〕が一九七九年に初めてアフリカを旅行し帰国したあと、自分が生きている間には二度と黒人にニガーという言葉を使わないと宣言したことを思い出そう。アフリカ大陸を旅した彼は、そこに「ニガーがいない」という事実に驚嘆《きょうたん》し、アフリカ滞在中に「［ニガーという言葉を］言ったことも、考えたこともなかった」と述べた。これはコメディーの体裁をとった発言ではあるが、黒人のあり方にかんするこれまでの考察のなかでもっとも核心を突いたものの一つだろう。プライヤーは、ニガーという抽象的なカテゴリーが、アフリカとアメリカで同じ意味をもつことはあり得ないとすぐにわかったのである。

アフリカに白人至上主義がもたらした身体的、物理的な遺産は、はっきりしている。皮膚の漂白、植民地時代の国境線、公用言語、あるいは元入植者植民地でいまだに顕著に見られる人種隔離などといったものだ。一方で、プライヤーが「ニガー」という呼び名で表現した黒人アメリカ人の精神的、文化的危機の状態は、アフリカ人には存在しないように思う。ディアスポラがもつロマンティシズムなのかもしれないが、俺も初めてアフリカ大陸に足を踏み入れたとき同じように感じた。それは、両方の状態を経験していないと説明できない性質のものだ。「ニガー」として扱われたり、生涯にわたって人種差別を経験してきた人は、みずからの存在を詫びるように歩いていることがよくある。そんな歩き方をしていない黒人を見て、俺はそれがよくわかった。

カリブ海でも同じように数値化できない現象を感じることがよくあった。自分たちの土地であり、また自分たちもその土地のものであると感じられる場所で育った人々には、どれほど貧しくても文化的、精神的な自由がある。プライヤーは、「ニガー」という言葉を優れたやり方で使った先駆者の一人であることは言っておくべきであろう。彼は、その言葉の非人間性を誰もが知っていた時代に、コメディーのなかでこの言葉を使い人々を驚かせたのである。彼は、人種差別が黒人アメリカ人の精神に何をもたらしたのか、どのように人種差別がニガーという言葉を現実の人間を指す言葉として受け入れられるようにさせたのか、そしてそれがいかに破壊的だったのかに気づいたのだ。

かつて俺の友人が、言葉の使い方やその言葉に付随するイメージや考えの重要性がわかる話をしてくれた。友人はブリクストン育ちだがナイジェリア系で、とくにヨルバ人の子孫であり、犯罪を犯して刑務所に入ったこともある。ある日彼が地元で若者たちと一緒にいたときの話だ。

友人は若者たちにヨルバ人の伝統的な価値観を説いていた。友人は麻薬取引にかかわったり、刑務所に入ったりしたことでその価値観に反していたことを認めていた。彼は同じヨルバ人の若者たちに、自分たちが「黒人のヨート」〔「ヨート」は若者を意味するジャマイカ系ディアスポラのスラング〕であると想像して、そのことから何を連想するかを話してほしいと頼んだ。次に、自分たちを「ヨルバ人の男」と見立てて、そのアイデンティティからどんな連想をするかを尋ねた。それぞれのアイデンティティーから連想されるイメージは正反対のものだった。ヨルバ人の男がコカインを売って刑務所に入ったり、お互いに刺し合ったりする姿が見えるかと訊《き》くと、かれらは「見えない」と答えた。そして「黒人のヨート」がそういったことをする姿が見えるかと訊くと、全員が「見える」と答えた。

もちろん、現実にはヨルバ人の男性も様々な行動をとる可能性が十分にあるとしても、そうした言葉から自動的に浮かんでくるイメージは興味深いものだ。もし黒人の若者自身にとって「黒人のヨート」という言葉がかれらが言う意味合いをもつのであれば、「ニガー」という言葉が暗示するものはかれらにとってどれほどひどいものになるだろうか？　また、黒人の若者ではない人々の「ニガー」という言葉の認識はどれほど悪いものなのか？

俺の友人は社会学者ではない。頭はいいが学校はまともに出ていない。しかし彼の問いかけは見事なものだった。友人と話した若者たちは、その日に出くわした深い洞察について考えつづけているだろうかと俺はよく考える。

⁝

アメリカのヒップホップは、人種や階層の違いを超えて、俺たちの世代の態度、嗜好、言語、流行、政治意識、「かっこよさ」全般に根本的な影響を与えてきた。しかし、これがもっともあてはまるのはやはり黒人コミュニティである。一方現在は、イギリスのヒップホップアーティストにとってユニークな時代だ。ヒップホップが誕生して以来何十年もの間、イギリスのラジオやテレビの制作者は国内のＭＣを――いくつかの輝かしい例外を除いて――ほとんど無視してきたし、国内アーティストではなくアメリカのアーティストをとりあげることを好んだ。

このことは、アメリカのヒップホップの方が音楽的にも歌詞的にも質が高いという単純な事実とも関係があると思うし、アメリカのヒップホップの名盤がいまでもこの分野に参入する人々にとっての基準であり「正典《カノン》」であることは素直に認めざるを得ない。しかし問題は単なる音楽の質より根が深いもので、当時のイギリスのブラックカルチャーの状況にも原因があったのだ。

歴史上最近の移民である俺たち黒人イギリス人は、アメリカとイギリスの間の大西洋に漂《ただよ》う存在で、アフリカ大陸から新しく来た人々もいるのでもはやカリブ系ばかりではなく、そもそもアメリカ人ではなかった。まだ自分の言葉で語る自信がなく、生まれた国であるイギリスからも疎外され、みずから二流黒人の地位に甘んじていたのだ。俺たちは、イギリスのカリブ系がつくるレゲエよりもジャマイカの「本物」のレゲエを好み、イギリスのヒップホップよりもアメリカの「本物」のヒップホップを好んだ。それは一九九〇年代のフランスでヒップホップシーンが発展し、多くの成功したラッパー、プロデューサー、ディレクターが生まれたこととは対照的である。

英語を話し、アメリカに文字どおりの親類がいるなど、アメリカとのつながりが非常に強いにもかかわらず、なぜ一九九〇年代のイギリスにはフランスと同じようなことが起こらなかったのだろう? 皮肉なことに、その理由の一つはフランスのナショナリズムにある。フランス語を維持するために、国営ラジオで放送する音楽の四〇パーセントはフランス語でなければならないという法律ができ、フレンチヒップホップに活躍の場が生まれた。そういうものはイギリスにはなかった。イギリスの音楽業界は、とくに「アーバン」(つまり黒人)音楽の分野では、親会社であるアメリカのメジャーレーベルが販売するものをそのまま輸入するだけで満足していたのだ。

その後、二〇〇〇年代初頭になって状況は大きく変わった。そのきっかけとなったのは、チャンネルＵというケーブルテレビ局が、送られてきたミュージックビデオをほぼすべて放送しはじめたことだ。笑ってしまうくらい質が低い作品もあったが、それも魅力の一つで、初めて俺のようなイギリス人のラッパーに全国規模の発表の場を継続的に与えてくれた。その後インターネットが登場し、ファイヤー・イン・ザ・ブース、ＳＢＴＶ、グライム・デイリーなどのＭＣ中心のプラットフォームが、イギリスのラッパーやグライムＭＣの曲を全国、そして世界の聴衆に届けた。それも音楽業界のフィルターを通さずにだ。

その結果は国内外で驚くべきものがある。ユーチューブにアップされている俺やほかのイギリス人ラッパーの『ファイヤー・イン・ザ・ブース』〔フリースタイルラップの番組で、ＡＫＡＬＡの登場回は最大で五〇〇万回再生を超えている〕に対するリアクションビデオを見ると、多くのアメリカ人がその歌詞に反応しているのである。また、フランスと同様に、イギリスでもナショナリズムが皮肉にも作用していると思う。というのも、近年のグライムミュージックの成功の一端は、ジャーナリストがグライムミュージックを真の「イギリス」音楽として主張する力量に支えられていると思うからだ。たとえそのジャンルで中心的なミュージシャンたちの「真のイギリス人」としての地位はいまだに疑問視されているにしても。

なぜこのことがこの章にとって重要なのだろうか？　なぜなら俺の人生で初めて、イギリスの黒人ミュージシャン、とくに黒人ラッパーが、ユーチューブであれソーシャルメディアであれ、企業メディアに直接干渉されることなく、またイギリスの音楽業界に直接支配されることなく、アメリカや世界に向けて発信することができるようになったからだ。

これまでのところ、その結果は非常に興味深いものである。ストームジーやスケプタ（Skepta）〔ナイジェリア系のラッパー〕のようなアーティスト、テレビドラマ『トップボーイ』〔二〇一一年から放送されているロンドン・ハックニーを舞台とする英国の犯罪ドラマ〕、「ブラック・ライヴズ・マター」〔二〇一三年に米国で誕生した黒人に対する暴力と差別に反対する広汎な社会運動〕を中心としたアクティビストとのコラボレーション、そしてソーシャルメディアをつうじて、黒人イギリス人たちはかつてないほど持続的なかたちで文化や政治を「黒い大西洋《ブラック・アトランティック》」〔アフリカ、米国、英国、カリブ海の相互に影響しあう黒人文化を指す言葉〕の大釜のなかに入れてかきまわすようになっている。

往年の学者（スチュアート・ホール、ポール・ギルロイなど）の仕事や俺の親の世代の音楽（ラヴァーズロックやレアグルーヴ）は、間違いなくいまの世代がつくりだすものよりはるかにレベルが高かったが、残念ながらかれらにはインターネットがなかった。以前にもソウルⅡソウルのような先駆的に成功を収めたアーティストはいたし、スマイリー・カルチャーは一九八五年にコックニーとジャマイカの訛りで素晴らしいラップを披露したが、それでもこうした動きのどれもが多くの有名アーティストを継続的に生みだせなかったのだ。

ほんの一〇年前に生まれていたら、愚かなレコード会社に「お前をどうやって売りだせばいいのかわからない」と言われ、作品がゴミ箱行きになっていたであろう数多くのラッパーたちが、いまではソロツアーを成功させている。大きなものでは、国内最大規模のアリーナのチケットを完売させているほどだ。

消費者が比較的自由に使えるインターネットという環境が、今のような状況の登場に寄与したことは決して偶然ではない。すべてではないにしてもラジオが大幅に求心力を失った現在、あらゆる民族の聴衆が独自性や本物の才能、音楽業界に加工されていないありのままの音楽を求めていることは明らかだ。だからこそ、ストームジー、スケプタ、カノ（Kano）〔ジャマイカ系のラッパー〕、ジェイミー、ギグス（Giggs）〔ジャマイカ／ガイアナ／グレナダ系のラッパー〕、レッチ32（Wretch 32）〔ジャマイカ系のラッパー〕、レディ・リーシャ（Lady Leshurr）〔セントキッツ系のラッパー〕、ワイリー（Wiley）〔トリニダード／アンティグア系のラッパー〕などの「フッド」出身の黒人アーティストは、昔レコード会社がラジオで流すためには必要だと言ったような陳腐なポップミュージックをつくらなくても、国内でもっとも人気のあるMCになったのだ。かつてスキニージーンズを履《は》いた白人のギターバンドの数を制限する必要がなかったように、一度に登場する黒人アーティストを一人か二人に制限する必要はないのだ。

デイヴ（Dave）〔一九九八年生まれ。ナイジェリア系のラッパー〕のような若いアーティストは、二〇一七年に「Question Time」という曲でやったように、テリーザ・メイ首相に対する痛烈な批判を自由に行ない、スポティファイやユーチューブで何百万回もの再生数を得ることができるので、ラジオで自分の曲がかかるかどうかを心配する必要もない。初めて彼がメインを務めるライブツアーのチケットは一日で完売した。ロウキー（Lowkey）〔一九八六年生まれ。イラク／イギリス系のラッパー〕のようなより年長のアーティストは、対テロ戦争を批判し、ユーチューブで曲が何百万回も再生され、何千枚ものチケットを売ることができる。こうしたことにはレコード会社もラジオ局も必要ないのだ。

現在イギリスでもっとも成功している二人のMC、ストームジーとスケプタがともにカリブ系ではなく西アフリカ系であるのは、イギリスの黒人人口のなかで変化が起こったことを反映している。カリブ系が多数派ではなくなり、俺が育ったころに主流だったカリブ海中心の文化志向が変容したことをしめしているのだ。またそれはイギリスの西アフリカ系の人々が新たな自信を得たことを物語っている。

このような音楽的、文化的傾向の著《いちじる》しい変化は、アメリカにおいてイギリスに対する認識を大きく変えた。二〇〇一年に初めてニューヨークを訪れたとき、俺はブロンクスに住む友人の親類の家に泊まった。俺はあたりを歩き回ることに時間を費《つい》やしていた。人々は俺のいかにもヒップホップ的なファッションに気づいたが、俺のイギリス訛りを聞くと完全に混乱してしまった。「イギリスに黒人がいるのか?」「女王と知り合いなのか?」と訊かれることもよくあった。

もちろん後者の質問は単純に馬鹿げたものだが、前者の質問は純粋な無知のあらわれだった。二〇〇一年当時、イギリスに一〇〇万人以上の黒人が住んでいることをどうやってアメリカ人は知ることができただろう。それほどイギリスの文化的存在感は小さかったのである。しかし、ここ数年はニューヨークやそのほかのアメリカ各地に行っても、誰もそのような質問をしなくなった。もうアメリカ人はイギリスにもヒップホップシーンがあり、黒人がいて、さらには「フッド」があることを知っているようだ。

アメリカ最大のインターネット上のヒップホップ・プラットフォームであるブレックファスト・クラブ、ブラッドTV、スウェイも、この変化を認識し番組にイギリス人をゲストとして招いている。俺が子どものころ、大きくてかっこいい黒人アメリカ人たちは、俺たちがどれだけかれらを尊敬しているかはおろか、俺たちの存在にすら気づいていないようだった。しかしいま、インターネットで促進される大西洋をまたぐ対話は、文化や思想の一方通行的な流れを変えはじめ、いくつかの興味深い現実を生みだしている。俺たちは黒人アメリカ人をとても尊敬しているが、双方とも臆病者《おくびょう》ではない。このような国境を越えた黒人の対話の結果、衝突の兆《きざ》しが自然と生じはじめている……。

二〇一二年、俺はヘイ文学・芸術フェスティバルに行き、伝説的なアメリカの黒人歌手で公民権運動活動家でもあるハリー・ベラフォンテの人生を描《えが》いたドキュメンタリー映画『Sing Your Song』（二〇一一年）を大勢の観客とともに観た。映画が終わると、ハリーが熱烈な拍手を受けながら舞台に登場し、これから彼にインタビューをする労働党議員のデイヴィッド・ラミーの隣に座った。

インタビューの内容はあまり覚えていないが、ハリーらしいカリスマ的な調子で、公民権運動のなかで死にかけた経験や、結婚生活についての考察、またそうした議論や人生から期待されるような話をしていたことを覚えている。しかし、観客が質問を促《うなが》されると、奇妙なことが起こった。俺はそれをいまだに覚えている。

インタビューのなかで、ハリー・ベラフォンテとデイヴィッド・ラミーは、ハリーがキング牧師と肩を並べて闘っていた時代から長い年月が経っているのに、アメリカにはいまだに大量投獄や構造的な病理があるという話をしていた。質疑応答で、会場で俺が唯一見つけた黒人（なにしろ開催地はヘイ・オン・ワイ〔ウェールズの田舎町〕だったのだ）が質問に立った。彼女はハリーに、イギリスの黒人はアメリカの黒人よりも、同じ国の白人の男女にくらべて投獄されている割合が圧倒的に高いことを指摘し、その事実についてどう思うかと尋ねた。

俺はそれに続くハリーの応答にショックを受け、失望した。ハリーは、大西洋をまたぐ白人至上主義を批判的に検討することなく——アメリカで人種的統治を始めたのは、そもそもイギリスの植民者なのである——、その女性が間違っている、アメリカの黒人ほど高い割合で投獄されている人々はいない、と言ったのだ。正確な言葉は思い出せないが、ハリーはその女性の指摘を馬鹿げたものであるかのように扱い、歴史的な関連性は明らかであるにもかかわらず、アメリカとイギリスの人種差別的制度に類似性を見いだそうとはしなかった。彼がイギリスには人種差別がないと言ったとまでは俺は言わないが、その場では確かにそう感じられた。

もちろんその女性は正しかった。アメリカはイギリスよりもはるかに高い確率で人々を投獄しているため、アメリカの黒人はイギリスの黒人よりも人数にしてはるかに多く投獄されることになるが、それでもイギリスの黒人は同じイギリスの白人よりも七倍から九倍（データによって数は変動する）も刑務所に入る確率が高く、[★5]刑事司法制度のあらゆる段階でよりひどい扱いを受けている。[★6]また、オーストラリアの先住民族は、アメリカの黒人よりも高い割合で投獄されていることも注目に値する。[★7]これは、否定あるいは対比や類比を目的としたものではなく、もっと知られるべき事実について述べているにすぎない。

とにかく、俺はハリーの否定に大きな怒りを感じ、立ち上がってその女性を支持する声を上げたい衝動に駆られた。いまでも、そうしなかったことに腹が立つ。公民権運動の伝説的人物が、圧倒的に白人であるイギリス人の聴衆から、反人種差別運動における彼の素晴らしい経歴を称賛されていたのだ。人望と名声をもち、アメリカ文化の巨人たちと同時代人で友人でもある彼が、イギリスについての知識を欠き、正当な懸念を否定していたのだ。俺はハリーが無知だっただけだとは思うが、ハリーが質問者の女性を「傲慢《ごうまん》なニグロ」のように扱ったような気が少しした。ハリーの反応を見たその女性が萎縮《いしゅく》していたので、彼女もそう感じていたと思う。

観客が本当に反人種差別的な信念をもっていたならば、ハリーのような偉大な人物が、自国社会の制度的な人種差別に取り組むための戦略を提案してくれることに大喜びしたに違いない。しかし、そうした対話の機会は失われた。もちろん、俺はその聴衆を代表することも一般化することもできないが、イギリス政治を知っているからこそ、ある程度の推測ができる。そして、両国の類似性を引きだす唯一の質問をしたのが、聴衆のなかの二人の黒人のうちの一人だったというのはとても興味深いことだ。

俺は会場を見渡しながら、この小さなイベントには、解き明かすべきことがたくさんあると思った。それはアメリカとイギリスにおける人種と白人至上主義の矛盾をしめしていた。一方で、イギリスのリベラルには、マーティン・ルーサー・キング、モハメド・アリ、ジェームズ・ボールドウィン、そしてときにはマルコムXなど、アメリカの黒人活動家を称賛してきた長い伝統がある。イギリスメディアは、アメリカの公民権運動の英雄たちについて素晴らしいドキュメンタリーを継続的に制作し、かれらの勇気を称賛してきた。そうしたアメリカの黒人活動家はイギリスの大学の神聖な講堂にも招待された。しかしそこに黒人イギリス人が呼ばれることはほとんどなかったのだ。

イギリスの多くの人々にとって、人種差別はアメリカで起こっているものなのである。イギリスに人種差別はない。なぜなら、イギリスはアメリカほど人種差別的ではないからだ。これはまったく無意味でかなり馬鹿ばかしい考えだ。違う二つの国が同じ歴史をもち、同じ社会管理システムを用いることはない。したがって、違う二つの国に同じ人種差別があるなどということはないのだ。イギリスのリベラルが世界中のキング牧師を称賛するとしても、かれらが国内で人種的ヒエラルキーを効率的に再生産したり管理したりすることを止めるわけではないのである。

こうしたことから、ほとんどのイギリス人がもし人種差別について何か知っているとすれば、近くにいる人々に対する差別よりもアメリカの問題や歴史についてはるかによく知っている可能性が高く、これは黒人も同じである。アラバマ州の教会爆破事件〔一九六三年、KKKのメンバーが公民権運動の拠点である教会を爆破した〕をニュークロス火災よりも知っている可能性が高く、ロドニー・キングの名前をシンシア・ジャレットよりも知っている可能性が高く、ジェシー・ジャクソン〔米国の公民権運動家、牧師、政治家。一九八〇年代に二度民主党の大統領候補者指名を争った〕をバーニー・グラント〔一九四四―二〇〇〇年。南米の英領ガイアナ出身の英国労働党の政治家〕よりも知っている可能性が高いのだ。

ハリーがイギリスの現実を知らなかったのは恥ずべきことだ。しかしハリーがイギリスの人種差別に関心をもとうとしないのは、みずからの特権的な経験だけでヨーロッパを人種の楽園だと結論づける、成功し裕福になった一部の黒人アメリカ人の大きな傾向を反映しているように俺には思える。もっとも有名なのは、ジェームズ・ボールドウィンやリチャード・ライト〔一九〇八―六〇年。米国の小説家。四六年にパリに移住し、サルトルやカミュと交流した〕といった著名人だろう。かれらはアメリカの人種差別から逃れるためにパリに行ったのだった。そして最近では、アメリカの黒人俳優サミュエル・L・ジャクソンが、二〇一六年にニューヨークのＨＯＴ97ラジオに出演し、イギリスの黒人俳優が「アメリカ人の」仕事を奪っているとまくしたてた。そのなかで彼は、黒人イギリス人は本質的に人種差別が何であるかを知らない、なぜなら「向こうでかれらは一〇〇年も異人種間交際をしているからだ」と言った。また、彼はハリウッドがイギリスの黒人俳優を起用するのは、かれらの才能や演技の質の高さの結果ではなく、「われわれよりもギャラが安いからだ」とも言った。

サミュエルが黒人イギリス人の歴史について何も知らず、ほとんど気にもかけていない理由を俺が説明する必要はないだろう。しかし、アメリカの黒人俳優であるデンゼル・ワシントンがスティーブ・ビコを演じても〔英映画『遠い夜明け』一九八七年。ビコは南アフリカの反アパルトヘイト／黒人意識運動活動家〕、また同じくアメリカの黒人俳優であるダニー・グローヴァーやシドニー・ポワチエがネルソン・マンデラを演じても〔前者は第八章で既述の英映画『マンデラ』一九八七年。後者は米映画『マンデラとデクラーク』一九九七年〕、ジル・スコットが南アフリカ人を演じても〔英ＴＶドラマ『Ｎｏ．１レディーズ探偵社』二〇〇八年〕、ドン・チードルがルワンダ人を演じても〔米他映画『ホテル・ルワンダ』二〇〇四年〕、フォレスト・ウィテカーがイディ・アミンを演じても〔英映画『ラストキング・オブ・スコットランド』二〇〇六年。アミンはウガンダの元大統領〕、彼が何の問題も感じていなかった様子なのは不可解だ。

サミュエルが文句を言っていた「イギリスの黒人」俳優ダニエル・カルーヤは、ウガンダ人の両親のもとに生まれ、映画『ゲット・アウト』で架空の黒人アメリカ人を演じた〔『ゲット・アウト』は二〇一七年公開の米国のサスペンスホラー映画。カルーヤは、白人の恋人の実家を訪れて恐怖体験に遭遇する黒人の主人公を演じた〕。フォレスト・ウィテカーは、おそらくもっとも有名で実在したウガンダ人であるイディ・アミンを演じたが、サミュエルはこのことに気づかなかった。皮肉なことに、二〇一三年ダニエル・カルーヤは、ロンドン警視庁を訴えなければならなかった。★8 警官にバスから引きずり降ろされ、首をブーツを踏まれながらうつ伏せにされ、警察署に連行され所持品検査のために裸にされたのだ。「通報された犯罪者の特徴に当てはまる」というのがその理由だった。この事件が起きたとき、すでにダニエルは大ヒットしたティーン向けドラマ『スキンズ』〔二〇〇七年から一三年まで英国で放送された青春ドラマ〕に出演し大きな成功を収めており、賞も受賞していた。イギリスの有名な白人俳優が警察にこんな扱いを受けることはまったく想像できない。だからサミュエルの発言は、黒人の顔をしたアメリカ人例外主義の臭いがするだけなのだ。サミュエルおじさん《アンクル・サミュエル》によると、黒人アメリカ人にはアフリカ人やカリブ人など地球上のあらゆる黒人を演じる資格があるようだが、アメリカ人以外がアメリカ人の役を演じることは許されないのだ。サミュエルは、イギリスの黒人俳優であるデイヴィッド・オイェロウォがマーティン・ルーサー・キングを演じたこと〔米映画『グローリー／明日への行進』二〇一四年〕も問題視していた。しかしそれで言うと、南アフリカの黒人は、アパルトヘイト体制下の南アフリカほど状況がひどくないアメリカの黒人は人種差別、貧困、暴力を「本当には」理解していないので、デンゼル・ワシントンにはスティーブ・ビコを演じる資格がないと言うこともできる。が、これももちろん馬鹿げた理屈だ。

もっとも不思議なのは、サミュエルは間違いなく優れた俳優でありながら、演技とは自分ではない誰かのふりをすることだということをすっかり忘れていたことだ。彼は、ほかの惑星に住んだこともなければ、銀河系探検に参加したこともないはずなのに、『スター・ウォーズ』シリーズに何のためらいもなく出演している。また、黒人と白人の「異人種間交際」がその国に人種差別がない証拠だという考え方は、サミュエルほどの年齢と才能がありながら、彼が人種差別の仕組みについて驚くほど幼稚な理解しかしていないことをしめしている。ブラジルでは、何世紀も前から異人種間「交際」が行なわれているが、そのことでブラジルには人種差別がないと考えるのはよほどの愚か者だけだろうし、実際そうした物言いは人種差別に対する取り組みを避けるために頻繁《ひんぱん》に使用されているのである。

サミュエルの暴言は、典型的な「白人レイシスト」が「外国人がこの国に来てわれわれの仕事を奪っている」と訴えるのとさほど変わらず、そもそもなぜ多くのイギリスの黒人俳優がアメリカに行くのかを考えていない点で実に不思議だ。アメリカにはハリウッドがあるというのはもちろんだが、イギリスの黒人俳優が国内でどのような活躍の場を得ているのかを見てみるのも役に立つだろう。イドリス・エルバ〔英国の黒人俳優〕がアメリカでストリンガー・ベル〔二〇〇二年から〇八年にかけて放送された米TVドラマ『ザ・ワイヤー』の登場人物〕を演じる前は、どんな役を演じていたのか？　イギリスの黒人俳優の流出は、イギリス国内でかれらが多様な役を演じる機会が限られていることを反映している部分もあるのではないか？　そして、『ゲット・アウト』をつくったジョーダン・ピールのような黒人監督や脚本家の不足もあるのではないか？　あるいは、サミュエルの年齢の黒人アメリカ人なら共感できると思われるそのほかの制度上の問題はどうだろうか？

悲しいことに、彼はこうした問題にまったく興味がなかった。このような愛国主義的なナンセンスさの一方で、イギリスの黒人女優クシュ・ジャンボは、黒人イギリス人がハリウッドで役を得ているのは、「私たちがアメリカ人より優れているからだ」と主張した。しかしデンゼル・ワシントン、ヴィオラ・デイヴィス〔黒人俳優として初めてアカデミー賞・エミー賞・トニー賞の三冠を獲得した〕、そしてサミュエル・L・ジャクソンといったアメリカの黒人俳優が、それが真実ではないことを明白に証明しているし、俺たちは黒人アメリカ人と誇大妄想的で愚かな競争をするべきではない。

同じくアメリカの有名な黒人であるマヤ・アンジェロウ〔一九二八―二〇一四年。詩人・作家。公民権運動にもかかわった〕は、二〇一二年二月にガーディアン紙で、「黒人イギリス人は黒人アメリカ人と同じ精神《スピリット》をもっていない」と語っている。★9 マヤに公平を期すために言うと、それは彼女のバラク・オバマに対する――極端に好意的な――見解にかんする記事でのコメントだったので、彼女が実際にどのような意図をもってそう発言したのかはわからないが、俺にはその発言が意味するところははっきりしていた。黒人アメリカ人の方が黒人イギリス人より何らかの意味で優れており、勇敢で、強く、「精神的《スピリチャル》」であるということである。

黒人イギリス人と黒人アメリカ人の「精神《スピリット》」を比較することは、愚かで非歴史的な振る舞いだ。黒人アメリカ人は、アメリカの地で四世紀にわたる歴史を共有しているが、黒人イギリス人は、大部分が過去七〇年間の様々な時期に、イギリス連邦やそのほかの複数の国々から移住してきたのだ。そのため、様々な出身地と異なる歴史をもつ俺たちが、どのようなものであれ一致団結した黒人運動として一度でもまとまることがあったという事実は、本当に驚くべきことなのである。しかし、イギリス連邦／帝国の黒人「精神《スピリット》」にまで範囲を広げると、マーカス・ガーヴィー、ボブ・マーリー、クワメ・ンクルマ〔一九〇九―七二年。ガーナの初代大統領。パンアフリカニストでアフリカ独立運動を主導した〕などの人物や、いくつかの人類史上最大規模の奴隷反乱などが出てくるので、そこにマヤが言うような「精神《スピリット》」がないわけではない。

もう一人の例を挙げると、才気あふれる黒人アメリカ人であるタナハシ・コーツ〔ジャーナリスト、作家〕

は、彼の偶像《アイドル》である偉大なジェームズ・ボールドウィンに倣《なら》い、『世界と僕のあいだに』〔日本語訳は、池田年穂訳、慶應義塾大学出版会、二〇一七年。原著は二〇一五年度全米図書賞受賞〕という本でパリをロマンチックに描いた。このことはパリの黒人や茶色の肌の人々を非常に驚かせたに違いない。一九六〇年代のパリは、人種の楽園などではなかった。アルジェリア独立戦争中の一九六一年にはパリに住んでいたアルジェリア人四〇数名が虐殺されたし、その時代の明確な人種隔離もあった。また、現在もパリは人種的なユートピアとはとうてい言えない。誰であれパリを訪れた人間が、ブロンクス風の住宅プロジェクトにアフリカ系やカリブ系の「フランス人」を押し込めている明白な人種隔離に気づかないというのは不思議なことだ。

　さらに不思議なのは、とくに人種的不正義について書いている非常に鋭敏で洞察力のある一部の黒人アメリカ人ですら、こうした明白な問題に気づかないということなのだ。そうしたロマンティックな洞察が、表面的には刑務所を訪れないかぎり人種隔離が目立たないロンドンについてのものであれば許されるかもしれないが、パリについては一見しただけでそうでないことがわかるのである。一九四〇年代から五〇年代にかけてアメリカの一流大学に留学したアフリカの中流階級の黒人外交官が、その国籍や階級的位置からアメリカで何不自由のない時間を過ごしたとしても、それが当時のアメリカを代表する黒人の経験だとはとうてい言えないのと同じである。

　こうした人々がとりたてて無知というわけではない。それどころか、いま挙げた人々はみな非常に聡明である。しかし権力と富が俺たち全員の目を曇らせてしまうのだ。俺が旅行中に得られなかった見識や犯してしまった不作法は、俺とは異なる社会的階層で活動している人や、より多くローカルな知識をもっている人であれば、気づいたり敏感になることができるだろう。

裕福な黒人アメリカ人のアーティストや作家が仕事でヨーロッパに行き、裕福かつおそらく高学歴でかれらのファンであるリベラルな白人ヨーロッパ人に囲まれて過ごしても、ヨーロッパの人種差別の厳しい一端に触れることはないのは当然のことだろう。こうした人々が犯した明らかな間違いは、特権的な外国人としての自分の経験を普遍化してしまったことだ。マンハッタンの五つ星ホテルに泊まると——これも俺が初めてニューヨークを訪れたときにやったことだ——ニューヨークは多文化的で信じられないほど豊かな楽園だと結論づけられるかもしれない。しかし、俺はその後ブロンクスで多くの時間を過ごし、それが事実でないことを知った。さらに、アメリカの警官が俺のイギリス訛りを聞いて、俺が「かれらの」ニグロではないことに気づいたとき、安堵《あんど》のため息をつくのを見たことがある。

俺たちにとって非常に悲しいことは、これらの黒人アメリカ人のアイコンは俺たちにとってもアイコンでもあるということだ。俺たちはこうした人々が俺たちの存在を軽視することを、もし黒人アメリカ人がそうしたコメントを受けたらそうするように、自分たちのなかの一人が自分たちを侮辱しているものとみなす。社会的地位のあるビル・コスビーがアメリカの貧しい黒人に対して行なった悪名高い暴言〔二〇〇四年五月、全米有色人種地位向上協議会（ＮＡＡＣＰ）の行事で、黒人の貧困の問題は当事者に責任があると揶揄をまじえて発言した〕のように、同胞が自分たちを侮辱しているとみなすのだ。

もちろん、アメリカの多くの黒人研究者やアイコンは、イギリスやヨーロッパでの滞在中「闘争」とかかわった。たとえば、マルコムXはその死のわずか九日前、イギリスのウェストミッドランズ州スメスウィックを訪れていた。そこには人種隔離の歴史があり、保守党の議員が「隣人に黒人が欲しいなら労働党に投票しろ」という選挙スローガンを掲げていた。[★10] 要するに、俺はこれまで述べた内容を大雑把な非難の言葉としてではなく、複数の種類の黒人の声が上がりつづけるなかで登場するであろう矛盾や緊張に気づく手がかりとして捉えてほしいのだ。西アフリカ人は、黒人アメリカ人に対して同様の無知な一般化を行なってきたし、俺が若いころのカリブ系イギリス人は、新しくイギリスにやってきた西アフリカ人に対して非常に愚かで意地悪な態度をとっていたのだ。

俺はパンアフリカニストだ。つまり、アフリカ大陸の人々とそのさまざまなディアスポラが——それぞれが、類似し、関連する歴史的課題に直面していることを踏まえ——理想主義に陥《おちい》ることなく可能な範囲で適切な相互理解を深めることを支持している。これまでとりあげた問題は、階級、場所、特定の歴史にかんする誤解の例で、大西洋をまたぐ交流のなかで再燃する可能性が高い。黒人アメリカ人は、これまでも、そしてこれからも、世界でもっとも文化的に注目を受ける目立った存在であり、いまのところ世界でもっとも豊かな黒人集団である。かれらは、現在唯一の正真正銘の帝国であり、歴史上もっとも豊かな国に住んでいるのだ。

黒人イギリス人は、規模は小さいが黒人アメリカ人と同じような状況にある。俺たちは、アフロ系ブラジル人や黒人フランス人よりも利口ではないのは明らかだが、英語が世界的に普及していることと、もう一つの帝国の中心に住んでいることで、かれらにはない世界的な聴衆を得ているのである。

……

一見、イギリスとアメリカにおける「黒人の経験」を直接比較することは、その歴史的な違いがあまりにも大きいため、まったく浅はかなことのように思えるかもしれない。黒人アメリカ人は、現在も住んでいるアメリカで奴隷制を経験した。一八六五年に奴隷制が（廃止ではなく）改革されたが、リコンストラクション〔南北戦争中の一八六三年から戦後の七七年まで、米国政府が南部の再統合と国家の再建に取り組んだ過程の呼び名〕と呼ばれる短い期間をはさんで、黒人は一〇〇年にもわたって国家が認可した暴力や法に則ったテロリズムに公然とさらされていた。

このテロリズムは、二〇世紀初頭に行なわれた四〇〇〇件以上の見世物的な殺害《リンチ》で頂点に達した。それは歴史上もっとも異様な残虐行為の一つであり、子どもを含む何千もの白人がピクニックのような雰囲気でそれを見守ることも多かった。エッグレモネードが振る舞われ、記念の絵葉書がつくられ、生きたまま焼かれ、性器が切り取られ、切り刻まれた黒人の身体の一部が手土産として配られていた。★11 二〇世紀のイギリス国内では、このような白人至上主義によるテロは起こらなかった。

また、イギリスは公式に人種隔離を実施したことはなかった。つまり、黒人が投票したり、自分で選んだ場所に家を借りたり、自分が住んでいる学区の公立学校に入学したりすることを公《おおやけ》に妨《さまた》げる法律はなかったのである――一部の国会議員は公然と白人と黒人の分離を要求していたが。イギリス領カリブ海の人々は、イギリス国民の市民権の行使として、自分の金で自発的にイギリスにやってきた。戦後のイギリスは社会民主主義を採用し、死刑制度は廃止され、肌の色に関係なくすべてのイギリス国民が高等教育、医療、ある程度の社会保障を受けることができるようになった。

　これは、イギリス国家がアメリカと同じような形で死刑制度、医療制度、教育制度を人種化することができないことを意味しており、もっとも極端な人種差別の制度的基盤が除去されたということである。また黒人イギリス人は、すでに白人の下層階級《アンダークラス》が確立している社会に移住し、白人の下層階級がすでに住んでいる地域に集住した。一方、アメリカの下層階級の基盤は、黒人と先住民族だった。

　だとしたら、イギリスとアメリカの人種差別を比較することは馬鹿げているのだろうか？ちょっと待ってほしい。確かに、イギリス国内の社会民主主義的な人種差別は、アメリカの公式の、そして実質的なアパルトヘイトとはまったく異なる。しかし、イギリス連邦全体を見てみると、様相はかなり違ってくる。イギリス帝国についてとりあげた第五章で見たように、アメリカ人がピクニックで殺害《リンチ》を楽しんでいたのと同じ時期に、イギリスは植民地の数十万人ものケニア人を強制収容所に入れ、アメリカ南部と変わらない残虐行為を行なっていたのだ。南アフリカのアパルトヘイトというと、アフリカーナー〔南アフリカのオランダ系の白人住民。ボーア人とも呼ばれた〕が率いる国民党と一九四八年以降のその台頭に結びつけられることが多いが、元来イギリスは南アフリカのアパルトヘイト体制の構築に中心的な役割を果たしていたのである。

確かに黒人イギリス人はイギリス連邦から「自由」に移住してきたが、その自由な移住は、イギリス国家が関与している新植民地主義的経済や意図的な低開発と切り離して考えることはできない。そうした移住の歴史のなかでも、人種はイギリスの支配者にとって、戦後のアメリカの支配者と同じように重要だったことがわかる。イギリス政府はもっと巧妙だっただけなのだ。

イギリス国内では公的な人種隔離はなかったが、戦後の歴代政府は、多額の税金を使ってヨーロッパから白人移民労働者や難民を呼び寄せたのと同時に、イギリス連邦からイギリスに来ることができる非白人のイギリス国民の人数を制限するために精一杯努力した。かれらにはイギリスに来る法的権利があり、同時期に到着したヨーロッパ系移民とは異なり、自費でやってきたのにもかかわらずだ。さらにイギリス議会は、イギリス連邦全体がともにナチスと戦ったにもかかわらず、イギリス連邦の白人自治国《ドミニオン》〔カナダ、オーストラリア、ニュージーランド〕に非白人に対する移民制限を維持するよう奨励した。その理由は、支配階級の人種差別であることに疑いの余地はなかった。[★12]

イギリス国内でも、黒人イギリス人の経験は、黒人アメリカ人の経験といくつかの大きな類似点がある。とくに目を引くのは、すでに述べたほかの人種にくらべ不釣り合いに多い投獄と警察の拘束下での不審死だ——もちろん、その規模はアメリカの方がはるかに大きいが。メディアやイギリスの政治家の間では、犯罪に対する社会ダーウィン主義風の人種的説明が定着しているが、これは明らかにアメリカの言説から借りてきたものだ。いわゆる「黒人どうし」の暴力、あるいはそう言いたければ色素過剰症候群だ。トニー・ブレア元首相はこう言っている。

我々が対処しているのは、一般的な社会秩序の混乱ではなく、何かの理由でほかの人々と同じ行動規範を守らないと決めている特定の集団や人々なのです……黒人コミュニティ――大多数の人々は、善良で法を守る人々であり、このような事態に恐怖を感じています――は、罪のない若い黒人の子どもを殺しているギャングの活動を非難するためにまとまる必要があります。しかし我々は、黒人の若者がそれをやっているのではないというふりをしていてはそれを止めることはできないのです。

ブレアが言う、黒人が殺人を犯さないふりをしている人々というのが誰なのかはわからない。俺はそのような人にまだ会ったことがない。近さという点では、黒人ほど黒人の殺人能力を熟知している人々はいないのだ。

俺が若いころのロンドンでは、このような黒人独自の犯罪性という言説が非常に広まり、「黒人対黒人」の暴力に対処することを目的とした特別警察部門までつくられた！　人は歴史を考慮せず、アメリカをまったく表面的に捉えたり、シカゴの恐ろしい暴力を見たりすると、「黒人対黒人の犯罪」という単純な物語を語りはじめることになる。しかしこうした言説がイギリスのメディアや警察活動、そして政治的な言説に深く浸透しているというのは、イギリス全体の状況からみれば信じられないほど奇妙だ。

俺が子どものころ、イギリスの一部は戦場だった。一九九八年のグッドフライデー協定（ベファスト合意）により、いわゆる「トラブルズ」〔北アイルランド紛争の通称〕と言われるものに「終止符」が打たれるまで、北アイルランドではその紛争の結果何千もの人々が亡くなっていた。一九九〇年代の間にも、銃撃戦や爆弾テロといった「トラブル」が頻発しており、多くの人々が犠牲になった。一九九八年にはアルスター義勇軍（UVF）〔北アイルランドのイギリス残留を主張する右派民兵組織〕による爆弾テロが発生し、九歳、一〇歳、一一歳のクイン三兄弟が亡くなった。

もしあなたが誰かに北アイルランド（あるいはスコットランドのグラスゴー）が暴力的である理由を尋ねれば、答える側は間違いなくその地域の歴史を話しはじめるだろう。北アイルランドにかんしては、まずイギリス帝国とアイルランドにおけるその歴史的遺産、次にその結果発生したカトリックとプロテスタントとの対立である。またグラスゴーにかんしては、西ヨーロッパでもっとも貧しい地域の一つであるグラスゴーにおける階級差別の歴史と「低所得者住宅[★13]」に放置された労働者階級とその貧困化という相互にかかわりあう問題がある。こうした説明は、それぞれの地域やそこに住む人々の暴力について「言い訳」するものではなく、もっとも複雑な人間の現象の一つである「殺人」を歴史の文脈のなかに置いて語ろうとしているにすぎない。

歴史上イギリスでもっとも暴力的な地域には黒人がほとんどいなかったこと、人を刺したり撃ったりする白人労働者階級の若者のギャングが一世紀以上も前からイギリスには存在していたことを考えると――俺たちの祖父母がイギリスに来たときにかれらを襲っていたギャングは誰だったと言うのか？――イギリスには「黒人対黒人」の暴力というものがあることを知ったときの俺のショックは想像にかたくないだろう。

かつて北アイルランドで起きた事件が「白人対白人」の犯罪と呼ばれたことはなかった。また、グラスゴーでも、世界大戦でも、七年戦争〔一七五六年から六三年まで、プロシアとオーストリアの対立を中心にヨーロッパで展開された戦争〕でも、ナポレオン戦争〔一七九六年から一八一五年までフランスのナポレオンによって起こされた戦争〕でも、白人とされる人種間で起きた紛争や殺人事件が、どんなに陰惨《いんさん》なものであっても「白人対白人」の暴力と呼ばれることはなかったのである。ヨーロッパの歴史をつうじて何億もの「白人」が殺し合い、あるいは魔女狩り、集団強姦《ごうかん》、絞首刑、拷問《ごうもん》、性的虐待を行なっても、あるいは一九九〇年代のイギリスでもっとも暴力的だった二つの地域――北アイルランドとグラスゴー――にはほとんど白人しかいなくても、それが「白人対白人」の暴力と言われたことはなかったのだ。

　しかし、ロンドンの労働者階級の黒人は、ラップが誘発した謎のニガー遺伝子（奴隷の短距離走遺伝子に似ている？）をアメリカから輸入していたらしい。黒人が殺人を犯すのは、ほかの人間が殺人を犯すような複雑な理由からではなく、かれらが単に「黒人」だからであり、ときにはかれらがラップやグライム、ダンスホールを聴き過ぎたからなのである。

　結局のところ、「黒人対黒人の犯罪」という言葉は、次のようなことを示唆しているのではないだろうか？　黒人はほかの人類とは異なり、政治的、歴史的、経済的、文化的、宗教的、心理的な要因が複雑に絡み合った結果として殺人を犯すのではなく、単にその肌、つまり色素過剰症候群が原因で殺人を犯すのだと。「黄色人種対黄色人種の犯罪」、「人種混合《ミクスト・レイス》対人種混合《ミクスト・レイス》の犯罪」、「白人対白人の暴力」というのは冗談にしか聞こえないが、黒人対黒人の暴力《ブラック・オン・ブラック・バイオレンス》には「信憑《しんぴょう》性」がもたれるという事実は、この国の文化において想起される黒人と犯罪の関係について非常に多くのことを物語っている。

俺は一九九〇年代にイギリスの報道機関が「黒人と犯罪」というテーマで掲載した膨大な記事を引用することができるが、そんなことをしても退屈だろうからここでは省略する。しかし、注目すべきは、この報道スタイルがこの三〇年間ほとんど変わっていないということだ。たとえば、二〇一六年九月三日、スペクテイター誌のロッド・リドルは、次のようなタイトルとサブタイトルをつけた記事を書いた。

なぜブラック・ライヴズ・マターはノッティングヒル・カーニバルを中止させようとしないのか？

デモ参加者は、黒人対黒人の犯罪に焦点を当てた方がいいと思うが、かれらはそうしないし、そうするつもりもない★14

そのタイトルの下には、おそらくその年のノッティングヒル・カーニバル〔毎年八月にロンドン西部のノッティングヒル地区で開催される世界有数規模のカーニバル。一九五九年、前年起きたテディボーイズによる反黒人暴動に対するカリブ系コミュニティの連帯をしめすカーニバルとして始まった。近年開催期間中の暴力事件の増加が問題になっている〕で撮影されたと思われる陰惨な写真が掲載されている。血まみれのナイフを手にした若い男性がカメラを直視しており、その後ろには彼に足を刺されたばかりだと思われる別の若い男性が写っている。さらにその後ろには、明らかにこの暴力沙汰《ざた》から急いで離れたと思われる、恐れ慄《おのの》きショックを受ける人々の群れが写っている。

興味深いのは、この写真に写る刺した側と刺された側の双方が、明らかに「人種混合《ミクスト・レイス》」であることだ。しかし、当然「人種混合対人種混合《ミクスト・レイス》《ミクスト・レイス》の暴力」というものは存在しない。なぜならこうした若者は、自分の遺伝子の半分が黒人であるせいで殺人を犯したからだ。おそらく黒人であるかれらの半分だけが刑務所に入ったり死んだりするのだろう――俺にとっては素晴らしいニュースだ。さらにこの書き手は、イギリスのブラック・ライヴズ・マターはノッティングヒル・カーニバルに抗議すべきだと主張している。なぜなら、そのカーニバルは黒人にとっては警察よりも危険な存在だからだ。その記事によると、その年はそこで五件の刺殺事件があったという。

このような議論の馬鹿ばかしさはあまりにも度を越したものなので、わざわざ分析することで読者を見下《くだ》すべきかどうかはわからないが、あえてやってみることにする。ブラック・ライヴズ・マターは、アメリカやイギリスなどにおける人種差別的暴力の歴史に抗議するものだ。その国々では、白人の自警団や警察が、黒人を殺してもまったく罪に問われなかった。なぜなら、それほど遠くない過去に、黒人は人間未満の存在と考えられ、法的にもそう分類されていたからだ。しかもアメリカの場合、こうした殺人はしばしば映像に残されている。もし、カメラの前で黒人を殺した白人の警官や自警団が刑務所に入ったなら、ブラック・ライヴズ・マター運動は起こらなかっただろう。

その記事は、その年のカーニバルで四〇〇人の逮捕者が出たことを指摘して、みずからの薄っぺらい「議論」の信頼性を損なっている。おそらく、写真のなかで血まみれのナイフを手にしてこちらを睨《にら》んでいる若者も逮捕されただろう。そして、そこにポイントがある。彼は逮捕されるはずだ。刺した相手が死んでいれば、そしてこれだけ明白な証拠写真があれば、彼はほぼ間違いなく殺人罪で刑務所に入るだろう。しかし、アメリカで何人もの警官が人を撃つところをカメラに映されても、そしてイギリスで何人もの警官が不法殺害の判決を受けても、かれらのほとんどは刑務所に入ることも、職を失うこともないのである。

「なぜ黒人は黒人どうしの犯罪に抗議しないのか」と主張するようなこの種のジャーナリストは、さらに悪質なことを示唆している。それは、すべての黒人がほかのすべての黒人の行為に関係しており、もし一人の黒人がいつどこであろうと地球上で人を殺してしまったら、残りの黒人は国家の組織的な不正行為や、さらには自分たちに対してなされた人種差別的不正行為に抗議する権利を失うというものだ。こんなことを言う白人たちは、俺たちがこの議論をかれら白人に向けることを望むだろうか？　そんなことはないだろう。一方で、大西洋をまたぐ黒人の連帯が、多くの人々をいらだたせていることは注目に値する。

こうした状況は、俺たちをどこに向かわせているのだろうか？　復活した黒人主体の社会運動にどのような可能性があるのだろうか？　イギリスのインナーシティーとアメリカのインナーシティーとの新たな交流から、どのような新しい文化が生まれてくるのだろうか？　黒い大西洋《ブラック・アトランティック》は、今後どのように進化していくのだろうか？

実践的なパンアフリカニズムは、相違と多様性を認識しなければならないと俺は思う。「黒人差別が存在するから、黒人は一枚岩にならなければならない」などと言っても意味がないのだ。黒人アメリカ人の人種的歴史は、現実を直視すれば黒人と白人の二項対立を中心に置くことが避けられない政治的伝統を生みだしてきた。しかし、ナイジェリアのビアフラから避難してきたイボ人の友人や、シエラレオネの内戦から避難してきた人々に、強大な白人と戦うことが唯一の、あるいは多くの場合中心的な問題であると納得させるのは、当然のことながら難しい。

注目すべきは、アメリカの黒人政治学者が人種や白人至上主義を批判することを基本としてきたのに対し、アフリカ大陸の学者や活動家は――植民地主義と白人至上主義の悪しき遺産を誰よりもよく理解しているにもかかわらず――アフリカの支配層の失敗、強欲、腐敗、殺人にも批判の矛先《ほこさき》を向けることを正当にも選択してきたことである。

人種差別的な動産奴隷の子孫であり、「黒人」とされてきたカリブ系や黒人アメリカ人は、人種差別が存在するという理由だけで、約五〇〇〇万人もいるヨルバ人に対し、単純な黒人の連帯を支持して二〇〇〇年以上の民族の歴史を忘れるように言えるだろうか？　ジャマイカのラスタは、「俺たちはみんな黒人だから」という理由で、ジャマイカでみずからが受けてきた宗教的迫害、警察の暴力、階級的俗物主義による被害の歴史を無視すべきだろうか？

それとも、アプローチや対話はもっと緻密《ちみつ》でニュアンスに富んだものでなければならないのだろうか？　西アフリカ系の人々がイギリスの黒人人口の多数を占めつつあるなか、戦後のカリブ系移民の第一世代とその子どもたちが、あとから来る黒人移民が闘わなくてもすむように闘った闘争を忘れないことは重要ではないだろうか？　黒人アメリカ人は、カリブ海と西アフリカの非常に異なる政治的伝統と経験を取り入れることができるだろうか？　またこうした対話全体が、人類の状況全体や、すべての人々が直面している不平等、対立、課題とどのように関連しているのだろうか？　時が経てば必ずわかることだ。

第一一章　白人の衰退、人種の衰退？（あるいは資本主義の終焉？）

「もはやヨーロッパは世界の中心ではない。これはこの時代の重大な出来事であり、根本的な特徴である。」

アキレ・ムベンベ★1

「欧米支配が帝国や文明の長い歴史のなかの驚くほど短命な一段階にすぎなくなっているのは確かだ。」

パンカジ・ミシュラ★2

香港、午前五時。普段なら俺にとっては夜中と言ってもいい時間だが、初めての香港でしかも二四時間しか滞在できないので、早く起きて歩き回りたい気持ちでいっぱいだった。ホテルの窓からゆっくりと昇る太陽を見た。そしてすでに街全体が目を覚ましていることに俺は驚いた。多くの人々が昼間のように慌《あわ》ただしく動き回っている。通勤途中でないのは明らかだった。屋上で太極拳をする老夫婦、散歩やランニング、バスケットボール、瞑想をしている人々が見える。高層ビル群や街の賑《にぎ》わい、山の緑の美しさと街の喧騒《けんそう》とのコントラスト、どこまでも続くショッピングモールやホテルといったもの以上に俺が香港で印象的だったのは、人々のそうした早朝の習慣だった。数週間前に訪れたベトナムのハノイでも同じような光景を見た。俺はその日に祭りでもあるのかと思ったのだが、どうやらそうではなく、普通の火曜の朝だった。人々が早朝に外に出て、あまり「普通」でない運動（数人は棒術をしていたし、ハノイの男性は剣の練習をしていた）を堂々としているのはとても不思議な光景だった。

俺自身アジアの武術を習っており、カンフー映画を観て育ったが、俺が興味をもったのは、忍者／カンフー映画風のステレオタイプなアジア人が実際にいたというようなことではなく、かれらがみな平均的な人々だったということだ。かれらは少林寺のスーパーアジア人ではなく、おじいさんやおばあさんといった普通の人々だった。ほとんどが激しいトレーニングとしてではなく、健康維持のために運動していた。そして俺は早朝に多くの人々が集まっていることに政治的に重要な意味があると思った。

俺にとってこのシンプルな朝の儀式は興隆する国の文化をあらわしており、その光景にある種の一体感を感じたのだ——そこにいる人々はまったくそんなことを考えていないかもしれないが。その光景を見たとき、俺は研究者たちが言っていること——欧米の一極支配が終焉し、アジアが世界で優位に立つ、あるいは少なくとも欧米と同等の地位への復帰は近い——は、すべて真実であると理解した。[★3] 数年後、北京オリンピックが開催された。その壮麗な開会式は、あたかも中国が世界に向けて、「恥辱の世紀に本当に終止符を打った」「中国は復活した」と宣言しているかのようだった。

世界もそのように認識している兆候があった。ある日、チャーリングクロス通りにある大型書店フォイルズに入って、「古典」の棚を見ていると、不思議なことに気がついた。これまで、古典とはつねに「西洋」の伝統のなかで書かれた書物を意味しており、アフリカ人やアジア人が数千年にもわたって文学を残してきたことはなかったことにされていた。[★4] しかしもうそんなことはなかった。俺が見たその棚には、『三国志演義』、『源氏物語』、『水滸伝』など、中国や日本の古典が並んでいたのである。時代は変化しているのだ。

一世紀ほど前、イギリス支配下の香港の中国人は、人種隔離された汚いゲットーに住み、人種差別的な法律によって統治されていた。[★5] いま香港の中国人は、平均すれば地球上でもっとも裕福な部類に入る。なんと世界情勢は素早く変化していることだろう。中国が軍事的、経済的に弱体化し、政治的にも国内外の勢力によって分割されていたころ、中国人は年季奉公人として搾取されるために中国を離れ、ほかの「被支配人種」と同じように人種差別的な偏見や移民法の対象となっていたのだ。現在、どの国の高級ホテルに行っても、ほかの国の人々と同様に中国人の客がいる。過去数十年の間に、中国は少なくとも五億人（世界銀行にいるらしい共産主義者のプロパガンダによれば約八億人）を貧困から脱却させ、歴史上もっとも速いペースで工業化を進め、現在では多くの環境技術の最先端に立っている。そして中国は、地球の半分を侵略したり植民地化したりすることなくこれらすべてを成し遂げたのだ。

こうした理由やそのほかの多くの理由から、中国は国内に明白な不正義は存在するにしても、産業資本主義こそ人類発展の究極の理想であると考える世界中の人々から称賛されているはずだと思うだろう。しかし、メディアの中国報道を見ていると、いまだその奥底には昔ながらの「黄《こう》禍《か》論」〔一九世紀末から二〇世紀初頭の帝国主義時代の白人社会で唱えられた、中国や日本の黄色人種の勃興が欧米世界への脅威となるという考え方〕が潜んでいると思わずにはいられない。ドキュメンタリー映画の巨匠ジョン・ピルジャーが正しければ、すでにアメリカは中国との戦争を開始している。アメリカの外交政策の歴史を少しでも知っている人であれば、彼のドキュメンタリー映画『来るべき対中国戦争（The Coming War On China）』（二〇一六年）に登場する中国を取り囲む米軍基地の地図を見て、最悪の事態を恐れないわけにはいかないだろう。

バラク・オバマ大統領下のアメリカ政府は「アジアへの旋回（pivot to Asia）」を計画していることを公式に発表した。もちろん一般大衆向けに適度にリベラルな言葉で表現されてはいるが、より率直なアメリカ人アナリストも含めて国際関係に少しでも詳しい人なら、この政策は究極的に対中国「封じ込め」策であることを知っている。言い換えると、世界の大多数の人々が何を望んでいるかに関係なく、アメリカは世界支配を継続するつもりなのだ。

世界中の人々は、ほかのどの国よりもアメリカを世界平和に対する最大の脅威とみなしている。これは、現在ホワイトハウスにいるトランプが当選する前に、アメリカの世論調査会社が行なった調査の結果だ。たとえば、二〇一四年にギャラップ社が行なった調査では、六五ヵ国の六万六〇〇〇人に「世界平和にとって最大の脅威となる国はどこか」と尋ねたところ、四分の一がアメリカと答え、中国と答えたのはわずか六パーセントだった。この傾向は、それ以前の調査でも同じだ。

この本は中国をテーマにしたものではない。ただ俺がここまで言おうとしてきたのは、俺たちがどれほど自分で自分の人生をコントロールできていると信じているにしても、世界規模で変化する個人ではどうすることもできない政治情勢や考え方や出来事が、あなたや俺のような個人の人生や生活に影響し、最終的に俺たちの経験をある程度決定しているということだ。「欧米」全体、とくにアメリカがアジアの勃興と繁栄にどう対応し、また国際貿易と軍事においてどのように争うかは、二一世紀における人種と階級にかんする問題の大きな要因の一つとなるだろう。二〇世紀半ばに冷戦が人種と階級の関係を方向づけたように、[★6]一九世紀のヨーロッパの地政学的支配が、白人至上主義を多くの人々にとって世界理解の「信頼できる」手段にしたようにだ。[★7]

もはやヨーロッパが世界の政治経済の中心ではなくなり、欧米の最大国であるアメリカがアジアに軸足を移している現在――アメリカがどの地域から軸足を移しているかを考えるのは難しくない――西ヨーロッパの人々は経済的にも軍事的にもアジアとアメリカに次ぐ「三番手」に落ちたことにどう対処するだろうか？　アメリカの政治家や軍人は、アメリカ支配を維持するために日本やインドと同盟して中国に対抗するか、あるいはヨーロッパの同胞に忠誠を誓うかという選択に直面したときどう対処するだろうか？　政治の歴史を十分に理解していれば、その答えは明らかだろう。二一世紀の間に、人種の概念や「欧米」社会そのものが簡単に崩壊してしまうことは容易に想像がつく。

同様に、パンアフリカニズムの観点から見て、裕福な「欧米の黒人」は変化するこの世界にどう対処するのか？　俺たちは、数世代を超えて、グローバルサウスに対する精神的なつながりを維持することができるだろうか？　あるいは一九五七年にアメリカの黒人評論家フランクリン・フレイジャーが嘆《なげ》いたことで知られる「黒人ブルジョワジー」の罠《わな》にはまることになるのか？

相対的な快適さと特権は、俺たちを悪い方向に変えてしまうのだろうか？　カリブ海やインドで生まれた戦後世代が全員亡くなって（これはもうすぐ起きることだ）、俺たちがただのイギリス人になったとき、そのことは俺たちの政治意識にどのような影響を与えるのだろうか？

ここで俺が「俺たち」という言葉を使うのは、俺自身が特別な人間ではなく、自分自身の逡巡、弱さ、エゴイズム、強欲さと毎日格闘しているということを言いたいがためだ。俺は世の中の出来事を見ていて「もういいや」と思うことがよくある。なぜ俺がわざわざそれを気にかけなければいけないのかと。しかし、俺たちはそう感じるように仕向けられているのだ。政治の腐敗がこれほどまでに赤裸々で、隠されていないのはそのためである。それは、世界はもっとよくなるという信念をもつ人々を疲弊させるためのものなのだ。

サリーを着た数人のインド人女性の写真がある。俺が知覚をめぐるレクチャーでよく使っているものだ。彼女たちは五〇代に見えるので、通常は「おばさん《アーンティ》」と呼ばれている。インド人の「おばさん《アーンティ》」というと、知恵に富んだ年長の女性が秘密のレシピでおいしいビリヤニをつくっているというイメージがあるかもしれない。イギリス生まれの若い親類は、何年見ていてもおばさん《アーンティ》の料理を真似できない。ジャマイカのおばあさんのイメージもまったく同じで、ジャマイカで愛情や思いやり、美味しい料理、そして思慮深い一家の権威を象徴する存在といえば、それはおばあさん、あるいは「おばさん《アーンティ》」だ。

俺がこの写真を人々に見せるとき、それが何の写真かを俺に伝えるキャプションをつけるように頼んでいる。学生たちは写真に何かの仕掛けがあることには必ず気がついているが、それでも、「結婚式に出席している」「おばさん《アーンティ》が家族に秘密のビリヤニのレシピを教えている」「ディーワーリー〔インドのヒンドゥー教の祭り〕の日だ」などのありがちな推測をする。そうして人々はより熱心に写真を見て、細部に気づきはじめる。後ろにいる男性が眼鏡をかけていること、女性たちがキッチンではなく教室のような場所にいること、そして奥にある小さなスクリーンに衛星や惑星の画像が映っているのがかすかに見えること——こうして一部の人には答えがわかる。誰かが「インドの衛星の火星探査だ」と叫ぶと、人々はこの写真の仕掛けがもつ意義に気づき、いっせいに息を飲んだあと笑いはじめる。

　この写真は、二一世紀をあらわすもっとも重要なメタファーの一つになるかもしれない。この写真には、インド宇宙研究機関（ISRO）の宇宙科学プログラムディレクターであるシーサ・ソマスンダラム、火星でのメタン検出プロジェクトマネージャーであるミナル・ロヒト、火星探査計画の副オペレーションディレクターであるナンディニ・ハリアスが写っている。これらの「おばさん《アーンティ》」たちは——ネット上の「荒らし」が性差別的な異議を唱えているものの——二〇一四年に火星に到達したインド初の火星探査機マンガルヤーンの上級科学者たちである。このマンガルヤーンは、数週間後に打ちあげられたNASAの火星探査機メイブンの約一〇パーセントの費用で火星に到達するという偉業を成し遂げたのだ。

　人種差別や性差別の愚かさ、反植民地闘争の歴史的遺産、そしてすべての人々が活躍できる可能性を集約したイメージがあるとすれば、俺にとってこの写真がまさにそれかもしれない。知的難関の象徴となっているほど難易度の高い分野であるロケット科学の仕事で、茶色の肌の年配女性が世界をリードしているというイメージ。ジェンダーや人種、特定の文化や地域がもつ永遠の優位性という古い思い込みに固執《こしゅう》する頑迷な人々にとっては、二一世紀は最悪の世紀になるかもしれないし、逆に古いヒエラルキーがしつこく残るかもしれない。しかしイギリスから独立して一世紀も経たず、いまだにどの国よりも極貧層が多いにもかかわらず、インドがこうしたことを達成したという事実は、われわれの未来に待ち受けているものをよく考える上で非常に興味深いものである。

⁝

古代エジプト人は、地上における神の代理人としてファラオ〔古代エジプトの国王の称号〕を神聖視していた。君主制の本質は、この王権神授説という宗教的な考えに起源をもつ。ケメティック（エジプト）文明が強固で安定しており、ほかとは比較にならないほど技術的に優れ、軍事的にも自国を守ることができているかぎり、この神聖な王という幻想には現実味があったかもしれない。

子どものころから古代エジプトに魅了されてきた俺がいつも考えているのは、王がそれほど神聖な存在ではないと知ったとき、その国の人々はどのような反応をしただろうかということだ。自国は外国の野蛮人に征服される可能性があり、君主が神とつながっているからといって森羅万象が必ずその国民を特別扱いするわけではない。

ガーナのパンアフリカニストで学者・小説家であるアヤ・クウェイ・アーマーが言うように、王を神聖なものとみなす信念は古代エジプト人の感覚を麻痺させ、かれらが現実に直面しても対処できないようにしたと考えることもできる。現代の技術者がいまだに困惑するような複雑な構造物をつくることができたにもかかわらず、王国をつねに脅《おび》やかしていた侵略者たちが通ってきた細長い土地に必要な防御の砦《とりで》をつくることができなかったことを、ほかにどう説明すればいいだろうか？

ある意味、白人性《ホワイトネス》は神聖な王とよく似た働きをしてきたと思う。白人であることに強くこだわっている人々を麻痺させ、自分が明らかに優越的な存在ではないという現実への憤《いきどお》りの虜《とりこ》にさせるのだ。数世紀の間、「白人」とされてきた人々は——ときにはかれらの社会で最高の知性をもつ人々によって——自分たちはほかの人間よりも本質的に優れており、「ニグロ」奴隷やインド人の臣民、征服された中国人の感情を無視しても結果を恐れる必要はないと教えられてきた。自分たちの優越性は永遠であり、そのことは神や科学、文化によってあらかじめ定められているというわけだ。

このシステムが大きく揺さぶられたとき、「白人」は、何が起こっているのか理解できなかった。たとえばハイチ革命の際、白人のフランス人は、かつての奴隷が反旗を翻《ひるがえ》したという明白な事実を受け入れられなかった。★8 人間であればそうすることはおかしくないにもかかわらず、反乱軍は黒人の扮装《ふんそう》をした白人だというようなありとあらゆる空理空論を考えだしたのだ。

この否定のあり方は、あるフランス人入植者の言葉によく表れている。「経験豊富な入植者なら誰でも、この階級の人間が計画の実行に必要なエネルギーもアイデアももちあわせていないことを知っているが、それでもかれらが実現に向けて進んでいることに思い至った」。同様の人種的反応は、アメリカのリコンストラクションに対する反応にも見られ、またとくに日本の帝国主義の台頭は、欧米諸国の外交政策に人種的危機をもたらした。[★9] とはいえ当時の政治家たちは、そうした人種的不安をあまり表立って口にしないように気をつけていたので、概《がい》して歴史家はこの要因を軽視してきた。しかし、何人かの研究者が太平洋戦争が世界政治における人種バランスにどれほどの影響を与えたのかを精力的に明らかにしている。[★10]

有色人種だけが「人種を武器に使う」という考えがはびこっているようだが、そうした白人の人種的不安を呼び起こすには、奴隷革命や日本の帝国主義のような劇的な出来事は必要ない。映画や演劇で、白人であるはずのキャラクターに非白人を起用するという些細《ささい》なことで十分なのだ。たとえば、ローレンス・オリヴィエ賞を受賞した女優のノーマ・ドゥメズウェニが、ウェストエンド〔ロンドンの劇場街〕でのデビュー舞台『ハリー・ポッターと呪いの子』でハーマイオニー役に起用されたことに人種差別的な人々が激怒した。それは原作者のJ・K・ローリングがこの役を黒人女優が演じることにお墨つきを与える必要性を感じたほどだった。

また、映画『ハンガー・ゲーム』のルー役を黒人少女のアマンドラ・ステンバーグが演じた際にも、同様の、しかしより大きな論争が起こった。原作の小説でルーは茶色の肌をもつとされているのに、映画版で茶色の肌の少女がルーを演じたことに原作のファンがショックを受け、ツイッター上でその配役について罵詈雑言《ばりぞうごん》を投げつけた。かれらの怒りと口汚さを理解するために、ぜひその罵詈雑言を直接読んでほしい。[★11] ブロガーのドダイ・スチュワートは当時次のように指摘した。

こうした……人々は……みんな『ハンガー・ゲーム』を読んでいた。かれらがルーに恋をし、大切に思っているのは間違いなかった。しかし、かれらが本当に好きだったのは、自分の心のなかにつくりあげたルーのイメージだったのだ。かれらはその少女を愛し、称賛し、そして残酷に殺されたことを知って嘆き悲しんだ。そして、映画の配役が明らかになり（あるいは映画を観て）、ルーが黒人であることを知ってショックを受けたのである。これは、「ああ、彼女は俺が思っていたよりも身長が高かった」という感想以上のものだ。今回の反応は完全な嫌悪感なのである。

こうした人々は、自分が本を読んで泣いた少女が、最初から「黒人の女の子」だったことに取り乱しているのである。そしていまになって涙と感情を無駄にしたと怒っているのだ。もしずっと彼女が黒人だとわかっていたら、彼女の死に対する悲しみや嘆きはなかっただろうと思うと悲しいものだ。

映画や演劇のこうした事例は些細なことだろうし、たいていのまともな人々がその愚かさを非難するのは簡単だ。しかし、リコンストラクション、公民権運動、脱植民地化、日本の台頭に対する人種的な反応は些細どころの問題ではないし、中国の復活とそれが世界情勢に与える影響に対する反応も些細なものになるとはとうてい思えない。現在俺たちは白人性《ホワイトネス》の危機の時代、おそらくその最終的な局面に生きていると俺は考えている。そしてこの危機は、迫り来る環境危機、国内の階級対立、イスラム主義ファシズム、アジアへの旋回、そしてもしマルクス主義の学者たちが正しければ資本主義の終焉など、いくつかの複雑な政治的、歴史的問題と結びついていると俺は考えている。もちろん俺は資本主義の必然的な終焉がその始まりからずっと予測されてきたことは知っている[★12]！

　最近のアメリカの出来事は、こうした問題すべてについて検討することを俺たちに迫る。俺はバラク・オバマが好きではない。オバマの本質はケニア人の父親、見栄えのいい黒人家族、アル・グリーンの歌を歌ったこと〔二〇一二年一月、ＮＹのアポロシアターで開かれたイベントで、オバマが米国の有名黒人歌手アル・グリーンの曲「レッツ・ステイ・トゥギャザー」の冒頭部分を歌ったことが話題になった〕、フィストバンプ〔拳と拳を突き合わせるしぐさ〕にあるのでない。アメリカの戦争、兵器産業、強制送還、ドローン計画、世界侵略全体を引き継いだという点で、オバマはほかのアメリカ大統領とたいして変わらないのである。それでもオバマのあとを継いだ人物について考えないわけにはいかない。白人至上主義組織が二〇〇八年のオバマの大統領当選を喜んだことに注目すべきだ。かれらはオバマに対する人種差別的な反発が自分たちの活動の助けになることを期待し、そうなることを信じていたが、それは間違いではなかったのだ。

　リアリティ番組のスターで政治経験もなく、ネオナチ、白人ナショナリスト、ＫＫＫなどから公然と支持されているドナルド・トランプの当選は、人々の現状への反発や忘れられたアメリカ人の怒りが生みだしたものだと喧伝《けんでん》されている。著名な白人「左翼」やリベラルな評論家でさえそんなことを言っている。こうした人々は、アメリカの歴史や人種政治について何も知らないか、さらに悪いことには、白人至上主義者をかばうことに決めたかのようだ。どちらにしてもかれらの主張にはデータの裏づけがまったくない。

トランプの当選のおもな要因は「経済的な不安」であるという考えは、最貧層のアメリカ人（黒人や先住民族）がトランプをそれほど支持しなかったことを認識すると、あっさりと崩壊する。実際、トランプに投票した人々を平均した場合、その給料の中央値は平均的な黒人アメリカ人の二倍だったが、黒人アメリカ人のうちトランプに投票したのは一〇パーセントにも満たなかった。作家のタナハシ・コーツが辛辣《しんらつ》に指摘するように、

> トランプは、白人女性（＋九）〔（ ）内は、対立候補ヒラリー・クリントンの得票率とのパーセンテージポイント差。以下同じ〕と白人男性（＋三一）の支持を得た。また、大学卒の白人（＋三）とそうでない白人（＋三七）からも支持を得た。一八歳から二九歳までの白人（＋四）、三〇歳から四四歳までの白人（＋一七）、四五歳から六四歳までの白人（＋二八）、六五歳以上の白人（＋一九）の支持を得た。トランプは、中西部のイリノイ州の白人（＋一一）、中部大西洋岸のニュージャージー州の白人（＋一二）、サンベルトのニューメキシコ州の白人（＋五）の支持を得た。エジソンリサーチ社が調査を実施した州では、白人のトランプ支持率が四〇パーセントを下回った州はない。一方、ヒラリー・クリントンは、フロリダ、ユタ、インディアナ、ケンタッキーなどのばらばらな州で勝利した。ビール党からワイン愛好家まで、サッカーママ〔中上流階級の教育熱心な母親〕からＮＡＳＣＡＲ《ナスカー》

〔米国南部で人気の自動車レース。派手なぶつかり合いが特徴〕ファンのパパまで、白人のトランプへの支持は圧倒的だった。マザージョーンズ誌によると、選挙前の世論調査データにもとづいて、二〇一六年大統領選の選挙人獲得数を導き出した白人の一般投票数を集計した場合、トランプはクリントンに三八九対八一で勝利していたとのことだ。★13

一二万五〇〇〇人ものアメリカ人を対象にしたギャラップ社の調査をはじめ、経済的苦境がトランプ当選の決定的な要因であったという迷信をくつがえす調査結果は複数ある。経済的苦境は確かに要因の一つではあるが、決定的な要因ではないのだ。決定的な要因は白人性《ホワイトネス》だったのであり、コーツが説明するように、「白人がドナルド・トランプを当選させたことを理解することは、白人がこの国や世界の存在を脅やかす危険な存在であることを理解することである」。

　トランプは世界にとって危険だが、オバマはそうではなかったという主張は俺には受け入れられないし――アメリカの外交政策はつねに世界に危険をもたらしている――トランプを過去のアメリカからの根本的な決別とみなすヒステリーにも賛同できないが、それでも俺自身トランプの当選には驚いたことは認めなければならない。俺はクリントンが勝利し、凡庸な「民主主義」的白人至上主義や階級主義が継続することを予想していた。不当な移民の強制送還が続き、何千万もの国民が医療を受けられず、ホームレスは増加し、無作為に第三世界を空爆し、見せかけの裁判すらない外国の指導者の拷問《ごうもん》と処刑に拍手喝采を送り、黒人市民を大量に投獄し武器を持っていなくても警察が殺害することが普通になっているアメリカの継続である。

しかし、トランプが勝利した。トランプに投票した人々全員が熱烈なナチス主義者ではないにしても、就任前から白人至上主義者をはっきりと支持し、就任後もさらにそれが明確になっている大統領を、かれらは何の問題なく受け入れているのだ。

　いいニュースもある。投票権のある成人の半数がまったく投票しなかったこと、もしバーニー・サンダース〔米国の上院議員で民主社会主義者。二〇一六年、米大統領選の民主党候補指名をヒラリー・クリントンと争った〕が民主党の大統領候補になっていたらトランプに勝っていたと信じるに足る理由があること、そして何よりもトランプは一般投票で負けているということだ。しかし逆説的に感じるかもしれないが、何千万人ものアメリカ人に恐ろしい影響を与えるに違いないトランプの当選は、長期的には意図しないプラスの影響をもたらすかもしれない。

　何をおかしなことを言っているのだと思われるかもしれないが、我慢して聞いてほしい。もしトランプ政権が核戦争を起こさないとしたら——映画にそんなシーンがあるかもしれないが、それは大統領が一人で決められるような問題ではない——、ツイッターでスペルミスをしたり、ブリテン・ファースト〔英国の極右・ファシスト政党。反移民、反イスラムを掲げる〕のようなものをリツイートしたりするリアリティ番組のスターが大統領に当選したことで白人至上主義が白日のもとにさらされ、人々はそれに立ち向かうしかなくなるのだ。この文章を書いている時点でトランプはまだイギリスを公式訪問していないが、この本が出るころにはそうしていることだろう。そして、アメリカのもっとも醜悪《しゅうあく》な側面と、少なくともそのイギリスとの「特別な関係」をめぐって、トランプに対する大規模な抗議デモが行なわれたのではないだろうか？

俺はビル・クリントンとバラク・オバマの政策をまったく嫌悪しているが、彼らが優れた人物だったことは否定できない。非常に知的で、カリスマ的で、有能で、自信に満ちていた。アメリカの外交政策が世界平和に対する最大の脅威であると考えている人々でも（俺も含む人類の四分の一がそう考えている）、彼らのような優れた人物には簡単にだまされるだろう。一方トランプの当選により、欧米のリベラルは、不満を抱える白人至上主義者を放置することが人類の未来にもたらす危険性、すでに長いあいだ世界中が気づいていた危険性に目を覚ましたかもしれない。

しかし、俺はものごとを都合よく見ようとしているのかもしれない。もしかしたら、これからの三年間で核戦争の瀬戸際に近づくかもしれないし、トランプがユネスコやパリ気候協定、国連移民協定など、国際的な平和と協力にかんする限られた枠組みからさえもアメリカを脱退させたことは世界に取り返しのつかないダメージを与えるかもしれないし、それが後知恵でオバマやクリントンを素晴らしく見せることになるかもしれない。しかし、エチオピアのアディスアベバでトランプの大統領就任式をテレビで見ていた俺には、その光景があまりにも風刺的に見えて、そこに衰退する帝国の兆候を感じずにはいられなかった。問題は、その没落がどれほどの痛みを伴うのかということだ。

アメリカがもつ大きな矛盾は、アメリカがある面では多民族国家として成功したということである。そこでは非常に刺激的な学問や芸術の文化が生みだされ、それはしばしば支配階級のイデオロギーの根底にある白人至上主義に抵抗した。ただ、アメリカは世界中でもっとも目立ち、称賛され、成功している黒人が住んでいる国である一方で、一九四五年以降、複数の黒人や茶色の肌の国々、さらに自国民までを爆撃し、人類史上ほかに例を見ない人種差別的な収容所ネットワークをもつ国でもあるのだ。

　ヨーロッパの人々がいまアメリカを「人種差別的な国」とみなすのは簡単だが、もし自分の国がアメリカと同じような人口動態に変化したら、どんな反応をするだろうか？　俺の予測では、それほどまともなものではないだろう。アメリカが抱える最大の矛盾は、アメリカが多民族国家として成功した現代世界でおそらく最良の例であると同時に、残忍な白人至上主義の帝国でもあるということだ。この二つのうちどちらの傾向が勝つだろうか？

　そこでイギリスに話を戻そう。

　アメリカのトランプとイギリスのブレグジットの二つの政治キャンペーンのタイミング、両者の中心的な焦点が移民を悪者化することに置かれていること、またイギリスとアメリカの緊密な政治的関係、とくにナイジェル・ファラージ〔元英国独立党党首。英国のＥＵ離脱運動を推進した〕とトランプ政権との密接な関係を考えると、多くの人々がトランプとブレグジットを概念的に結びつけて考えているのは理解できる（コードネームは「トレクジット」）。そこでブレグジットについて検討する前に、いくつか明白な事実を述べておきたい。

　ブレグジットにおいて外国人嫌悪と人種差別が果たした役割を分析することで――その役割はトランプの当選にくらべてはるかに曖昧《あいまい》であるが――俺はＥＵ離脱に投票した人々全員をＫＫＫのグランド・ウィザード〔ＫＫＫ最高幹部の呼び名〕だとみなしているわけではないし、ＥＵ残留派が革命的な反人種差別の一枚岩集団であると言いたいわけでもない。これはあまりにも明白なことなのでわざわざ言う必要もないはずだが、人種をめぐる議論に未熟なイギリスの国民性を考えると、おそらく言っておいた方がいいだろう。

俺はEU離脱に投票した黒人の社会主義者にも、残留に投票した完全な外国人嫌いの人にも、その中間の人にも会ったことがある。支配層はこの問題にかんして大きく割れており、戦争を行なうことにかんして普段は見事に一致しているマードック傘下の報道機関〔離脱支持〕とトニー・ブレア〔離脱反対〕が対立する陣営を占めていた。

俺自身は、当時書いたように残留派でも離脱派でもない。EU離脱に正当な理由はあると思うが、俺を残留派にさせたのは、（一）離脱キャンペーンの外国人排斥的《ゼノフォビア》なトーン（どちらの陣営も驚くほど知的水準が低かったが）、（二）現在のイギリスの政治状況の評価、の二つが理由だ。このような複雑な問題には複数の動機があるのは当然だ。ただ俺が強調したいのは、すでに何人かが強調しているように、人種、外国人嫌悪、反知性主義、非歴史的な分析が、ブレグジットキャンペーンやそれに対する大衆の認識、そして最終的にその結果に対して果たした役割だ。また、イギリスはEUを離脱することでイギリス連邦を見捨てずにすむという話を何度も聞いたが、イギリス連邦諸国に出自をもつ俺たちはそれを聞いて身震いしてしまう。なぜだろうか？

それは、すでに述べたイギリス帝国の歴史を別にすれば、最近姿を現したイギリス連邦への愛が実際に意味するものを目撃したからではないだろうか？　タワーハムレッツ〔ロンドンのバングラディッシュ系ムスリムが多く住む地区〕の通りを徘徊《はいかい》する「移民よ、国に帰れ」と掲げたバン。かれらは誰を探していたのだろう？　タワーハムレッツに行ったことのある人なら、それがスウェーデン人や白人のニュージーランド人ではないことはわかるだろう。また、二〇一五年、デイヴィッド・キャメロン首相は、イギリスの刑務所に収容されているジャマイカ人を収容するために、二五〇〇万ポンド〔日本円で約四〇億円〕をかけてジャマイカに刑務所を建設すると発表した。

　これには多くの問題がある。第一に、イギリスの刑務所にいるのはアイルランド人やポーランド人の方が多いのに、なぜジャマイカに着目するのか。第二に、イギリスの刑務所にはジャマイカ人が七〇〇人しかいないのに、西ヨーロッパではすでにもっとも受刑者数の多い国であるイギリスが、ジャマイカのようなかなり遠い国でのプロジェクトに二五〇〇万ポンドもの税金を費《つい》やす価値があるのかどうか。第三に、そしておそらく最悪なのは、ジャマイカ政府が報道に対し、報道は不正確でそのような協定は締結されていないが、話し合いは始まったと答えたことだ。

　ごく最近でも、移民収容施設に収監されている人々が死に、ジャマイカ人、ケニア人、ナイジェリア人、ガーナ人、そのほかのイギリス連邦加盟国の国籍をもつ人々が、チャーター機に詰めこまれて「送還」されるという事件が起きている。そのなかの多くの人々はこれまで何十年もイギリスで過ごし、イギリス人の子どもとパートナーがいる。さらに一部の人々は、子どものころから一度も訪れたことのない国に「送還」されている。前章で見たように、イギリス連邦に対する移民政策は、歴史的に何よりも人種によって決められてきたのだ。★14

　もしイギリス政府が、イギリス連邦の非白人国と初めて互恵的な関係を築きたいと真剣に考えているのなら、これは奇妙なやり方だ。さらに、いまでは何百万人ものインド系、ガーナ系、ジャマイカ系のイギリス人がいて、かれらは出身国との良き仲介者、貿易パートナー、ファシリテーターとしての役割を果たすことができるだろう。しかし、俺の知るかぎり、俺たちの専門知識、洞察《どうさつ》力、出身国との結びつきは、イギリス連邦礼賛者たちには求められていないのだ。もしイギリス国家がアフリカやアジアに対して意図していることが、イギリス連邦礼賛者の言うとおりのもの——民主主義、繁栄、平和、安定——ならば、「出身国」にいる家族や友人のためにそうしたものを望んでいるのは明らかな俺たちの意見を歓迎するに違いないのだが。

ブレグジットの投票パターンが、地域、年齢、民族、支持政党とどのように関連しているかというデータを調べてみると、EU離脱に賛成する動機はイギリス連邦への愛であるという理屈は、まったく通用しないように思える。アシュクロフ世論調査が実施した出口調査によると、

- イギリス独立党（UKIP）の投票者の九六パーセントが離脱に投票した（驚くにはあたらない）
- 離脱に投票したおもな理由の二番目に、移民規制が挙げられている
- 多文化主義は悪だと考える人々のうち、八一パーセントが離脱に投票した
- 移民は悪だと考える人々のうち、八〇パーセントが離脱に投票した
- フェミニズムが悪い影響をもたらしていると考える人々のうち、七一パーセントが離脱に投票した
- もっとも高齢者が多い三〇地区のうち、二七地区が離脱に投票した

- 大学教育を受けた人々がもっとも少ない三〇地区では、二八地区が離脱に投票した
- 自分はイギリス人ではなくイングランド人だと認識している人が多い三〇地区では、全地区が離脱に投票した

EU残留派の統計はほぼ正反対で、次のように結論づけられている。

- 移民を歓迎すると考える人々の七一パーセントが残留に投票した
- 多文化主義はいい方向に作用していると考える人々の七一パーセントが残留に投票した
- 一八―二四歳の七五パーセントが残留に投票した（一方、六五歳以上の六一パーセントが離脱に投票した）
- イングランドの多文化的な地域は残留に傾き、そうでない地域は離脱に傾いた★15

経済的困難が投票を決定づけたという主張がある一方で、社会学者のサットナム・ヴィルディーとブレンダン・マクギーバーは次のように指摘している。

出口調査では、社会階層DとEに属する投票者のおよそ三分の二がEU離脱を選択した。しかし、そのもっとも低い二つの社会階層に属する投票者の離脱派全体に対する割合はわずか二四パーセントだったことにも注意すべきである。エリート層と中間層の離脱派こそ、最

終的な結果を左右した決定的な存在なのであり、離脱票のおよそ五票のうち三票は社会階層A、B、C1の人々のものだったのだ。★16

黒人イギリス人は七四パーセントがEU残留に投票し、どの民族集団よりも高い割合をしめしたが、これはどのような理由によるものだろうか？　労働者階級が圧倒的に多い黒人イギリス人は、EUが大好きなのか？　俺はそうではないと思う。多くの黒人イギリス人は、ヨーロッパの統合――もちろんEUそのものではないにしても――を少なからず促進してきたものは、人種的奴隷制という汎ヨーロッパ主義的プロジェクトと、ヨーロッパの大国が共同で行なった「アフリカ争奪戦」であることをよく知っている。だから、ヨーロッパ統合への尽きることのない献身がこの集団を動かしたとは考えにくい。俺の考えでは、黒人イギリス人は生涯自分の国で移民のように扱われてきたことで、反移民的な論調に敏感になっているのではないかと思う。

こうしてナショナリズムの問題が浮上する。北アイルランド人やスコットランド人は、民族的にはイングランドよりはるかに多様性がないにもかかわらず、なぜイングランド人とは異なる行動をとったのだろうか？〔EU離脱の是非を問う二〇一六年の国民投票において、北アイルランドとスコットランドではEU残留支持が多数派となった〕　両国の白人には、移民排斥の熱気がイングランドと同じように発生しなかったのはなぜか？　北アイルランドでは、イギリスのEU離脱によってEUに加盟するアイルランド共和国との間の分断がふたたび硬化してしまうという懸念が影響したのは明らかだが、スコットランドには同じことはあてはまらない。

イギリスは一〇六六年以来ほとんど侵略されていないのに、地球上のほとんどすべての国を侵略してきた。そんな国の二〇一五年の総選挙でイギリス独立党と名乗る政党が一三パーセントの票を獲得したのは、この国の集団的記憶喪失と事実を歪曲《わいきょく》する能力の高さを物語っている。かつて地球上のほぼ全域を侵略する能力をもちながら、その国の一定の層が自分たちを何らかの侵略や植民地化の被害者であると主張することは、直接的には「人種」的な問題とは言えないかもしれない。しかしそれは、人種差別的な大虐殺、殺害《リンチ》、奴隷制、人種隔離の長い歴史をもつ白人アメリカ人が、どういうわけか自分たちこそ人種差別の被害者であると信じるようになったこととはっきりと呼応している。★17

イギリスは自由にEUに加盟し、自由に離脱投票を行なった。この問題で流された唯一の血は、投票キャンペーン中に白人至上主義的超国家主義の熱狂的信者が、「移民」に優しすぎると自分が考えた議員を暗殺したことだけで〔英国のEU離脱をめぐる国民投票が行なわれる一週間前の二〇一六年六月一六日、EU残留を支持していた労働党議員ジョー・コックスが、「ブリテン・ファースト」と叫ぶ人物に銃で撃たれ死亡した〕、イギリスの帝国主義的侵略を受けた多くの国々と同じように、イギリスが包囲された国だとは言いがたい。

そこで、ブレグジットの最後のポイントに移ろう。移民問題は投票キャンペーンの中心にあり、有権者にとって重要な問題だったが、ロンドン大学バークベック校法学部上級講師のナディーン・エル・エナニーが当時指摘したように、イギリスは国境の管理権を「失った」ことはなかった。

イギリスはシェンゲン協定〔ヨーロッパの協定参加国の間で出入国審査なしに国境を移動できる仕組み〕に参加しておらず、EU加盟国の国民に対して国境管理を継続しているだけでなく、移民と難民にかんするEU法から柔軟に適用免除を受けることができる。イギリスは一貫して自国の規制能力をさらに強化する制限的な措置を選択し、移民の保護基準の強化を目的とした措置から適用免除を受けてきたのである。このような観点から、イギリスがとくに移民と国境管理の問題を理由にEUからの離脱を決定したという主張は検討を必要とする。離脱派は、EUを離脱することでイギリスは「国境管理を取り戻す」ことができ、そうして「イギリスをふたたび偉大な国にする」ことができると主張した。国民投票の議論は移民の話題で占められており、それはヨーロッパ系移民についてだけではなかった。おそらく移民に対する離脱派の恐怖扇動が典型的にあらわれたのは、二〇一五年にナイジェル・ファラージが、クロアチアとスロベニアの国境を越えるために列をなす非白人の難民の写真に「我慢の限界だ」というスローガンをつけたポスターを発表したときだろう。[★18]

すでに述べた統計や、ファラージが使った写真を思い出し、それでも人種差別的な恐怖扇動がブレグジット支持への主要な要因ではないと主張するのは勝手だが、もしファラージがほとんど裸のロシア人モデルが列をなして国境を越える写真を使っていたら、「我慢の限界だ」というスローガンが非白人の難民の写真のときと同じような心理的影響を人々に与えただろうか。俺には心の底から疑問である。

今回の騒動で最悪なのは、いまや誰の目にも明らかなように、ブレグジットがサッチャー政権下で行なわれたようなイギリスの公的資産や公共サービスの民営化、そしてアメリカや多国籍資本によるイギリス経済の支配をさらに極端な形で押し進めるものであるということだ。少なくとも俺の考えでは、ブレグジットはEUか「独立」かの選択ではなく、欠陥のあるEUの一部でありつづけるか、アメリカ帝国との関係を深めてイギリス経済の「アメリカ化」を続けるかの選択だったと思う。もしイギリス人がアメリカの医療制度がどのようなものかを知りたければ、貧困層のアメリカ人がいくらでも教えてくれる。

多くの研究者、とくに有色の研究者は、ブレグジットがもつ白人性《ホワイトネス》について類似した結論に達している。「白人」は、あらゆることに人種を読みこんでいるとしてそうした行為を非難するに違いない。しかし、イギリスにおける白人性《ホワイトネス》への執着《しゅうちゃく》は、折に触れてひとりでに表出しているのである。

二〇一一年の国勢調査では、ロンドンで「白人イギリス人」を自認する人々が少数派になったことが明らかになった。ほとんどの主要な新聞がこの事実にかんする記事を掲載した。そうした記事はイギリスの首都の未来にとってそれが何を意味するのかを問うものだったが、人種差別的な言葉ができるだけ目立たない形で使われていた。

ラジオでこの「問題」について討論しているのを聴いたことがあったが、その侃侃諤諤《かんかんがくがく》の議論のなかで誰も当たり前のことに触れていなかった。「白人イギリス人」の人口の減少を嘆くというのは、白人とイギリス人が同義であるという明確な主張だということだ。しかし、それは一般には否定されていることなのである。ロンドンに住むインド系イギリス人が減少したとしても、すべての主要紙がニュースにするようなことはない。イギリスがEUに加盟する前にイギリスにやってきた移民のほとんどはヨーロッパ系であり、したがって「白人」だったことを思い出してほしい。

それでもいいニュースはある。終末論を唱える白人ナショナリストが何と言おうと、社会における「人種の混合」は個人間の人種差別を強化するのではなく、それを弱める方向に一貫して作用してきたということだ。俺の地元ロンドンは、世界でもっともそのことをあらわしている例の一つだ。確かにロンドンにはレイシストや偏《かたよ》った人間がいるし、ロンドンの権力構造が人種差別的なものであることは間違いない。それでも全体としてロンドン市民が異なる人種とされる人々に慣れてしまったこと明らかだ。もし移民が多いラドブロークグローブ、カムデン、ランベスで極右政党が勧誘活動を行なうという実験をすれば、見ていておもしろいものになるだろう。

白人の減少というこの世の終わりにかんする報道のもう一つのおかしな点は、その記事を掲載する新聞社はおそらく白人イコールレイシストであるという考えには躊躇《ちゅうちょ》するだろうが、かれらの言説こそそれを暗示しているということだ。俺たちいわゆる「エスニック・マイノリティ」は、違いを受け入れて生きていくことが求められている。俺は学校で俺と同じカリブ／スコットランド／イングランド系の子どもと一緒に学んだことはなかったが、そのことで俺は命を落としたわけではない。こういう記事は、インド系、ガーナ系、キプロス系のイギリス人がロンドンでしなければならなかったことが白人にはできないことを示唆《しさ》している。あるいは少なくともそれを疑っている。つまり「異なる」民族や文化に慣れるということをだ。「白人の減少」という人口動態的な時限爆弾にかんする同様の記事は、数年前からアメリカやヨーロッパのメディアに掲載されており、笑えることに白人至上主義者はこの変化を「白人ジェノサイド」と呼んでいる。しかし、それは現実には白人特権が継続的に衰退するという脅威なのであり、非白人とされる人々にとっては、世界の権力が分散し法や国家制度における平等性が高まる可能性でしかない。

アメリカでは、「白人」が少数になろうと、経済、軍事、政治の主要な権力のほぼすべてを握るだろう。俺が知っているかぎりでは、何千人もの目の前で白人をバーベキューにして、その身体の一部をお土産として持ち帰った歴史をもつ集団はない。また、黒人警官が路上で死んでいる白人を被害者として扱うことを拒否し、法の裁きを求めて闘う白人の遺族を監視下に置いたこともない。そして白人が裁判も法手続きもなしに第三世界にある拷問収容所に強制的に送られて何年間も投獄されることがあるわけでもない。

イスラム主義ファシストによるテロの脅威は十分に現実的なものである。しかしかれらは白人と同様に黒人や茶色の肌の人々を殺すことも厭《いと》わない。実際、ＩＳＩＳ、ボコハラム〔ナイジェリアのイスラム主義テロ組織〕、アルシャバブ〔ソマリアのイスラム主義テロ組織〕が殺したのは、アフリカや中東の人々が圧倒的に多いのである。したがって、白人がほかの人種よりもかれらを恐れたり、あるいは一八億人近いムスリムにかんして薄っぺらい文化本質主義を受け入れたりする理由はないのだ。

「白人」の一部が、もし自分たちが「少数派」になったら（白人が社会の中心であるというのは前提である）、自分たちがほかの人種にしてきたことをほかの人種が自分たちにしてくるのではないかと恐れるのは、まったく理解できるし実に人間的だ。しかし、白人の人種的な被害者意識というのは、少なくとも現時点では笑えるものでしかない。なぜなら白人が白人であるがゆえに被害を受けている具体的な事例をかれらに尋ねても、返ってくる答えはせいぜい「人々が俺をレイシストだと思いこんでいる」ということぐらいだろうからだ。

しかし、階級という観点から見ると、白人の人種的被害者意識は、白人の支配階級にとって非常に便利なものである。支配階級は、貧しい白人が同じ白人の支配階級よりも経済な共通点をもつほかの貧しい民族を悪者化することで、搾取の歴史と現実を隠蔽《いんぺい》するために他民族を支配した歴史に根ざした人種的連帯感を利用できる。このように人種を手段として利用する人々にとって、リヴァプールの「チャヴ」や、アラバマの「レッドネック」〔米国南部の農業地帯に住む低学歴で保守的な白人労働者に対する蔑称〕などほとんどどうでもいい存在だろう。

白人には、ジェノサイドと言えるようなことは何も起こっていないのだ。

白人がより豊かになったために少子化を選択したとしても、それは完全に自由な選択だ。それは日本のような非白人の富裕国でもよく見られる現象である。また、国家の人種差別的な法律や社会に広く行き渡った道徳的な因習から解放された白人と「非白人」が自発的にセックスをして俺のようなミックスの子どもを生みだすことは、何ら物理的な絶滅を意味しない。しかし白人ナショナリストのゆがんだ世界観ではそうなのである。

二〇一七年八月、南北戦争で奴隷制維持を掲げて戦った南軍司令官の像の撤去に反対するために、ネオナチが「ユダヤ人がわれわれに取ってかわることはない」と唱えながらアメリカ南部のバージニア州シャーロッツヴィルを行進したとき、白人至上主義者がもつアイデンティティの狂った矛盾が表出した。かれらはみずからの至上性を叫びながら、みずからの主張を裏切っている。もしアーリア人が本質的に優れているのであれば、ユダヤ人や「ニガー」に「取ってかわられる」ことを心配する必要はないはずだからだ。アーリア人の至上性は、かれらを生まれつき替えのきかない存在にしているはずなのだ。このように白人至上主義者の言説の基盤には、至上性と被害者意識がつねに同居しているのである。

現在、西ヨーロッパ、オーストラリア、北米の人々が送る生活は、現代世界や人類の歴史の物質的な基準からすれば、きわめて快適なものだ。それは俺のように貧しい家庭に育った者でも同じである。ヨーロッパは過去七〇年間、かつてないほどの平和と繁栄を享受し、歴史上繰り返してきた大規模な戦争とは無縁だった。

現在ほど、ヨーロッパの人々、とくに政治的右翼の人々が、みずからの資本主義モデルの国内での華々しい成功を祝うべきときはない。ヨーロッパの歴史のなかで、一九四五年以降ほど医療や教育が普及し、平和と繁栄が広まったことはないからだ。しかし、不思議なことにヨーロッパの右派から楽観主義や活気は感じられない。かれらは大陸の滅亡や避けられない「西洋の衰退」とやらを嘆き、いますぐにでもムスリムが国を乗っ取るのではないかと恐怖を感じているのである。この恐怖は、極端な妄想ではあるが現在広く受け入れられている。★19

こうした考えはとくに独創的なものではなく、少なくとも一世紀前のオスヴァルト・シュペングラー〔一八八〇―一九三六年。ドイツの文化哲学者、歴史家。著書に『西洋の没落』（一九一八―二二年。日本語訳は、村松正俊訳、中公クラシックス）〕、マディソン・グラント〔一八六五―一九三七年。米国の優生学者で自然保護主義者。著書『偉大な人種の消滅』（一九一六年。未訳）〕、ロスロップ・ストッダード〔一八八三―一九五〇年。米国の歴史家、白人至上主義者。著書に『白人の世界的至上性に対する有色人種の勃興』（一九二〇年。日本語訳は『有色人の勃興』長瀬鳳輔訳、政教社）〕といった評論家の古い言葉を繰り返しているにすぎない。かれらは、白人至上主義と西洋の世界支配がピークに達していたまさにその時代に、西洋や白人の衰退を嘆いていたのである。しかし、アイルランドのイギリス人、アイルランド共和軍（ＩＲＡ）、バスク祖国と自由（ＥＴＡ）、スペインの十月一日反ファシスト抵抗グループ（ＧＲＡＰＯ）、同じくスペインのフランコ後の右翼民兵、イタリアの「鉛の時代」など、ヨーロッパで最近まで続く長い暴力の歴史に照らし合わせると、ムスリムのテロリストの脅威などはるかに小さなものに見えるし、大陸の存続を脅やかすものではないのは明らかである。イスラム主義ファシストのテロリズムは多文化主義の失敗とされてきたが、こうした集団の同じような殺人的なテロリズムはそうとは考えられなかったという事実は、それ自体が非常に興味深い。

しかし、ある意味では「西洋の衰退」論者の言うとおり、かれらが想像するヨーロッパが終焉するというのは確かに正しいのである。なぜなら、それはそもそもまったく存在しなかったからだ。誰もが自分の身の程を知り、平和で仲良くしていた白人のヨーロッパという考えは、土地の囲い込み、国民国家形成の暴力、宗教的粛清《しゅくせい》、ユダヤ人への迫害《ポグロム》、ハプスブルグ家、ナポレオン、二度の世界大戦、異端審問などの歴史的な出来事の前ではきれいに消え去ってしまう。

しかし、想定される黄金時代が決して存在しなかったからといって、人々がそれを求めて努力しないわけではない。二〇一七年一月二一日、ヨーロッパのいくつかの主要国の極右政党がドイツの都市コブレンツで初めて会合を開き、「自由なヨーロッパのためのビジョン」というものの概要を発表した。ヨーロッパが誰に植民地化されていて、誰から自由になる必要があるのかは俺にはまったくわからないが、ここでも被害者意識が明確に打ちだされている。いまのところ、こうした政党は古めかしい白人至上主義的な言説を表に出しているわけではない。しかし、ドイツの極右政党ＡｆＤの地域指導者が、ホロコーストへの罪悪感がドイツを「締めつけている」と公然と語っていることは、時代はすでにナチスを擁護することが公《おおやけ》の場で受け入れられる段階に入っていることをしめしている。

こうした極右集団は、ブレグジットやアメリカでのトランプの勝利から受けたインスピレーションを極めて明確に語った。フランスの極右政治家マリーヌ・ル・ペンは、トランプの当選を念頭に置いて二〇一六年を「アングロサクソン世界が目覚めた年」と呼び、オランダの極右指導者ヘルト・ウィルダースはコブレンツでの会合のあと、トランプのスローガンを言い換えて、「#WeWillMakeOurCountriesGreatAgain（我々は自国をふたたび偉大にする）」とツイートした。

こうした集団はこれまでその敵意のほとんどをムスリムの移民に向けていたが、それでもムスリムではない黒人も注意深くこれを観察している。なぜなら、一八億人のムスリムについての平板な一般論や、世界的なユダヤ人の陰謀という荒唐無稽な理論を喜んで信じているような人々は、数人の黒人が死んだくらいでは絶対に悲しむことはないと確信しているからだ。リベラルがそう望んでいるとしても、こうした集団とその考えは周縁的なものではない。しかしリベラリズムにはこれらの集団に対処し、闘うための能力がまったくないように思われる。

今後数十年のうちに、ヨーロッパでムスリム、極右集団、国家の間で大規模な紛争が起こらないと考えるのは馬鹿げていると思う。そしてこのような紛争は、黒人や茶色の肌の非ムスリム、そして平和に暮らしたいと願う人々にも必然的に影響をもたらす。現実を無視し、現在のヨーロッパは非常に文明的で民主主義的だから、一九四五年以前の歴史の多くを特徴づけていた「外部の人間《アウトサイダー》」に対する迫害はふたたび起こらないと考えるのは完全な誤りである。

こう考えてはどうだろうか？　ヨーロッパの人々は、自分たちがアメリカ人よりもずっと人種差別に敏感であるかのように振る舞っている。しかし、ほとんどすべてのヨーロッパ諸国では、非白人の人口の割合――これは次の世代で急激に増加すると予測されている――は全体の五パーセント未満である。それでも、ヨーロッパ諸国は人種差別を煽《あお》り、移民を拘束し、人種差別が動機であることをほとんど隠していない移民法をもち、フランスの場合は目に見える形ではっきりと人種隔離が行なわれているのである。アメリカを人種差別国家だと指摘するのは簡単だが、ヨーロッパは人口動態の変化と世界でみずからがもつ権力の相対的低下にどう対応するのだろうか？　それはもうすぐわかることである。

地球の反対側にいるオーストラリア人とニュージーランド人は、その地理的な位置がもたらす現実にどのように適応していくのだろうか？　中国、インド、日本が二一世紀のもっとも現実的なビジネスパートナーとなる可能性が高いという避けられない現実を受け入れるのか、それともイギリス連邦の白人自治国《ドミニオン》であるという考えにしがみつくのか？　両国を訪れた経験から言うと、この質問で両国を一括《くく》りにするのは少し不公平な気がする。ニュージーランドは、国内の

「人種関係」という点では、この急速に変化する世界に適応する上でオーストラリアよりも先を行っているようだが、オーストラリアはビジネスの面では自国の「アジア」的位置を非常によく理解しているようだ。[★20] アジアの先進工業国とのビジネスや貿易関係が、長期的な「人口動態」におよぼす影響ははっきりしている。

したがって、重要な問題は次のようになる。お金が白くなくなったらどうなるのか？　白さが権力のメタファーでなくなったら？　白人が世界の前提でなくなったら？　中国人やインド人の俳優が、ブラッド・ピットやジョージ・クルーニーのように、「世界共通」のセックスシンボルになるとしたら？　アジア経済が決定的に世界経済を牽引《けんいん》するようになったら？　そうすれば白人はまったく新しい価値観を見つけなければならないだろう。このプロセスはとっくに始まっており、これまで述べた欧米の問題のいくつかは、「白人」がこの新しい世界に慣れるための苦しみなのだ。本書の中心的な主張の一つは、現在の欧米諸国における主要な政治的出来事のいくつかは、世界の人種的再編成を通して理解しなければならないというものだ。この再構築は、一九四五年以来進行しており、今後数年間でさらに加速するだろう。

⋮

「人種」がどこで終わり、階級、地政学、民族、国家、地域の対立がどこで始まるのか、その境界はもちろんはっきりしたものではない。世界には、生まれた場所が原因で俺が経験したよりもはるかに過酷な貧困や警察の暴力、搾取のもとで生きている人々が文字どおり数十億人もいる。だから俺は帝国主義を批判する一方で、俺自身がもつ「欧米人」的特権の矛盾を認めている。その矛盾は皮肉にも俺と白人との近さがもたらしたものだ。もしあの日ブラジルの警官が俺を撃っていたら、ある程度のニュースになったことは確かだ。もしいまかれらが俺を撃ったとしたら、俺が有名人であるせいで、ブラジル警察の残虐行為に国際的な注目が――少なくともイギリスでは――集まるだろう。何万人ものアフロ系ブラジル人の死よりもはるかに高い注目を。

最後に、二〇一八年に俺と似たような家庭に生まれた子どもが人種と階級にかんして将来どのような体験をすることになるのかを考えてみる価値はあるだろう。現在の傾向が続けば、ほとんどの場合、答えはあまり肯定的《ポジティブ》なものではないだろう。俺が生きている間にイギリスの監獄制度は大幅に拡大されたので、かれらは俺よりも刑務所に入る可能性が高いだろう。また、国民保健制度の縮小や民営化が進むなかで、まともな医療を受けられる可能性はかなり低くなるだろう。バナナの皮を投げられることはなく、黒人の中流階級は小さいながらもなくなることはないだろうが、二〇一八年に生まれた子どもが「貧困から抜けだす」確率は俺よりもはるかに少ないだろう。なぜなら、俺にそれを可能にしてくれた社会の仕組みが意図的に破壊されつづけているからだ。

世界的なレベルでは、俺と似たような環境に二〇一八年に生まれた人々の政治意識に決定的に影響を与える政治闘争とは何だろうか？　南アフリカにアパルトヘイトが公式に復活することはほぼありえないが、人種や民族が複雑に絡み合った内戦が起こる可能性は十分にある。ジンバブエでは、そこに戻った白人農民が黒人が政権をとった一九八〇年以前の古くて露骨な人種差別秩序を取り戻そうとするのではないかと疑っている（俺はジンバブエに何度も行ったことがあるが、ジンバブエの黒人は絶対にそれを許さないだろう）。

アメリカは、勢いづいた白人ナショナリストが望むように、極端な暴力によって民族ごとの州に分割されることは十分にありうる。同様に、ヨーロッパのムスリム、さらに民族との関連でいえばシーク教徒や「ムスリムに見える」様々な茶色の肌の人々に対する迫害や、白人ナショナリストやイスラム過激派による継続的なテロ攻撃とそれを上回る報復、そしてそうした報復を正当化するための広範な差別が、二一世紀のヨーロッパ大陸に共通する特徴となる可能性はきわめて高い。ただしこれまでの世紀とは異なり、ヨーロッパはその国内紛争をアフリカやアジア、アメリカ大陸に転嫁することはできそうにない。

もうあなたは気づいているかもしれないが、俺は未来についてあまり楽観的ではない。そしてそれが見事に間違っていることが証明されることを願っている。俺が恐れているのは、俺が生まれたのと同じような貧しい家庭に二〇一八年に生まれた人々が必ず経験するであろう悲劇や殺戮《さつりく》がどれくらい極端なものになるのかということだ。

そうは言っても、知ってのとおりこれまでにも多くの勝利があったしこれからもあるだろう。アパルトヘイト政権が崩壊したのは、南アフリカの黒人の闘争、国際的な圧力、キューバからの物質的な支援があったからだ。極右の国民戦線は、カリブ系の黒人や南アジア系の人々、そして「白人イギリス人」の大切な同志たちによってロンドンから追いだされた。イギリスの法律事務所は、一九五〇年代にイギリスの強制収容所で拷問を受けたケニア人に代わってイギリス政府を相手に訴訟を起こした。被害者が受け取った賠償金の規模は受けた恐怖にくらべればわずかなものだったが、イギリス帝国にかんする政府の嘘と欺瞞《ぎまん》の非道《ひどう》さは、これらの訴訟によってこれまでにないほど大きな注目を浴びることになった。

俺に希望が欠けているのは、今後悲劇は避けられず、その悲劇は人種が原因で発生し、階級がそれを複雑化させるという認識からではあるが、現実の人々はこれまでに行なってきた無数の方法で闘うだろう。抵抗と創造の新しい伝統を生みだし、新しい未来を生みだすための努力がなされるのだ。二〇一八年に貧困に生まれ、非白人として人種化された子どもにとって、未来はグローバルな権力とローカルな権力の相関的な民主化によってもたらされるよりよい変化への大きな可能性に満ちているように見える。しかし同時に、すべての人々に影響を与えている不平等の拡大と相まって、極端な形の差別が再主張され正当化される可能性もある。

こうした問題に対する答え、そしていまの子どもたちが住む未来の世界のかたちは、政治家や億万長者だけではなく、あなたや俺のような多くの普通の人々の選択にかかっている。難題に取り組み、歴史を把握し、その歴史のなかに自分の役割を見つけるかどうか、そしてあなたが日々の生活の平凡だが巨大な対立に遭遇したときに、行動するか、あるいは何もしないかのどちらを選ぶのかによって決まるのだ。

proven-black-imagining-race-in-hunger-games で閲覧。

12. Streeck, Wolfgang, *How Will Capitalism End: Essays on a Failing System* (London: Verso, 2017)〔ヴォルフガング・シュトレーク『資本主義はどう終わるのか』村澤真保呂／信友建志訳、河出書房新社、2017 年〕

13. Coates, Ta-Nehisi, *We Were Eight Years In Power: An American Tragedy* (London: Hamish Hamilton, 2017)〔タナハシ・コーツ『僕の大統領は黒人だった――バラク・オバマとアメリカの 8 年』上・下、池田年穂ほか訳、慶應義塾大学出版会、2020 年〕

14. Paul, Kathleen, *Whitewashing Britain: Race and Citizenship in the Postwar Era* (Ithaca: Cornell University Press, 1997) を参照。

15. Lord Ashcroft "How the United Kingdom Voted on Thursday . . . and why" (24 June 2016). URL: https://lordashcroftpolls.com/2016/06/how-the-united-kingdom-voted-and-why/ で閲覧。

16. Virdee, Satnam and McGeever, Brendan, *Racism, Crisis, Brexit: Ethnic and Racial Studies* (21 August 2007). URL: https://eprints.bbk.ac.uk/id/eprint/20173/1/Racism%20Crisis%20Brexit.pdf で閲覧。

17. Gonyea, Don, *Majority of White Americans say they believe whites face discrimination* (24 October 2017). URL: www.npr.org/2017/10/24/559604836/majority-of-whiteamericans-think-they-are-discriminated-against で閲覧。

18. Perez, Maria, "White Americans Feel They Are Victims Of Discrimination, A New Poll Shows" *Newsweek* (24 October 2017). URL: www.newsweek.com/white-americans-feel-they-are-victims-discrimination-new-poll-shows-691753 で閲覧。

19. IPR Blog, *Things Fall Apart: From Empire to Brexit Britain* (2 May 2017). URL: https://blogs.bath.ac.uk/iprblog/2017/05/02/things-fall-apart-from-empire-to-brexit-britain/ で閲覧。

20. たとえば次を参照。Murray, Douglass, *The Strange Death of Europe: Immigration, Identity, Islam* (London: Bloomsbury, 2017)

21. Hiro, Dilip, *After Empire: The Birth of a Multipolar World* (New York: Nation Books, 2010) p. 175

オリエント――アジア時代のグローバル・エコノミー』山下範久訳、藤原書店、2000 年〕を参照。帝国主義時代以前の各地の文明において、同レベルの「開発」（あるいは少なくともその実験）がおこなわれていたこと、またヨーロッパ中心主義的な歴史観のゆがみを理解するためには、以下のいずれかを参照。Blaut, J. M., *Eight Eurocentric Historians* (New York: Guildford Press, 2000); Goody, Jack, *Renaissances: The One or the Many?* (New York: Cambridge University Press, 2010); Goody, Jack, *Capitalism and Modernity: The Great Debate* (Cambridge: Polity, 2004); Abu-Lughod, Janet L., *Before European Hegemony: The World System A.D. 1250–1350* (New York: Oxford University Press, 1991)〔J. L. アブー＝ルゴド『ヨーロッパ覇権以前――もうひとつの世界システム』上・下、佐藤次高ほか訳、岩波書店、2014 年〕; Amin, Samir, *Eurocentrism: Modernity, Religion, and Democracy: A Critique of Eurocentrism and Culturalism* (New York: Monthly Review Press, 2009)

4. 欧米がいかに最近、そして儚く構築されたかを見るためには、'There Never Was a West' by David Graeber in *Possibilities: Essays on Hierarchy, Rebellion and Desire* (Chicago: AK Press, 2007) を参照。
5. Horne, Gerald, *Race War: White Supremacy and the Japanese Attack on the British Empire* (New York and London: New York University Press, 2004) p. 18〔ジェラルド・ホーン『人種戦争――レイス・ウォー　太平洋戦争もう一つの真実』藤田裕行訳、祥伝社、2015 年、41 頁〕
6. Klinker, Philip A., and Smith, Rogers M., *The Unsteady March: The Rise and Decline of Racial Equality in America* (Chicago: University of Chicago Press, 2002)
7. Furedi, Frank, *The Silent War: Imperialism and the Changing Perception of Race* (London: Pluto Press, 1988)
8. Popkin, Jeremy D., *Facing Racial Revolution: Eyewitness Accounts of the Haitian Insurrection* (Chicago and London: University of Chicago Press, 2007) を参照。
9. Foner, Eric, *Reconstruction: America's Unfinished Revolution 1863–1877* (New York: Harper & Row, 1988) および Horne, Gerald, *Race War: White Supremacy and the Japanese Attack on the British Empire* (New York and London: New York University Press, 2004)〔ジェラルド・ホーン『人種戦争――レイス・ウォー　太平洋戦争もう一つの真実』藤田裕行訳、祥伝社、2015 年〕を参照。
10. Furedi, Frank, *The Silent War: Imperialism and the Changing Perception of Race* (London: Pluto Press, 1988) を参照。
11. Stewart, Dodai "Racist Hunger Games Fans Are Very Disappointed" *Jezebel* (26 March 2012). URL: https://jezebel.com/racist-hunger-games-fans-are-very-disappointed-5896408 で閲覧。; Holmes, Anna, "White Until Proven Black: Imagining Race In Hunger Games" *New Yorker* (30 March 2012). URL: www.newyorker.com/books/page-turner/white-until-

10. Jefferies, Stuart "Britain's most racist election: the story of Smethwick 50 years on" *The Guardian* (15 October 2014). URL: www.theguardian.com/world/2014/oct/15/britains-most-racist-election-smethwick-50-years-on で閲覧。

11. アメリカにおける白人至上主義者による黒人殺害の歴史について、次で徹底的な詳細を知ることができる。しかし、本当に気分が悪くなる内容なので注意してほしい。"Lynching in America: Confronting the Legacy of Racial Terror" *Equal Justice Initiative, Third Edition*. URL: https://eji.org/wp-content/uploads/2019/10/lynching-in-america-3d-ed-080219.pdf で閲覧。

12. 1962 年のイギリス連邦移民法について、ラブ・バトラー内務大臣は、「それは非差別的な見せかけで、実際にはほとんど有色人種にのみ作用するよう意図されており、実際そう作用するだろう」ことが「大きな利点」であると述べた。Paul, Kathleen, *Whitewashing Britain: Race and Citizenship in the Postwar Era* (Ithaca and London: Cornell University Press, 1997) p. 166 を参照。上記の本は、戦後イギリスの移民政策がいかに人種と白人至上主義に支配されていたかをもっとも体系的に検証したものであろうが次も参照。Panayi, Panikos, *An Immigration History of Britain: Multicultural Racism since 1800* (London: Routledge, 2010)〔パニコス・パナイー『近現代イギリス移民の歴史——寛容と排除に揺れた二〇〇年の歩み』浜井祐三子／溝上宏美訳、人文書院、2016 年〕; Kushner, Tony, *The Battle of Britishness: Migrant Journeys, 1685 to the Present* (Manchester: Palgrave Macmillan, 2012); Tierney, John, *Race Migration and Schooling* (London: Holt, Rinehart and Winston Ltd, 1982)

13. 低所得者住宅（housing schemes）という言葉から、スコットランドで貧困地区に住む人々を指す蔑称である「スキミー（schemie）」という言葉が生まれた。

14. Liddle, Rod "Why don't Black Lives Matter want to ban Notting Hill Carnival?" *Spectator* (3 September 2016). URL: www.spectator.co.uk/article/why-don-t-black-lives-matter-want-to-ban-the-notting-hill-carnival/ で閲覧。

第一一章　白人の衰退、人種の衰退？（あるいは資本主義の終焉？）

1. Mbembe, Achille, *Critique of Black Reason* (Durham and London: Duke University Press, 2017)

2. Mishra, Pankaj, *From the Ruins of Empire: The Revolt Against the West and the Remaking of Asia* (London: Penguin Books, 2012)〔パンカジ・ミシュラ『アジア再興——帝国主義に挑んだ志士たち』園部哲訳、白水社、2014 年〕

3. Jacques, Martin, *When China Rules the World* (London: Penguin, 2012)〔マーティン・ジェイクス『中国が世界をリードするとき——西洋世界の終焉と新たなグローバル秩序の始まり』松下幸子訳、ＮＴＴ出版、2014 年〕; Frank, Andre Gunder, *ReOrient: Global Economy in the Asian Age* (Los Angeles: University of California Press, 1998〔アンドレ・グンダー・フランク『リ

第一〇章 イギリスとアメリカ

1. Rothstein, Richard, *The Color of Law: A Forgotten History of How Our Government Segregated America* (New York: Liveright, 2017)
2. Washington, Harriet A., *Medical Apartheid: The Dark History of Medical Experimentation on Black Americans from Colonial Times to the Present* (New York: Anchor Books, 2006)
3. 1921 年、オクラホマ州タルサのグリーンウッドにある裕福な黒人居住区（地元では「ブラックウォールストリート」として知られていた）が、嫉妬に駆られた白人至上主義者によって焼き払われ、少なくとも 300 人が殺害された。また、この時期には 1917 年にイリノイ州イーストセントルイスで起きたように、多くの黒人居住区が略奪の被害に遭った。1985 年には、フィラデルフィア州で MOVE として知られる自然回帰を目指す黒人主導の運動が空から爆撃された。
4. ヒップホップの政治性をめぐる議論ついては、Rose, Tricia, *The Hip Hop Wars: What We Talk About When We Talk About Hip Hop – And Why It Matters* (New York: Basic Books, 2008) を参照。
5. Ranesh, Randeep “More black people jailed in England and Wales proportionally than in US” *The Guardian* (11 October 2010). URL: www.theguardian.com/society/2010/oct/11/black-prison-population-increase-england で閲覧。
6. 非暴力的なドラッグ犯罪への判決については、Eastwood, Niamh, Shiner, Michael, and Bear, Daniel “The Numbers in Black and White: Ethnic Disparities in the Policing and Prosecution of Drug Offences in England and Wales” (London: Release Drugs, the Law and Human Rights, 2013) を参照。共同犯罪計画法の人種差別的な適用については、Williams, Patrick and Clarke, Becky, *Dangerous Associations: Joint Enterprise, Gangs and Racism. An Analysis of the Processes of Criminalisation of Black, Asian and Minority Ethnic Individuals* (London: Centre for Crime and Justice Studies, 2016) を参照。
7. FactCheck Q&A: *Are Indigenous Australians the most incarcerated people on Earth?* (6 June 2017). URL: https://theconversation.com/factcheck-qanda-are-indigenousaustralians-the-most-incarcerated-people-on-earth-78528 で閲覧。
8. “EXCLUSIVE: Skins actor Daniel Kaluuya sues Met over mistaken arrest on bus claiming they picked on him because of his race” *Evening Standard online* (10 October 2013). URL: www.standard.co.uk/news/london/exclusive-skins-actor-daniel-kaluuya-sues-met-over-mistakenarrest-on-bus-claiming-they-picked-on-8871075.html で閲覧。
9. Muir, Hugh “Maya Angelou: ‘Barack Obama has done a remarkable job’” *The Guardian* (15 February 2012). URL: www.theguardian.com/books/2012/feb/15/maya-angelou-barack-obama-remarkable-job で閲覧。

York: Or Books, 2013)

16. 人種差別の思想が現実の国際関係と歩調を合わせてどのように進化していったかについては、Furedi, Frank, *The Silent War: Imperialism and the Changing Perception of Race* (London: Pluto Press, 1988) を参照。

17. Prashad, Vijay, *The Darker Nations: A People's History of the Third World* (New York: The New Press, 2007)〔ヴィジャイ・プラシャド『褐色の世界史――第三世界とはなにか［増補新版］』粟飯原文子訳、水声社、2023 年〕; Jansen, Jan C. and Osterhammel, Jurgen, *Decolonisation: A Short History* (Princeton and Oxford: Princeton University Press, 2017)

第九章 クー・クラックス・クランは犯罪を防ぐために黒人を殺した

1. Department for Education and Skills, *Priority Review: Exclusion of Black Pupils "Getting it. Getting it Right"* (Spring 2006)

2. Strand, Dr Steve "Minority Ethnic Pupils in the Longitudinal Study of Young People in England: Extension Report on Performance in Public Examinations at Age 16" *Research Report DCSF-RR029* (University of Warwick: Institute of Education, University of Warwick, 2007)

3. Wigmore, Tim "The lost boys: how the white working class got left behind" *New Statesman* (20 September 2016). URL: www.newstatesman.com/politics/2016/09/the-lost-boys-how-the-white-working-class-got-left-behind で閲覧。

4. Lott, Tim "It's no surprise that working class white boys do badly at school" *The Guardian* (18 November 2016) URL: www.theguardian.com/lifeandstyle/2016/nov/18/its-no-surprise-that-white-working-class-boys-do-badly-at-school で閲覧。

5. Paton, Graeme "White boys 'let down by education system'" *Telegraph* (22 June 2007). URL: www.telegraph.co.uk/news/uknews/1555322/White-boys-let-down-by-education-system.html で閲覧。

6. "White Boys 'Are Being Left Behind' by Education System" *Mail Online* (22 June 2007). URL: www.dailymail.co.uk/news/article-463614/White-boys-left-education-system.html で閲覧。

7. Gillborn, David, *Racism and Education: Coincidence or Conspiracy? White Success, Black Failure* (London: Routledge, 2008)

3. Mandela, Nelson and Castro, Fidel, *How Far We Slaves Have Come* p. 27

4. Dewey, Caitlin,"Why Nelson Mandela was on a Terrorism Watch List in 2008" *Washington Post* (7 December 2013). URL: www.washingtonpost.com/news/the-fix/wp/2013/12/07/why-nelson-mandela-was-on-a-terrorism-watch-list-in-2008/ で閲覧。

5. Mandela, Nelson and Castro, Fidel, *How Far We Slaves Have Come* p. 20

6. アフリカにおけるキューバの英雄物語は、Gleijeses, Piero, *Conflicting Missions: Havana, Washington And Africa 1959–1976* (Chapel Hill: University of North Carolina Press, 2003); Gleijeses, Piero, *Visions of Freedom: Havana, Washington, Pretoria, and the Struggle for Southern Africa 1976–1991* (Chapel Hill: University of North Carolina Press, 2013); and Villegas, Harry, *Cuba & Angola: The War for Freedom* (Atlanta: Pathfinder, 2017) を参照。最後の本の著者ハリー・ビレガスは、アンゴラをはじめ、当時の重要な作戦に参加したキューバ人ゲリラの一人である。

7. Gleijeses, Piero, *Visions of Freedom* p. 30

8. 『アパルトヘイトは死ななかった（Apartheid Did Not Die）』（1998 年）は、アパルトヘイトの基本的な経済構造がいかにして維持されたかを探る、ジョン・ピルジャー（John Pilger）の素晴らしいドキュメンタリー映画である。

9. Hallward, Peter, *Damming the Flood: Haiti, Aristide, and the Politics of Containment* (London: Verso, 2007)

10. Miller, Phil, "The British Army's Secret Plan to Keep South Africa's Ruling Party in Power" *Vice* (16 May 2016). URL: www.vice.com/en/article/kwke4n/exclusive-the-british-armys-secret-plan-to-prop-up-south-africas-ruling-party で閲覧。

11. Branson, Richard, "Visiting Cuba and Scientific Achievements" (14 November 2017). URL: www.virgin.com/richard-branson/visiting-cuba-and-scientific-achievements で閲覧。

12. Walker, Chris, "From Cooperation to Capacitation: Cuban Medical Internationalism in the South Pacific" *International Journal of Cuban Studies* (Spring 2013, 5.1); Huish, Robert "Why does Cuba 'Care' so much? Understanding the Epistemology of Solidarity in Global Health Outreach" *Public Health Ethics* (Vol. 7 No 3, 2014) pp. 261–276

13. Kirk, John M. and Walker, Chris "Cuban Medical Internationalism: The Ebola Campaign of 2014–15" *International Journal of Cuban Studies 8.1* (Spring 2016)

14. Curtis, Mark, *Web of Deceit: Britain's Real Role in the World* (London: Vintage, 2003); Cobain, Ian, *Cruel Britannia: A Secret History of Torture* (London: Portobello Books, 2012) を参照。

15. Colhoun, Jack, *Gangsterismo: The United States, Cuba and the Mafia 1933–1966* (New

distributeempowering-%20black-books-arrested で閲覧。

9. Scottish Violence Reduction Unit, *Violence is Preventable – Not Inevitable* (January 2005). URL: www.actiononviolence.org.uk/ で閲覧。

10. Prison Reform Trust Bromley Briefings 2017. URL: www.prisonreformtrust.org.uk/portals/o/Documents/ Bromley%20Briefings/summer%202017%20factfile.pdf で閲覧。

11. Dreisenger, Baz, *Incarceration Nations: A Journey to Justice in Prisons around the World* (New York: Other Press, 2017); Davis, Angela, *Are Prisons Obsolete?* (New York: Seven Stories Press, 2003)

12. Khomami, Nadia "Most London knife crime no longer gang related, police say" *The Guardian* (13 October 2016). URL: www.theguardian.com/uk-news/2016/oct/13/most-london-knife-no-longer-gang-related-police-say で閲覧。

13. *Memorandum submitted by The Metropolitan Police Authority: The Colour Of Justice.* URL: https://publications.parliament.uk/pa/cm200607/cmselect/cmhaff/181/181we44.htm で 閲覧。

14. Macpherson, William, *The Stephen Lawrence Inquiry Report Of An Inquiry by Sir William Of Cluny.* URL: https://assets.publishing.service.gov.uk/media/5a7c2af540f0b645ba3c7202/4262.pdf で閲覧。

15. イギリス警察の腐敗については次が詳しい。Gillard, Michael and Flynn, Laurie, *Untouchables: Dirty Cops, Bent Justice and Racism in Scotland Yard* (London: Bloomsbury, 2012); Hayes, Stephen, *The Biggest Gang: Shining a Light on the Culture of Police Corruption in Britain* (London: Grosvenor House Publishing, 2013). イギリス警察によるスパイの具体的な使用方法については、Evans, Rob and Lewis, Paul, *Undercover: The True Story of Britain's Secret Police* (London: Faber & Faber, 2013) を参照。イギリスの警察活動の政治的歴史は、Bunyan, Tony, *The History and Practice of the Political Police in Britain* (London: Quartet Books, 1977) を参照。

16. ケン・ファロ（Ken Faro）監督による 2001 年のドキュメンタリー映画『不正義（Injustice）』では、イギリス史上最悪な警察の暴力行為の数々を見ることができる。

第八章 なぜ白人はマンデラが好きなのか？ なぜ保守派はカストロが嫌いなのか？

1. Mandela, Nelson and Castro, Fidel, *How Far We Slaves Have Come: South Africa and Cuba in Today's World* (New York: Pathfinder, 1991)

2. Williams, Elizabeth M., *The Politics of Race in Britain and South Africa: Black British Solidarity and the Anti-apartheid Struggle* (London: I.B. Tauris, 2017)

2018 年〕

6. 反黒人、反ユダヤ人差別の変遷を具体的に検証した研究としては、Frederickson, George M., *Racism: A Short History* (Princeton: Princeton University Press, 2015)〔ジョージ・M・フレドリクソン『人種主義の歴史』李孝徳訳、みすず書房、2009 年〕を参照。
7. Eliav-Feldon, Miriam, Isaac, Benjamin, and Ziegler, Joseph, T*he Origins of Racism in the West* p. 26
8. Frederickson, George M., *Racism: A Short History* (Princeton: Princeton University Press, 2015)〔ジョージ・M・フレドリクソン『人種主義の歴史』李孝徳訳、みすず書房、2009 年〕
9. Paul, Kathleen, *Whitewashing Britain: Race and Citizenship in the Postwar Era* (Ithaca: Cornell University Press, 1997)
10. Frederickson, George M., *Racism: A Short History*〔ジョージ・M・フレドリクソン『人種主義の歴史』〕

第七章　警察、仲間、そして一〇代の日々

1. Humphries, Stephen, *Hooligans or Rebels? An Oral History of Working-Class Childhood and Youth 1889–1939* (London: Blackwood, 1997) p. 174
2. Hall, Stuart, Critcher, Chas, Jefferson, Tony, Clarke, John and Roberts, Brian, *Policing the Crisis: Mugging, the State, and Law and Order* (Basingstoke: Macmillan, 1978)
3. グラスゴーのギャングの歴史については、Davies, Andrew, *City Of Gangs: Glasgow and The Rise Of The British Gangster* (London: Hodder & Stoughton, 2014) を参照。
4. McKenna, Kevin, "Glasgow's dark legacy returns as gangland feuds erupt in public killings" *The Guardian* (22 July 2017). URL: www.theguardian.com/uk-news/2017/jul/22/glasgow-gangland-feuds-erupt-in-public-killings で閲覧。
5. FitzGerald, Marian, Hale, Chris and Stockdale, Jan, *Young People & Street Crime: Research into young people's involvementin street crime* (Youth Justice Board for England and Wales, January 2003)
6. Hirsch, Donald and Valadez, Laura, *Local indicators of child poverty – developing a new technique for estimation* (Loughborough University: Centre for Research in Social Policy, July 2014)
7. Douglas, Mary, *Purity and Danger: An Analysis of Concepts of Pollution and Taboo* (London: Routledge, 2002)
8. Onibada, Ade, "Brothers Who Distribute Empowering Black Books Arrested" *Voice* (9 September 2016). URL: www.voice-online.co.uk/article/brothers-who-

and Social Death: A Comparative Study (Massachusetts: Harvard University Press, 1982)〔オルランド・パターソン『世界の奴隷制の歴史』奥田暁子訳、明石書店、2001 年〕を参照。

20. Diouf, Sylviane A., ed., *Fighting the Slave Trade*, p. 211
21. Newsinger, John, *The Blood Never Dried*
22. Mishra, Pankaj, From the Ruins of Empire: The Revolt Against the West and the Remaking of Asia (London: Allen Lane, 2012)〔パンカジ・ミシュラ『アジア再興——帝国主義に挑んだ志士たち』園部哲訳、白水社、2014 年〕
23. Mackenzie, John M., *Propaganda and Empire: The Manipulation of British Public Opinion, 1880–1960* (Manchester: Manchester University Press, 1984)
24. Cobain, Ian, *The History Thieves: Secrets, Lies and the Shaping of a Modern Nation* (London: Portobello Books, 2016)
25. Kushner, Tony, *The Battle of Britishness: Migrant Journeys, 1685 to the Present* (Manchester: Palgrave Macmillan, 2012) p. 67
26. Gott, Richard, *Britain's Empire: Resistance, Repression and Revolt* (London: Verso, 2011)
27. Newsinger, John, *The Blood Never Dried*, p. 10

第六章 スコットランドとジャマイカ

1. Gane-Mcalla, Casey, *Inside the CIA's Secret War In Jamaica* (Los Angeles: Over The Edge Books, 2016)
2. ジャマイカが直面する新植民地主義的な問題の概要については、Prashad, Vijay, *The Darker Nations: A People's History of the Third World* (New York: The New Press, 2007) pp. 224–45〔ヴィジャイ・プラシャド『褐色の世界史——第三世界とはなにか［増補新版］』、粟飯原文子訳、水声社、2023 年、261–84 頁〕を参照。また、ステファニー・ブラックが監督した 2001 年のドキュメンタリー映画『生活と債務 *Life and Debt*』〔日本語版 DVD は、『ジャマイカ楽園の真実』アップリンク、2005 年〕を参照。
3. Isaac, Benjamin, *The Invention of Racism in Classical Antiquity* (Princeton and Oxford: Princeton University Press, 2004)
4. Eliav-Feldon, Miriam, Isaac, Benjamin, and Ziegler, Joseph, *The Origins of Racism in the West* (New York: Cambridge University Press, 2009) p. 5
5. Whitman, James Q., *Hitler's American Model: The United States and the Making of Nazi Race Law* (Princeton: Princeton University Press, 2017)〔ジェイムズ・Q・ウィットマン『ヒトラーのモデルはアメリカだった——法システムによる「純血の追求」』西川美樹訳、みすず書房、

5. Dubois, Laurent, *Avengers of the New World: The Story of the Haitian Revolution* (Massachusetts: Harvard University Press, 2004) p. 21
6. Jordan, Michael, *The Great Abolition Sham: The True Story of the End of the British Slave Trade* (Gloucestershire: The History Press, 2005) p. 69
7. Dubois, Laurent, *Avengers of the New World*, p. 256
8. Ibid. pp. 290–91
9. 革命後のハイチが、当時の世界の主要国によってどのように扱われたかは、Horne, Gerald, *Confronting Black Jacobins: The United States, The Haitian Revolution, and the Origins of the Dominican Republic* (New York: Monthly Review Press, 2015) を参照。
10. 革命後のハイチにおける階級・人種にかかわる対立については、Nicholls, David, *From Dessalines to Duvalier* (London: Macmillan Caribbean, 1984) を参照。2004 年にアメリカが支援して発生したハイチ大統領ジャン・ベルトラン・アリスティドの打倒については、Hallward, Peter, *Damming the Flood: Haiti, Aristide, and the Politics of Containment* (London: Verso, 2007) を参照。
11. Draper, Nicolas, *The Price of Emancipation: Slave-Ownership, Compensation and British Society at the End of Slavery* (Cambridge: Cambridge University Press, 2013); Hall, Catherine, *Legacies Of British Slave Ownership* (Cambridge: Cambridge University Press, 2016)
12. Ramdin, Ron, *The Other Middle Passage: Journal Of A Voyage From Calcutta To Trinidad 1858* (Hertford: Hansib Publications, 1994)
13. この反乱を率いた傑出した人物の物語については、Kennedy, Fred, *Daddy Sharpe: A Narrative of the Life and Adventures of Samuel Sharpe, A West Indian Slave Written by Himself, 1832* (Jamaica: Ian Randle Publishers, 2008) を参照。
14. Newsinger, John, *The Blood Never Dried: A People's History of the British Empire* (London: Bookmarks Publication, 2006) p. 30
15. Sherwood, Marika, *After Abolition: Britain and the Slave Trade since 1807* (London: I. B. Tauris, 2007)
16. Diouf, Sylviane A., ed., *Fighting the Slave Trade: West African Strategies* (Athens: Ohio University Press, 2003)
17. Ibid., p. 183
18. Newsinger, John, *The Blood Never Dried*
19. 社会、文化、歴史を通じた奴隷制の綿密な比較研究については、Patterson, Orlando, *Slavery*

17. バーナード・ルイスが極めてオリエンタリスト的であるという評価があることは知っているが、それでも彼が研究のために集めた一次資料は、俺には否定しようがないものに思える。またアラブ世界における人種や奴隷制について広く入手できるテキストが不足しているのも明らかな事実である。Lewis, Bernard, *Race and Slavery in the Middle East: An Historical Enquiry* (New York: Oxford University Press, 1990); Gordon, Murray, *Slavery in the Arab World* (New York: New Amsterdam Books, 1987) を参照。

18. Jahn, Janheinz, *Neo African Literature: A History of Black Writing* (New York: Grove Press, 1968); Kwei Armah, Ayi, *The Eloquence Of The Scribes: A memoir on the sources and resources of African literature* (Dakar, Senegal: Per Ankh, 2006)

19. Mbembe, Achille, *Critique of Black Reason* (Durham and London: Duke University Press, 2017)

20. 1805 年のハイチ憲法第 13 条は、白人のカテゴリーから「ポーランド人とドイツ人」を明確に除外しており、第 14 条には「最高統治者を父とするひとつの家族の子どもたちのあいだで肌の色による特別扱いは必然的になくなり、ハイチ人は今後黒人という総称によってのみ知られるものとする」とある。

第五章 イギリス人の記憶のなかの帝国と奴隷制

1. 2007 年のドキュメンタリー映画『マーファの真実（Maafa: Truth）』。

2. Thomas, Hugh,*The Slave Trade: The History of the Atlantic Slave Trade 1440–1870* (New York: Simon & Schuster, 1997) p. 793

3. Turner, Camilla “Outcry after grammar schools pupils asked to buy slaves with ‘good breeding potential’ in history class” *Daily Telegraph* (13 July 2017) URL: www.telegraph.co.uk/education/2017/07/13/grammar-school-criticised-asking-pupils-buy-slaveswith-good; Alleyne, Richard “Head apologises for lesson in ‘slave trading’ at school” *Daily Telegraph* (28 November 2012) URL: www.telegraph.co.uk/news/uknews/9710013/Head-apologises-for-lesson-in-slave-trading-at-school.html; Davis, Anna “East London school apologises after pupils told to dress as slaves for black history month” *Evening Standard* (17 October 2017). URL: www.standard.co.uk/news/london/east-london-head-apologises-after-pupils-told-to-dress-as-slaves-for-black-history-month-a3660606.html

4. Lusher, Adam “How Britain imprisoned some of the first black fighters against slavery” *Independent* (17 July 2017) URL: www.independent.co.uk/news/uk/home-news/slavery-black-prisoners-of-war-race-racism-portchester-castle-english-heritage-exhibition-britain-british-antislavery-colonial-history-european-colonialism-imperialism-caribbean-plantations-st-lucia-st-vincent-a7846051.html

米国のミシシッピ州で 14 歳の黒人少年エメット・ティルが、白人女性に口笛を吹いたという理由でその女性の夫と兄に惨殺された。

4. Taylor, Daniel "Graham Rix and Gwyn Williams accused of racism and bullying while at Chelsea" *The Guardian* (18 January 2018). URL: www.theguardian.com/football/2018/jan/12/graham-rix-gwyn-williams-accused-racism-bullying-chelsea で閲覧。
5. Taylor, Daniel "Liverpool's Rhian Brewster: 'When I'm racially abused, I just want to be left alone'" *The Guardian* (28 December 2017). URL: www.theguardian.com/football/2017/dec/28/liverpool-rhian-brewster-racial-abuse-england-uefa で閲覧。
6. Bring them home report. URL: www.humanrights.gov.au/sites/default/files/content/pdf/social_justice/ bringing_them_home_report.pdf で閲覧。
7. Earle, T. F., and Lowe, K. P., *Black Africans In Renaissance Europe* (Cambridge: Cambridge University Press, 2010)
8. Walker, Robin, *When We Ruled: The Ancient and Mediaeval History of Black Civilisations* (London: Generation Media, 2006) pp. 46–54
9. Davidson, Basil, *The African Slave Trade: A Revised and Expanded Edition* (London: Back Bay Books, 1980), p. 63
10. Beckert, Sven, *Empire of Cotton: A New History of Global Capitalism* (London: Penguin Random House, 2014)〔スヴェン・ベッカート『綿の帝国——グローバル資本主義はいかに生まれたか』鬼澤忍／佐藤絵里訳、紀伊國屋書店、2022 年〕
11. Curtin, Philip D., *The Image of Africa: British Ideas and Action, 1780–1850* (London: Macmillan, 1964)
12. Long, Edward, *The History of Jamaica* (Cambridge: Cambridge University Press, 2010)
13. 啓蒙思想が人種についてどう考えていたかについては、Eze, Emmanuel Chukwudi, ed., *Race and the Enlightenment: A Reader* (London: Blackwell, 1997) を参照。またとくに、Smith, Justin E. H., *Nature, Human Nature, & Human Difference: Race in Early Modern Philosophy* (Princeton and Oxford: Princeton University Press, 2015) を参照。
14. Jordan, Michael, *The Great Abolition Sham: The True Story of the End of the British Slave Trade* (Gloucestershire: The History Press, 2005) p. 93
15. Richardson, David, ed., *Abolition and Its Aftermath: The Historical Context, 1790–1916* (London and New York: Routledge, 1985)
16. Davidson, Basil, *The African Slave Trade: A Revised and Expanded Edition* (London: Back Bay Books, 1980

でに 1400 万回再生されている。URL: www.youtube.com/watch?v=iG9CE55wbtY で閲覧。

3. Hart, John, "The Big Lesson From the World's Best School System? Trust Your Teachers" *The Guardian* (9 August 2017). URL: www.theguardian.com/teacher-network/2017/aug/09/worlds-best-school-system-trust-teachers-education-finland で閲覧。

4. 人種差別と教育政策にかんする歴史については、次の優れた研究書、Tomlinson, Sally, *Race and Education: Policy and Politics in Britain* (London: Open University Press, 2008) または、Tierney, John, *Race Migration and Schooling* (London: Holt, Rinehart and Winston Ltd., 1982) を参照。

5. コードの原著は入手困難だが、次で全文を読むことができる。Richardson, Brian, *Tell it Like it is: How Our Schools Fail Black Children* (Staffordshire: Bookmarks Publications, Trentham Books, 2005)

6. Coard, Bernard, Why I Wrote the 'ESN Book' (5 February 2005). URL: www.theguardian.com/education/2005/feb/05/schools.uk で閲覧。

7. ［訳注］1993 年 4 月にロンドンで黒人少年スティーブン・ローレンスが白人レイシスト集団に殺害された事件の警察の捜査方法について検証した 1999 年発表の政府委嘱の報告書。初動捜査を適切に行なわなかったロンドン警視庁の組織的人種差別を批判した。

8. Gillborn, David, *Racism and Education: Coincidence or Conspiracy? White Success, Black Failure* (London: Routledge, 2008) を参照。

9. Burgess, Simon, and Greaves, Ellen, "Test Scores, Subjective Assessment and Stereotyping of Ethnic Minorities" (2009)

第四章 リンフォードのランチボックス

1. Carrington, Ben, *Race, Sport and British Politics* (California: Sage, 2010)

2. ［訳注］1919 年 1 月から 8 月にかけて、第一次世界大戦から復員した白人海員労働者が、黒人をはじめとする移民・外国人労働者が仕事を奪っていると不満を募らせたことなどが原因となり、国内の港湾地域を中心に白人群衆による移民・外国人労働者に対する大規模な襲撃やその住居へ放火が発生した。1958 年には、ロンドンのノッティングヒルで、反移民を鮮明にしていたテディボーイズによる反黒人暴動が発生した。また、イングランド中部の都市ノッティンガムでも同時期に黒人に対する同様の暴動が起こった。

3. ［訳注］1954 年に米最高裁が公立校の人種隔離を違憲とした後も、学校の人種統合は白人によるさまざまな妨害を引き起こした。1957 年のアーカンソン州のリトルロック高校事件や、1960 年にルイジアナ州で 6 歳の黒人少女ルビー・ブリッジスが受けた登校妨害がよく知られ、実際にブリッジスは学校で待ち受けた白人集団に物を投げられ唾を吐きかけられた。また、1955 年 8 月、ネイロのカンデラリア教会の外で8人のストリートチルドレンが警官に殺害された事件だ。この殺害の生存者の1人であるサンドロ・ロサ・ド・ナシメントは、数人の人質をとってバスを数時間ハイジャックし、ブラジルの社会的不正義に怒りの声を上げた。ドキュメンタリー映画『バス174(Bus 174)』(2002年)はこの事件を描いたもので高い評価を得ている。

12. Linebaugh, Peter, and Rediker, Marcus, *The Many-Headed Hydra: The Hidden History of the Revolutionary Atlantic* (London: Verso, 2012)

13. Dubois, Laurent, *Avengers of the New World: The Story of the Haitian Revolution* (Cambridge, Massachusetts: Harvard University Press, 2004)

14. Blackmon, Douglas A., *Slavery By Another Name* (New York: Anchor Books, 2008)

15. Horne, Gerald, *Race War: White Supremacy and the Japanese Attack on the British Empire* (New York: New York University Press, 2004) pp. 17–18〔ジェラルド・ホーン『人種戦争――レイス・ウォー　太平洋戦争もう一つの真実』藤田裕行訳、祥伝社、2015年、40–41頁〕

16. 1937年、チャーチルはイギリスのパレスチナ王立委員会で次のように述べた。「たとえば、私は、アメリカのインディアンやオーストラリアの黒人に対して大きな過失がなされたとは考えない。より強い民族、より高級な民族、より世俗的に賢い民族がやってきてかれらにとってかわったという事実によってこれらの人々に過ちがなされたとは考えない」。Heyden, Tom, "The Greatest Controversies of Winston Churchill's Career" *BBC News* (26 January 2015). URL: www.bbc.co.uk/news/magazine-29701767 で閲覧。

17. ヨーロッパ人だけでなく、日本人が太平洋戦争をどれだけ人種的な戦いと考えていたかを検証するために、Dower, John W., *War Without Mercy: Race and Power in the Pacific War* (New York: Pantheon, 1986)〔ジョン・W．ダワー『容赦なき戦争――太平洋戦争における人種差別』猿谷要編、斎藤元一訳、平凡社ライブラリー、2001年〕を参照。

18. Davies, Barbara, "Cocktail Party" *Daily Mail* (8 December 2016). URL: www.dailymail.co.uk/news/article-4011866/Cocktail-party-Brits-faced-evil-decadent-expat-lives-Hong-Kong-ended-overnight-Japan-s-unspeakably-savage-invasion-75-years-survivors-relive-horror.html で閲覧。

19. Mills, Charles, *The Racial Contract* (Ithaca: Cornell University Press, 2017)〔チャールズ・W・ミルズ『人種契約』杉村昌昭／松田正貴訳、法政大学出版局、2022年〕

第三章 特別支援?

1. Cobain, Ian, *The History Thieves: Secrets, Lies and the Shaping of a Modern Nation* (London: Portobello Books, 2016)

2. ケン・ロビンソンの素晴らしいTED Talk――タイトルもずばり「学校は創造性を殺す?」は、す

content/uploads/2022/04/Autumn-2017-factfile.pdf で閲覧。

12. Eastwood, Niamh, Shiner, Michael and Bear, Daniel, *The Numbers in Black and White: Ethnic Disparities in the Policing and Prosecution of Drug Offences in England and Wales* (London: Release Drugs, the Law and Human Rights, 2013)

間章 人種差別を否認する人々に対して

1. 2005 年、テレビ番組『60 ミニッツ』でのマイク・ウォレスによるインタビューで、フリーマンは人種差別をなくす方法は、それについて話すのをやめることだとその言葉のとおり発言した。彼はその後も複数のインタビューで、人種と階級について同様の考えを繰り返し述べている。

2. Draper, Nicholas,*The Price of Emancipation: Slave-Ownership, Compensation and British Society at the End of Slavery* (Cambridge: Cambridge University Press, 2013); Hall, Catherine, *Legacies of British Slave Ownership* (Cambridge: Cambridge University Press, 2016)

第二章 母が白人だとわかった日

1. Humphreys, Margaret, *Empty Cradles* (London: Corgi, 2011)

2. 原文の多くの部分をオンラインのバージニア百科事典で読むことができる。URL: https://encyclopediavirginia.org/entries/an-act-concerning-servants-and-slaves-1705/ で閲覧。

3. Allen, Theodore W., *The Invention of the White Race: Vol I: Racial Oppression and Social Control* (London: Verso, 2012)

4. Ignatiev, Noel, *How the Irish Became White* (London: Routledge, 2008)

5. Wolfe, Patrick, *Traces of History: Elementary Structures of Race* (London: Verso, 2016) p. 77

6. Garner, Steve, *Whiteness: An Introduction* (Oxford: Routledge, 2007) p. 70

7. Wolfe, Patrick, T*races of History*, p. 73

8. Eze, Emmanuel Chukwudi, ed., *Race and the Enlightenment: A Reade*r (London: Blackwell, 1997)

9. Wolfe, Patrick,*Traces of History*

10. Nascimento, Abidias Do, *Brazil Mixture or Massacre?: Essays in the Genocide of a Black People* (Massachusetts: The Majority Press, 1979)

11. こうした子どもたちの大量殺害のなかでもっとも悪名高いのは、1993 年 7 月 22 日、リオデジャ

注

第一章 一九八〇年代に生まれて

1. La Rose, John, *The New Cross Massacre Story* (London: New Beacon, 2011)
2. ムーンショットユースクラブとアルバニーシアターは、黒人の若者に人気があり、反人種差別運動の活動場所だったが、ニュークロス火災が起きる前の数年間に火事で大きく損傷した。1971 年には近くのレディウェルで開かれていたパーティーにレイシストがガソリン爆弾を投げつけた。
3. Kushner, Tony, *The Battle of Britishness: Migrant Journeys*, 1685 to the Present (Manchester: Palgrave Macmillan, 2012); Panayi, Panikos, *An Immigration History of Britain: Multicultural Racism Since 1800* (London: Routledge, 2010)〔パニコス・パナイー『近現代イギリス移民の歴史——寛容と排除に揺れた二〇〇年の歩み』浜井祐三子／溝上宏美訳、人文書院、2016 年〕
4. パナイーの概算によれば、1945 年以降、アイルランドから 70 万人の移民がイギリスにやって来た（1800 年から 1945 年の間に来た 150 万人に加えて）。また、1945 年以降の南アジア全体からの移民の合計は約 100 万人、1945 年以降のアフリカ、アジア、カリブ海からの移民は、全移民数 620 万人のうち 240 万人を占めると概算している。
5. Paul, Kathleen, *Whitewashing Britain: Race and Citizenship in the Postwar Era* (Ithaca: Cornell University Press, 1997)
6. Gilroy, Paul, *After Empire: Melancholia or convivial culture?* (London: Routledge, 2004)
7. Williams, Elizabeth, *The Politics of Race in Britain and South Africa: Black British Solidarity and the Anti-apartheid* (London: I.B. Tauris, 2017)
8. イギリスは、1953 年に英領ガイアナで選挙で選ばれたチェディ・ジェーガンに対するクーデターを起こした。同年、イランはイギリスの植民地ではなかったにもかかわらず、イギリスとアメリカは選挙で選ばれたモハマド・モサデクに対するクーデターを起こした。
9. Linebaugh, Peter, *The London Hanged: Crime and Civil Society in the Eighteenth Century* (London: Verso, 2006)
10. レゾリューション・ファンデーションによる 2017 年 6 月の報告書によると、1981 年から 85 年の間に生まれたイギリス人の純資産は、そのわずか 5 年前に生まれた人々の平均の半分にすぎないことがわかった。D'Arcy, Connor and Gardiner, Laura, *The Generation of Wealth: Asset Accumulation Across and Within Cohorts* (June 2017). URL: www.resolutionfoundation.org/app/uploads/2017/06/Wealth.pdf で閲覧。
11. Prison Reform Trust Bromley Briefings 2017. URL: https://prisonreformtrust.org.uk/wp-

Smith, John, *Imperialism in the Twenty-First Century: Globalization, Super-Exploitation, and Capitalism's Final Crisis* (New York: Monthly Review Press, 2016)〔ジョン・スミス『21 世紀の帝国主義――グローバリゼーション、超搾取、資本主義の最終危機』、未訳〕

Smith, Justin E. H., *Nature, Human Nature, & Human Difference: Race in Early Modern Philosophy* (Princeton: Princeton University Press, 2015)〔ジャスティン・E・H・スミス『自然、人間性、人間の違い――初期近代哲学における人種』、未訳〕

Stepan, Nancy, *The Idea of Race in Science: Great Britain 1800–1960* (Basingstoke: Macmillan, 1982)〔ナンシー・ステパン『科学における人種の考え――イギリス 1800–1960』、未訳〕

Streeck, Wolfgang, *How Will Capitalism End?: Essays On A Failing System* (London: Verso, 2016)〔ヴォルフガング・シュトレーク『資本主義はどう終わるのか』村澤真保呂／信友建志訳、河出書房新社、2017 年〕

Tharoor, Shashi, *Inglorious Empire: What the British Did to India* (Delhi: Aleph Book Company, 2016)〔シャシ・タルール『恥ずべき帝国――イギリスがインドにおこなったこと』、未訳〕

Thompson, E. P, *The Making of the English Working Class* (London: Penguin, 1991)〔エドワード・P・トムスン『イングランド労働者階級の形成』市橋秀夫／芳賀健一訳、青弓社、2003 年〕

Thompson, Leonard, *The Political Mythology of Apartheid* (New Haven: Yale University Press, 1985)〔レナード・トムスン『アパルトヘイトの政治的神話』、未訳〕

Whitman, James Q., *Hitler's American Model: The United States and the Making of Nazi Race Law* (Princeton: Princeton University Press, 2017)〔ジェイムズ・Q・ウィットマン『ヒトラーのモデルはアメリカだった――法システムによる「純血の追求」』西川美樹訳、みすず書房、2018 年〕

Williams, Elizabeth M., *The Politics of Race in Britain and South Africa: Black British Solidarity and the Anti-Apartheid Struggle* (London: I. B. Tauris, 2017)〔エリザベス・M・ウィリアムズ『イギリスと南アフリカにおける人種政治――黒人イギリス人の連帯と反アパルトヘイト闘争』、未訳〕

Wolfe, Patrick, *Traces of History: Elementary Structures of Race* (London: Verso, 2016)〔パトリック・ウルフ『歴史の痕跡――人種の基本構造』、未訳〕

Routledge, 2010)〔パニコス・パナイー『近現代イギリス移民の歴史——寛容と排除に揺れた二〇〇年の歩み』浜井祐三子／溝上宏美訳、人文書院、2016 年〕

Parenti, Michael, *Against Empire* (San Francisco: City Light Books, 1995)〔マイケル・パレンティ『帝国に抗して』、未訳〕

Patterson, Orlando, *Slavery and Social Death: A Comparative Study* (Massachusetts: Harvard University Press, 1982)〔オルランド・パターソン『世界の奴隷制の歴史』奥田暁子訳、明石書店、2001 年〕

Paul, Kathleen, *Whitewashing Britain: Race and Citizenship in the Postwar Era* (Ithaca: Cornell University Press, 1997)〔キャスリーン・ポール『イギリスを白くする——戦後期における人種と市民権』、未訳〕

Paxton, Robert O., *The Anatomy of Fascism* (New York: Random House, 2005)〔ロバート・パクストン『ファシズムの解剖学』瀬戸岡紘訳、桜井書店、2008 年〕

Poliakov, Leon, *The Aryan Myth: A History of Racist and Nationalist Ideas in Europe* (New York: Basic Books, 1974)〔レオン・ポリアコフ『アーリア神話——ヨーロッパにおける人種主義と民族主義の源泉』アーリア主義研究会訳、法政大学出版局、2014 年〕

Prashad, Vijay, *The Darker Nations: A People's History of the Third World* (New York: The New Press, 2007)〔ヴィジャイ・プラシャド『褐色の世界史——第三世界とはなにか［増補新版］』、粟飯原文子訳、水声社、2023 年〕

Ramey, Lynn T., *Black Legacies: Race and the European Middle Ages* (Florida: University Press of Florida, 2016)〔リン・T・レイミー『黒人の遺産——人種とヨーロッパ中世』、未訳〕

Rich, Paul B., *Race and Empire in British Politics* (Cambridge: Cambridge University Press, 2009)〔ポール・B・リッチ『イギリス政治における人種と帝国』、未訳〕

Roediger, David R., *The Wages of Whiteness: Race and the Making of the American Working Class* (London: Verso, 2007)〔デイヴィッド・R・ローディガー『アメリカにおける白人意識の構築——労働者階級の形成と人種』小原豊志ほか訳、明石書店、2006 年〕

Rose, Tricia, *The Hip Hop Wars: What We Talk About When We Talk About Hip Hop – and why it matters* (New York: Basic Books, 2008)〔トリーシャ・ローズ『ヒップホップ戦争——ヒップホップについて語るとき、私たちは何について語るのか、そしてなぜそれが重要なのか』、未訳〕

Sherwood, Marika, *After Abolition: Britain and the Slave Trade since 1807* (London: I. B. Tauris, 2007)〔マリカ・シャーウッド『奴隷貿易廃止後——1807 年以降のイギリスと奴隷貿易』、未訳〕

頭のヒドラ――革命的大西洋世界の知られざる歴史』、未訳〕

Mandela, Nelson and Castro, Fidel, *How Far We Slaves Have Come!: South Africa and Cuba in Today's World* (New York: Pathfinder, 1991)〔ネルソン・マンデラ／フィデル・カストロ『我ら奴隷がたどった道――現代世界における南アフリカとキューバ』、未訳〕

Mbembe, Achille, *Critique of Black Reason* (Durham and London: Duke University Press, 2017)〔アキレ・ムベンベ『黒人理性批判』、未訳〕

Mesquita, Bruce de and Smith, Alastair, *The Dictator's Handbook: Why Bad Behavior is Almost Always Good Politics* (New York: Public Affairs, 2011)〔ブルース・ブエノ・デ・メスキータ／アラスター・スミス『独裁者のためのハンドブック』四本健二／浅野宜之訳、亜紀書房、2013年〕

Mills, Charles, *The Racial Contract* (Ithaca: Cornell University Press, 2017)〔チャールズ・W・ミルズ『人種契約』杉村昌昭／松田正貴訳、法政大学出版局、2022年〕

Mishra, Pankaj, *From the Ruins of Empire: The Revolt Against the West and the Remaking of Asia* (London: Allen Lane, 2012)〔パンカジ・ミシュラ『アジア再興――帝国主義に挑んだ志士たち』園部哲訳、白水社、2014年〕

Morefield, Jeanne, *Empires Without Imperialism: Anglo-American Decline and the Politics of Deflection* (New York: Oxford University Press, 2014)〔ジーン・モアフィールド『帝国主義なき帝国――英米の衰退と偏向の政治学』、未訳〕

Morton, A. L., *A People's History of England* (London: Lawrence & Wishart, 2003)〔A・L・モートン『イングランド人民の歴史』鈴木亨ほか訳、未來社、1972年〕

Nascimento, Abdias, *Brazil: Mixture or Massacre?: Essays in the Genocide of a Black People* (Massachusetts: The Majority Press, 1989)〔アブディアス・ナシメント『ブラジル――混合か大虐殺か？　黒人ジェノサイドをめぐる諸論文』、未訳〕

Newsinger, John, *The Blood Never Dried: A People's History of the British Empire* (London: Bookmarks, 2006)〔ジョン・ニュージンガー『血は乾かない――民衆のイギリス帝国史』、未訳〕

Newton, Huey P., *Revolutionary Suicide: Founder of the Black Panther Party* (London: Wildwood House, 1974)〔ヒューイ・P・ニュートン『白いアメリカよ、聞け――ヒューイ・ニュートン自伝』石田真津子訳、サイマル出版会、1975年〕

Painter, Nell Irvin, *The History of White People* (New York: W. W. Norton and Company, 2010)〔ネル・アーヴィン・ペインター『白人の歴史』越智道雄訳、東洋書林、2011年〕

Panayi, Panikos, *An Immigration History of Britain: Multicultural Racism since 1800* (London:

Jordan, Winthrop D., *White over Black: American Attitudes Toward the Negro 1550–1812* (Chapel Hill: University of North Carolina Press, 1968)〔ウィンスロップ・D・ジョーダン『黒より白——1550 年から 1812 年までのアメリカ人のニグロに対する態度』、未訳〕

Kendi, Ibram X., *Stamped From The Beginning: The Definitive History of Racist Ideas in America* (New York: Nation Books, 2016)〔イブラム・X・ケンディ『人種差別主義者たちの思考法——黒人差別の正当化とアメリカの 400 年』、山田美明訳、光文社、2023 年〕

Kennedy, Fred, *Daddy Sharpe: A Narrative of the Life and Adventures of Samuel Sharpe, A West Indian Slave Written by Himself, 1832* (Jamaica: Ian Randle Publishers, 2008)〔フレッド・ケネディ『父シャープ——西インド諸島の奴隷であったサミュエル・シャープの生涯と冒険の物語　1832 年、彼自身によって書かれたもの』、未訳〕

Khaldun, Ibn, T*he Muqaddimah: An Introduction to History, The Classic Islamic History of the World* (Princeton: Princeton University Press, 2005)〔イブン・ハルドゥーン『歴史序説』1–4 巻、森本公誠訳、岩波文庫、2001 年〕

Kiernan, V. G., *The Lords of Humankind: European Attitudes to Other Cultures in the Imperial Age* (London: The Cresset Library, 1969)〔V・G・キアーナン『人類の領主——帝政期におけるヨーロッパ人の他文化への態度』、未訳〕

Klinkner, Philip A. and Smith, Rogers M., *The Unsteady March: The Rise and Decline of Racial Equality in America* (Chicago: University of Chicago Press, 2002)〔フィリップ・A・クリンクナー／ロジャース・M・スミス『不安定な行進——アメリカにおける人種平等の台頭と衰退』、未訳〕

Kovel, Joel, *White Racism: A Psychohistory* (London: Free Association Books, 1988)〔ジョエル・コヴェル『白人レイシズム——精神史』、未訳〕

Kushner, Tony, *The Battle of Britishness: Migrant Journeys, 1685 to the Present* (Manchester: Palgrave Macmillan, 2012)〔トニー・クシュナー『イギリスらしさをめぐる戦い——移民の旅、1685 年から現在まで』、未訳〕

La Rose, John, *The New Cross Massacre Story* (London: New Beacon, 2011)〔ジョン・ラ・ローズ『ニュークロス虐殺の物語』、未訳〕

Lindqvist, Sven, *The Dead Do Not Die: "Exterminate all the Brutes" and Terra Nullius* (New York: The New Press, 2014)〔スヴェン・リンドクヴィスト『死者は死なず——「すべてのけだものを駆逐せよ」と無主の地』、未訳〕

Linebaugh, Peter and Rediker, Marcus, *The Many-Headed Hydra: The Hidden History of the Revolutionary Atlantic* (London: Verso, 2012)〔ピーター・ラインバー／マーカス・レディカー『多

Hobson, J. A., *Imperialism: A Study* (New York: Cosimo Classics, 2005)〔ホブスン『帝国主義論』上・下、矢内原忠雄訳、岩波文庫、1978–79 年〕

Hobson, John M, *The Eurocentric Conception of World Politics: Western International Theory, 1760–2010* (Cambridge: Cambridge University Press, 2012)〔ジョン・M・ホブソン『ヨーロッパ中心主義的な世界政治の概念——西洋の国際理論 1760-2010』、未訳〕

Hoggart, Richard, *The Uses of Literacy: Aspects of Working- Class Life* (London: Penguin, 1990)〔リチャード・ホガート『読み書き能力の効用』香内三郎訳、晶文社、1986 年〕

Horne, Gerald, *Race War!: White Supremacy and the Japanese Attack on the British Empire* (New York and London: New York University Press, 2004)〔ジェラルド・ホーン『人種戦争——レイス・ウォー　太平洋戦争もう一つの真実』藤田裕行訳、祥伝社、2015 年〕

Humphries, Stephen, *Hooligans or Rebels?: An Oral History of Working-Class Childhood and Youth 1889–1939* (London: Wiley, 1997)〔スティーブン・ハンフリーズ『フーリガンか反逆者か——労働者階級の子どもと若者のオーラルヒストリー 1889-1939』、未訳〕

Inikori, Joseph E., and Engerman, Stanley L, eds, *The Atlantic Slave Trade: Effects on Economies, Societies, and Peoples in Africa, the Americas, and Europe* (Durham: Duke University Press, 1992)〔ジョセフ・E・イニコリ／スタンリー・L・エンガーマン編『大西洋奴隷貿易——アフリカ、アメリカ、ヨーロッパの経済、社会、民族に与えた影響』、未訳〕

Isaac, Benjamin, *The Invention of Racism in Classical Antiquity* (Princeton: Princeton University Press, 2004)〔アイザック・ベンヤミン『古典古代における人種主義の発明』、未訳〕

Jacques, Martin, *When China Rules the World: The End of the Western World and the Birth of a New Global Order* (London: Penguin, 2012)〔マーティン・ジェイクス『中国が世界をリードするとき——西洋世界の終焉と新たなグローバル秩序の始まり』松下幸子訳、NTT出版、2014 年〕

Jansen, Jan C., and Osterhammel, Jürgen, trans. Riemer, Jeremiah, *Decolonization: A Short History* (Princeton: Princeton University Press, 2017)〔ジャン・C・ジャンセン／ユルゲン・オスターハンメル『脱植民地化——小史』、未訳〕

John, Gus, *Moss Side 1981: More Than Just a Riot* (London: Gus John Books, 2011)〔ガス・ジョン『モスサイド 1981——単なる暴動ではなかった』、未訳〕

Jordan, Michael, *The Great Abolition Sham: The True Story of the End of the British Slave Trade* (Gloucestershire: The History Press, 2005)〔マイケル・ジョーダン『大廃止詐欺——イギリス奴隷貿易終焉の真相』、未訳〕

Gillard, Michael and Flynn, Laurie, *Untouchables: Dirty Cops, Bent Justice and Racism in Scotland Yard* (London: Bloomsbury Reader, 2012)〔マイケル・ギラード／ローリー・フリン『アンタッチャブル——ロンドン警察の汚れた警官、曲がった正義、そして人種差別』、未訳〕

Gillborn, David, *Racism and Education: Coincidence or Conspiracy?: White Success Black Failure* (London: Routledge, 2008)〔デイヴィッド・ギルボーン『人種差別と教育——偶然か陰謀か？　白人の成功 黒人の失敗』、未訳〕

Gilroy, Paul, *After Empire: Melancholia or Convivial Culture?* (London: Routledge, 2004)〔ポール・ギルロイ『帝国後——メランコリアか社交文化か？』、未訳〕

——, *The Black Atlantic: Modernity and Double Consciousness* (Verso: London 1999)〔同『ブラック・アトランティック——近代性と二重意識』上野俊哉ほか訳、月曜社、2006 年〕

——, *There Ain't No Black in the Union Jack* (Oxfordshire: Routledge, 1992)〔同『ユニオンジャックに黒はない——人種と国民をめぐる文化政治』田中東子ほか訳、月曜社、2017 年〕

Gleijeses, Piero, *Visions of Freedom: Havana, Washington, Pretoria, and the Struggle for Southern Africa 1976–1991* (Chapel Hill: University of North Carolina Press, 2013)〔ピエロ・グレジシース『自由のビジョン——ハバナ、ワシントン、プレトリア、そして南アフリカのための闘い 1976-1991』、未訳〕

Goldenberg, David M., *The Curse of Ham: Race and Slavery in Early Judaism, Christianity, and Islam* (Princeton: Princeton University Press, 2003)〔デイヴィッド・M・ゴールデンバーグ『ハムの呪い——初期ユダヤ教、キリスト教、イスラム教における人種と奴隷制度』、未訳〕

Goody, Jack, *Renaissances: The One or the Many?* (Cambridge: Cambridge University Press, 2010)〔ジャック・グッディ『ルネサンス——一つなのか多数なのか？』、未訳〕

Gordon, Murray, *Slavery in the Arab World* (New York: New Amsterdam Books, 1987)〔マレー・ゴードン『アラブ世界の奴隷制度』、未訳〕

Gott, Richard, *Cuba: A New History* (New Haven and London: Yale University Press, 2005)〔リチャード・ゴット『キューバ——新しい歴史』、未訳〕

Hall, Stuart, Critcher, Chas, Jefferson, Tony, Clarke, John, and Roberts, Brian, *Policing the Crisis: Mugging, the State, and Law and Order* (Basingstoke: Macmillan, 1978)〔スチュアート・ホール／チャス・クリッチャー／トニー・ジェファーソン／ジョン・クラーク／ブライアン・ロバーツ『危機を取り締まる——強盗、国家、法と秩序』、未訳〕

Hiro, Dilip, *After Empire: The Birth of a Multipolar World* (New York: Nation Books, 2010)〔ディリップ・ヒロ『帝国後——多極世界の誕生』、未訳〕

1997)〔エマニュエル・チュクウディ・エゼ編『人種と啓蒙主義』、未訳〕

Fanon, Frantz, *The Wretched of the Earth* (London: Penguin, 1963)〔フランツ・ファノン『地に呪われたる者』鈴木道彦／浦野衣子訳、みすず書房、2015 年〕

Floyd, Jr., Samuel A., *The Power of Black Music: Interpreting its History from Africa to the United States* (New York: Oxford University Press, 1995)〔サミュエル・A・フロイド・ジュニア『ブラックミュージックの力——そのアフリカからアメリカへの歴史を読み解く』、未訳〕

Frank, Andre Gunder, *ReOrient: Global Economy in the Asian Age* (Los Angeles: University of California Press, 1998)〔アンドレ・グンダー・フランク『リオリエント——アジア時代のグローバル・エコノミー』山下範久訳、藤原書店、2000 年〕

Frank, Andre Gunder and Gills, Barry K., *The World System: Five Hundred Years or Five Thousand?* (London: Routledge, 1996)〔アンドレ・グンダー・フランク／バリー・K・ジルス『世界システム——500 年か 5000 年か?』、未訳〕

Franklin, Jane, *Cuba and the U.S. Empire: A Chronological History* (New York: Monthly Review Press, 2016)〔ジェーン・フランクリン『キューバとアメリカ帝国——年代記』、未訳〕

Frasier, Edward Franklin, *Black Bourgeoisie: The Book that Brought the Shock of Self-Revelation to Middle-Class Blacks in America* (New York: Free Press Paperbacks, 1997)〔エドワード・フランクリン・フレイジャー『黒人ブルジョワジー——アメリカの中流階級の黒人に自己発見の衝撃を与えた本』、未訳〕

Frederickson, George M., *Racism: A Short History* (New Jersey: Princeton University Press, 2015)〔ジョージ・M・フレドリクソン『人種主義の歴史』李孝徳訳、みすず書房、2009 年〕

Furedi, Frank, *The Silent War: Imperialism and the Changing Perception of Race* (London: Pluto Press, 1988)〔フランク・フレディ『沈黙の戦争——帝国主義と人種認識の変化』、未訳〕

Garner, Steve, *Whiteness: An Introduction* (New York: Routledge, 2007)〔スティーブ・ガーナー『白人性入門』、未訳〕

Garvey, Amy Jacques, *The Philosophy & Opinions of Marcus Garvey: Or Africa for the Africans* (Massachusetts: The Majority Press, 1986)〔エイミー・ジャックス・ガーヴィー『マーカス・ガーヴィーの哲学と意見——あるいはアフリカ人のためのアフリカ』、未訳〕

George, Susan, *How the Other Half Dies: The Real Reasons for World Hunger* (London: Penguin, 1986)〔スーザン・ジョージ『なぜ世界の半分が飢えるのか——食糧危機の構造』小南祐一郎／谷口真里子訳、朝日新聞社、1984 年〕

Davis, David Brion, *The Problem of Slavery in Western Culture* (New York: Oxford University Press, 1966)〔デイヴィッド・ブリオン・デイヴィス『西洋文化における奴隷制の諸問題』、未訳〕

Dawson, Raymond, *The Chinese Chameleon: An Analysis of European Conceptions of Chinese Civilization* (London: Oxford University Press, 1967)〔レイモンド・ドーソン『ヨーロッパの中国文明観』田中正美ほか訳、大修館書店、1971 年〕

Devine, T. M., ed., *Recovering Scotland's Slavery Past: The Caribbean Connection* (Edinburgh: Edinburgh University Press, 2015)〔T・M・ディヴァイン編『スコットランドの奴隷制の過去を復元する——カリブとの関係』、未訳〕

Diouf, Sylviane A., ed., *Fighting the Slave Trade: West African Strategies* (Athens: Ohio University Press, 2003)〔シルヴィアン・A・ディウフ編『奴隷貿易との闘い——西アフリカの戦略』、未訳〕

Dower, John W., *War Without Mercy: Race and Power in the Pacific War* (New York: Pantheon, 1987)〔ジョン・W・ダワー『容赦なき戦争——太平洋戦争における人種差別』斎藤元一訳、平凡社ライブラリー、2001 年〕

Draper, Nicolas, *The Price of Emancipation: Slave-Ownership, Compensation And British Society At The End Of Slavery* (New York: Cambridge University Press, 2010)〔ニコラス・ドゥレイパー『奴隷解放の代償——奴隷制終焉時の奴隷所有、賠償、イギリス社会』、未訳〕

Dubois, Laurent, *Avengers of the New World: The Story of the Haitian Revolution* (Massachusetts: Harvard University Press, 2004)〔ローラン・デュボワ『新世界の復讐者——ハイチ革命の物語』、未訳〕

Earle, T. F. and Lowe, K. P., eds., *Black Africans in Renaissance Europe* (Cambridge: Cambridge University Press, 2010)〔T・F・アール／K・P・ローウェ編『ルネサンス期ヨーロッパにおける黒人アフリカ人』、未訳〕

Eddo-Lodge, Reni, *Why I'm no Longer talking to White People About Race* (London: Bloomsbury Circus, 2017)〔レニ・エド・ロッジ『なぜ私はもう白人に人種の話をしないのか』、未訳〕

Eliav-Feldon, Miriam, Isaac, Benjamin, and Ziegler, Joseph, eds., *The Origins of Racism in the West* (New York: Cambridge University Press, 2009)〔ミリアム・エリアブ・フェルドン／ベンヤミン・アイザック／ジョセフ・ジーグラー編『西洋における人種主義の起源』、未訳〕

Elkins, Caroline, Britain's Gulag: *The Brutal End of Empire in Kenya* (London: Pimlico, 2005)〔キャロライン・エルキンス『イギリスのグーラグ——ケニアにおける帝国の残酷な終焉』、未訳〕

Eze, Emmanuel Chukwudi, ed., *Race and the Enlightenment: A Reader* (London: Blackwell,

の人種と人種差別』、未訳〕

Chang, Ha-Joon, *Bad Samaritans: The Guilty Secrets of Rich Nations & the Threat to Global Prosperity* (London: Random House, 2007)〔ハジュン・チャン『悪きサマリア人——富裕国の罪深い秘密と世界の繁栄への脅威』、未訳〕

Chinweizu, *The West and the Rest of Us: White Predators, Black Slavers, and the African Elite* (Nigeria: Pero Press, 1987)〔チンウェイズー『西洋と残りの私たち——白人捕食者、黒人奴隷商人、そしてアフリカのエリートたち』、未訳〕

Claeys, Gregory, *Imperial Sceptics: British Critics of Empire 1850–1920* (New York: Cambridge University Press, 2010)〔グレゴリー・クラエス『帝国に対する懐疑——帝国を批判するイギリス人たち 1850-1920』、未訳〕

Coates, Ta-Nehisi, *Between the World and Me* (New York: Spiegel & Grau, 2015)〔タナハシ・コーツ『世界と僕のあいだに』池田年穂訳、慶應義塾大学出版会、2017 年〕

Cobain, Ian, *The History Thieves: Secrets, Lies and the Shaping of a Modern Nation* (London: Portobello Books, 2016)〔イアン・コベイン『歴史の泥棒たち——秘密、嘘、そして近代国家の形成』、未訳〕

——, *Cruel Britannia: A Secret History of Torture* (London: Portobello Books, 2012)〔同『残酷なブリタニア——拷問の秘密の歴史』、未訳〕

Cohen, Stanley, *Folk Devils and Moral Panics: The Creation of the Mods and Rockers* (London: Routledge, 2011)〔スタンリー・コーエン『民衆の悪魔とモラルパニック——モッズとロッカーの誕生』、未訳〕

Curtin, Philip D., *The Image of Africa: British Ideas and Action, 1780–1850* (London: Palgrave Macmillan, 1964)〔フィリップ・D・カーティン『アフリカのイメージ——イギリス人の思想と行動、1780-1850』、未訳〕

Curtis, Mark, *Secret Affairs: Britain's Collusion with Radical Islam* (London: Serpent's Tail, 2012)〔マーク・カーティス『秘密の関係——イギリスとラディカルイスラムとの共謀』、未訳〕

——, Web of Deceit: Britain's Real Role in the World (London: Vintage, 2003)〔同『ペテンの網——世界におけるイギリスの本当の役割』、未訳〕

Davidson, Basil, *The African Slave Trade: A Revised and Expanded Edition* (London: Back Bay Books, 1988)〔バジル・デヴィッドソン『アフリカの奴隷貿易　改訂拡大版』、未訳〕

Davis, Angela Y., *Women, Race and Class* (New York: Vintage, 1983)〔アンジェラ・Y・デイヴィス『女性、人種、階級』、未訳〕

Company, 2000)〔ロバート・ベルナスコーニ／トミー・L・ロット編『人種の思想』、未訳〕

Black, Edwin, *War Against the Weak: Eugenics and America's Campaign to Create a Master Race* (Washington DC: Dialog Press, 2012)〔エドウィン・ブラック『弱者に仕掛けた戦争——アメリカ優生学運動の歴史』貴堂嘉之監訳、西川美樹訳、人文書院、2022 年〕

Blackburn, Robin, *The Overthrow of Colonial Slavery 1776–1848* (London: Verso, 1988)〔ロビン・ブラックバーン『植民地奴隷制の打倒 1776–1848』、未訳〕

Blackmon, Douglas A., *Slavery By Another Name* (New York: Anchor Books, 2008)〔ダグラス・A・ブラックモン『別の名前の奴隷制』、未訳〕

Blaut, J.M., *Eight Eurocentric Historians* (New York: Guilford Press, 2000)〔J・M・ブラウト『8人のヨーロッパ中心主義的歴史家たち』、未訳〕

Blum, William, Killing Hope: *US Military and CIA Interventions since World War II* (London: Zed Books, 2014)〔ウィリアム・ブルム『アメリカ侵略全史——第2次大戦後の米軍・CIAによる軍事介入・政治工作・テロ・暗殺』益岡賢ほか訳、作品社、2018 年〕

Bressey, Caroline, Empire, *Race and the Politics of Anti-Caste* (London: Bloomsbury, 2015)〔キャロライン・ブレッシー『帝国、人種、そして反カーストの政治学』、未訳〕

Burbank, Jane and Cooper, Frederick, *Empires in World History: Power and the Politics of Difference* (Princeton and Oxford: Princeton University Press, 2010)〔ジェーン・バーバンク／フレドリック・クーパー『世界史における帝国——権力と差異の政治学』、未訳〕

Burgis, Tom, *The Looting Machine: Warlords, Tycoons, Smugglers, and the Systemic Theft of Africa's Wealth* (London: William Collins, 2015)〔トム・バージェス『喰い尽くされるアフリカ——欧米の資源略奪システムを中国が乗っ取る日』山田美明訳、集英社、2016 年〕

Campbell, Horace, *Rasta and Resistance: From Marcus Garvey to Walter Rodney* (London: Hansib, 2007)〔ホレイス・キャンベル『ラスタと抵抗——マーカス・ガーヴィーからウォルター・ロドニーまで』、未訳〕

Carrington, Ben, *Race, Sport and Politics: The Sporting Black Diaspora* (California: Sage Publications, 2010)〔ベン・キャリントン『人種、スポーツ、政治——スポーツする黒人ディアスポラ』、未訳〕

Cashmore, Ernest, *Out of Order?: Policing Black People* (London: Routledge, 1991)〔アーネスト・カッシュモア『無秩序?——黒人の取り締まり』、未訳〕

Centre for Contemporary Cultural Studies, *The Empire Strikes Back: Race and Racism in 70s Britain* (London: Routledge, 1982)〔現代文化研究センター『帝国の逆襲——70 年代イギリス

推奨文献

Abu-Lughod, Janet L., *Before European Hegemony: The World System A.D. 1250–1350 (New York: Oxford University Press, 1991)*〔J. L. アブー＝ルゴド『ヨーロッパ覇権以前——もうひとつの世界システム』上・下、佐藤次高ほか訳、岩波書店、2014 年〕

Allen, Theodore W., *The Invention of the White Race: Vol I: Racial Oppression and Social Control* (London: Verso, 2012)〔セオドア・W・アレン『白人種の発明　第一巻——人種的抑圧と社会的統制』、未訳〕

Ani, Marimba, Yurugu: *An African-Centred Critique of European Cultural Thought and Behaviour* (Washington DC: Nkonimfo Publications, 1994)〔マリンバ・アニ『ユルグ——ヨーロッパ的文化思想・行動へのアフリカ中心的批判』、未訳〕

Baldwin, James, *The Fire Next Time* (London: Penguin, 1963)〔ジェームズ・ボールドウィン『次は火だ——ボールドウィン評論集』黒川欣映訳、弘文堂、1968 年〕

——, *I Am Not Your Negro* (New York: Vintage International, 2017)〔同『私はあなたのニグロではない』、未訳〕

Ballantyne, Tony, *Orientalism and Race: Aryanism in the British Empire* (Basingstoke: Palgrave Macmillan, 2002)〔トニー・バランタイン『オリエンタリズムと人種——大英帝国におけるアーリア主義』、未訳〕

Baptist, Edward E., *The Half Has Never Been Told: Slavery and the Making of American Capitalism* (New York: Basic Books, 2014)〔エドワード・E・バプティスト『まだ半分も語られていない——奴隷制とアメリカ資本主義の形成』、未訳〕

Bayly, C.A., *The Birth of the Modern World 1780–1914 (Malden: Blackwell Publishing, 2004)*〔C・A・ベイリ『近代世界の誕生——グローバルな連関と比較 1780-1914』上・下、平田雅博ほか訳、名古屋大学出版会、2018 年〕

Beckert, Sven, *Empire of Cotton: A New History of Global Capitalism* (London: Vintage, 2014)〔スヴェン・ベッカート『綿の帝国——グローバル資本主義はいかに生まれたか』鬼澤忍／佐藤絵里訳、紀伊國屋書店、2022 年〕

Bellagamba, Alice, Greene, Sandra E., and Klein, Martin A., *African Voices on Slavery and the Slave Trade* (New York: Cambridge University Press, 2013)〔アリス・ベラガンバ／サンドラ・E・グリーン／マーティン・A・クライン『奴隷制と奴隷貿易に関するアフリカの声』、未訳〕

Bernasconi, Robert and Lott, Tommy L., ed, *The Idea of Race* (Cambridge: Hacket Publishing

謝辞

マネージャーであるシャネリー・ニューマンには、すべてにおいて感謝したい。アダム・エリオット・クーパーには、本書の原稿に対し洞察に満ちた批評とフィードバックをもらった。また、本書の編集者ケイト・ヒューソンにも同じ理由で感謝する。そして私の母にも感謝する。その理由は本書を読めば明らかだろう。そして、以下の方々にも感謝している。ガス・ジョン教授、レズ・ヘンリー博士、アンドリュー・ムハンマド、トイン・アグベトゥ、スタフォード・スコット、マーク＆シャーメイン・シンプソン、ポール・リード、そして、ブリクストンのブラック・カルチュアル・アーカイブのモニークにも感謝する。また、イギリスのパンアフリカニストの補習・民族教育運動の先駆者たちに感謝したい。とくに、いまは無きウィニー・マンデラ・スクールのスタッフに感謝する。ハックニーのセンタープライズ・ブックストアのエマニュエルおじさん、マーリファア・ブックス、ニュー・ビーコン・ブックストア、そしてイギリス国内のすべてのアフリカ／カリブ系の独立系書店すべてに感謝したい。そのほとんどは、残念ながらすでに閉店してしまった。そしてアン・テイラー、バジル・ムハンマド、ピーター・ジュロフスキーといった学校時代の先生、生徒の背中を押し、自分の道を見つける手助けをしてくれたすべての刺激的な先生に感謝する。そしてヒップホップ・シェイクスピア・カンパニーのみなさんと、われわれが喜びをもってかかわった先生や教育者、若い労働者のみなさんに感謝する。最近お世話になった先生であるエスター・スタンドフォード・ゾーセイとロビン・ウォーカーには、多くのことを学んだ。スティーブ・ストランド、デヴィッド・ギルボーン、ヘレン・ヤッフェ、リアム・ホーガンに感謝する。かれらは私の多くの困ったメールに返信してくれた。またアンドリュー・フィリポウ、ラバー・ブラード、ニールズ・ヘイルストーンズ、ポール・グラッドストーン・リード、クリスタル・マヘイ・モーガン、アン・マリー・スプリンガーにも感謝する。

そして、私の仕事に刺激を与え、この本と私の人生に影響を与えてくれたすべての研究者、作家、活動家、アーティストのみなさんに感謝する。

日本語版編集部より

本書は、二〇一八年にイギリスで出版された*Natives: Race and Class in the Ruins of Empire*を改題した上で全訳したものである。著者のAKALA《アカーラ》（本名：キングスリー・デーリー）は、現在イギリスで大きな注目を集めるラッパー、作家、政治活動家である。二〇〇三年より本格的な音楽活動を開始したAKALAは、二〇〇六年にブラックミュージックを対象とするイギリスのMOBOアワーズをヒップホップ部門で受賞、その後はベトナムをはじめとする世界各地でライブツアーを行なってきた。二〇〇九年には、シェイクスピアとヒップホップの類似性の探求を目的とする「ヒップホップ・シェイクスピア・カンパニー」を共同設立し、音楽劇の制作やライブ活動、そして学校や刑務所で若者を対象とする創作ワークショップを行なっている。二〇一八年には、本書『ネイティブス』を発表し、現在まで二〇万部を超えるベストセラーになった。またAKALAはそうした活動と同時に政治や社会問題について積極的に発言を続け、二〇一七年のイギリス総選挙では当時の労働党党首ジェレミー・コービンへの支持を呼びかけた。

AKALAは、一九八三年にジャマイカ系の父親とスコットランド系の母親とのあいだに生まれた。本書はその子ども時代の回想をもとに書かれたものであるが、読み進めるとすぐにわかるように単純な自伝ではない。暴動や反アパルトヘイト闘争に揺れるロンドンで貧しい黒人の子どもとして育った自身の体験を出発点として、イギリス／イギリス帝国の歴史と文化を人種と階級の視点から批判的に考察するのが本書のおもな狙いである。取りあげられるテーマは、「白人」

である母との葛藤、イギリスの学校教育、スポーツにおける黒人性、南アフリカのネルソン・マンデラとキューバのフィデル・カストロとの対照性、「黒人どうしの暴力」など多岐にわたる。

ＡＫＡＬＡが本書を書いたのは、二〇一六年六月にイギリスでEU離脱（ブレグジット）が国民投票で決まり、さらに同年一一月にドナルド・トランプがアメリカ大統領選で勝利したことに対する危機感においてであることは、本書内の著者の言葉がしめすとおりである。メディアで「白人労働者階級の反乱」と呼ばれたそれらの出来事の中心にあったのは、明白に人種差別的な移民排斥の主張であった。ＡＫＡＬＡは彼自身の体験だけでなく、多くの文献とデータを駆使してその主張の核心にある白人至上主義の欺瞞を明らかにしていく。

本書には日本にかんする言及がいくつかある。そのうち日本人にとってもっとも考えさせられるのは、日本がかつてその「極度の残虐さ」で欧米の白人至上主義に打撃を与えたという指摘だろう（八三―八四頁）。敗戦後アメリカの「同盟国」となった日本は、中国が本書の最終章で印象深く描写されるような非帝国主義的な経済発展を遂げた現在、アメリカの中国包囲網の先兵としてますますその軍事力を拡大させ、ふたたびその「残虐さ」をアジア・アフリカの人々に発揮しようとしているかのような状態にある。日本の労働者階級がこうした「反動」にどう抗い、どのように帝国主義、植民地主義、人種差別なき世界の構築に関与すべきか、そこでは誰とどのように向き合うべきか、そうした問いについて本書は大きな示唆を与えてくれる。

AKALA（アカーラ）
現在イギリスで大きな注目を集めるラッパー、作家、政治活動家。本名キングスリー・デーリー。1983年にジャマイカ系の父とスコットランド系の母とのあいだに生まれる。2006年にブラックミュージックを対象とするイギリスのMOBOアワーズをヒップホップ部門で受賞、その後はベトナムをはじめとする世界各地でライブツアーを行なってきた。2009年には、「ヒップホップ・シェイクスピア・カンパニー」を共同設立し、音楽劇の制作やライブ活動、そして学校や刑務所で若者を対象とする創作ワークショップを行なっている。2018年、本書『ネイティブス』を発表し、現在まで20万部を超えるベストセラーになった。その間、政治や社会問題について積極的に発言を続け、2017年のイギリス総選挙では当時の労働党党首ジェレミー・コービンへの支持を呼びかけた。

ネイティブス
帝国《ていこく》・人種《じんしゅ》・階級《かいきゅう》をめぐる
イギリス黒人《こくじん》ラッパーの自伝的《じでんてき》考察《こうさつ》

二〇二四年四月一五日　第一刷発行

著者　AKALA
訳者　感覚社編集部
発行所　感覚社
〒一五〇-〇〇〇二
東京都渋谷区渋谷三-六-二
エクラート渋谷五階
電話〇三-五三二四-二三三八
FAX〇三-四五八六-七三九〇
e-mail info@kankakusha.com
www.kankakusha.com
印刷所　株式会社シナノパブリッシングプレス
装幀　森敬太（合同会社 飛ぶ教室）
装画　UC EAST
翻訳協力　佐藤まな

定価はカバーに表示してあります。落丁本・乱丁本はお取り替えいたします。
ISBN978-4-909828-02-6 C0036

Printed in Japan